网络空间国际法文库

# 网络犯罪
# 国际立法原理

PRINCIPLES OF INTERNATIONAL
LEGISLATION ON CYBERCRIME

王肃之　著

社会科学文献出版社
SOCIAL SCIENCES ACADEMIC PRESS (CHINA)

本书系 2020 年国家社科基金重大项目
"网络空间国际规则博弈的中国主张与话语权研究"（20&ZD204）的中期成果

# 总序一

徐 宏[*]

  网络空间是全球治理和国际规则制定的新兴领域。十八大以来，以习近平同志为核心的党中央高度重视全球治理问题，特别是网络空间等新兴领域的全球治理。习近平总书记强调，"大国网络安全博弈，不单是技术博弈，还是理念博弈、话语权博弈"，"要加大对网络、极地、深海、外空等新兴领域规则制定的参与"，"加快提升我国对网络空间的国际话语权和规则制定权"。习总书记在第二届世界互联网大会、网络安全和信息化工作座谈会等场合系统阐述中国的网络治理观、网络安全观、网络发展观、网络主权观、网络人才观等理念。这些重要讲话和理念为我们做好新时期网络安全和信息化工作，更好参与和引导网络全球治理提供了指引，有力促进了我国网络领域各方面工作，提升了我国在网络全球治理中的地位。

  近年来，我国网络安全和信息化立法政策不断完善，先后颁布出台《网络安全法》《国家网络空间安全战略》《网络空间国际合作战略》等重要纲领性法律和政策文件，有关网络犯罪刑事立法、个人数据保护、网络安全审查等各领域立法不断推进，相关机制体制建设和务实举措稳步跟进，网络安全不断得到加强。与此同时，我国互联网产业和信息化建设也取得了长足进步，国际地位不断提升，更受国际社会的关注和借重。这一切均为我国更加积极参与和引导网络全球治理，争取更多话语权和制度性权力提供了坚实基础。

---

[*] 外交部条约法律司原司长。

网络空间国际法是网络全球治理的基础性问题和重要组成部分，关系网络国际规则如何制定、解释和适用，是网络国际博弈各国必争之地。我们应切实贯彻落实中央关于网络安全和信息化工作的重要部署和习近平总书记相关重要讲话精神，以只争朝夕的精神，推进中国特色网络空间国际法理论发展和能力建设，为我国争取网络空间国际规则制定权提供法理支撑和服务。具体而言，要以习总书记关于网络问题的系列重要讲话，特别是关于倡导尊重网络主权、构建网络空间命运共同体的理念以及全球互联网发展治理的"四项原则""五点主张"为指导，结合我国网络发展和网络外交的实践及需要，推进网络空间国际法各领域的研究；同时，我们也有必要运用国际法语言，为进一步阐释和充实上述重要讲话精神和重要理念，不断丰富其法理和价值观内涵，增强其国际感召力和影响力。

"网络空间国际法文库"的出版是推进国际法领域上述工作的实实在在的一步，我衷心期待中国国际法学界同仁以此为契机，加强与政府、业界等网络空间利益攸关方的协作，共同推进中国特色网络空间国际法理论发展和能力建设，为我国更好参与和引导网络空间全球治理提出更多的法理思想、法学理论和法律方案。

2017 年 6 月

# 总序二

黄志雄

网络空间国际法是随着网络空间的发展，在理论上和实践中日益受到重视的一个国际法新领域。在互联网发展和网络空间形成的较长时间内，倡导网络空间自我规制和"自由放任"、反对国家主权以及在此基础上形成的国际法规则适用于网络空间的观念曾盛行一时。但事实证明，这种乌托邦色彩严重的"去主权化"和"去国际法化"观念无益于网络空间的稳定有序发展。近年来，国际法治在网络空间全球治理和秩序构建中的作用逐渐得到国际社会的普遍认可，各国特别是主要大国越来越注重通过塑造和影响国际规则，在网络空间的建章立制中抢占先机、赢得优势话语权和主导权。

从中国来说，我国政府对于推动网络空间国际法治极为重视，并多次以制定重要战略文件和法律、最高领导人讲话等方式来宣示积极参与网络空间国际规则制定的国家意志。例如，十二届全国人大四次会议于2016年3月正式通过《国民经济和社会发展第十三个五年规划纲要》，不仅明确提出要"实施网络强国战略"，还要求"积极参与网络、深海、极地、空天等领域国际规则制定"。2016年10月9日，习近平总书记在主持第三十六次中共中央政治局集体学习时，对网络强国建设提出了六个"加快"的要求，其中之一就是"加快提升我国对网络空间的国际话语权和规则制定权"。这表明，我国实施网络强国战略的核心要素和重要基石之一，就是通过网络空间国际话语权和规则制定权的提升，成为网络空间国际法强国。

事实上，"大国外交必重法律"。只有真正成为网络空间国际规则的积极主导者而不是被动接受者,中国才能在网络事务中占据道义制高点,使自己的利益和诉求更好地得到国际社会的认同和支持。在网络空间国际法领域的无所作为,必将导致我国在网络空间国际博弈中的被动挨打。为此,有必要进一步提高参与国际规则制定的主动性和自觉性、加快提升我国对网络空间的国际话语权和规则制定权,进而为我国实施网络强国战略奠定坚实基础。

但不能不看到,我国在有效利用国际法这种国际通行话语的"软实力"方面还存在着若干问题和"短板",严重制约着我国向网络空间国际法强国迈进。问题之一在于,与我国对网络空间国际法领域理论研究和政策建议的巨大需求相比,学界(包括智库)相应的供给能力十分有限,"供不应求"甚至"有求无应"的矛盾较为突出。尽管学者在这一重要领域"失声"和"缺位"的原因是多方面的,但显而易见的是,这不利于中国提升对网络空间的国际话语权和规则制定权、维护本国利益,也不利于中国作为网络大国为网络空间全球治理提供公共产品、践行国际法治。

由武汉大学国际法研究所策划、推出的"网络空间国际法文库",正是为了服务我国加强网络空间国际法研究、积极参与网络空间国际规则制定的现实需要。武汉大学国际法研究所是1980年由教育部批准成立的中国高校第一个国际法研究机构,也是目前国内公认在国际法领域实力最强、影响最大的研究机构,2000年被教育部批准为普通高等学校人文社会科学重点研究基地,2015年被中宣部批准为国家高端智库首批试点建设单位。近年来,武汉大学国际法研究所的相关研究团队,不仅在国内较早投入网络空间国际法这一新领域的研究,对网络空间治理的相关国际法问题进行了具有一定开拓性的探索,而且以不同身份积极为我国相关政策制定和外交实践提供学术智力支撑,参与和推动网络空间国际规则制定,并已在国内外产生一定的社会影响力。

当然,学术乃天下公器。秉承开放、平等、协作的网络精神,本文库无意成为一校、一所的"局域网",而是致力于推动学者之间以及学者与实务部门之间的互联互通,构筑面向学界和实务界所有同仁的

"互联网"。在成果形式上，网络空间国际法领域的专著、文集和译作都在本文库的涵盖范围内。在遴选标准上，本文库奉行唯学术水准是从的宗旨。为此，我们由衷欢迎所有专家学者惠赐佳作，使文库得以聚沙成塔、集腋成裘；我们也恳请广大读者提出宝贵的批评建议，使文库的质量能够日就月将、精益求精。

"花径不曾缘客扫，蓬门今始为君开。"网络空间国际法正处于发展的起步阶段，这为我国深度参与和积极影响相关国际规则提供了前所未有的契机，我国政府和学界在这个方兴未艾的领域都大有可为。诚盼"网络空间国际法文库"的推出，有助于汇集学界和实务部门专家学者的真知灼见，在网络空间国际法领域发出中国声音、提出中国方案、贡献中国智慧，为我国加快成为网络空间国际法强国尽绵薄之力。

是为序。

2017 年 5 月

# 探寻全球互联网中的国际刑事法规则
# （代序）

莫洪宪*

"网络社会的崛起"是一个世界性进程，不断发展的全球互联网正在构建前所未有的网络世界。在此背景下，网络犯罪也日益走向复杂化、有组织化，并不断向恐怖活动犯罪、诈骗犯罪、洗钱犯罪、知识产权犯罪等犯罪领域渗透，其行为场域和危害后果的跨国特征更为凸显，甚至从国际犯罪走向洲际犯罪。与之相对，各国对网络犯罪的管辖与制裁往往以国内刑事立法为依托，以地域空间为边界。在网络犯罪跨国整合的背景下，各国刑事立法"一盘散沙"的局限性日益明显。

有效治理网络犯罪不仅是一个国内法命题，更是一个国际法命题。比如，网络犯罪的管辖，既涉及刑法总则条款的适用，也涉及国际法中管辖规则的适用。然而，在法学二级学科划分日益精细的情况下，出于知识背景和研究习惯，学者往往拘泥于自身学科进行研究。网络犯罪或者作为刑法学研究中的特定场域，或者作为国际法研究中的特定对象，其跨领域性和相关研究分离性的矛盾不断凸显。贯通刑法学和国际法学并非没有实践，国际刑法学即是典型的尝试。随着国际犯罪从战争犯罪向洗钱犯罪、毒品犯罪等犯罪类型拓展，其与网络犯罪的交融性也日渐增强，亟须学界予以关注和研究。

王肃之博士所著《网络犯罪国际立法原理》即是立足网络犯罪国际规则博弈态势，聚焦国际立法最新发展，梳理规范体系，寻求立法原

---

\* 武汉大学法学院教授、中国刑法学研究会副会长。

理，探讨中国因应的学术专著。全书共七章，在探讨网络犯罪国际立法的最新发展、渊源形式、博弈历程、制定原则、术语概念、实体规则、程序规则、国际合作的基础上，就我国如何回应进行了深入的探讨。本书具有如下特点：

第一，全面展现国际立法面貌和研究现状。一方面，本书未局限于学界所关注的欧洲、亚洲国际立法，对非洲、美洲国际立法也进行了系统分析；不仅关注公约类国际立法，还对协定类、指令类、示范法类国际立法进行了系统归纳。为揭示各国立法与国际立法的关联，对中国、美国、德国、日本、俄罗斯、英国等国的网络犯罪立法进行了阐释。另一方面，本书全面梳理了东方学者和西方学者的相关研究著作和论文，使读者能够较为清晰地了解这一领域的研究现状。特别是，其中很多国际立法、研究成果系首次在国内被关注和讨论，充分体现了本书的前沿性、专业性。

第二，立足学科交叉开展研究。本书未局限于在刑法学或者国际法学范围内进行研究，而是基于学科交叉的视角进行深入探讨。比如，探讨立法原则时，对比例原则予以扩展，未局限于个人法益的"最小伤害"，而是将其扩展至国家主权的"最小伤害"。再如，探讨网络服务者刑事责任时，充分注意到国内法义务和国际法义务的区别，在实体法、程序法、国际合作层面进行了有针对性的阐释。

第三，对各项问题进行体系化研究。本书未满足于对既有立法和研究进行简单梳理，而是在充分占有资料的基础上进行体系化、结构化的分析研究。比如，在实体规则层面，在总结现有国际立法犯罪行为类型后，基于网络犯罪的发展提出新的行为类型体系；在国际合作层面，在指明既有国际立法不足的基础上，围绕兼顾主权维护和协作效率探讨可行方案。

第四，坚持以问题为中心的研究导向。本书对网络犯罪国际立法进行全面、客观的梳理，从法理的角度探讨应然与实然，进而指出现有国际立法的得失，详细分析立法实践中亟待解决的问题。之后阐释的中国立场、中国方案，既与网络空间命运共同体理念一脉相承，也与前文所述问题、不足相对应，不少建议颇具建设性。例如，跨境取证的前置同意、协助事项的程序区别等观点，都对相关实践具有参考价值。

肃之博士一直关注和研究网络犯罪，也因此有机会参与我国推动制定网络犯罪国际规则的相关实践。本书既体现了他跨学科、跨领域进行探索的学术精神，也是他实践积淀的学术表达，展现了他强烈的事业心、颇高的科研能力和学术水平。创新意味着风险，探索伴随着挑战。由于网络犯罪国际立法的命题较为宏大，本书对很多问题的阐释尚有待进一步深入，相关体系、建议也仅是其个人的观点，仍有进一步探讨的空间，如果能够吸引更多的学者关注这一问题，则已充分实现了本书的学术价值。

删繁就简三秋树，领异标新二月花。本书与《网络犯罪原理》一书可谓肃之博士个人网络犯罪研究的"姊妹花"，希望他以本书为新起点，继续秉持求真务实的精神和孜孜不倦的态度，为刑事法理论和实践产出更多的优异成果。

2021 年 10 月

# 目 录
contents

总序一 ······················································ 徐　宏　I

总序二 ······················································ 黄志雄　III

探寻全球互联网中的国际刑事法规则（代序）·············· 莫洪宪　VI

第一章　网络犯罪及其立法的国际化······························ 001
　　第一节　网络犯罪及其跨国化································ 003
　　第二节　网络犯罪冲击下的国内与国际立法·················· 015

第二章　网络犯罪国际立法的渊源与博弈·························· 035
　　第一节　网络犯罪国际立法的渊源类型······················ 037
　　第二节　网络犯罪国际立法的博弈态势······················ 061

第三章　网络犯罪国际立法的基础问题···························· 077
　　第一节　网络犯罪国际立法的原则·························· 079
　　第二节　网络犯罪国际立法的关键术语······················ 088

第四章　网络犯罪国际立法的实体规则···························· 113
　　第一节　计算机犯罪······································ 115
　　第二节　网络化的传统犯罪································ 129
　　第三节　网络犯罪行为的形态与要件························ 148

## 第五章　网络犯罪国际立法的管辖权与程序规则 …… 155
### 第一节　基础性规则 …… 157
### 第二节　管辖权 …… 161
### 第三节　调查取证程序与电子证据 …… 168
### 第四节　特别程序 …… 179

## 第六章　网络犯罪国际立法的国际合作 …… 187
### 第一节　国际合作的一般问题 …… 189
### 第二节　网络犯罪的引渡 …… 200
### 第三节　网络犯罪的国际刑事司法协助 …… 207
### 第四节　网络犯罪国际合作的其他问题 …… 218

## 第七章　网络犯罪国际立法的模式分歧与中国立场 …… 225
### 第一节　实体法层面：信息模式与数据模式 …… 228
### 第二节　程序法与国际合作层面：区域模式与国际模式 …… 239
### 第三节　制定网络犯罪国际立法的中国立场与方案 …… 264

**附录一**　《联合国合作打击网络犯罪公约（草案）》 …… 275

**附录二**　主要网络犯罪国际立法（草案）一览 …… 313

**参考文献** …… 315

第一章

# 网络犯罪及其立法的国际化

## 第一节 网络犯罪及其跨国化

### 一 网络犯罪的范畴

互联网时代的到来深刻改变了世界,全球经济、政治、社会等方面的结构均在网络的影响下发生巨大的变化。虽然连接互联网具有解放与教育意义,但这也极大地方便了网络犯罪。[①] 尽管互联网和其他新信息和通信技术的商业化只有几十年时间,但不同形式的网络犯罪已成为日常事件。[②]

尽管"网络犯罪"一词已普遍使用,但仍难以对其进行精确定义。[③] 有观点试图给出简洁而完整的网络犯罪定义,即"一种使用实现

---

[①] Felicity Q. C. Gerry, Catherine Moore, "A Slippery and Inconsistent Slope: How Cambodia's Draft Cybercrime Law Exposed the Dangerous Drift Away from International Human Rights Standards", *Computer Law & Security Review*, Vol. 31 (2015), No. 5, p. 629.

[②] Matti Näsi, Atte Oksanen, Teo Keipi, et al., "Cybercrime Victimization among Young People: A Multi-Nation Study", *Journal of Scandinavian Studies in Criminology and Crime Prevention*, Vol. 16 (2015), No. 2, p. 203.

[③] Sarah Gordon, Richard Ford, "On the Definition and Classification of Cybercrime", *Journal in Computer Virology*, Vol. 2 (2006), No. 1, p. 13.

数学或逻辑功能的自动电子设备，应受到法律制裁的行为"。① 但对网络犯罪进行综合性的界定难免是非常宽泛的，"如将网络犯罪界定为使用任何计算机网络或互联网系统的犯罪，这意指以犯罪为目的攻击、滥用系统或网络"。② 但是如此概括的概念显然无法为具体认定网络犯罪提供充分和有效的指引。因此，现实中网络犯罪经常与计算机犯罪（computer crime）、网络空间犯罪（cyberspace crime）、与计算机相关的犯罪（computer-related crime）、高科技犯罪（high-tech crime）等相关概念混合使用。③

相关国际组织也仅对网络犯罪采取了概括式、描述式的表述。例如，国际电信联盟（International Telecommunication Union，ITU）在《发展中国家网络安全指南》中指出："网络犯罪是使用互联网技术进行的一种计算机关联犯罪，它包括在网络世界发生的所有罪行。"④ 联合国毒品和犯罪问题办公室（United Nations Office on Drugs and Crime，UNODC）发布的《网络犯罪综合研究（草案）》（Comprehensive Study on Cybercrime Draft）也仅指出："本研究的对象是'网络犯罪'，但其内容与所有犯罪形式具有独特的联系。"⑤

界定网络犯罪的难题与该类犯罪的独特性质有关，进而与网络社会的崛起密不可分。网络社会⑥作为特定学术概念源于荷兰学者狄杰克

---

① Daniel Adeoyé Leslie, *Legal Principles for Combatting Cyberlaundering*, Springer, 2014, pp. 27 - 28.
② Fausto Pocar, "New Challenges for International Rules Against Cyber-Crime", *European Journal on Criminal Policy and Research*, Vol. 10（2004）, No. 1, p. 33.
③ Igor Bernik, *Cybercrime and Cyberwarfare*, Wiley, 2014, p. 3; Jonathan Clough, *Principles of Cybercrime*, Cambridge University Press, 2010, p. 9.
④ 参见国际电信联盟《发展中国家网络安全指南》，http://www.itu.int/dms_pub/itu-d/opb/str/D-STR-SECU-2007-PDF-C.pdf，第27页。
⑤ 联合国毒品和犯罪问题办公室：《网络犯罪综合研究（草案）》，https://www.unodc.org/documents/organized-crime/cybercrime/Cybercrime_Study_Chinese.pdf，导言第2页。
⑥ "网络社会"的概念在学界并不具有唯一性，其通常具有两种含义：一种是基于社会网络的连接，形成新的社会结构形态，其经典表述是"network society"（网络化社会）；另一种是经由互联网构建起来的新的社会空间，其经典表述是"cyber society"（互联网社会）。参见郑中玉、何明升《"网络社会"的概念辨析》，《社会学研究》2004年第1期，第13页。但是二者其实具有交融性，互联网社会也具有网络化的结构。

(Jan van Dijk),而被广泛关注和研究则归功于美国社会学家曼纽尔·卡斯特尔(Manuel Castells),其 1996 年出版的《网络社会的崛起》(*The Rise of the Network Society*)(信息时代三部曲的第一部)一书使"网络社会"成为世界性的概念。卡斯特尔认为,在这一特定社会形态中,权力的流动优越于流动的权力。网络中的在场或缺场以及每个网络与其他网络相互对应的动态关系,成为社会中具有控制和改变作用的关键资源。因此,对于这个社会我们可以恰当地称之为"网络社会"(network society),其特征是社会形态比社会行动(social action)具有优越性。①

在全球性的网络社会中,网络犯罪也深受其结构的影响。网络通过符号互动形成社会态势,通过社会化过程中人们的自我存在和社会性存在构成社会。网络社会具有以下特性:跨时空互动性、去中心化、信息共享、沟通中的过滤性、兼容性与张扬个性、记录(可再现)性、开放性和自由性。② 其中,跨时空互动性和去中心化对网络犯罪产生了巨大的影响,使其不再简单地作为具体的犯罪类型,而是成为内容复杂、结构独特的犯罪聚类:一方面,在跨时空互动性的影响下,万物互联正在走向现实,通过网络所构建的社会系统正在创造人类历史上前所未有的联系结构。在跨越时空通信的基础上,相关主体既可以在同一时间与多个对象实施互动行为(如群体视频通话、网络直播),也可以通过一个行为在多个时空产生影响。这使得网络犯罪在传统的计算机犯罪类型外,可以成为通过网络形式实施的其他犯罪,从而极大地扩展了网络犯罪的范围。另一方面,在去中心化的影响下,社会权力结构走向解体与再构,身份、地位、阶层在相当程度上被超越,传统的金字塔式的社会治理结构日趋扁平化。网络犯罪的类型与结构也在去中心化的影响下进行再构,使得具体犯罪类型和形式不断具有新的形态与特征。③ 比如传统意义上提供帮助的行为应附属于实行行为,但是网络犯罪中提供帮助

---

① Manuel Castells, *The Rise of the Network Society*, Blackwell Publishing, 2010, p.500.
② 参见郭玉锦、王欢《网络社会学》(第三版),中国人民大学出版社,2017,第 4~11 页。
③ 参见王肃之《网络犯罪原理》,人民法院出版社,2019,第 7~8 页。

的行为却可以同时向成千上万的主体提供，二者在犯罪产业链中的地位已然倒置（如批量提供恶意软件的行为）。

基于此，本书认为界定网络犯罪的关键不在于详尽描述具体的犯罪行为，而在于确定基础的犯罪类型，以相对具体地明确犯罪范畴。第一，网络犯罪关联的罪名众多，且呈现不断扩张的态势，随着网络社会的深化，几乎所有的犯罪行为均可以通过网络方式实施，一一列举并无必要。第二，通过网络方式实施的犯罪行为由于介入互联网，其行为方式与形态具有不同于其他犯罪的特征，仍有必要进行类型化。第三，以犯罪类型确定网络犯罪的范畴可以兼顾确定性与变动性，为网络犯罪范围的发展提供概念空间。

在关于网络犯罪的现有界定中，也有从类型化角度进行探索的适例。传统意义上，网络犯罪的类型可以概括为以下两种：以网络为对象的犯罪、以网络为工具的犯罪。如，认为"网络犯罪实际上涵盖了许多法律类别，从欺诈、骚扰到伪造和假冒；它既包括没有信息和通信技术就无法想象的新型犯罪（例如恶意软件攻击），也包括利用新的犯罪机会（例如网络跟踪）而实施的传统犯罪"。[①] 类似的观点如，"网络犯罪往往是传统犯罪（如欺诈、身份盗窃、儿童色情）的快速实施以及未经授权的访问、破坏和干扰计算机系统"。[②] 这一划分也为国际组织的文件所采纳。欧洲刑警组织（European Police Office，EUROPOL）将网络犯罪分为与网络有关的犯罪（没有互联网和数字技术就不可能实现的网络犯罪）和基于网络的犯罪（互联网和数字技术促成的犯罪）。这些网络犯罪之间的主要区别在于信息与通信技术在犯罪中的作用——是犯罪的对象还是犯罪者作案方式的一部分。[③]

晚近以来，也有新的分类方式出现，如认为网络犯罪分为三个基本

---

[①] Anita Lavorgna, "Cyber-Organised Crime. A Case of Moral Panic?", *Trends in Organized Crime*, Vol. 22 (2019), No. 4, p. 361.

[②] Roderic Broadhurst, "Development in the Global Law Enforcement of Cyber-Crime", *Policing: An International Journal of Police Strategies and Management*, Vol. 29 (2006), No. 2, p. 408.

[③] EUROPOL, *Internet Organised Crime Threat Assessment*, https://www.europol.europa.eu/sites/default/files/documents/iocta_2019.pdf.

类型：网络作为"犯罪对象"的网络犯罪、网络作为"犯罪工具"的网络犯罪、网络作为"犯罪空间"的网络犯罪。[①] 或认为应借鉴美国司法部基于网络犯罪侦查作出的分类：计算机（网络）作为犯罪对象、计算机（网络）作为犯罪工具、计算机（网络）偶然介入犯罪的情形。[②] 或认为网络犯罪包括针对计算机信息系统的犯罪，利用计算机网络实施的传统犯罪，妨害网络业务、网络秩序的犯罪。[③] 但是总体来看，在网络犯罪国际立法制定层面具有类型意义的划分还是应从以网络为对象、以网络为工具的视角展开。第一，各国刑事法律制度有所差异，网络犯罪发展阶段有所差异，网络作为"犯罪空间"的类型无法取得必要共识（妨害网络秩序的犯罪类型也类似），不利于刑事规则构建。第二，计算机（网络）偶然介入犯罪的划分可能在刑事程序上具有一定的必要性，但是缺乏实体法价值，且该划分系特定国家基于自身网络犯罪侦查的实际状况作出，并不具有普适意义。

因此，本书所讨论的网络犯罪核心范畴包括两点。

第一，针对计算机系统、数据、网络实施的犯罪（计算机犯罪）。其典型的行为方式为针对计算机系统（或多个计算机系统形成的网络）进行侵入、破坏、控制等行为，以及针对数据进行获取、拦截、破坏等行为。

该类犯罪行为也是传统意义上的"网络犯罪"，具有鲜明的信息技术特征。在世界范围内，颇具典型意义的犯罪案件即美国的"莫里斯蠕虫病毒案"[④]。

## 莫里斯蠕虫病毒案

罗伯特·莫里斯（Robert Morris）被称为"莫里斯蠕虫病毒"

---

[①] 参见于志刚《网络犯罪的代际演变与刑事立法、理论之回应》，《青海社会科学》2014年第2期，第4~10页。

[②] Jens Kremer, "Policing Cybercrime or Militarizing Cybersecurity? Security Mindsets and the Regulation of Threats from Cyberspace", *Information & Communications Technology Law*, Vol. 23 (2014), No. 3, p. 233.

[③] 参见陈兴良《网络犯罪的类型及其司法认定》，《法治研究》2021年第3期，第3~16页。

[④] *United States v. Morris*, 928 F. 2d 504, 505 (2d Cir. 1991).

的缔造者。他在一次工作过程中亲手创造了网络蠕虫病毒（Internet Worm）。这次严重的突发事件让整个世界第一次意识到了防治网络病毒传播的重要性，第一个网络病毒从此诞生。

1988年，还在康奈尔大学读研究生的莫里斯发布了史上首个通过互联网传播的蠕虫病毒。莫里斯称，他创造蠕虫病毒的初衷是搞清当时的互联网内到底有多少台计算机。可是该试验显然脱离了他的控制，这个蠕虫病毒对当时的互联网几乎构成了一次毁灭性攻击。

莫里斯事件震惊了美国社会乃至整个世界，"黑客"这一形象也正式走入大众眼中；而同时被意外打开的潘多拉魔盒还有"分布式拒绝服务"（Distributed Denial of Service，DDoS）攻击。莫里斯蠕虫病毒是第一种被称为"分布式拒绝服务"的网络攻击，指使用包括计算机、网络摄像头和其他智能小工具在内的大量互联网连接设备向一个特定地址发送大量流量，通过超载使系统关闭或其网络连接被完全阻止。

莫里斯最后被判处3年缓刑，400小时的社区服务和10500美元的罚金。他也是根据美国1986年制定的《计算机欺诈与滥用法》被宣判的第一人。该案的划时代意义还在于首次在司法意见书中使用"互联网"的表述。①

第二，通过网络方式实施的其他犯罪（网络化的传统犯罪）。随着互联网在世界范围内的发展，网络向各个社会领域渗透，各种犯罪行为也越来越多地通过网络方式实施，极大地扩展了网络犯罪的范畴。

《网络犯罪综合研究（草案）》明确指出，少数破坏计算机数据或系统的机密性、完整性和可用性的行为是网络犯罪的核心。不过，除此之外，还有以谋取个人或经济利益或者造成个人或经济损害为目的的与计算机有关的行为，包括与身份有关的犯罪形式，以及与计算机内容有

---

① Michael L. Rustad, *Global Internet Law*, West Academic Publishing, 2013, pp. 548–549.

关的行为。①

通过网络方式实施的其他犯罪多种多样。例如通过网络实施金融犯罪、恐怖活动犯罪、儿童色情犯罪等。② 欧洲刑警组织则是更具体地描述了网络有组织犯罪向其他犯罪领域渗透的现实，在其发布的2019年《网络有组织犯罪威胁评价》（Internet Organised Crime Threat Assessment）中，除了分布式拒绝服务攻击、关键基础设施攻击、泄露数据、破坏网站等计算机犯罪外，还包括在线儿童性剥削、网络与恐怖主义（犯罪）的融合、支付欺诈、暗网的刑事滥用等，均系网络有组织犯罪的重要类型。③

而且互联网对于其他犯罪的作用十分明显。比如网络欺诈，虽然受害者被害的原因与其他大众营销欺诈类似，但是很明显互联网为欺诈者提供了便利，使其可以更轻松地利用传统欺诈手段：大规模定位既便宜又容易；模拟和提供权限对于具有技术能力的人员来说（成本）并不昂贵；施压、强迫和（儿童）诱骗都可以利用笔记本电脑在保持一定距离的情况下进行，而不必与受害者见面或对话。这意味着，越来越多的人成为网络欺诈有针对性的目标。④

网络犯罪的受害者规模也远远超出传统犯罪。据统计，个人网络犯罪的受害者规模要远远大于"常规"犯罪形式。在线信用卡诈骗、身份窃取、响应钓鱼企图及非法进入邮箱账户的受害者人数在世界上21个国家中占到在线人数的1%~17%，而这些国家中盗窃、抢劫和汽车偷盗的犯罪率不足5%。⑤ 此外，印度社会科学学者推测（执法人员也承认），该国的（网络犯罪）实际犯罪数量远远高于国家犯罪记录和其

---

① 联合国毒品和犯罪问题办公室：《网络犯罪综合研究（草案）》，执行摘要第7页。
② Mark O'Brien, "The Internet, Child Pornography and Cloud Computing: The Dark Side of the Web?", *Information & Communications Technology Law*, Vol. 23 (2014), No. 3, p. 238.
③ EUROPOL, *Internet Organised Crime Threat Assessment*, https://www.europol.europa.eu/sites/default/files/documents/iocta_2019.pdf.
④ Mark Button, Carol McNaughton Nicholls, Jane Kerr, et al., "Online Frauds: Learning from Victims Why They Fall for These Scams", *Australian & New Zealand Journal of Criminology*, Vol. 47 (2014), No. 3, p. 405.
⑤ 联合国毒品和犯罪问题办公室：《网络犯罪综合研究（草案）》，执行摘要第8页。

他机构的官方犯罪统计数字。① 网络犯罪在南非很普遍，外部攻击正在增加，对公司和组织造成损害。南非（甚至）有一些网络犯罪组织以敲诈、勒索、传播病毒或恶意软件的形式获取利益，对个人、组织和政府造成损害。②

此外还需要特别明确，网络犯罪的实施主体可以包括自然人、法人，但是不能包括国家。上述行为不仅可能由个人或犯罪组织实施，也可能是国家实施（如发动网络战）。但是如果类似行为的实施主体是国家，则该行为不应纳入网络犯罪的范畴。如利用互联网实施的网络间谍行为不应构成网络犯罪，而应通过网络战规则等国际法的其他渠道解决。③ 因此，通过国家军事化的方式来控制网络空间的行动，④ 应排除在网络犯罪研究之外。

## 二 网络犯罪的跨国化

网络意味着互联，互联网的发展既带来了经济、社会、文化等领域的跨国互动，也推动了网络犯罪的跨国发展。有学者指出，恐怖主义、有组织犯罪和网络犯罪都是新出现的威胁和复杂犯罪的类型。⑤ 网络犯罪对其他跨国犯罪呈现嵌入的态势，针对计算机系统、数据、网络实施的传统犯罪，以及通过网络方式实施的其他犯罪都日渐呈现跨国化的趋势。例如，网络化对于（有组织犯罪的）经济地位来说也非常关键，毒品犯罪、恐怖主义犯罪的组织网络也越发庞大，市场的网络化对于毒

---

① Nir Kshetri, "Cybercrime and Cybersecurity in India: Causes, Consequences and Implications for the Future", *Crime, Law and Social Change*, Vol. 66 (2016), No. 3, p. 321.

② Siyanda Dlamini, Candice Mbambo, "Understanding Policing of Cybercrime in South Africa: The Phenomena, Challenges and Effective Responses", *Cogent Social Sciences*, Vol. 5 (2019), No. 1, p. 5.

③ 参见黄志雄《论间谍活动的国际法规制：兼评2014年美国起诉中国军人事件》，《当代法学》2015年第1期，第138~147页。

④ Jens Kremer, "Policing Cybercrime or Militarizing Cybersecurity? Security Mindsets and the Regulation of Threats from Cyberspace", *Information & Communications Technology Law*, Vol. 23 (2014), No. 3, p. 228.

⑤ Ulrich Sieber, "The Paradigm Shift in the Global Risk Society: From Criminal Law to Global Security Law-An Analysis of the Changing Limits of Crime Control", *Journal of Eastern European Criminal Law*, Vol. 7 (2016), No. 1, p. 14.

品犯罪更是具有至关重要的意义。① 网络犯罪与有组织犯罪可以形成一种结构性联系——犯罪组织要求与它们所控制的商业领域的公共机构（行政、立法和司法机构）以及私营公司（尤其是金融公司）建立结构性联系②，而网络服务特别是非法网络服务无疑提供了这种空间。

随着跨国网络犯罪的发展，其日益具有全面的跨国性。联合国《网络犯罪研究调查问卷》显示，各国均面临跨国网络犯罪的问题，③正如一个非洲答复国指出的那样，"大多数犯罪——包括未报告的犯罪——都涉及跨国因素，且侦查目标大都在境外"。另一非洲国家则表示："大多数报告犯罪都是在国外发起的。在大多数案件中，我们都扮演了通道的角色。"一个欧洲国家则强调："过去5年内开展的网络犯罪侦查活动全都有跨国因素，与电子邮件账户、社交媒体和代理服务器的使用有关的犯罪就是例证。"包括美国和中国在内的国家都遭受着不断演变的网络犯罪的侵害，这些网络犯罪实际上是无界限的和跨国的。④

例如中国境内的网络诈骗犯罪，很多是涉及东南亚国家的跨国犯罪。截至2018年11月，针对境外系电信诈骗犯罪，公安部在外交部和驻外使领馆大力支持下，先后64次组织各地公安机关赴东南亚、欧洲、非洲、中美洲等的34个国家和地区开展境外打击，捣毁境外诈骗窝点216个，抓获犯罪嫌疑人3159名。⑤除了主要针对一国实施的网络犯罪具有跨国元素外，更多的网络犯罪则是直接针对多个国家的受害者实施，而且产生了极大的危害后果与消极影响。

第一，跨国网络犯罪受害者往往数量极其巨大，造成的经济损失也

---

① 参见〔英〕麦克·马圭尔、罗德·摩根、罗伯特·赖纳等《牛津犯罪学指南》（第四版），刘仁文、李瑞生等译，中国人民公安大学出版社，2012，第605~609页。
② Héctor Olásolo, *International Criminal Law: Transnational Criminal Organizations and Transitional Justice*, Brill, 2018, p. 81.
③ 参见联合国毒品和犯罪问题办公室《网络犯罪综合研究（草案）》，第141页。
④ Hong Lu, Bin Liang, Melanie Taylor, "A Comparative Analysis of Cybercrimes and Governmental Law Enforcement in China and the United States", *Asian Journal of Criminology*, Vol. 5 (2010), No. 2, p. 134.
⑤ 《公安部：打击治理电信诈骗成效显著》，中国政府网：http://www.gov.cn/xinwen/2018-11/30/content_5344835.htm。

极其严重。"网络犯罪的危害性不仅体现为危害领域、危害对象、危害结果的广泛性,并且还表现为危害造成损失的巨大性。"① 跨国网络犯罪无疑将这种危害性进一步扩大,造成超越国家体量级的巨大危害后果。例如 2017 年席卷全球的 WannaCry 勒索病毒案。

### WannaCry 勒索病毒案

WannaCry(又名 Wanna Decryptor)是一种"蠕虫式"的勒索病毒软件,其利用 EternalBlue(永恒之蓝)的漏洞进行传播。早先美国国家安全局(National Security Agency,NSA)在 Windows 系统中发现了一个名为 EternalBlue 的漏洞,但未公开披露。之后,这一漏洞被黑客组织利用,其使用 NSA 的后门 DoublePulsar 创建了一个用于传递 WannaCry 勒索软件的持久后门。通过使用 EternalBlue 漏洞,勒索软件传播到网络上所有其他未打补丁的计算机。

勒索软件会对用户主机系统内的照片、图片、文档、音频、视频等几乎所有类型的文件进行加密。② 加密文件的后缀名被统一修改为".WNCRY",并会在桌面弹出勒索对话框,要求受害者支付价值数百美元的比特币到攻击者的比特币钱包,且赎金还会随着时间的推移而增加。

在 WannaCry 勒索病毒全球大爆发的过程中,至少 150 个国家的 30 万名用户中招③,损失达 80 亿美元,影响到金融、能源、医疗等众多行业,造成严重的危机管理问题。中国也不例外,时隔一年之后 WannaCry 勒索病毒蔓延形势依旧严峻,国内平均每天受到 WannaCry 勒索病毒感染的电脑超过 10 万台,占勒索病毒攻击总数的 90% 以上。其中,Windows 7 系统,政府、企业等内网用户是其

---

① 杨正鸣主编《网络犯罪研究》,上海交通大学出版社,2004,第 21~22 页。
② Zach Epstein, *WannaCry: Everything You Need to Know about the Global Ransomware Attack*, https://bgr.com/2017/05/15/wanna-cry-ransomware-virus-windows-wannacry-explainer/.
③ Rohit Langde, *WannaCry Ransomware: A Detailed Analysis of the Attack*, https://techspective.net/2017/09/26/wannacry-ransomware-detailed-analysis-attack/.

攻击的主要目标。①

WannaCry 勒索病毒的爆发充分说明了网络犯罪预防并非一国领域内的事务，而是需要充分的国际合作。Microsoft 曾发现此漏洞，并迅速发布补丁对其进行修复。大多数 Windows 用户要么没有认真对待更新，要么懒于安装必要的补丁。结果，WannaCry 勒索病毒能够在仍然易受攻击的 Windows 计算机上利用 SMB（服务器消息块）协议。② 如果各国的网络用户及时通过补丁对 EternalBlue 漏洞进行修复，那么如此巨大的损失是可以避免的，由此也说明治理网络犯罪需要各国协同完成。

第二，跨国网络犯罪造成的危害往往是多重的，甚至对国家造成多方面消极影响。传统意义上，网络犯罪的危害后果往往在于财产，侵财型的网络犯罪无疑是最为主要的犯罪类型。但是在全球网络化的浪潮下，网络犯罪一旦和特定国家产生关联，其产生的危害后果绝不仅限于经济领域。如有观点指出，网络犯罪对经济和国家形象都具有负面影响。③ 例如"尼日利亚骗局"。

## 尼日利亚骗局

"尼日利亚骗局"（Nigerian Schemes）又称"尼日利亚骗徒"、"尼日利亚陷阱"或者"419 骗局"（以法律文件编号称呼），指的是一种从 20 世纪 80 年代就开始流行的行骗手法。这一骗局最早大规模出现在尼日利亚，因此得名。④ 行为人的诈骗方式几乎如出一辙：某"重要人士"向收件人发送电子邮件称自己有一笔巨款，希望借用收件人的银行账户，提供帮助者将获得一笔数额不小的馈

---

① 《Wannacry（想哭）一周年："承担" 90% 以上勒索病毒的攻击》，新华网：http://www.xinhuanet.com/tech/2018-05/14/c_1122830710.htm。
② Rohit Langde, *WannaCry Ransomware：A Detailed Analysis of the Attack*, https://techspective.net/2017/09/26/wannacry-ransomware-detailed-analysis-attack/.
③ Olubukola Stella Adesina, "Cybercrime and Poverty in Nigeria", *Canadian Social Science*, Vol. 13（2017），No. 4, p. 28.
④ Ian J. Lloyd, *Information Technology Law*（7th edition），Oxford University Press, 2014, p. 388.

赠。在取得信任后，行为人就会以各种理由收取手续费或者其他费用，待行骗成功后则立马消失。

尼日利亚骗局的案发原因与20世纪80年代中期石油价格大跌有关。石油收入是尼日利亚最大的外汇收入，石油价格大跌对很多从事石油交易的人打击惨重，甚至引发失业。于是那些本来受过高等教育、英语流利的专业人士索性利用自己的特长，改行从事起另一种"跨国生意"——国际（网络）诈骗。①

其他国家和地区也有尼日利亚骗局的变种案件。如行为人自称高级知识分子、中国援建非洲某工程的专家组成员，认识多位非洲政要、富商。这些政要、富商都有数千万美元甚至上亿美元的资金，要通过他到中国投资。他本人在国外做工程赚有数千万美元，要转回国内来投资。并称这些巨额资金只需支付少量的"转款费"便可进行转投资。②

"尼日利亚骗局"除了造成经济损失外，还给尼日利亚造成了相当程度的消极影响。尼日利亚在国际越轨行为方面"颇负盛名"，无疑缘于网络犯罪对尼日利亚的破坏性影响。很多外国投资者鉴于此不敢到尼日利亚进行投资，导致其无法成立能够产生就业岗位的公司企业，失业持续蔓延。减少尼日利亚的网络犯罪将对挽救和塑造该国受损的外部形象大有裨益。③

此外，"尼日利亚骗局"的消极影响还不止于此，雅虎公司也"意外"和其相关联。在尼日利亚，大多数网络犯罪行为人是年轻人，其实施"尼日利亚骗局"时往往利用雅虎的免费邮箱。因此，在尼日利亚网络犯罪甚至被称为"雅虎雅虎"（yahoo yahoo），行为人被称为"雅虎

---

① 《尼日利亚：骗子横行的国度》，雨果跨境：https://www.cifnews.com/Article/9500。
② 《"尼日利亚骗局"有新变种》，新浪网：http://news.sina.com.cn/c/2003-08-07/0835521175s.shtml。
③ Sulaiman L. Abdul-Rasheed, Ishowo Lateef, Muhammed A. Yinusa, et al., "Cybercrime and Nigeria's External Image: A Critical Assessment", *Journal of Pan African Studies*, Vol. 9 (2016), No. 6, p. 128.

男孩"（yahoo boys）。①

其他领域的网络犯罪也对特定国家的形象产生了负面影响，首当其冲的是俄罗斯。在俄罗斯，网络犯罪已发展成为一个庞大的行业，据估计该行业雇用10000至20000人从事"黑暗领域"（dark side）活动，例如银行欺诈、销售恐吓性软件和发送假冒药品垃圾邮件。据称俄罗斯黑客圈和有组织犯罪网络已与澳大利亚、日本、马来西亚和其他国家的犯罪集团合作。② 对此，有观点对俄罗斯持批评态度——俄罗斯网络犯罪执法机制颇为宽松，具有一种有利于甚至支持黑客的文化。③ 甚至认为："由于难以建立直接归属或共谋关系，俄罗斯迄今没有对未能阻止网络攻击负责，例如2007年和2008年针对爱沙尼亚发起的网络攻击或俄罗斯正在进行的网络有组织犯罪。"④ 因此，打击跨国网络犯罪绝不仅仅是因为其具体的行为和造成的经济损失，而是具有多方面的因素。

## 第二节　网络犯罪冲击下的国内与国际立法

### 一　各国网络刑法的发展

与其他网络空间国际法领域不同，网络犯罪国际立法的一个突出特征就是国内法与国际法的密切互动，各国国内网络犯罪立法的传统、现状决定着网络犯罪国际立法发展的可能性与阶段性。第一，各国国内网络犯罪立法的共性塑造了网络犯罪国际立法形成的必然性。在应对网络犯罪特别是跨国网络犯罪的过程中，各国面临一些相同的命题，比如对

---

① Oludayo Tade, "A Spiritual Dimension to Cybercrime in Nigeria: The 'Yahoo Plus' Phenomenon", *Human Affairs*, Vol. 23 (2013), No. 4, p. 690.
② Nir Kshetri, "Cybercrime and Cybersecurity Issues in the BRICS Economies", *Journal of Global Information Technology Management*, Vol. 18 (2015), No. 4, pp. 246 – 247.
③ Trevor McDougal, "Establishing Russia's Responsibility for Cyber-Crime Based on Its Hacker Culture", *Brigham Young University International Law & Management Review*, Vol. 11 (2015), No. 2, p. 56.
④ Daniel Ortner, "Cybercrime and Punishment: The Russian Mafia and Russian Responsibility to Exercise Due Diligence to Prevent Trans-Boundary Cybercrime", *Brigham Young University Law Review*, Vol. 29 (2015), No. 1, p. 178.

计算机犯罪、网络财产犯罪等犯罪类型的打击有一定的共识,形成了一些相近的规则,具有整合和归一的可能性。第二,各国国内网络犯罪立法的差异影响了网络犯罪国际立法发展的程度。各国由于立法价值、传统的差异,在一些类型的网络犯罪立法上有显著的区别,甚至存在不可调和的矛盾,这是推动网络犯罪国际立法时必须面对和考虑的现实侧面。第三,各国在网络犯罪国际立法上的主张、方案乃至理由均和其国内网络犯罪立法的规定密不可分,研究和分析网络犯罪国际立法主要问题的立场、观点势必难以脱离各国国内网络犯罪立法。

在世界各国中,网络犯罪立法值得特别关注的是中国、美国、德国、日本、俄罗斯和英国。这些国家或者在既有网络犯罪国际立法中居于核心、主导地位,或者提出了新的网络犯罪国际立法主张或方案,其网络犯罪立法规范对于未来网络犯罪国际立法的走向与发展具有重要影响。

### (一) 中国

中国采取一元的刑事立法模式,所有犯罪的行为模式和法律后果均由《中华人民共和国刑法》(以下简称《刑法》)加以规定,网络犯罪的立法沿革也即《刑法》相关条款的变迁过程。《刑法》中有关网络犯罪的规定经历了一个变化发展的过程,在阶段的演进过程中立法内容与重心有所转变,体现了立法回应网络犯罪的不断探索与实践。[①]

中国在计算机犯罪立法层面历经了从《刑法》到《刑法修正案(七)》《刑法修正案(九)》的发展。

第一阶段为"两点一面"的网络犯罪立法。此一阶段为1997年《刑法》颁布至《刑法修正案(七)》出台之前。《刑法》分则第六章"妨害社会管理秩序罪"第一节"扰乱公共秩序罪"中对计算机犯罪作出规定,在第285条规定了非法侵入计算机信息系统罪,在第286条规定了破坏计算机信息系统罪,在第287条作出利用计算机实施有关犯罪

---

① 参见王肃之《在行为与法益之间:我国网络犯罪立法路径的反思与超越》,《澳门法学》2018年第3期,第236~239页。

的提示性规定。有学者将其概括为"两点一面"的网络犯罪立法结构："第一,计算机信息系统是刑法保护的对象,特定领域的计算机信息系统受到更高程度的保护,网络犯罪的网络化特点没有受到重视。第二,对《刑法》第285条、第286条规定的行为之外的其他涉及计算机、互联网的犯罪行为,按照刑法其他规定处理,不与传统犯罪相区别。"[①]

"两点一面"的立法模式实际上确立了《刑法》中网络犯罪早期立法的基本路径——以规制犯罪方式(通过计算机的方式实施)为中心,即不论该网络犯罪行为的性质是什么,只要其符合非法侵入计算机信息系统罪、破坏计算机信息系统罪的构成要件,就可以按照这两个罪名定罪处罚;不涉及侵入或破坏计算机信息系统的其他网络犯罪行为,按照其他犯罪的相应规定处罚。

第二阶段为"双轨三点四线"的网络犯罪立法。2009年《刑法修正案(七)》基于十二年间网络犯罪的新发展,对于原有《刑法》规定作出较大幅度的修改,在第285条增设了第2款非法获取计算机信息系统数据、非法控制计算机信息系统罪,第3款规定了提供侵入、非法控制计算机信息系统程序、工具罪。有观点指出,上述修改基本上体现了刑法的三个转向,即从单纯保护特殊领域计算机信息系统转向保护所有计算机信息系统,从单纯保护计算机信息系统安全转向同时保护计算机数据安全,从单纯制裁直接侵害计算机信息系统安全犯罪转向同时制裁为非法侵入、控制计算机信息系统非法提供程序、工具犯罪。[②]

基于《刑法修正案(七)》,有学者将这一阶段的网络犯罪规范体系概括为"双轨三点四线"。"'双轨'的意思是专门用于制裁计算机犯罪的《刑法》第285条、第286条两个条文,与专门用于制裁传统犯罪网络化的《刑法》第287条,形成刑法应对网络犯罪的双轨并行的基本思路,前者指向纯粹的计算机犯罪,后者用于解决传统犯罪的网络化

---

① 皮勇:《我国网络犯罪刑法立法研究——兼论我国刑法修正案(七)中的网络犯罪立法》,《河北法学》2009年第6期,第50~51页。
② 参见于冲《网络犯罪罪名体系的立法完善与发展思路——从97年刑法到〈刑法修正案(九)草案〉》,《中国政法大学学报》2015年第4期,第41页。

现象;'三点'的意思是指刑法在思维上的观测点仅仅限于'计算机软件''计算机系统''计算机数据'三类犯罪对象;'四线'的意思是指三类犯罪对象映射在刑事立法中表现为有限的四个'线性'罪名,即《刑法》第 285 条、第 286 条规定的四个独立的网络犯罪罪名,'非法侵入计算机信息系统罪''非法获取计算机信息系统数据、非法控制计算机信息系统罪''提供侵入、非法控制计算机信息系统程序、工具罪''破坏计算机信息系统罪'。"①

第三阶段为网络犯罪立法的一般化。2015 年通过的《刑法修正案（九）》中有关网络犯罪的条文在很多方面都突破了原有《刑法》规定,在第 286 条之一增设拒不履行信息网络安全管理义务罪,在第 287 条之一增设非法利用信息网络罪,在第 287 条之二增设帮助信息网络犯罪活动罪,对网络服务提供者的不作为行为以及一般主体的网络犯罪参与行为予以规制。这些行为并非传统意义上的计算机犯罪,但是相比网络化的传统犯罪,上述行为的网络特性更为突出。

上述修改实际上使网络犯罪的立法全面突破了计算机犯罪的藩篱,延展到一般主体以及一般行为,扩大了打击范围,加大了打击力度,网络犯罪立法的规模与层次正在提升。其"一般化"具体表现为以下三个方面。第一,行为类型的一般化。拒不履行信息网络安全管理义务行为具有不作为属性,非法利用信息网络行为与帮助信息网络犯罪活动行为均具有网络犯罪参与行为属性,是关于各类网络犯罪行为适用的规则,而非某一类网络犯罪行为适用的规则。第二,法律后果的一般化。对于拒不履行信息网络安全管理义务罪、非法利用信息网络罪、帮助信息网络犯罪活动罪这三个罪名均设置了独立的刑罚后果,改变了第 287 条准用规定的模式。第三,行为主体的一般化。前述三个罪名中除了拒不履行信息网络安全管理义务罪有网络服务提供者的特定主体限制外,非法利用信息网络罪、帮助信息网络犯罪活动罪的犯罪主体均为一般主体,而且《刑法修正案（九）》还在第 285 条、第 286 条分别增加单位

---

① 于志刚:《网络思维的演变与网络犯罪的制裁思路》,《中外法学》2014 年第 4 期,第 1056 页。

犯罪条款作为第4款,全面推动了网络犯罪主体的一般化。

在网络化的传统犯罪层面,首先网络诈骗犯罪、网络色情犯罪、网络知识产权犯罪均可适用传统犯罪的相关条款。《刑法》第213条假冒注册商标罪,第216条假冒专利罪,第217条侵犯著作权罪,第219条侵犯商业秘密罪,第264条盗窃罪,第266条诈骗罪,第363条制作、复制、出版、贩卖、传播淫秽物品牟利罪,第364条传播淫秽物品罪均可适用于网络方式实施的对应行为。第120条组织、领导、参加恐怖组织罪,第120条之一帮助恐怖活动罪,第120条之二准备实施恐怖活动罪,第120条之三宣扬恐怖主义、极端主义、煽动实施恐怖活动罪,第120条之四利用极端主义破坏法律实施罪,第120条之六非法持有宣扬恐怖主义、极端主义物品罪等恐怖活动犯罪的罪名也可适用于网络环境。

此外,《刑法》第253条之一还规定了侵犯公民个人信息罪。该罪最早为《刑法修正案(七)》增设,具体包括非法获取、非法提供公民个人信息的行为,当时罪名为出售、非法提供公民个人信息罪以及非法获取公民个人信息罪。其后,《刑法修正案(九)》对第253条之一进行完善,并将罪名修改为侵犯公民个人信息罪。

(二) 美国

美国作为互联网的起源国家,也最早面临网络犯罪的问题。就计算机犯罪而言,无论黑客入侵、传播恶意代码还是(分布式)拒绝服务攻击,在1984年之前美国(联邦层面)都没有专门予以禁止的法律。与网络犯罪相关的可适用法律包括电报、邮件欺诈法律。在第一项已知的联邦针对计算机黑客的起诉[①]中,政府裁定一家计算机公司的所有者为电信欺诈(wire fraud)犯罪。此后,美国颁布了多个法律对计算机犯罪予以规制。

第一,1984年《伪造接入设备与计算机欺诈与滥用法》(Counter-

---

① *United States v. Seidlitz*, 589 F. 2d 152 (4th Cir. 1978).

feit Access Device and Computer Fraud and Abuse Act）。① 该法是美国最早针对计算机网络犯罪的专门立法，规制了三种行为。其一，故意未经或超越授权访问计算机网络获取美国国防外交机密信息的，构成重罪。其二，故意未经或超越授权访问财务机构或消费者报告机构获取财务信息的，构成轻罪。其三，故意未经或超越授权访问联邦政府机关的计算机，使用、更改、破坏、泄露其中信息，阻碍有权者使用的，构成轻罪。该法主要用于保护联邦政府的计算机、国防与外交关系的信息，以及财政机构或信用报告机构中的信息。②

第二，1986 年《计算机欺诈与滥用法》（Computer Fraud and Abuse Act, CFAA）。该法修正了《美国法典》（United States Code）第 18 章第 1030 条，从而确立了保护计算机和网络的机密性、完整性和可用性的规范基础，对美国（狭义）网络犯罪立法具有极其重要的意义，"莫里斯蠕虫病毒案"即据此作出的判决。该法增加了三款规定：其一，新增《美国法典》第 1030 条（a）第 4 款，规制未经授权访问计算机网络以实施诈骗的行为，实质是将电信诈骗的规定拓展为包含利用网络实施的情形；其二，新增第 1030 条（a）第 5 款，规制未经授权访问计算机网络，并更改、损害或者毁坏其中信息，导致 1000 美元以上经济损失，危害一人以上医学检查、诊断、治疗或护理的行为；其三，新增第 1030 条（a）第 6 款，规制访问交易计算机网络接入密码的行为。③

第三，1994 年《暴力犯罪控制与法律执行法》（Violent Crime Control and Law Enforcement Act）。该法对《计算机欺诈与滥用法》进行了两项重要修正：其一，在第 1030 条（a）第 5 款中增加了过失及贸然不顾（reckless disregard，严格责任的情形）造成法定损失，构成轻罪；其二，在 1030 条中增加了民事救济规定，允许被害人依该条提起损害赔偿诉讼。

---

① 这一立法在 1986 年进行修正时，正式定名为《计算机欺诈与滥用法》，后被编入《美国法典》第 18 编刑事法律部分第 1030 条。
② 18 U.S.C. §1030（a）（1）－（3）.
③ 18 U.S.C. §1030（a）（4）－（6）.

第四，1996年《国家信息基础设施保护法》（National Information Infrastructure Protection Act）。该法对《计算机欺诈与滥用法》进行了四项修正：其一，增加第1030条（a）第7款，规制利用计算机实施敲诈勒索的行为；其二，第1030条（a）第2款中保护的信息范围，被扩大为州际或国际交易通信中任何类别的任何信息；其三，在该款的损害结果中增加了"导致他人身体伤害"和"威胁公共卫生与安全"两种情况；其四，将第1030条（a）第4款、第5款中"关联联邦利益的计算机"，改为"受保护的计算机"。

第五，2001年《爱国者法》（Uniting and Strengthening America by Providing Appropriate Tools Required to Intercept and Obstruct Terrorism Act，USAPATRIOT）。该法对《计算机欺诈与滥用法》进行了两项主要修正：其一，将"受保护的计算机"的范围扩大到美国国境以外；其二，区分了"损害"与"损失"，后者包括被害人采取应对犯罪的合理措施产生的费用，以及其他因中断服务产生的损害结果。

第六，2008年《身份盗窃与赔偿法》（Identity Theft Enforcement and Restitution Act）。该法对《计算机欺诈与滥用法》进行了三项重要修正：第一，将第1030条（a）第2款中"州际交易通信"这一要件删除；第二，扩充第1030条（a）第5款，将造成损害不满5000美元的规定为轻罪；第三，进一步拓展"受保护的计算机"的定义，将"用于州际或国际"改为"用于或影响州际或国际"。

通过1986年到2008年之间的五次重大修订，就计算机犯罪，美国（联邦层面）基于受法律保护的计算机这一范畴，以其中存储的信息为对象，以行为模式为标准，基本确立了以侵入性访问行为（包括未授权访问和超越授权访问）、传播行为和破坏行为为基础的行为构成要件，以故意、过失或严格责任，造成法定损害或损失的一类罪名。[①]这些罪名虽然历经要件的变迁，但是对于计算机和网络机密性、完整性、

---

① 参见高仕银《美国政府规制计算机网络犯罪的立法进程及其特点》，《美国研究》2017年第1期，第62~81页。

可用性的重点保护并未改变。①

对于网络化的传统犯罪，美国则通过不同领域的系列立法予以规定。第一，知识产权犯罪。其典型法律为1980年《计算机软件版权法》（Computer Software Copyright Act），该法首次将计算机软件纳入知识产权保护的范围；1998年《数字千年版权法》（Digital Millennium Copyright Act），该法强化了对网络化知识产权犯罪的规制。第二，电信诈骗犯罪。除了《美国法典》第1030条（a）第4款外，第1343条还对电信诈骗犯罪作出独立规定。② 第三，儿童色情犯罪。《美国法典》在不同时期增设了第2551条，规制销售或购买未成年人色情物品的行为；第2552条，规制持有、发送或接收儿童色情物品的行为；③ 第2556条，用以界定儿童色情的内涵，即写真描述，包括照片、电影等。④ 第四，身份盗窃犯罪。1998年美国即出台了《身份盗窃及冒用防止法》（Identity Theft and Assumption Deterrence Act），其后颁布了一系列立法。⑤ 前述《身份盗窃与赔偿法》除了涉及计算机犯罪外，更是主要围绕身份盗窃犯罪展开。

对于美国网络犯罪立法的特征，有学者概括为以下几点：第一，计算机相关诈骗犯罪立法的竞合现象突出；第二，行为犯特征明显；第三，积量构罪特征明显；第四，犯罪对象不限于传统财物。⑥ 虽然其所概括的"积量构罪特征"是否妥当有待商榷，但是其他归纳可以在理解美国网络犯罪立法时予以参考。

### （三）德国

随着网络犯罪的演变，作为大陆法系经典范式的《德国刑法典》

---

① 此外，这一系列立法的目的还在于平衡美国联邦和各州对于这些犯罪的刑事处罚。Sumit Ghosh, Elliot Turrini, eds., *Cybercrimes: A Multidisciplinary Analysis*, Springer, 2010, pp. 265 – 266.
② 18 U. S. C. §1343.
③ 18 U. S. C. §§2551 – 2552.
④ 18 U. S. C. §2556.
⑤ Brian Craig, *Cyberlaw: The Law of the Internet and Information Technology*, Prentice Hall, 2012, p. 126.
⑥ 参见皮勇《〈网络犯罪公约〉框架下的美国网络犯罪立法：特立与趋同》，《国外社会科学》2020年第5期，第38~39页。

（Strafgesetzbuch，StGB）也不得不进行修改和补充，基于《德国刑法典》和附属刑法并行的二元刑事立法体系进行有效回应。

在计算机犯罪层面，2007年德国联邦议会决议通过"为打击计算机犯罪的刑法第41修正案"，修正了第202条a探知数据罪、第303条a变更数据罪、第303条b破坏计算机罪，创设了第202条b拦截数据罪、第202条c预备探知和拦截数据罪。其后，又在2015年修正时补充了第202条d窝藏数据罪（数据赃物罪）。

总体来看，《德国刑法典》基于数据权限的保护具体规定了五种行为。第一，探知数据行为。其所规定的探知数据系指在非授权访问或者突破安全程序保护访问不是为其提供的数据的行为。而且，仅访问就已经构成探知行为，不需要再额外获取数据。[1] 但是《德国刑法典》中探知数据的对象并不是计算机系统，根据第202条a第2款的规定，"探知数据"中的数据为以电子、磁力或者其他不能被直接感知的方式存储或传输的数据，并不限于计算机系统中的数据。第二，拦截数据行为。《德国刑法典》第202条b拦截数据罪中规定了使用技术手段，使自己或第三人从非公开的数据传输或者数据处理系统的电磁传输中，获取非为其提供的数据的行为。第三，预备探知和拦截数据行为。《德国刑法典》第202条c预备探知和拦截数据罪统一规定了预备实施第202条a或者第202条b规定的行为：其一，（准备）允许访问数据的密码或者其他安全代码；其二，制作目的在于实施前述行为的计算机程序，通过取得、出售、提供、传播或其他方式使自己或他人取得访问权限。第四，窝藏数据行为。《德国刑法典》第202条d窝藏数据罪规定了为实现自己或第三人获利或损害他人利益的目的，（第202条a第2款）使自己或他人取得、提供给他人、传播或以其他方式使之取得访问非法获取的非公开的数据的权限的行为。[2] 第五，变更数据行为。《德国刑法典》第303条a变更数据罪中规定了删除、封锁、修改数据或者使其

---

[1] Vgl. Daniel Schuh, *Computerstrafrecht im Rechtsvergleich-Deutschland*, *Österreich*, *Schweiz*, Duncker & Humblot, 2011, S. 50.

[2] Strafgesetzbuch §§202a–202d.

无效的行为。①

关于计算机,《德国刑法典》规定了破坏计算机的行为。《德国刑法典》第 303 条 b 破坏计算机罪中规定了删除、封锁、移除、修改数据处理系统或者使其无效的行为。②

在网络化的传统犯罪层面,德国通过刑法典或专门法律刑事条款的方式作出规定。第一,网络儿童色情犯罪。德国是较早重视以法律手段对网络犯罪进行控制的国家之一,特别是对与儿童相关的色情犯罪进行严厉打击。《德国刑法典》第 176 条对儿童的性侵害罪中规制了向未成年儿童展示有关淫秽的图像、模型,放映包含淫秽信息的音像、谈话的行为,也包括通过网络实施这一危害的行为。③ 第二,网络财产犯罪。《德国刑法典》第 242 条(盗窃罪)规制了以非法占有或者让第三人非法占有为目的,意欲盗窃他人合法动产的行为,也包括通过网络实施这一危害的行为。④ 第 263 条(诈骗罪)规制了意欲使自己或第三人得到非法的财产利益,通过欺诈、歪曲、隐瞒的途径,指示他人损害其财产的行为,也包括通过网络实施这一行为。此外,《德国刑法典》于第 263 条诈骗罪之外另设第 263 条 a 计算机诈骗罪,以解决计算机无法成为被害主体的问题。⑤ 第三,网络著作权犯罪。对此《德国刑法典》没有作出直接的规定,《德国著作权法》(Urheberrechtsgesetz)第 107 条作出了规定。

围绕侵犯个人数据的行为类型,德国采取了双轨制的模式。一方面在《德国刑法典》中规定针对个人秘密实施的犯罪行为,即规定了第 203 条侵犯他人秘密罪、第 204 条利用他人秘密罪;另一方面,德国于 1977 年通过了《德国联邦数据保护法》(Bundesdatenschutzgesetz),确立了侵犯个人数据犯罪的刑事责任,该法 2017 年修改后刑事责任条款规定于第 42 条。

---

① Strafgesetzbuch §303a.
② Strafgesetzbuch §303b.
③ Strafgesetzbuch §176.
④ Strafgesetzbuch §242.
⑤ Strafgesetzbuch §§263–263a.

### (四) 日本

在计算机犯罪层面，《日本刑法典》1987年、2001年、2011年三次修正均与信息网络犯罪有关，特别是前两次修正。《日本刑法典》除了在第7条之二专门界定"电磁记录"外，也在其他条文中增设直接或间接与"电磁记录"相关的规定，如第234条之二以破坏电子计算机等手段妨害业务罪中的"供该电子计算机使用的电磁记录"，以及第175条第1款散布淫秽物品罪、第163条之二至之五有关支付磁卡的电磁记录的犯罪、第246条之二使用电子计算机诈骗罪、第258条毁弃公文书等罪、第259条毁弃私文书等罪、第161条之二制作非法电磁记录罪与提供非法制作的电磁记录罪的"电磁记录"。2011年的《日本刑法典》部分修正，在第2编第19章之后，增设了"有关非法指令电磁记录（计算机病毒）的犯罪"作为第19章之二，包括制作非法指令电磁记录等罪（第168条之二）以及取得非法指令电磁记录等罪（第168条之三）。[①]

在网络化的传统犯罪层面，《日本刑法典》中的传统罪名同样适用。比如，对于网络财产犯罪，《日本刑法典》第235条盗窃罪、第246条诈欺罪同样适用，《日本刑法典》第246条之二也规定了与德国类似的"计算机诈骗罪"。[②] 对于网络色情犯罪，《日本刑法典》第175条第1款散布淫秽物品罪的犯罪对象也包括"与电磁记录有关的介质"。[③] 对于网络知识产权犯罪，日本在《日本著作权法》中规定了刑事条款，其同样适用于网络环境。

对于侵犯个人信息犯罪，日本也采取了刑法典与专门立法刑事条款相结合的方式。《日本刑法典》第134条泄露秘密罪规定了泄露个人秘密的行为。此外，为应对侵犯个人信息犯罪的发展，日本《个人信息保护法》（『個人情報の保護に関する法律』）也不断修正完善，该法2017年修正时也对刑事责任条款作出调整，第7章（刑事）"罚则"第

---

[①] 《日本刑法典》第19章之二有关非法指令电磁记录的犯罪。
[②] 《日本刑法典》第246条之二计算机诈骗罪。
[③] 《日本刑法典》第175条散布淫秽物品罪。

82 条至第 88 条全面规定了侵犯个人信息犯罪的刑事处罚。

（五）俄罗斯

在计算机犯罪层面，《俄罗斯刑法典》（Уголовный кодекс Российской Федерации）第 28 章对计算机信息领域的犯罪作出全面规定，包括第 272 条非法访问计算机信息罪①，第 273 条创建、使用和传播有害计算机程序罪②，第 274 条违反计算机存储、处理、传输设备和信息通信网络操作规则罪③。俄罗斯于 2011 年、2014 年、2017 年对该章的条款进行修改④，特别是 2017 年增设了第 274 条之一非法影响俄罗斯联邦关键信息基础设施罪。⑤

《俄罗斯刑法典》关于计算机犯罪的规定与中国有一定的近似之处。对此有观点认为，第 272 条非法访问计算机信息罪与中国《刑法》第 285 条非法侵入计算机信息系统罪在名称上如出一辙，只不过在犯罪对象上有所差别，即该条（第 1 款）规定的犯罪对象包括所有领域的计算机信息，而中国《刑法》第 285 条（第 1 款）规定的犯罪对象是有限制的，即只能是国家事务、国防建设、尖端科学技术领域的计算机信息系统；第 273 条创建、使用和传播有害计算机程序罪与中国《刑法》第 286 条破坏计算机信息系统罪很相近，犯罪对象都是计算机的程序，只是在犯罪的手段上略有不同。⑥ 然而二者还有一个更为重要的区别，即是否直接将计算机（信息）系统作为犯罪对象，在中国《刑法修正案（七）》第 285 条增设非法获取计算机信息系统数据、非法控制计算机信息系统罪，以及提供侵入、非法控制计算机信息系统程序、工具罪后，二者对于"计算机信息"或者"计算机信息系统数据"的保护趋于一致，《俄罗斯刑法典》不将计算机（信息）系统作为犯罪对象

---

① Уголовный кодекс Российской Федерации, Статья 272.
② Уголовный кодекс Российской Федерации, Статья 273.
③ Уголовный кодекс Российской Федерации, Статья 274.
④ 修订时间与法律文件编号分别为：28.06.2014 № 195 – Ф3, 07.12.2011 № 420 – Ф3, 26.07.2017 № 194 – Ф3。
⑤ Уголовный кодекс Российской Федерации, Статья 274$^1$.
⑥ 参见赵微《俄罗斯联邦刑法》，法律出版社，2003，第 400 页。

的做法与中国相比更为鲜明。

在网络化的传统犯罪层面,《俄罗斯刑法典》也致力于推动传统罪名的扩大适用。如第146条侵犯著作权和邻接权罪、第147条侵犯发明权和专利权罪、第158条盗窃罪、第159条诈骗罪、第174条洗钱罪、第242条非法传播淫秽材料或者淫秽物品罪等罪名均可适用于网络环境。此外,《俄罗斯刑法典》也通过修正的方式进行完善,以适应传统犯罪的网络化。2014年通过的《俄罗斯联邦个别法律法规修正案》[①]对《俄罗斯刑法典》第280条公然鼓动实施极端主义活动罪、第282条煽动仇恨或怨仇或者诋辱人格尊严罪作出修改,使其可以更好地适用于网络环境。第280条第2款第1项,在"信息"前增加"或信息和通信网络,其中包括'互联网'";第282条第1款第1项,在"信息"前增加"或信息和通信网络,其中包括'互联网'"。[②]

(六) 英国

英国也是较早对网络犯罪进行立法回应的国家。为了惩治日益猖獗的网络犯罪,基于英国审计委员会1981年对计算机有关犯罪行为进行的调查,英国相关的网络刑事法律应运而生。[③]

在计算机犯罪层面,英国于1990年出台了《计算机滥用法》(Computer Misuse Act),作为规制该类犯罪的专门法。初始时该法创设了三类滥用计算机的犯罪行为:第一,未经授权获取计算机程序或数据;第二,以实施或帮助实施其他犯罪之目的,未经授权获取计算机程序或数据;第三,未经授权更改计算机程序或数据。[④] 之后,在前述行为立法的基础上又补充规定了两类基础犯罪行为:第一,未经授权(包括进行黑客攻击)获取个人信息;第二,通过计算机病毒、恶意软件、分

---

① 第179-Φ3号,2014年6月20日俄罗斯联邦议会国家杜马通过,2014年6月25日联邦议会批准,2014年6月28日生效。
② 参见中央网络安全和信息化领导小组办公室、国家互联网信息办公室政策法规局编《外国网络法选编》(第一辑),中国法制出版社,2015,第414~417页。
③ 参见古丽阿扎提·吐尔逊《英国网络犯罪研究》,《中国刑事法杂志》2009年第7期,第124页。
④ Computer Misuse Act, Section 1-3.

布式拒绝服务或其他方式攻击互联网服务。[1]

在网络化的传统犯罪层面,英国并无将各类犯罪行为进行统一规定的刑法典,而是通过各个专项立法完成规制。比如,对于网络诈骗犯罪,可以依照英国 2006 年出台的《欺诈法》(Fraud Act)进行规制。而且,该法正是为了应对日益严重的计算机和网络欺诈制定的。[2] 该法明确规定了构成诈骗罪的三种行为表现形式,即虚假表示诈骗(fraud by false representation)、隐瞒真实信息诈骗(fraud by failing to disclose information)和滥用地位诈骗(fraud by abuse of position)。行为人只要实施其中任意一种行为,即可构成诈骗罪。其司法实践中最普遍的是虚假表示诈骗。[3] 对于网络盗窃犯罪,可以按照英国 1968 年出台的《盗窃法》(Theft Act)中关于有形财产与无形财产的规定认定处罚。[4] 对于网络色情犯罪,英国 1994 年出台了《刑事司法和公共秩序法》(Criminal Justice and Public Order Act),将 1959 年《淫秽物品出版法》中有关淫秽内容的界定扩大为包含可视化的电子信息传播。对于网络知识产权犯罪,英国 1988 年出台的《著作权、设计和专利法》(Copyright, Designs and Patents Act)第 107 条规定了侵犯著作权行为的刑事责任。此外,2003 年《性犯罪法》(Sexual Offences Act),1988 年《恶意通信法》(Malicious Communication Act),2003 年《通信法》(Communication Act)的相关条款也适用于网络犯罪,比如 2003 年《通信法》第 125 条即对宽带盗窃(bandwidth theft)作出规定。[5]

### (七)其他国家

除了上述国家外,其他各国也纷纷基于国内的实践推动网络犯罪立法的出台。比如,澳大利亚 2001 年《网络犯罪法》(Cybercrime Act),毛里求斯 2003 年《计算机滥用和网络犯罪法》(The Computer Misuse

---

[1] National Crime Agency (NCA), *Cybercrime Assessment* 2016, p. 5.
[2] Ian J. Lloyd, *Information Technology Law* (7th edition), Oxford University Press, 2014, p. 66.
[3] 参见胡莎《英国诈骗罪过度犯罪化问题及其解决》,《中山大学法律评论》2016 年第 1 期,第 58 页。
[4] Theft Act of 1968, art. 4.
[5] Ian J. Lloyd, *Information Technology Law* (7th edition), Oxford University Press, 2014, p. 403.

and Cybercrime Act），阿拉伯联合酋长国《预防信息技术犯罪的 2006 年第 2 号联邦法》（Federal Law No. 2 of 2006 on the Prevention of Information Technology Crimes），塞内加尔《2008 年第 11 号网络犯罪法》（Law No. 2008 - 11 on Cybercrime），卡塔尔《2014 年第 14 号网络犯罪防止法》（Law No. 14 of 2014 Promulgating the Cybercrime Prevention Law），牙买加 2015 年《网络犯罪法》（The Cybercrime Act），坦桑尼亚 2015 年《网络犯罪法》（The Cybercrime Act），尼日利亚 2015 年《网络犯罪法》（Cybercrime Act），肯尼亚 2018 年《计算机滥用和网络犯罪法》（The Computer Misuse and Cybercrime Act），等等。

其中特别值得关注的是尼日利亚 2015 年《网络犯罪法》。尼日利亚的经济和国际形象受到网络犯罪的深刻影响，在此背景下《网络犯罪法》作为尼日利亚首项专门针对网络犯罪和网络安全的立法应运而生。该法规定，对于侵害或损害国家关键信息基础设施、出售预注册的 SIM 卡、非法访问计算机系统、网络恐怖主义以及其他犯罪行为的实施者和帮助者均进行严厉的刑事处罚。[1]

此外也有国家正在制定网络犯罪的相关立法。比如埃塞俄比亚正在起草的《网络犯罪法（草案）》拟引入重大改革。第一，在规范中增加一系列新的网络犯罪，将计算机犯罪分为四大类。第二，提供详细的程序和证据规则，这些规则对于调查和起诉计算机犯罪至关重要。第三，包含定义条款，该条款定义了一组技术概念，而 2004 年《埃塞俄比亚刑法》则没有这样的定义，其特殊的重要性在于某些与计算机相关的概念对法官而言不可避免具有技术性，然而他们必须在实际案件中运用它们。第四，该法律草案的另一个显著特点是大多数故意犯罪应受到惩处，只有少数网络犯罪因过失而应受到惩处。[2]

---

[1] Olubukola Stella Adesina, "Cybercrime and Poverty in Nigeria", *Canadian Social Science*, Vol. 13 (2017), No. 4, p. 26.

[2] Kinfe Micheal Yilma, Halefom Hailu Abraha, "The Internet and Regulatory Responses in Ethiopia: Telecoms, Cybercrimes, Privacy, E-Commerce, and the New Media", *Mizan Law Review*, Vol. 9 (2015), No. 1, pp. 129 - 130.

## 二　网络犯罪国际立法形成的必然性

虽然各国均根据网络犯罪的变化在立法层面进行了回应，但是仅依靠国内法加以打击的不足日益凸显，推动形成网络犯罪国际立法的必要性不断提升，制定专门规范对于打击网络犯罪不可或缺。对此可以从两个方面予以理解。

第一，国内网络犯罪立法难以完全有效规制网络犯罪。网络犯罪的交互性首先与各国刑事立法的限定性存在矛盾。"网络犯罪具有互联网的流动性，因此往往跨地域、跨国实施。"[1] 然而与网络犯罪的交互性相对，各国刑事立法却具有限定性，其以特定的国家管辖领域为边界，对犯罪行为进行强有力但又有局限的管辖，由此导致二者内在结构上的冲突。对此有观点指出："与网络犯罪做斗争和保护国家在网络空间中的利益问题反映了非灵活的法律框架（non-flexible legal frameworks）（如刑法本质并不意味着要灵活）与非等级制结构（nonhierarchical structure）和无边界特质（borderless nature）之间的紧张关系，信息和通信网络的性质不适合传统的自上而下的命令和控制模式。"[2]

实践中各国仅依靠国内立法打击网络犯罪也越发面临"捉襟见肘"的境况。一个普遍的状况是目前的网络犯罪处罚尚不足以产生威慑效果，[3] 而且这一问题具有实体法与程序法交融的性质：在涉及一系列犯罪活动的互联网犯罪网络中，预防机构和执法机构往往面临现实的困难。[4] 例如非洲的网络犯罪行为人即充分利用了管辖区之间衔接不足的问题："在尼日利亚主要城市的网吧遭到突袭之后，网络犯罪行为人转

---

[1] E. Rutger Leukfeldt, "Organised Cybercrime and Social Opportunity Structures: A Proposal for Future Research Directions", *The European Review of Organised Crime*, Vol. 2 (2015), No. 2, p. 99.

[2] Tatiana Tropina, Cormac Callanan, *Self-and Co-Regulation in Cybercrime*, Cybersecurity and National Security, Springer, 2015, p. 12.

[3] Daniel Ortner, "Cybercrime and Punishment: The Russian Mafia and Russian Responsibility to Exercise Due Diligence to Prevent Trans-Boundary Cybercrime", *Brigham Young University Law Review*, Vol. 29 (2015), No. 1, p. 212.

[4] E. Rutger Leukfeldt, "Cybercrime and Social Ties", *Trends in Organized Crime*, Vol. 17 (2014), No. 4, pp. 231–249.

移到偏远地区开展业务。国家边界的漏洞百出以及各州对其领土缺乏控制，意味着网络罪犯可以轻易地从一个司法管辖区迁移到另一个（立法和执法水平较低的）司法管辖区。尼日利亚经济和金融犯罪委员会（Economic and Financial Crimes Commission，EFCC）的律师指出，当尼日利亚加强其打击网络犯罪的措施时，网络犯罪行为人正在离开该国，并转移到其他西非国家。"国际电信联盟前秘书长哈马都尼·图尔（Hamadoun Toure）在评论非洲日益受到网络破坏时甚至说："目前，网络犯罪分子将非洲视为逃避惩罚的避风港。"①

根据联合国毒品和犯罪问题办公室的调查，从全球来看，不足半数的答复国家认为自己（应对网络犯罪的）刑事和程序法律框架健全，但这掩盖了巨大的区域差异。虽然三分之二以上的欧洲国家报告称自己立法充分，但非洲、美洲、亚洲和大洋洲的情况却恰恰相反，因为这些区域三分之二以上的国家认为自己仅有部分法律是充分的，或根本不充分。②

即便是互联网领域的先行国家也面临国内法打击网络犯罪时的局限性。如在美国，"尽管存在数量众多的国内法律可以规制与网络相关的犯罪，并且随着时间的推移已经日趋成熟，但是鉴于网络空间固有的全球性，人们对这些法律的效力感到担忧。美国已经通过了将各种形式的（网络犯罪）行为定义为犯罪的法律，包括对计算机系统的非法入侵和故意损坏。不幸的是，此类法律缺乏（或无法确保）监管或对刑事管辖权的个人、团体或政府影响不大"。③ 在英国，"虽然法律的漏洞可以通过判例来弥补，但是随着越来越多的未成年人接触网络，各种形式的网络犯罪对英国的法律提出了严峻的挑战，迫使立法机关必须尽快适应网络犯罪的蔓延速度，而现实是英国立法机关有时候根本来不

---

① Nir Kshetri, "Cybercrime and Cybersecurity in Africa", *Journal of Global Information Technology Management*, Vol. 22 (2019), No. 2, pp. 77–78.
② 联合国毒品和犯罪问题办公室：《网络犯罪综合研究（草案）》，执行摘要第9页。
③ Angelyn Flowers, Sherali Zeadally, Acklyn Murray, "Cybersecurity and US Legislative Efforts to Address Cybercrime", *Journal of Homeland Security & Emergency Management*, Vol. 10 (2013), No. 1, p. 35.

及做出反应"。①

这种打击的疏漏也与各国的利益和立场不同有关。各国根据国内刑事立法按照自身的标准对权利进行保护，尤其是考虑到规范互联网和其他新技术涉及的无数利益时。② 因此，网络犯罪的打击无法仅通过各国国内立法和执法完成，规范的国际化势在必行。

第二，网络犯罪与国际犯罪的交融性加深。传统意义上，国际刑法所规定的犯罪行为主要限于国际犯罪。如有学者将国际法在刑法方面的内容概括为国际犯罪、国际刑事责任的要素、国际刑法直接执行制度的程序以及国际刑法间接执行制度的执行模式。③ 国际犯罪是指严重危害国际社会共同利益，因而为国际刑法所明确禁止并应该负法律责任的行为，其具有以下三个基本特征："其一，国际犯罪是严重危害国际社会利益的行为；其二，国际犯罪是国际刑法明确禁止的行为；其三，国际犯罪是应该负担法律责任的行为。"④ 侵略罪、种族灭绝罪、危害人类罪、战争罪等国际犯罪既是国际刑法实体法层面的要素，也是国际刑法规制的对象。

然而随着网络犯罪的发展，其日渐与国际犯罪呈现交融的态势。在行为层面，网络犯罪的行为类型已经为不少国际犯罪所包括。在过去几十年，国际刑法主要着眼于国际罪行的核心犯罪（core crimes），对于其他类型的犯罪未能充分关注，然而这些其他类型的犯罪可能跨越司法管辖区，有时危害可能比核心犯罪更为严重。⑤ 如在相关学者基于广义视角归纳的国际犯罪中，除了网络犯罪作为独立犯罪类型外，恐怖主义犯罪、有组织犯罪、毒品犯罪、洗钱犯罪、腐败犯罪、欺诈犯罪、伪造犯罪和儿童色情犯罪也在国际犯罪之列，而这些可以包括在网络化的传

---

① 古丽阿扎提·吐尔逊：《英国网络犯罪研究》，《中国刑事法杂志》2009 年第 7 期，第 126 页。
② Jonathan Clough, *Principles of Cybercrime*, Cambridge University Press, 2010, p. 21.
③ M. Cherif Bassiouni, *Introduction to International Criminal Law* (2nd Revised Edition), Brill, 2012, pp. 9–10.
④ 马呈元：《国际刑法论》（增订版），中国政法大学出版社，2013，第 310~312 页。
⑤ M. Cherif Bassiouni, *Introduction to International Criminal Law* (2nd Revised Edition), Brill, 2012, p. 105.

统犯罪中。① 即便是按照经典视角对国际犯罪的归纳，也有包括网络犯罪的空间。如有学者基于 281 个国际法律文件，归纳出 28 种国际犯罪，其中既包括侵略罪、种族灭绝罪、危害人类罪、战争罪等传统种类，也包括资助恐怖行为犯罪、有组织犯罪、淫秽物品的国际交易犯罪等可以包括网络犯罪的种类。②

在主体层面，传统国际犯罪已经开始承认个人作为犯罪主体，就此网络犯罪在主体层面不存在障碍。国际刑法的本质是惩处国际犯罪，而不是调整国家间的权利义务，尽管调整国家间的权利义务有利于惩处国际犯罪。③"尽管适用领域有限，个人在今天已经被公认为国际法的主体，并需要对国际法中的某些国际犯罪——强行法上的犯罪承担刑事责任，而与国家法律的规定无关。"④ 更有学者明确指出："个人不仅是国内犯罪的主体，也是国际犯罪的主体，国际犯罪的主体主要是个人。"⑤

此外，网络犯罪的跨国化与国际化也没有不可逾越的鸿沟。有些跨国犯罪关涉许多国家并威胁到国际社会的共同利益，引起了国际社会的普遍关注与严重不安，从而被确认为国际犯罪。⑥ 在规范层面，通过国内刑法中确定的"一般法律原则"（general principles of law），比较刑法在国际法方面的重要性日益增加。⑦ 这反映了国内刑法和国际刑法的一种互动趋势，而在网络犯罪领域更是如此。基于跨国网络犯罪，网络犯罪国际立法的视域、范围和体系开始日益显现。对此有学者甚至认为，

---

① Christine Van den Wyngaert, Steven Dewulf, eds., *International Criminal Law: A Collection of International and Regional Instruments* (4th Revised Edition), Brill, 2011, pp. 649 – 1409.
② M. Cherif Bassiouni, *Introduction to International Criminal Law* (2nd Revised Edition), Brill, 2012, pp. 144 – 145.
③ 马呈元：《国际刑法论》（增订版），中国政法大学出版社，2013，第 79 页。
④ M. Cherif Bassiouni, *Introduction to International Criminal Law* (2nd Revised Edition), Brill, 2012, p. 60.
⑤ 贾宇：《国际刑法学》，中国政法大学出版社，2004，第 105 页。
⑥ 贾宇：《国际刑法学》，中国政法大学出版社，2004，第 92 页。
⑦ Iryna Marchuk, *The Fundamental Concept of Crime in International Criminal Law: A Comparative Law Analysis*, Springer, 2014, p. 2.

跨国网络刑（事）法的出现，不仅表现在区域性解决方法上，而且表现在它们交融的方式上，形成了一个具有潜在全球影响的法律体系。[1]

---

[1] Nicola Dalla Guarda, "Governing the Ungovernable: International Relations, Transnational Cybercrime Law, and the Post-Westphalian Regulatory State", *Transnational Legal Theory*, Vol. 6 (2015), No. 1, p. 249.

第二章

# 网络犯罪国际立法的渊源与博弈

## 第一节 网络犯罪国际立法的渊源类型

网络犯罪国际立法需要在法律渊源的视角下加以理解。在国际刑法领域已经对国际犯罪的法律渊源加以明确。一般认为,"公约""习惯""一般法律原则"是国际法的渊源,也是国际刑法的(狭义)渊源。① 但也有学者从更广的范畴来理解国际刑法渊源,认为其种类包括国际条约、国际习惯、一般法律原则、司法判例、国内立法与国际刑法学家学说。② 无论在狭义还是广义的视角下,"公约"或"国际条约"都是国际刑法的首要渊源。晚近以来,关于具体犯罪类型的国际立法也日益纳入国际刑法的范畴,如有观点将《联合国打击跨国有组织犯罪公约》《联合国反腐败公约》的通过作为国际刑法的新发展。③ 针对具体犯罪所制定的国际法日益具有国际法渊源层面的正当性。

理论上,关于网络犯罪的国际条约、国际习惯、一般法律原则也具

---

① M. Cherif Bassiouni, *Introduction to International Criminal Law* (2nd Revised Edition), Brill, 2012, p.9. 参见〔德〕格哈德·韦勒《国际刑法学原理》,王世洲译,商务印书馆,2009,第57~60页。

② 参见叶良芳《国际刑法基本理论研究》,浙江大学出版社,2018,第15~21页。

③ 参见贾宇《国际刑法学》,中国政法大学出版社,2004,第28页。

有法律渊源的属性，但是由于各国立法、司法的巨大差异，现阶段国际习惯、一般法律原则等几乎难以在这一领域发挥作用，其法律渊源主要涉及国际条约等国际立法。

实践中，由于网络犯罪国际立法的必要性日益突出，一些地区和国家开始探索共同制定打击网络犯罪公约和其他规范文件。目前，虽然远未能在全球范围形成具有共识的刑事条款，但是区域性的网络犯罪国际立法日渐增多，它们在打击跨国网络犯罪的进程中也发挥着越来越重要的作用。《网络犯罪综合研究（草案）》指出，在制定打击网络犯罪的国际和地区文书方面出现了极大的发展，包括具有约束力和非约束力的文书。这些文书可分为五类，制定主体包括：欧洲委员会或欧洲联盟，独立国家联合体或上海合作组织，非洲政府间组织，阿拉伯国家联盟，以及联合国。所有文书之间都存在交互影响，特别是《欧洲委员会网络犯罪公约》制定的概念及方法。[①]

该统计一定程度上呈现了网络犯罪国际立法的分布情况，但其仅是对网络犯罪国际立法中公约类、指令类、协定类的法律文书进行非完全统计，也未涉及示范法类的法律文书。系统的研究须对这四类法律文书进行全面的总结。[②]

## 一 公约类网络犯罪国际立法

公约类网络犯罪国际立法即以强化全球或区域国家打击网络犯罪合作为目的制定的国际公约（或草案），该类网络犯罪国际立法的特点在于对刑事实体条款、刑事程序条款、国际合作条款均作出全面系统的规定。目前尚未形成全球范围的打击网络犯罪国际公约，仅有以下三个区域性质的公约：《欧洲委员会网络犯罪公约》《阿拉伯打击信息技术犯

---

① 联合国毒品和犯罪问题办公室：《网络犯罪综合研究（草案）》，执行摘要第9页。
② 事实上，除上述区域立法外，美洲国家组织、海湾合作理事会等也就网络犯罪立法问题作出了一系列的努力；甚至一些学术团体也提出了打击网络犯罪的法律框架，如《加强防范网络犯罪和恐怖主义的国际公约（草案）》（Draft International Convention to Enhance Protection from Cyber Crime and Terrorism），也即《斯坦福公约（草案）》（Draft Stanford Convention），https://web.stanford.edu/~gwilson/Transnatl.Dimension.Cyber.Crime.2001.p.249.pdf。

罪公约》《非洲联盟网络安全和个人数据保护公约》。此外，已有第一个联合国层面的打击网络犯罪国际公约草案，即《联合国合作打击网络犯罪公约（草案）》。

### （一）《欧洲委员会网络犯罪公约》

《欧洲委员会网络犯罪公约》（Council of Europe Convention on Cybercrime）（也称《布达佩斯公约》）系为应对日益严重的网络犯罪问题，欧洲委员会（Council of Europe, COE）中的26个成员国以及美国、加拿大、日本和南非等30个国家的政府官员于2001年11月在布达佩斯共同签署的公约。该公约为全世界第一部针对网络犯罪行为所制定的国际公约，旨在达成成员国之间更大程度的一致性，追求一个旨在保护社会、打击跨国网络犯罪的共同刑事政策。① 2003年1月28日，还在斯特拉斯堡通过了《网络犯罪公约补充协定：关于通过计算机系统实施的种族主义和仇外性质行为的犯罪化》（Additional Protocol to the Convention on Cybercrime, Concerning the Criminalisation of Acts of a Racist and Xenophobic Nature Committed through Computer Systems）（以下简称《〈欧洲委员会网络犯罪公约〉第一附加议定书》）。该公约是目前影响力最大的区域性打击网络犯罪国际公约，截至2020年3月，共67个国家签署、批准或加入，其中包括28个非欧洲委员会成员国。②

同时通过的《欧洲委员会网络犯罪公约解释报告》（Explanatory Report to the Council of Europe Convention on Cybercrime）指出，该公约的主要目的为：（1）协调本国刑事实体法的定罪要素与网络犯罪领域有关规定的关系；（2）为网络犯罪行为、其他利用计算机系统或与电子证据有关的犯罪行为的调查和起诉提供必要的国内刑事程序法权力；（3）建立快速且有效的国际合作体制。③

---

① COE, Convention on Cybercrime, https://www.coe.int/en/web/conventions/full-list/-/conventions/treaty/185/, preamble.
② COE, *Chart of Signatures and Ratifications of Treaty* 185, https://www.coe.int/en/web/conventions/full-list/-/conventions/treaty/185/signatures.
③ COE, Explanatory Report to the Convention on Cybercrime, p. 4.

《欧洲委员会网络犯罪公约》共48条。在结构上分为4章，分别是术语的使用、国内层面上的措施（实体刑法和程序法）、国际合作与最后条款。其中第1章仅第1条"定义"，对计算机系统、计算机数据、服务提供者和通信数据进行界定，第4章就公约的程序和效力等进行规定，核心内容为第2章与第3章。

第2章第1节（第2条至第13条）为"实体刑法"，该节规定了网络犯罪的行为类型和行为形态。在行为类型层面，该节规定了四类九种网络犯罪行为：（1）破坏计算机数据和系统机密性、完整性和可用性的犯罪，包括非法访问（第2条）、非法拦截（第3条）、干扰数据（第4条）、干扰系统（第5条）、滥用设备（第6条）犯罪；（2）与计算机有关的犯罪，即与计算机有关的伪造（第7条）和诈骗（第8条）犯罪；（3）与内容有关的犯罪，即儿童色情犯罪（第9条）；（4）与侵犯著作权和邻接权有关的犯罪（第10条）。在行为形态层面，该节规定了共同犯罪形态，即要求缔约方将故意帮助或教唆他人实施上述九种罪行的行为定为犯罪；未完成犯罪形态（预备犯），即要求缔约方将意图实施非法拦截、干扰数据、干扰系统，与计算机有关的伪造、诈骗，以及与内容有关的儿童色情犯罪中的制造、分发和传输的行为定为犯罪，但是缔约方可以全部或部分保留该规定（第11条）。① 该节中还规定了法人责任（第12条）。

此外，《〈欧洲委员会网络犯罪公约〉第一附加议定书》旨在补充《欧洲委员会网络犯罪公约》的内容，将通过计算机实施的种族主义和仇外性质的行为犯罪化，② 增加了以下四种犯罪：通过计算机系统传播种族主义和仇外性质的材料（第3条），种族主义和仇外动机的威胁（第4条），种族主义和仇外动机的侮辱（第5条），对构成种族屠杀或反人类罪的行为否认、开脱、赞同或为其辩护（第6条）。《〈欧洲委员

---

① 该条区别规定了不同犯罪形态的适用犯罪类型：对于帮助犯、教唆犯，适用犯罪范围为第2条至第10条；对于预备犯，适用犯罪范围为第3条、第4条、第5条、第7条、第8条、第9条第1款第a项与第c项。

② COE, Additional Protocol to the Convention on Cybercrime, Concerning the Criminalisation of Acts of a Racist and Xenophobic Nature Committed Through Computer Systems, art. 1.

会网络犯罪公约〉第一附加议定书》还规定了帮助犯、教唆犯（第 7 条）。该议定书要求《欧洲委员会网络犯罪公约》除具体罪名外的其他主要条款均可加以适用（或要求缔约方扩展适用），① 因此二者的犯罪类型具有整体性。

第 2 章第 2 节（第 14 条至第 21 条）为"程序法"，第 3 节（第 22 条）为"管辖权"。其中，第 2 节又分为五部分，包括第一部分"一般规定"（第 14 条"程序条款的适用范围"、第 15 条"条件和保障措施"），第二部分"已存储计算机数据的快速保全"（第 16 条"已存储计算机数据的快速保全"、第 17 条"通信数据的快速保全和部分披露"），第三部分"提供令"（第 18 条"提供令"），第四部分"搜查和扣押已存储计算机数据"（第 19 条"搜查和扣押已存储计算机数据"），第五部分"计算机数据的实时收集"（第 20 条"通信数据的实时收集"、第 21 条"内容数据的拦截"）。此外，该节的"一般规定"极大地拓宽了公约的适用范围，即有关程序规则不仅适用于"实体刑法"所涵盖的九种网络犯罪，还适用于其他借助计算机系统实施的犯罪和涉及电子证据收集的犯罪。② 第 3 节仅包括第 22 条"管辖权"。

第 3 章（第 23 条至第 35 条）为"国际合作"，包括第 1 节"一般原则"与第 2 节"特殊规定"。第 1 节包括四部分，即第一部分"与国际合作有关的一般原则"（第 23 条"与国际合作有关的一般原则"），第二部分"与引渡有关的原则"（第 24 条"引渡"），第三部分"与相互协助有关的一般原则"（第 25 条"与相互协助有关的一般原则"、第 26 条"主动提供信息"），第四部分"在缺乏可适用的国际协定的情况下与相互协助请求有关的程序"（第 27 条"在缺乏可适用的国际协定的情况下与相互协助请求有关的程序"、第 28 条"保密性和使用的限制"）。第 2 节包括三部分，即第一部分"与临时措施有关的相互协助"

---

① COE, Additional Protocol to the Convention on Cybercrime, Concerning the Criminalisation of Acts of a Racist and Xenophobic Nature Committed Through Computer Systems, art. 8.
② COE, Convention on Cybercrime, art. 14.

(第29条"已存储计算机数据的快速保全"、第30条"已存储通信数据的快速披露"),第二部分"与侦查权力有关的相互协助"(第31条"与访问已存储计算机数据有关的相互协助"、第32条"经同意或对公开的已存储的计算机数据越境访问"、第33条"与实时收集通信数据有关的相互协助"、第34条"与内容数据拦截有关的相互协助"),第三部分"24/7网络"(第35条"24/7网络")。此外,该章第23条规定,缔约方不仅应遵守该章有关国际合作的规定,而且应适用与国际合作有关的国际法律文书,最大限度地开展国际合作。①

### (二)《阿拉伯打击信息技术犯罪公约》

为提高和加强阿拉伯国家之间打击信息技术领域罪行的合作以减小此类犯罪的威胁,保护阿拉伯国家的安全、利益和其社会、公民的安全,阿拉伯国家联盟(League of Arab States,LAS)总秘书处于2010年通过了《阿拉伯打击信息技术犯罪公约》(Arab Convention on Combating Information Technology Offences)。② 该公约通过后很快获得了大多数阿拉伯国家的接受和支持,③ 包括一般规定、犯罪行为、程序条款、法律和司法合作、最后规定五章,共44条(最后规定作为一条)。但是其辐射国家范围较为有限,公约颁布时签署的国家仅22个,并且扩大签署范围的可能较小。

《阿拉伯打击信息技术犯罪公约》可以理解为阿拉伯国家版的《欧洲委员会网络犯罪公约》。与后者相比,《阿拉伯打击信息技术犯罪公约》在结构上具有两重特点。一方面,其对于《欧洲委员会网络犯罪公约》具有较深的沿袭程度。在公约结构上,除了将"犯罪行为"和"程序条款"从两节变为两章外,二者章节结构基本一致。在各个具体制度、规则的设置上也与《欧洲委员会网络犯罪公约》颇为近似。但

---

① COE, Convention on Cybercrime, art. 23.
② LAS, Arab Convention on Combating Information Technology Offences, https://cms.unov.org/DocumentRepositoryIndexer/GetDocInOriginalFormat.drsx? DocID = 3dbe778b − 7b3a − 4af0 − 95ce − a8bbd1ecd6dd, art. 1.
③ Pierre Hauck, Sven Peterke, *International Law and Transnational Organized Crime* (7th edition), Oxford University Press, 2016, p. 349.

另一方面,《阿拉伯打击信息技术犯罪公约》不仅在范式上采用"信息技术犯罪"（Information Technology Offences）而非"网络犯罪",而且在打击网络犯罪一些关键问题的立场上与《欧洲委员会网络犯罪公约》相对立,并试图在一些方面对《欧洲委员会网络犯罪公约》的规定予以发展。比如第2条"术语",即对信息技术、服务提供者、数据、信息程序、信息系统、信息网络、（网络）站点、抓取（信息）、用户信息进行系统界定。其核心内容规定于第2章至第4章。

第2章（第5条至第21条）为"实体刑法"。在该章中,非法访问犯罪[1]（第6条）、非法拦截犯罪（第7条）、侵犯数据完整性的犯罪（第8条）、滥用信息技术手段的犯罪（第9条）、伪造犯罪（第10条）、诈骗犯罪（第11条）、色情犯罪（第12条）、与版权和邻接权有关的犯罪（第17条）的规定均对《欧洲委员会网络犯罪公约》有一定的沿袭,对于犯罪形态（第19条）、犯罪主体（第20条）的规定也不例外。但是《阿拉伯打击信息技术犯罪公约》的刑事实体条款也有一定的创新,其第5条"刑事定罪"专门规定"每一缔约方应根据其立法和法规对规定在本章中的行为进行刑事定罪"。[2] 此外,其第14条"侵犯隐私罪"、第15条"通过信息技术的手段实施的恐怖主义有关犯罪"、第16条"通过信息技术的手段实施的有组织犯罪"、第18条"非法使用电子支付工具罪",以及第21条"加大对通过信息技术方式实施传统犯罪的处罚力度",都是其结合地区实践作出的创新性规定。在网络色情犯罪上,《阿拉伯打击信息技术犯罪公约》更是采取了与《欧洲委员会网络犯罪公约》鲜明对立的立场,将成人色情犯罪纳入打击范围。[3]

第3章（第22条至第29条）为"程序法"。该章共8条,涉及程序条款的适用范围（第22条）、快速保全通过信息技术存储的数据

---

[1] 《阿拉伯打击信息技术犯罪公约》在每一种网络犯罪行为中均使用了"offence（s）"的表述。
[2] LAS, Arab Convention on Combating Information Technology Offences, art. 5.
[3] LAS, Arab Convention on Combating Information Technology Offences, art. 12.

(第 23 条)①、快速保全和部分披露通信数据（第 24 条）、提交信息指令（第 25 条）、检查存储的信息（第 26 条）、扣押存储的信息（第 27 条）、快速收集用户跟踪信息（第 28 条）、信息内容的拦截（第 29 条）。相比实体刑法，《阿拉伯打击信息技术犯罪公约》在程序法上与《欧洲委员会网络犯罪公约》的重合范围更大。

第 4 章（第 30 条至第 43 条）为"法律与司法协助"。包括权限（第 30 条）、引渡（第 31 条）、相互协助（第 32 条）、间接信息（第 33 条）、合作和互助的请求程序（第 34 条）、拒绝协助（第 35 条）、保密和使用限制（第 36 条）、快速保护信息系统存储的信息（第 37 条）、快速披露受保护用户的跟踪信息（第 38 条）、与访问已存储信息技术信息有关的合作和双边协助（第 39 条）、信息技术信息的跨国获取（第 40 条）、与快速收集用户跟踪信息有关的合作和双边协助（第 41 条）、与内容有关信息的合作和双边协助（第 42 条）、专门机构②（第 43 条）。无论内容与结构，《阿拉伯打击信息技术犯罪公约》均与《欧洲委员会网络犯罪公约》第 3 章大体相同，仅有以下实质区别：其一，第 30 条"权限"即管辖权条款位于"法律与司法协助"章而非"程序法"章，且内容更为详尽；其二，未规定打击网络犯罪国际合作的一般原则。

（三）《非洲联盟网络安全和个人数据保护公约》

为有效维护非洲网络安全，非洲联盟（African Union，AU）于 2012 年 9 月 1 日通过了《关于建立有利于非洲网络安全的法律框架公约草案》（Draft African Union Convention on the Establishment of a Legal Framework Conducive to Cybersecurity in Africa）；经过一系列复杂的讨论，该草案于 2014 年在非盟第 23 届常规会议上获得通过，并更名为《非洲联

---

① 《阿拉伯打击信息技术犯罪公约》和《欧洲委员会网络犯罪公约》关于"快速保管"或"快速保存"的用词存在差异，前者使用的是"expeditious custody"，而后者使用的是"expeditious preservation"，鉴于此，将前者译为"快速保管"，后者译为"快速保存"。
② 虽然该条与《欧洲委员会网络犯罪公约》第 35 条的行文不同，比如机构采用"专门机构"还是"联络点"的表述，时间采用"一天 24 小时"还是"一天 24 小时一周 7 天"的表述，但其实质内涵一致。LAS, Arab Convention on Combating Information Technology Offences, art. 43；COE, Convention on Cybercrime, art. 35.

盟网络安全和个人数据保护公约》(African Union Convention on Cyber Security and Personal Data Protection)。① 颁布该公约的目的是建立一个体现非洲联盟成员国在次区域、区域和国际层面实现信息社会现有承诺的网络安全与个人数据保护法律框架，② 包括电子交易、个人数据保护、促进网络安全和打击跨国网络犯罪、最后条款四章，共38条。除了第1条"定义"涉及一些网络犯罪相关概念的界定外，具体条款均在第3章"促进网络安全和打击跨国网络犯罪"中加以规定。

第3章第一部分（第24条至第28条）为"国家层面的网络安全措施"。其中以下部分直接和打击网络犯罪有关：第25条第1款"打击网络犯罪的立法"，第26条第3款"公私合作关系"，第28条"国际合作（协调、司法协助、信息交换、合作方式）"等。

第二部分（第29条至第31条）为"实体刑法"。包括第29条"针对信息和通信技术的特殊犯罪"（第1款"攻击计算机系统"、第2款"泄露计算机数据"、第3款"与内容有关的犯罪"、第4款"与电子信息安全措施有关的犯罪"），第30条"适应信息和通信技术的特定犯罪"（第1款"财产犯罪"、第2款"法人的刑事责任"），第31条"使特定的制裁适应信息和通信技术"（第1款"刑事制裁"、第2款"其他刑事制裁"、第3款"程序法"）。

总体来看，《非洲联盟网络安全和个人数据保护公约》对于网络犯罪的规定较为简单，这和该公约系针对保护网络安全和个人数据制定，而非专门针对网络犯罪制定有着重要关系。在结构和内容上，该公约一定程度上沿袭了《欧洲委员会网络犯罪公约》的犯罪类型、程序设置和合作机制，但是也进行了部分创新（比如对于网络财产犯罪的强调）。此外，该公约未规定管辖权条款，其原因或许是它将网络安全作为一个整体问题关注，而非特别着眼于刑事司法问题。③ 然而遗憾的

---

① Ephraim Percy Kenyanito, *Africa Moves Towards a Common Cyber Security Legal Framework*, https://www.accessnow.org/africa-moves-towards-a-common-cyber-security-legal-framework/.
② AU, African Union Convention on Cyber Security and Personal Data Protection, https://au.int/en/treaties/african-union-convention-cyber-security-and-personal-data-protection, preamble.
③ 参见联合国毒品和犯罪问题办公室《网络犯罪综合研究（草案）》，第78页。

是，虽然有 14 个非盟成员国签署，但是截至 2019 年 6 月只有 5 个成员国批准。

### （四）《联合国合作打击网络犯罪公约（草案）》

《联合国合作打击网络犯罪公约（草案）》（Draft United Nations Convention on Cooperation in Combating Cybercrime）是第一个联合国层面关于网络犯罪的公约草案。草案由俄罗斯于 2017 年 10 月 11 日向联合国秘书长提交，包括总则、入罪和执法、预防和打击网络空间犯罪和其他违法行为的措施、国际合作、执行机制、最后条款六章，共 72 条。[①] 该草案可谓目前最为详细的网络犯罪国际立法文本，其中前四章为核心内容。

第 1 章（第 1 条至第 4 条）为"总则"。具体包括宗旨（第 1 条）、适用范围（第 2 条）、保护主权（第 3 条）和用语（第 4 条）。第 4 条"用语"，对于扣押财产、僵尸网络、恶意软件、儿童色情制品、所得、信息和通信技术、财产、信息、没收、关键基础设施、有组织犯罪集团、服务提供者、垃圾邮件、通信数据、信息和通信技术设备进行了全面界定。

第 2 章（第 5 条至第 35 条）为"入罪和执法"。具体包括三节。第 1 节为"法律责任的确立"，除了规定法律责任的确立条款（第 5 条）外，还规定了犯罪类型，包括：未经授权访问电子信息（第 6 条），未经授权拦截（第 7 条），未经授权干扰数据（第 8 条），破坏信息和通信技术运行（第 9 条），创制、利用和散发恶意软件（第 10 条），散发垃圾邮件（第 11 条），未经授权贩卖设备（第 12 条），与信息和通信技术有关的盗窃（第 13 条），与儿童色情有关的犯罪（第 14 条），与网络钓鱼有关的犯罪（第 15 条），与受国内法保护的数据有关的犯罪（第 16 条），与信息和通信技术有关的侵犯版权和邻接权行为（第 18 条）。在犯罪形态和主体上，规定了犯罪帮助、预备和未遂（第 19 条），法人责任（第 20 条）。此外，该节第 17 条规定了利用信息和

---

[①] UN. A/C. 3/72/12, Annex to the Letter Dated 11 October 2017 from the Permanent Representative of the Russian Federation to the United Nations Addressed to the Secretary-General, Draft United Nations Convention on Cooperation in Combating Cybercrime, https://documents-dds-ny. un. org/doc/UNDOC/GEN/N17/329/59/pdf/N1732959. pdf.

通信技术实施国际法规定为犯罪的行为。从该节规定看，《联合国合作打击网络犯罪公约（草案）》在犯罪类型上既对《欧洲委员会网络犯罪公约》进行了一定程度的参考，也作出了一些探索性和突破性的规定。第 2 节为"执法"，包括程序性规定的范围（第 21 条）、条件和保障措施（第 22 条）、快速保全已存储的计算机数据（第 23 条）、快速保全和部分披露通信数据（第 24 条）、提供令（第 25 条）、搜查和扣押已存储或处理的计算机数据（第 26 条）、实时收集通信数据（第 27 条）、收集通过信息和通信技术传输的信息（第 28 条）。从内容上看，该节规定主要参考了《欧洲委员会网络犯罪公约》的相关条款。第 3 节为"资产追回"，包括一般规定（第 29 条）、预防和发现犯罪所得的转移（第 30 条）、直接追回财产的措施（第 31 条）、通过没收事宜国际合作追回财产的机制（第 32 条）、没收事宜国际合作（第 33 条）、特别合作（第 34 条）、财产的返还和处置（第 35 条）。该节规定系在现有网络犯罪国际立法中首次出现。[①]

第 3 章（第 36 条至第 40 条）为"预防和打击网络空间犯罪和其他违法行为的措施"。具体包括预防和打击与使用信息和通信技术有关的犯罪和其他违法行为的政策和做法（第 36 条）、预防和打击与使用信息和通信技术有关的犯罪和其他违法行为的负责机构（第 37 条）、私营部门（第 38 条）、私营信息和电信服务提供者行为的原则和守则（第 39 条）、提高公众对网络犯罪的预防意识（第 40 条）。[②] 该章系首次将网络犯罪预防条款作为专章予以规定。

第 4 章（第 41 条至第 60 条）为"国际合作"。具体包括两节。第 1 节为"国际合作与互助的一般原则"，包括国际合作的一般原则（第 41 条）、司法协助的一般原则（第 42 条）、管辖权（第 43 条）、主动提供信息（第 44 条）、移交刑事诉讼程序（第 45 条）、在无适用的国际协定情况下发出互助请求的程序（第 46 条）、保密和信息使用限制（第 47 条）、引渡（第 48 条）、被判刑人员的移交（第 49 条）、快速保

---

[①] 该节内容应相当程度上参考了《联合国反腐败公约》的相关条款。
[②] 该节内容也是主要参考了《联合国反腐败公约》的相关条款。

全电子信息（第 50 条）、加快披露已保全的通信数据（第 51 条）、执法合作（第 52 条）、实时收集通信数据方面的互助（第 53 条）、收集电子信息方面的互助（第 54 条）、联合调查（第 55 条）、特殊侦查手段（第 56 条）、24/7 网络（第 57 条）。第 2 节为"技术援助和培训"，包括技术援助的一般原则（第 58 条）、培训（第 59 条）、交换信息（第 60 条）。该章内容既吸收了《欧洲委员会网络犯罪公约》的不少条款，也参考了联合国层面其他国际合作公约的规定。

虽然《联合国合作打击网络犯罪公约（草案）》的条文较为详尽，但是其内容有一定的沿袭和拼接痕迹，在严谨性和科学性上值得商榷，特别是一些条款能否有效适用于打击网络犯罪有待进一步讨论。此外，该公约草案自提交后便杳无音信，其未来前景具有较大的不确定性。①

二 指令类网络犯罪国际立法

与公约类规范不同，指令类网络犯罪国际立法主要强调特定区域国家对于特定网络犯罪类型的打击，因此侧重于规定刑事实体条款（含罚则），对于刑事程序条款、国际合作条款的规定相对简略。其典型适例为《西部非洲国家经济共同体打击网络犯罪指令》。

2011 年 8 月 17～19 日在尼日利亚首都阿布贾举行的第 66 届西非国家经济共同体部长委员会常规会议通过了《西部非洲国家经济共同体打击网络犯罪指令》（Directive on Fighting Cybercrime within Economic Community of West African States）。② 该指令的目标在于构建刑事责任的法律框架，以便有效打击网络犯罪，实现高效、可靠的国际合作。③ 其

---

① 参见李彦《网络犯罪国际法律机制建构的困境与路径设计》，《云南民族大学学报》（哲学社会科学版）2019 年第 6 期，第 142 页。
② Meriem Slimani, *Enhancing Cyber Security in Africa: New Challenges for Regional Organizations?* http://www.itu.int/en/ITU-T/Workshops-and-Seminars/cybersecurity/Documents/PPT/S3P2_Meriem_Slimani.pdf.
③ ECOWAS, Directive C/DIR. 1/08/11 on Fighting Cybercrime (or Directive on Fighting Cybercrime within Economic Community of West African States), https://issafrica.org/ctafrica/uploads/Directive%201:08:11%20on%20Fighting%20Cyber%20Crime%20Within%20ECOWAS.pdf.

包括一般规定、与信息和通信技术有关的具体犯罪、利用信息和通信技术的传统犯罪、处罚、程序规定、最后条款六章，共35条。第1条对术语进行了界定，该指令的核心内容为第2章至第5章。

第2章（第4条至第23条）为"与信息和通信技术有关的具体犯罪"。在行为类型上具体包括两类。一类为计算机犯罪，具体包括欺骗性地访问计算机系统（第4条），欺骗性地滞留在计算机系统中（第5条），干扰计算机系统运行（第6条），欺骗性地在计算机系统中输入数据（第7条），欺骗性地拦截计算机数据（第8条），欺骗性地修改计算机数据（第9条），伪造计算机数据（第10条），从计算机相关欺诈中获利（第11条），欺骗性地处理个人数据（第12条），利用伪造的数据（第13条），获取实施犯罪的设备（第14条）。另一类为通过计算机方式实施的其他类型犯罪，具体包括制作儿童色情作品或者制品（第16条），进口或出口儿童色情作品或者制品（第17条），持有儿童色情作品或者制品（第18条），为未成年人获取色情作品、文件、影音或者色情制品提供便利（第19条），通过计算机系统持有种族主义或者仇外性质的书面文件或者图片（第20条），通过计算机系统恐吓（第21条），通过计算机系统虐待（第22条），对利用计算机系统实施的反人类罪行进行否认或为其辩护（第23条）。此外，在犯罪形态层面还规定了共同参与或共谋实施计算机犯罪（第15条）。

第3章（第24条至第27条）为"利用信息和通信技术的传统犯罪"。其中规定了三类规则：一是处罚规则，即普通法（common law）犯罪的加重情形（第24条）；二是行为规则，即侵犯计算机数据、软件和程序（第25条），通过电子和通信方式实施的媒体犯罪（第26条）；三是主体规则，即公共机构外的法人实体责任（第27条）。

第4章（第28条至第29条）为"处罚"。规定了主刑（第28条），附加刑（第29条）。

第5章（第30条至第33条）为"程序规定"。实际上囊括了两类条款：一类为程序条款，具体包括搜查或访问计算机系统（第30条），快速保全数据（第31条），证明方法（第32条）；另一类为国际合作条款，即司法合作（第 33 条），该条还规定合作应遵循相关犯罪领域国际合作的国际法及法律机制。[①]

《西部非洲国家经济共同体打击网络犯罪指令》是网络犯罪国际立法中较为少见的"指令"形式，在内容上也充分体现了与"公约"的不同，即重在为所属国家打击网络犯罪提供条文指引（特别是认定和处理），这和公约的"面面俱到"迥然不同。截至 2020 年该共同体成员共有 15 个，因此，能够签署、批准或加入该协定的国家范围也颇为有限。

### 三　协定类网络犯罪国际立法

协定类网络犯罪国际立法强调特定区域的国家协作打击网络犯罪，因此内容重心在于国际合作条款，而非刑事实体条款、刑事程序条款。协定类网络犯罪国际立法主要包括以下两个协定：《独立国家联合体打击计算机信息领域犯罪合作协定》与《上海合作组织成员国保障国际信息安全政府间合作协定》。

#### （一）《独立国家联合体打击计算机信息领域犯罪合作协定》

为了有效打击相关跨国计算机信息领域犯罪，2001 年举行的独立国家联合体（Commonwealth of Independent States，CIS）国家首脑理事会会议将"独立国家联合体打击计算机信息领域犯罪合作协定"作为其第五项议程进行了深入讨论，并于 6 月 1 日正式通过《独立国家联合体打击计算机信息领域犯罪合作协定》（Agreement on Cooperation among the States Members of the Commonwealth of Independent States in Combating Offences Relating to Computer Information）。该协定不分章，共 17 条，包括基本术语、总则、犯罪行为、主管部门、合作的形式、协助请求、执行请求、拒绝执行请求、信息的机密性、争端解决、费用、工作语言、与其他国际协定的关系、修订与附件、生效的条件、效力、最后条款。

---

[①] ECOWAS, Directive on Fighting Cybercrime within Economic Community of West African States, art. 33.

该协定已于 2002 年 3 月 14 日生效。① 虽然该协定不分章节，但是仍可从其内容（除第 1 条对基本术语的界定外）中提炼出以下核心部分。

实体刑法部分，对应第 3 条。该条将造成特定后果的非法访问（第 1 款第 a 项），创制、利用和散发恶意软件（第 1 款第 b 项），违规使用计算机、计算机系统或相关网络造成严重后果（第 1 款第 c 项），以及和计算机、软件有关且造成重大损害的侵犯版权行为（第 1 款第 d 项）规定为犯罪。此外该条第 2 款还明确："'重大损害'、'严重后果'和'重大损害'概念的含义应当由各缔约方自行确定。"②

国际合作部分，对应第 5 条至第 9 条。第 5 条"合作形式"采取"列举＋兜底"的方式，在列举 7 种合作形式外，还规定了"缔约方可能商定的其他合作形式"；第 6 条"协助请求"列举了请求援助的各项要素及相关要求；第 7 条"请求的执行"、第 8 条"请求的拒绝执行"分别从正反两个方面对请求援助的各项要求加以规定；第 9 条"信息的保密"围绕相关信息的保密作出规定。③

在内容上，《独立国家联合体打击计算机信息领域犯罪合作协定》基于"计算机信息领域犯罪"，对犯罪类型等实体法要素的规定进行概括，主要着墨于国际合作的形式、请求方请求协助所应具备的条件等，形成了颇具特色的内容结构。不过，签署、批准或加入该协定的国家只有 10 个。④

### （二）《上海合作组织成员国保障国际信息安全政府间合作协定》

上海合作组织成员国元首理事会于 2009 年 6 月 16 日在叶卡捷琳堡签署了《上海合作组织成员国保障国际信息安全政府间合作协定》及其两

---

① CIS, Agreement on Cooperation among the States Members of the Commonwealth of Independent States in Combating Offences Relating to Computer Information, https://cms.unov.org/documentrepositoryindexer/GetDocInOriginalFormat.drsx? DocID = 5b7de69a - 730e - 43ce - 9623 - 9a103f5cabc0.

② CIS, Agreement on Cooperation among the States Members of the Commonwealth of Independent States in Combating Offences Relating to Computer Information, art. 3（2）.

③ CIS, Agreement on Cooperation among the States Members of the Commonwealth of Independent States in Combating Offences Relating to Computer Information, art. 5 - 9.

④ 参见联合国毒品和犯罪问题办公室《网络犯罪综合研究（草案）》，第 77 页。

个附件。① 协定共 12 条，包括术语和概念、国际信息安全保护领域的主要威胁、主要合作方向、合作基本原则、合作主要方式和机制、信息保护、费用、与其他国际条约的关系、争端的解决、工作语言、保存方、最后条款。② 协定确定了成员国在上海合作组织框架内保障国际信息安全的途径和手段，强调各国在双边、本组织内部和国际等层面进行合作，以提高打击网络恐怖主义和网络犯罪、保障本国信息安全的能力，防止利用网络传播"三股势力"思想，防止个别国家利用网络干涉他国内政。

该协定系围绕国际信息安全制定，并非专门针对互联网领域，但是中间涉及网络犯罪的相关规则，特别是国际合作规则。如其第 2 条明确将"信息犯罪"作为国际信息安全领域的主要威胁之一，第 3 条也将"打击信息犯罪"作为主要合作方向之一。按此理解，该协定其他条款也适用于打击网络犯罪。此外，该协定的两个附件也涉及网络犯罪：附件 1 "国际资讯安全领域基本术语及概念清单"界定了信息犯罪的概念，附件 2 界定了信息犯罪的根源、特征。不过，签署、批准或加入该协定的仅 6 国。③

### 四 示范法类网络犯罪国际立法

示范法类网络犯罪国际立法即对相关国家打击网络犯罪具有指导和示范意义的国际立法文本。其本身不具有法律效力，但对发展全球性网络犯罪国际规则具有参考和借鉴作用。主要包括以下四部示范法：《英联邦计算机与计算机相关犯罪示范法》《加勒比共同体网络犯罪、电子犯罪示范法》《南部非洲发展共同体计算机和网络犯罪示范法》《东南非共同市场网络犯罪示范法》。

#### （一）《英联邦计算机与计算机相关犯罪示范法》

2002 年出台的《英联邦计算机与计算机相关犯罪示范法》（Com-

---

① 中国于 2011 年 3 月 5 日核准该协定，该协定于同年 6 月 2 日起对中国生效。
② 上海合作组织：《上海合作组织成员国保障国际信息安全政府间合作协定》，http://images. io. gov. mo/bo/ii/2013/30/avce – 28 – 2013. pdf。
③ 参见联合国毒品和犯罪问题办公室《网络犯罪综合研究（草案）》，第 77 页。

monwealth of Nations Model Law on Computer and Computer Related Crime），系为了打击英联邦国家计算机犯罪而制定，并且参考了《欧洲委员会网络犯罪公约》的内容。[1] 该示范法包括引言、犯罪行为、程序权力三章，共21条。第3条对术语进行了界定，其重点为第2章和第3章。

第2章（第5条至第10条）为"犯罪行为"。具体包括非法访问（第5条），干扰数据（第6条），干扰计算机系统（第7条），非法拦截数据等（第8条），非法设备（第9条），儿童色情（第10条）。

第3章（第11条至第21条）为"程序权力"。具体包括本部分的定义（第11条），搜查和扣押令（第12条），警务协助（第13条），记录和访问扣押数据（第14条），输出数据（第15条），披露已存储的通信数据（第16条），数据的保全（第17条），拦截电子通信（第18条），拦截通信数据（第19条），证据（第20条），保密和责任限制（第21条）。

《英联邦计算机与计算机相关犯罪示范法》对《欧洲委员会网络犯罪公约》的沿袭痕迹较为明显，无论是实体规则还是程序权力的设置，都只是基于其示范法的性质，并未对国际合作进行规定。此外，英联邦还于2002年出台了《电子证据示范法》（Model Law on Electronic Evidence），旨在为民事、刑事或行政诉讼中电子记录的可采性与可处理性提供法律框架。[2]

### （二）《加勒比共同体网络犯罪、电子犯罪示范法》

加勒比共同体（Caribbean Community，CARICOM）在国际电信联盟的支持下，实施了"协调加勒比地区的信息和通信技术政策、立法和监管程序"（Harmonization of ICT Policies, Legislation and Regulatory

---

[1] Commonwealth of Nations, Model Law on Computer and Computer Related Crime, https://thecommonwealth.org/sites/default/files/key_reform_pdfs/P15370_11_ROL_Model_Law_Computer_Related_Crime.pdf.

[2] Commonwealth of Nations, Model Law on Electronic Evidence, https://thecommonwealth.org/sites/default/files/key_reform_pdfs/P15370_7_ROL_Model_Bill_Electronic_Evidence_0.pdf.

Procedures in the Caribbean，HIPCAR）项目。① 在这一项目的推动下，2010 年《加勒比共同体网络犯罪、电子犯罪示范法》（Caribbean Community Model Legislative Text-Cybercrime/e-Crimes）应运而生。该示范法包括基础规定、犯罪行为、管辖权、程序法、责任五章，共 33 条。第 3 条对相关概念进行了界定，重点为第 2 章至第 5 章。②

第 2 章为"犯罪行为"。具体包括非法访问（第 4 条），非法停留（第 5 条），非法拦截（第 6 条），非法干扰数据（第 7 条），刺探数据（第 8 条），非法干扰系统（第 9 条），非法设备（第 10 条），与计算机相关的伪造（第 11 条），与计算机相关的欺诈（第 12 条），儿童色情制品（第 13 条），色情制品（第 14 条），身份相关犯罪（第 15 条），披露调查详细内容（第 16 条），拒绝协助（第 17 条），利用电子通信进行骚扰（第 18 条）。

第 3 章为"管辖权"，对网络犯罪管辖进行规定（第 19 条）。

第 4 章为"程序法"。具体包括搜查和扣押（第 20 条），协助（第 21 条），提供令（第 22 条），快速保全（第 23 条），部分披露通信数据（第 24 条），收集通信数据（第 25 条），拦截内容数据（第 26 条），取证软件（第 27 条）。

第 5 章为"责任"。具体包括无监控义务（的情形）（第 28 条），接入服务提供者（第 29 条），托管服务提供者（第 30 条），缓存服务提供者（第 31 条），超链接服务提供者（第 32 条），搜索引擎服务提供者（第 33 条）。

从其内容看，虽然在实体法、程序法等方面与《欧洲委员会网络犯罪公约》近似，但是也进行了一定的探索创新，突出表现在第 5 章

---

① 这一项目是按照国际电信联盟联手欧盟委员会实施的一项更广泛的以全球性举措开展的三个区域性项目之一。另外两个区域性项目是"支持撒哈拉以南非洲地区信息通信技术政策的协调"（HIPSSA）和"支持太平洋岛屿国家的能力建设及信息通信技术政策、监管和立法框架"（ICB4PAC）。参见国际电信联盟《HIPCAR 项目：协调整个加勒比地区的信息通信技术政策和立法》，http://itunews.itu.int/Zh/Note.aspx? Note = 1786。
② CARICOM, Cybercrime/e-Crimes: Model Policy Guidelines & Legislative Texts, Model Legislative Text-Cybercrime/e-Crimes, https://www.itu.int/en/ITU-D/Cybersecurity/Documents/HIPCAR% 20Model% 20Law% 20Cybercrimes.pdf.

"责任"中。该章以网络服务提供者的不同类型为责任条款的划分依据，颇具探索性。此外，加勒比共同体《电子证据示范法》（Model Legislative Text-Electronic Evidence）也于 2010 年通过。①

### （三）《南部非洲发展共同体计算机和网络犯罪示范法》

同样在国际电信联盟的支持下，《南部非洲发展共同体计算机和网络犯罪示范法》（Computer Crime and Cybercrime: Southern African Development Community Model Law）也于 2013 年出台。② 该示范法包括基础规定、犯罪行为、管辖权、电子证据、程序法、责任六章，共 38 条。第 3 条对术语进行了界定，重点为第 2 章至第 6 章。

第 2 章为"犯罪行为"。具体包括非法访问（第 4 条），非法停留（第 5 条），非法拦截（第 6 条），非法干扰数据（第 7 条），刺探数据（第 8 条），非法干扰系统（第 9 条），非法设备（第 10 条），与计算机相关的伪造（第 11 条），与计算机相关的欺诈（第 12 条），儿童色情制品（第 13 条），色情制品（第 14 条），身份相关犯罪（第 15 条），种族主义和仇外材料（第 16 条），种族主义和仇外动机的侮辱（第 17 条），否认种族灭绝和危害人类罪（第 18 条），垃圾邮件（第 19 条），披露调查详细内容（第 20 条），拒绝协助（第 21 条），利用电子通信进行骚扰（第 22 条）。

第 3 章为"管辖权"，对于网络犯罪管辖进行规定（第 23 条）。

第 4 章为"电子证据"，规定了电子证据的可采性（第 24 条）。

第 5 章为"程序法"。具体包括搜查和扣押（第 25 条），协助（第 26 条），提供令（第 27 条），快速保全（第 28 条），部分披露通信数据（第 29 条），收集通信数据（第 30 条），拦截内容数据（第 31 条），取证工具（第 32 条）。

---

① CARICOM, Electronic Evidence: Model Policy Guidelines & Legislative Texts, Model Legislative Text-Electronic Evidence, https://caricom.org/documents/16583-e-evidence_mpg.pdf.

② SADC, Computer Crime and Cybercrime: Southern African Development Community Model Law, http://www.veritaszim.net/sites/veritas_d/files/SADC%20Model%20Law%20on%20Computer%20Crime%20and%20Cybercrime.pdf.

第 6 章为"责任"。具体包括无监控义务（的情形）（第 33 条），接入服务提供者（第 34 条），托管服务提供者（第 35 条），缓存服务提供者（第 36 条），超链接服务提供者（第 37 条），搜索引擎服务提供者（第 38 条）。

《南部非洲发展共同体计算机和网络犯罪示范法》在内容上总体与《加勒比共同体网络犯罪、电子犯罪示范法》近似，这与其在相同的项目和组织主导下制定有重要的关系。但是前者在犯罪类型上有所突破，体现了一定地域差异。此外，二者对于电子证据的把握不同，即在采用专门示范法还是专门条款上采取了不同的做法。

### （四）《东南非共同市场网络犯罪示范法》

东部和南部非洲共同市场（Common Market for Eastern and Southern Africa，COMESA）也曾基于网络安全的视角探索制定一系列立法。2011 年《东南非共同市场网络犯罪示范法》（Common Market for Eastern and Southern Africa Cyber Crime Model Bill）出台，旨在充分打击网络犯罪，推动程序事项和相关国际合作的进行。[①] 该示范法包括序言，实体条款，消费者保护，国家域名、密码、认证及相关事宜，服务提供者的责任限制，针对计算机、计算机系统的行为，刑事程序条款，管辖权条款，国际合作，适用于其他犯罪行为的条款十章，共 54 条。第 1 条对相关概念进行了界定，第 5 章至第 10 章主要和网络犯罪相关。

第 5 章为"服务提供者的责任限制"，具体包括服务提供者的界定（第 12 条），缓存（服务提供者）（第 13 条），托管（服务提供者）（第 14 条），服务商对于信息定位工具的利用（第 15 条），取下通知（take-down notification）（第 16 条），服务提供者监控非法活动的非通常义务（第 17 条）。

第 6 章为"针对计算机、计算机系统的行为"，具体包括未经授权访问计算机、计算机系统和网络（第 18 条），未经授权访问计算机程序、计算机数据、内容数据、通信数据（第 19 条），干扰或破坏（第

---

① COMESA, Common Market for Eastern and Southern Africa Cyber Crime Model Bill, Preamble.

20 条），拦截（第 21 条），滥用和恶意软件（Misuse and Malware）（第 22 条），数字伪造（第 23 条），通过数字诈骗获取经济利益（第 24 条），敲诈（第 25 条），帮助、教唆和未遂（第 26 条），法人责任（第 27 条）。

第 7 章为"刑事程序条款"，具体包括程序规定的范围（第 28 条），通信日志数据的留存（第 29 条），电子记录的留存（第 30 条），信息原始形式的留存（第 31 条），条件和保障措施（第 32 条），保全已存储的计算机数据、内容数据、通信数据（第 33 条），快速保全和部分披露通信数据（第 34 条），快速保全计算机和存储介质（第 35 条），提供令（第 36 条），搜查和扣押已存储的数据（第 37 条），拦截（实时收集）通信数据（第 38 条），拦截（实时收集）内容数据（第 39 条）。

第 8 章为"管辖权条款"，规定了管辖权的确定（第 40 条）。

第 9 章为"国际合作"，具体包括国际合作的一般原则（第 41 条），引渡的原则（第 42 条），相互协助的一般原则（第 43 条），未经请求的信息（提供）（第 44 条），相互协助的程序（第 45 条），快速保全已存储的内容数据、计算机数据或通信数据（第 46 条），快速披露已存储的内容数据、计算机数据或通信数据（第 47 条），访问已储存的计算机数据、内容数据或通信数据的相互协助（第 48 条），跨境访问已储存的计算机数据、内容数据或通信数据（第 49 条），实时收集通信数据的相互协助（第 50 条），拦截内容数据或计算机数据的相互协助（第 51 条），联络点（第 52 条）。

第 10 章为"适用于其他犯罪行为的条款"，具体包括适用于其他犯罪行为的条款（第 53 条），一般刑罚（第 54 条）。

《东南非共同市场网络犯罪示范法》在示范法类的网络犯罪国际立法中规定较为详尽，但是其内容很多和网络犯罪并无直接关系，刑事实体条款、刑事程序条款、国际合作条款、网络服务提供者责任条款又与《欧洲委员会网络犯罪公约》《加勒比共同体网络犯罪、电子犯罪示范法》《南部非洲发展共同体计算机和网络犯罪示范法》近似，其内容的独特性和代表性有限。

五 现有网络犯罪国际立法的不足

目前虽然已经形成了四类网络犯罪国际立法,一定程度上推动了各国之间、区域之间打击网络犯罪的国际合作,但是总体来看现有规范仍然存在诸多不足,难以形成科学完善的国际法律机制。具体表现在四个方面。

第一,各个网络犯罪国际立法的代表性有限。除了以草案的形式出现的《联合国合作打击网络犯罪公约(草案)》外,目前的网络犯罪国际立法均是区域性规范。这必然导致代表性不足——一般区域性网络犯罪国际立法往往立足于本区域打击网络犯罪的需要和实践制定,因此强调地域性、针对性,开放性较为有限。即便是对于区域以外的国家开放签署的打击网络犯罪国际公约(如《欧洲委员会网络犯罪公约》),也难以完全摆脱这种局限性,由此导致网络犯罪国际立法走向分散化、碎片化。

目前公认影响力最大的《欧洲委员会网络犯罪公约》,截至 2020 年 3 月也仅有 67 个国家签署、批准或加入,其中仅包括 28 个非欧洲委员会成员国,区域性特征依然明显。《非洲联盟网络安全和个人数据保护公约》有望辐射非洲联盟的 55 个成员国,但仅有 14 个非盟成员国签署,截至 2019 年 6 月只有 5 个成员国批准。其他网络犯罪国际立法影响力则更为有限,《阿拉伯打击信息技术犯罪公约》颁布时签署的国家仅为 22 个,并且其扩大签署范围的可能较小;签署、批准或加入《独立国家联合体打击计算机信息领域犯罪合作协定》的国家只有 10 个;签署、批准或加入《西部非洲国家经济共同体打击网络犯罪指令》的国家至多为该共同体 15 个成员国(截至 2020 年);签署、批准或加入《上海合作组织成员国保障国际信息安全政府间合作协定》的国家仅 6 个。

第二,各个网络犯罪国际立法的实施效果欠佳。在各类网络犯罪国际立法中,即便是效力最强的公约类规范在实施效果上也面临两个问题。一个问题是缔约方之间的协调。虽然共同签署的公约提供了协同打击网络犯罪的规范基础，但是由于缔约方之间技术能力、社会治理、法律传统、立法规范、司法程序等方面的差异，实际上依托相应公约协同打击网络犯罪的效果难以令人满意。比如《欧洲委员会网络犯罪公约》所创设并为不少网络犯罪国际立法所沿用的"24/7 网络"条款，实际上在打击网络犯罪中的作用十分有限。根据《网络犯罪综合研究（草案）》，"24/7 网络"等非正式合作举措和促进正式合作的举措使用率较低，实际上在各国执法机构处理网络犯罪案件的总数中，仅占3%左右。① 另一个问题是在缔约方与非缔约方之间的协作上，各个网络犯罪国际立法难以发挥效果，目前只能通过双边的协定具体解决，其运行效率和司法成本都存在较大问题。

其他类型的规范更是如此。示范法类规范本身没有直接效力，仅是为相关国家提供立法指引。协定类、指令类规范往往局限于一定的地区范围，而且对缔约方的实际影响也颇为有限。以《西部非洲国家经济共同体打击网络犯罪指令》为例，该指令第35条第2款要求成员国在制定任何落实措施时明确提及该指令，并告知西非国家经济共同体委员会制定了此类措施，但是成员国似乎并未遵守该规定。不仅没有公开的报告显示成员国向共同体委员会通报根据该指令制定相关措施的情况，也没有在各自的网络犯罪法律中明确引用该指令。因此，仅依靠《西部非洲国家经济共同体打击网络犯罪指令》不足以有效应对成员国网络犯罪，仍需要建立专门的区域跟进机制，以监督该指令在成员国中的实施。同时还应促进能力建设措施的落实，以应对成员国实施过程中突出的挑战。②

第三，各个网络犯罪国际立法的内容与结构不够科学。根据《网络犯罪综合研究（草案）》，从犯罪预防和刑事司法的角度看，六个

---

① 联合国毒品和犯罪问题办公室：《网络犯罪综合研究（草案）》，执行摘要第15页。
② Uchenna Jerome Orji, "An Inquiry into the Legal Status of the ECOWAS Cybercrime Directive and the Implications of Its Obligations for Member States", Computer Law & Security Review, Vol. 35 (2019), No. 6, pp. 10–16.

重要领域可以从国际或区域层面具有或不具有法律约束力的指导中获益：（1）定罪；（2）执法程序权；（3）涉及电子证据的诉讼程序；（4）国家对网络犯罪刑事事项的管辖；（5）网络刑事事项国际合作；（6）服务提供商的责任。①

公约类规范中最为全面的《欧洲委员会网络犯罪公约》《阿拉伯打击信息技术犯罪公约》也仅包括四个领域；《非洲联盟网络安全和个人数据保护公约》系非针对网络犯罪专门制定，因此仅将重点集中于定罪领域，并包含了少量程序权力的内容，其规范具有局限性。指令类规范中，《西部非洲国家经济共同体打击网络犯罪指令》侧重实体规范，程序规范、国际合作规范十分简略。协定类规范中，《独立国家联合体打击计算机信息领域犯罪合作协定》仅有少量国际合作和定罪的条款；《上海合作组织成员国保障国际信息安全政府间合作协定》只包括了国际合作领域的条款，并未涉及其他领域。各示范法类规范虽然在关于电子证据与服务提供商责任的条款方面普遍有所创见，且一般规定了实体条款，但是往往在国际合作等领域有所缺失。

第四，各个网络犯罪国际立法之间存在差异和冲突。现有网络犯罪国际立法在同一问题上有时会基于制定立场、规范侧重等方面的考量，确立不同的法律规则，从而导致规范冲突的存在，影响了网络犯罪国际立法的发展与融合。

这种差异和冲突体现在多个层面。术语层面，对于规制对象有网络犯罪、计算机和网络犯罪、与计算机相关的犯罪、计算机信息领域犯罪、信息犯罪、信息技术犯罪、与信息和通信技术有关的犯罪、电子犯罪等多种表述，概念、范围并不统一。刑事实体条款层面更为突出，不同网络犯罪国际立法对于网络恐怖活动犯罪、网络色情犯罪采取了迥然不同的立场，无疑放任了这些犯罪的蔓延发展。② 程序规范层面，对于管辖权、引渡等方面的规定也不尽相同，从而使得打击网络犯罪的国际合作步履维艰。

---

① 参见联合国毒品和犯罪问题办公室《网络犯罪综合研究（草案）》，第79~80页。
② 参见本书第四章的相关内容。

## 第二节　网络犯罪国际立法的博弈态势

目前虽然有前述四类网络犯罪国际立法，但是各国博弈的核心在于公约类规范，特别体现为推广《欧洲委员会网络犯罪公约》与在联合国层面制定打击网络犯罪国际公约的分歧。①

### 一　西方路径：对《欧洲委员会网络犯罪公约》的反思

《欧洲委员会网络犯罪公约》作为第一部打击网络犯罪的国际公约，对网络犯罪国内、国际立法产生了深远的影响，以欧洲国家、美国为代表的西方国家更是不遗余力地将其作为打击网络犯罪的"黄金模范"进行推广。但是该公约在立场与文本上存在先天的不足，使其成为打击网络犯罪的国际准则不可逾越的障碍。

#### （一）《欧洲委员会网络犯罪公约》对网络犯罪国际立法的影响

毋庸置疑，《欧洲委员会网络犯罪公约》推动了缔约方国内法的发展，德国、日本等国家的网络犯罪刑事立法无不根据该公约的内容进行了大幅调整。有学者认为，尽管该公约只得到了少数国家的认可，但它对全世界网络犯罪法律的起草具有相当大的影响。② 甚至有观点认为，这种影响涵盖大约100个国家的网络犯罪法律起草。③ 此外，该公约也对在其后出台的各项网络犯罪国际立法产生了广泛影响。

第一，《欧洲委员会网络犯罪公约》的框架结构对各网络犯罪国际立法产生了影响。该公约确立了术语的使用、国家层面上的措施、国际合作、最后条款四章的条文结构，很大程度上影响了之后出台的网络犯罪国际立法。比如《阿拉伯打击信息技术犯罪公约》分一般规定、犯

---

① 此外，也有国家提出可通过在联合国层面制定国际示范法律条款来促进法律协调。参见联合国毒品和犯罪问题办公室《网络犯罪综合研究（草案）》，关键结论与备选方案第4页。
② Jonathan Clough, "The Council of Europe Convention on Cybercrime: Defining'crime' in a Digital World", *Criminal Law Forum*, Vol. 23 (2012), No. 4, p. 391.
③ Jonathan Clough, "A World of Difference: The Budapest Convention on Cybercrime and The Challenges of Harmonisation", *Monash University Law Review*, Vol. 40 (2014), No. 3, p. 732.

罪行为、程序条款、法律和司法合作、最后规定五章,除了将"术语的使用"扩展为"一般规定",将"国家层面上的措施"中实体法、程序法两节内容分别作为独立章,基本体系和结构并无二致。《联合国合作打击网络犯罪公约(草案)》分总则、入罪和执法、预防和打击网络空间犯罪和其他违法行为的措施、国际合作、执行机制、最后条款六章,也仅是另新设一章"预防和打击网络空间犯罪和其他违法行为的措施",其他结构体例近似。《非洲联盟网络安全和个人数据保护公约》虽然不是专门针对网络犯罪制定,但是其条款也包括这几部分内容。

第二,《欧洲委员会网络犯罪公约》的条文内容对各网络犯罪国际立法产生了影响。前述公约类规范在对框架结构进行继受的基础上,对很多条文也进行了参考借鉴。不仅如此,《欧洲委员会网络犯罪公约》对于其他类型的网络犯罪国际立法条文内容也产生了影响。比如作为指令类规范的《西部非洲国家经济共同体打击网络犯罪指令》,其实体规则、程序规则虽然有所发展,但是基本延续了《欧洲委员会网络犯罪公约》的规定模式。示范法类规范中,《英联邦计算机与计算机相关犯罪示范法》即指明了参考《欧洲委员会网络犯罪公约》;《加勒比共同体网络犯罪、电子犯罪示范法》《南部非洲发展共同体计算机和网络犯罪示范法》《东南非共同市场网络犯罪示范法》在相关条文的内容方面也很大程度上参考了《欧洲委员会网络犯罪公约》的表述。比如:刑事实体条款层面,非法访问、非法拦截、非法干扰数据、非法干扰系统、非法设备、与计算机相关的伪造与欺诈、儿童色情等基本为上述立法规定;程序与国际合作条款层面,搜查和扣押、提供令、快速保全、部分披露通信数据、收集通信数据、拦截内容数据、司法协助等方面的规定也多有体现。

第三,《欧洲委员会网络犯罪公约》的术语使用对各网络犯罪国际立法产生了影响。该公约第1条规定了计算机系统、计算机数据、服务提供者和通信数据的概念,并且在后续条文中予以具体使用,其所构建的术语模式也为后续网络犯罪国际立法广泛沿用。比如普遍对网络服务提供者进行探索性规定的示范法类规范,在术语使用上仍然不免沿用

《欧洲委员会网络犯罪公约》"服务提供者"的表述。再如"通信数据"也基本为各网络犯罪国际立法的程序条款所规定。但也有网络犯罪国际立法采取与《欧洲委员会网络犯罪公约》的"网络犯罪"术语体系迥然不同的规定，其代表为《阿拉伯打击信息技术犯罪公约》"信息技术犯罪"与《联合国合作打击网络犯罪公约（草案）》"信息和通信技术犯罪"的术语体系。但是从另外的角度审视，二者针锋相对的态度未尝不是对《欧洲委员会网络犯罪公约》作出的回应。

### （二）《欧洲委员会网络犯罪公约》的局限性

虽然《欧洲委员会网络犯罪公约》对网络犯罪国际立法产生了广泛的影响，但是随着时间的推移和实践的展开，其局限性也开始不断显现。包括西方学者也认为，《欧洲委员会网络犯罪公约》并不像人们所吹捧的那样，因为其规定是一种理想的状态，（现实中）缺乏治理网络犯罪和实施特别规定的机制。[①]

第一，《欧洲委员会网络犯罪公约》基于欧洲国家价值传统制定，未体现其他地区国家的立场。该公约在欧洲委员会的主持下制定，而欧洲委员会旨在保护欧洲人权、议会民主和权利的优先性，在欧洲范围内达成协议以协调各国社会和法律行为，促进实现欧洲文化的统一性。因此，《欧洲委员会网络犯罪公约》本身并未考虑欧洲以外地区国家的立法传统、价值取向。在其序言中也明确表达了这一立场，即明确指出基于欧洲委员会的标准和价值观寻求发展新信息技术的共同对策，还将1950年欧洲委员会《保护人权与基本自由公约》、1981年欧洲委员会《与个人数据自动化处理有关的个人保护公约》等欧洲层面的立法作为依据。[②] 其表现之一即对犯罪类型的取舍，对于何种行为应当作为网络犯罪认定和处理，欧美国家和亚非国家的立场并不一致，《欧洲委员会网络犯罪公约》在犯罪类型上无疑以欧洲立场为中心，没有体现其他地区国家特别是发展中国家的立场。对此有学者指出，《欧洲委员会网

---

[①] Ian J. Lloyd, *Information Technology Law* (7th edition), Oxford University Press, 2014, p.592.
[②] COE, Convention on Cybercrime, Preamble.

络犯罪公约》本质上体现的是以区域集团利益为导向的治理模式，难以体现域外国家的利益诉求。①

第二，《欧洲委员会网络犯罪公约》基于欧洲司法实践的现状制定，未考虑其他地区国家的实际情况。该公约高度的协作性基于缔约方对欧洲一体化所做的权力让渡，然而这一要求显然难以为大多数国家所认可。《欧洲委员会网络犯罪公约》这一特点与欧洲国家的现实状况有关，"欧洲一体化"自第二次世界大战后即已经开始，在法律上欧洲国家也具有趋近甚至趋同的态势。与之不同，其他地区国家的立法传统各异，对于网络犯罪进行打击的法律模式也不尽相同，如果基于他国法律规定要求本国法律传统改易，显然不符合主权原则的要求。

第三，《欧洲委员会网络犯罪公约》制定于2001年，其规定明显滞后于网络犯罪的发展变迁。对于这一问题，《欧洲委员会网络犯罪公约》曾试图通过"技术中立"的表述，使其刑事实体条款适用于当时和之后的网络犯罪打击工作。② 然而随着互联网的飞速发展，网络犯罪也呈现急速变化的状况，很多21世纪初的网络犯罪今天已经销声匿迹，代之以当初未预见的新型网络犯罪。其所规定的网络犯罪类型各国都已经在十余年前写入刑事立法予以打击，形成了较为完备的刑法制裁体系，因此其着重强调的内容已经不再是目前重点关注的问题。③ 西方学者也承认，尽管1997年以来技术已取得长足进步，但该公约刑事实体条款在很大程度上仍然保持至今。④ 此外，刑事程序条款和国际合作条款也面临不适应信息网络技术，特别是大数据、人工智能发展的情形。

第四，《欧洲委员会网络犯罪公约》存在立法程序的局限，不符合全球性网络犯罪国际规则的需求。该公约的起草以欧洲国家为主，构建

---

① 陈洁、曾磊：《网络犯罪全球治理的现实挑战及应对之策》，《西南大学学报》（社会科学版）2021年第4期，第57页。
② COE, Explanatory Report to the Convention on Cybercrime, p. 7.
③ 参见于志刚《"信息化跨国犯罪"时代与〈网络犯罪公约〉的中国取舍——兼论网络犯罪刑事管辖权的理念重塑和规则重建》，《法学论坛》2013年第2期，第98页。
④ Jonathan Clough, "The Council of Europe Convention on Cybercrime: Defining'crime'in a Digital World", *Criminal Law Forum*, Vol. 23 (2012), No. 4, p. 390.

了以欧洲国家为中心的严苛缔约程序。一方面,其设定了非平等的准入要求,对非欧洲委员会成员国家的参与设定了严格的条件。根据第 37 条,非缔约方加入该公约须满足三个条件:一是缔约方一致同意,二是在部长委员会中获得 2/3 以上代表的投票及大多数有资格出席会议代表的支持,① 三是必须由有资格出席部长委员会的缔约方代表一致投票通过。这三项条件强调已加入公约的缔约方和欧洲委员会成员国的同意,这意味着缔约方及欧洲委员会成员国有权阻止新成员的加入,阻碍了其成为一个普遍适用的全球性公约。另一方面,其修订程序同样要求缔约方一致同意,② 这使得修订程序复杂且难以有效实施。

### (三) 西方国家对《欧洲委员会网络犯罪公约》的推广

美欧等西方国家期望推动《欧洲委员会网络犯罪公约》成为全球性公约。它们给予该公约高度的评价,认为其是当今世界打击网络犯罪国际合作的唯一"黄金模范"。如,认为《欧洲委员会网络犯罪公约》作为在网络犯罪领域实现协调的最雄心勃勃的尝试,为应对这一领域的具体挑战提供了理想的工具。③ 甚至认为,从微观和宏观两个层面都可以看到《欧洲委员会网络犯罪公约》的持续成功,无论是否计划加入,许多国家都在协调其法律以符合该公约的标准(如《阿拉伯打击信息技术犯罪公约》与该公约非常近似),因此该公约可以说是实现(打击网络犯罪合作)国际统一非常成功的工具。④

在各个场合,西方国家都不遗余力地对《欧洲委员会网络犯罪公约》进行推广。例如,在 2010 年第十二届联合国预防犯罪和刑事司法大会(CCPCJ)上,美国、加拿大等发达国家主张《欧洲委员会网络犯罪公约》是全球合作的适当机制,应当将重点放在解决具有可操作性

---

① 《欧洲委员会规约》第 20 条第 d 款规定:"如果对于本条的适用存在争议则要求三分之二以上的代表投票和大多数有资格出席会议的代表的同意。" COE, Statute of the Council of Europe, art. 20.
② COE, Convention on Cybercrime, art. 44.
③ Jonathan Clough, "A World of Difference: The Budapest Convention on Cybercrime and the Challenges of Harmonisation", *Monash University Law Review*, Vol. 40 (2014), No. 3, p. 701.
④ Mohamed Chawki, Ashraf Darwish, Mohammad Ayoub Khan, et al., *Cybercrime, Digital Forensics and Jurisdiction*, Springer, 2015, p. 147.

的问题上，而不是重新议定一项全球性公约。作为该公约缔约方的日本在多个场合也反对其他打击网络犯罪国际机制的建立，如在对亚非法律协商组织（以下简称"亚非法协"）网络空间国际法工作组的报告进行反馈时，即反对通过亚非法协"增强亚非国家在打击网络犯罪中的协作"。① 此外，西方国家更是极力拉拢其他国家加入该公约的阵营，如推广全球网络犯罪扩展行动（Global Action on Cybercrime Extended），② 或者资助其他国际组织推广该公约。如《加勒比共同体网络犯罪、电子犯罪示范法》的制定基于 HIPCAR 项目，该项目耗资 300 万美元，由欧盟委员会资助其中的 95%，由国际电信联盟作为执行机构，加勒比电信联盟担任项目顾问。③

然而如前所述，《欧洲委员会网络犯罪公约》并非如西方国家所称的那样完美，因此在推广过程中也遭遇了现实的障碍。其长期以来受诟病的一个重要原因在于其起草过程未充分考虑到亚非拉地区的发展中国家，一些发展中国家直接拒绝通过该公约，理由是它们没有参与起草工作。④ 阿拉伯国家由于难以认同该公约，专门制定了《阿拉伯打击信息技术犯罪公约》，基于不同的术语体系、犯罪类型、协作方式作出独立的探索性规定。更为旗帜鲜明地反对该公约的是俄罗斯，其认为：首先，《欧洲委员会网络犯罪公约》缺少了很多基本元素，比如对犯罪的定义；其次，《欧洲委员会网络犯罪公约》中的第 32 条第 b 项摧毁了现有的国际合作机制，完全违反了国家主权原则和不干涉主权原则。⑤ 然而俄罗斯维护国家主权的主张却受到曲解和攻击，西方甚至有观点认为："俄罗斯拒绝签署《欧洲委员会网络犯罪公约》部分原因是其不愿

---

① AALCO/57/TOKYO/2018/SD/S17, pp. 33 – 35.
② COE, *Global Action on Cybercrime Extended (GLACY)* +, https://www.coe.int/en/web/cybercrime/glacyplus.
③ 参见国际电信联盟《HIPCAR 项目：协调整个加勒比地区的信息通信技术政策和立法》，http://itunews.itu.int/Zh/Note.aspx? Note = 1786。
④ Relevance of International Law in Combating Cybercrimes: Current Issues and AALCO's Approach, p. 6.
⑤ 罗加乔夫·伊利亚·伊戈列维奇：《俄罗斯在打击网络犯罪上的主张》，《信息安全与通信保密》2018 年第 1 期，第 22 页。

承担合作调查其居民或使用其基础设施造成的众多网络攻击的义务。"①

2019年欧洲委员会还提出了《〈欧洲委员会网络犯罪公约〉第二附加议定书（草案）》（Draft Second Additional Protocol to the Convention on Cybercrime），主要围绕数据跨境取证问题作出规定，以求在执法权力合法性、个人隐私权和外国主权之间找到平衡，得到更多国家的认可。②但是该草案仍然延续和发展了《欧洲委员会网络犯罪公约》的立场、做法，比如其中的"Ⅳ.用户信息的直接披露"即允许一国司法机关直接向他国辖域内的服务提供者发出指令，实际上与《欧洲委员会网络犯罪公约》危及主权的第32条第b项一脉相承。③

二　全球路径：联合国层面对制定网络犯罪国际公约的探索

与一些西方国家力推《欧洲委员会网络犯罪公约》不同，众多国家期待在联合国层面制定网络犯罪国际公约，以保证公约的代表性、协同性。联合国就此也进行了长期的探索实践，取得了一些进展。

（一）联合国在制定网络犯罪国际公约中的独特地位

越来越多的国家强调打破地域局限来构建全球性的打击网络犯罪国际公约，以作为这一领域的核心国际立法规范。在互联网治理领域，多利益攸关方的方式不仅限于域名系统和ICANN④的问题，信息社会世界峰会（World Summit on the Information Society，WSIS）坚持广泛的互联网治理概念，其中包括起诉网络犯罪等公共政策问题。⑤人们也认识到

---

① Daniel Ortner, "Cybercrime and Punishment: The Russian Mafia and Russian Responsibility to Exercise Due Diligence to Prevent Trans-Boundary Cybercrime", *Brigham Young University Law Review*, Vol. 29 (2015), No. 1, p. 178.
② T-CY, Preparation of a 2nd Additional Protocol to the Budapest Convention on Cybercrime, https://rm.coe.int/provisional-text-of-provisions-2nd-protocol/168098c93c.
③ 参见本书第五章的相关内容。
④ ICANN（Internet Corporation for Assigned Names and Numbers），互联网名称与数字地址分配机构，系非营利性的国际组织。
⑤ Robert Uerpmann-Wittzack, "Principles of International Internet Law", *German Law Journal*, Vol. 11 (2010), No. 11, p. 1262.

缺少全球性打击网络犯罪国际公约的问题，即尽管国际合作在打击网络犯罪和网络恐怖主义方面取得了长足的进步，但是没有一项进程能够涵盖（全球的）互联网，仍需要更多的国际合作。① 这不仅需要从法律角度完成，还需要社会政治环境为必要的立法改革提供支持和承诺，当各国能维持本国法律传统，同时还能履行自己选择承担的国际义务时，成功的可能性最大。西非某国和美洲某国也指出，利用"利益相关者间的磋商"来维持国家法律传统是一种良好做法。②

联合国作为最具代表性、权威性的政府间国际组织，在其框架下制定的网络犯罪国际规则具有不可比拟的优势。"网络犯罪国际公约由谁主导制定对于公约的走向必将产生重大影响，因此应当避免任何过度代表区域利益的区域组织或者单个国家单方面主导公约制定。"③ 在联合国框架下推动制定网络犯罪国际公约，可以最大限度地体现各个地区和国家的需求，寻求打击网络犯罪国际架构的"最大公约数"，改变目前网络犯罪国际规则地区化、对立化的格局。

例如，在联合国框架下才能有效协调不同法系的网络犯罪立法。通常认为，主要法系含有大陆法系、普通法系、伊斯兰法系，以及混合法系（例如中国法系）。其中，大陆法系与普通法系的区别最为典型。大陆法系往往以抽象的规范性准则、系统化结构、学术思维的强烈影响为特征。刑法通常被广泛地编入刑法典之中，也为刑事责任规定了适用于全部犯罪行为的一般原则。普通法系内，大量法律条款采用描述性语句起草，以确保法律可以被理解，同时也反映了非专业法官在普通法权限内明确的立场。法官造法一直是大量刑法的主要来源，至今仍是重要因素。伊斯兰法系的特点是受伊斯兰教法，以及伊斯兰教法学、伊斯兰国家法学家的影响，各项罪名根据法律来源和规定惩罚进行分类。许多核心犯罪都有确定的处罚（伊斯兰刑法）。其他核心犯罪则通过以公议和

---

① Brian Craig, *Cyberlaw*: *The Law of the Internet and Information Technology*, Prentice Hall, 2012, p. 131.
② 参见联合国毒品和犯罪问题办公室《网络犯罪综合研究（草案）》，第 87 页。
③ 于志刚：《缔结和参加网络犯罪国际公约的中国立场》，《政法论坛》2015 年第 5 期，第 99 页。

类比为基础的法律论证来进行判罚。总体上，伊斯兰国家的法律允许广泛灵活地定罪，包括通过不同法律理论流派的演变成果来定罪。① 基于以上巨大区别，网络犯罪国际立法的公认规则势必在联合国框架下，基于广大国家的共同参与以及不同法律体系的有机协调来实现，而不可能通过某一区域性立法实现。否则，网络犯罪国际立法也难免陷入"国际法的碎片化"② 危机。

即便是西方学者也不得不认可，通过联合国推行一项网络犯罪公约有多项益处：第一，它将辐射最广泛的地理范围，向所有成员国开放；第二，它将提供一个机会来解决《欧洲委员会网络犯罪公约》未包括的问题，或改善需要修改的规定；第三，它可能允许修改或删除《欧洲委员会网络犯罪公约》中妨碍其获得广泛接受的规定。③

### （二）联合国对制定网络犯罪国际公约的既有探索

在多方的推动下，联合国在推动网络犯罪国际规则制定方面已有不少探索和实践。其中最主要的是在联合国毒品和犯罪问题办公室（UNODC）的框架下推动网络犯罪国际规则制定。④ 联合国预防犯罪和刑事司法委员会（Commission on Crime Prevention and Criminal Justice, CCPCJ）是 UNODC 的理事机构。第十一届、第十二届、第十三届联合国预防犯罪和刑事司法大会均就网络犯罪国际规则问题进行讨论。在第十三届会议上，有发言者主张在联合国机制内制定新的具有国际法律约束力的网络犯罪文书，以有效克服立法与犯罪活动之间的差距，并加强

---

① 参见联合国毒品和犯罪问题办公室《网络犯罪综合研究（草案）》，第 65 页。
② Héctor Olásolo, *International Criminal Law: Transnational Criminal Organizations and Transitional Justice*, Brill, 2018, p. 154.
③ Jonathan Clough, "A World of Difference: The Budapest Convention on Cybercrime and The Challenges of Harmonisation", *Monash University Law Review*, Vol. 40 (2014), No. 3, pp. 728 – 729.
④ 国际电信联盟也曾与 UNODC 就打击网络犯罪开展协作，如 2011 年 5 月 19 日，UNODC 和国际电信联盟签署了一份旨在协助会员国减轻网络犯罪风险并确保安全使用信息和通信技术的谅解备忘录。UNODC, *UNODC and ITU Join Forces to Make the Internet Safer*, https://www.unodc.org/unodc/en/frontpage/2011/May/unodc-and-itu-to-cooperate-more-closely-to-make-the-internet-safer.html.

全球对网络犯罪采取的应对行动。① 也是在该届会议中，建构何种打击网络犯罪国际公约的考量被具体化。

在此平台上，欧洲地区以外的不少国家明确表示对推广《欧洲委员会网络犯罪公约》持反对或保留态度。② 以中俄为代表的国家已明确表示制定网络犯罪国际公约势在必行，而非沿用《欧洲委员会网络犯罪公约》。例如，在2004年的联合国预防犯罪和刑事司法大会上，新兴大国首次提出在联合国机制下出台一部打击网络犯罪国际公约；在2010年的第十二届联合国预防犯罪和刑事司法大会上，更多的新兴网络国家大力支持启动新的全球性打击网络犯罪国际公约的谈判，以协调统一各国在法律上的不同做法并推进国际合作。③ 印度、巴西等新兴国家的立场大致相同。

联合国还成立了（不限名额的）网络犯罪问题政府间专家组（Open-ended Intergovernmental Expert Group on Cybercrime），专家组由各国提名专家组成，在组织上接受CCPCJ指导，为UNODC提供会务、组织等秘书服务。2010年4月，第十二届联合国预防犯罪和刑事司法大会通过《萨尔瓦多宣言》（Salvador Declaration）要求CCPCJ建立专家组，全面研究网络犯罪问题，并就强化应对方案提出建议。同年12月，第六十五届联合国大会通过第65/230号决议，在肯定《萨尔瓦多宣言》的同时，要求CCPCJ根据宣言成立专家组，还明确要求应在2011年5月CCPCJ第二十届会议之前召开专家组会议。此后，专家组分别于2011年、2013年、2017年、2018年、2019年、2020年和2021年召开了七次会议。虽然专家组形成的《网络犯罪综合研究（草案）》由于各国意见的分歧未能获得通过，但是在专家组第四次会议上通过了2018年至2021年工作计划。根据该计划，专家组每年将召开一次会议，

---

① 第十三届联合国预防犯罪和刑事司法大会：《采取综合、平衡做法预防和适当应对新的和正在出现的跨国犯罪形式》，https://www.unodc.org/documents/congress//Documentation/IN_SESSION/ACONF222_L3ADD1_c_V1502496.pdf，第3页。
② 参见黄志雄《2011年"伦敦进程"与网络安全国际立法的未来走向》，《法学评论》2013年第4期，第53页。
③ Twelfth Session of CCPCJ, *Report of Committee II on Agenda Item 8 and Workshop 2*, p. 3.

分别就网络犯罪立法、定罪、执法与侦查、电子证据、国际合作和预防等实质问题进行讨论，在2021年前出台工作建议提交CCPCJ审议。①

在网络犯罪问题政府间专家组主导下起草的《网络犯罪综合研究（草案）》在会员国提出的建议和关键结论的基础上，认为加强现有的并提出新的国内和国际应对网络犯罪法律或其他对策可以包括下列一项或多项：（a）为核心网络犯罪行为的定罪制定国际示范条款，以期支持各国通过采用共同的犯罪要件来排除安全庇护所；（b）制定有关电子证据侦查权的国际示范条款，以支持各国确保电子证据犯罪调查拥有必要的程序工具；（c）制定管辖权示范条款，以便为网络犯罪刑事事项管辖权提供共同而有效的基础；（d）按照《第十三届预防犯罪和刑事司法大会讨论指南》中的建议，制定有关电子证据的国际合作之示范条款，且将其纳入双边或多边文书，包括修订后的《联合国法律互助示范条约》；（e）制定有关刑事事项电子证据国际合作的多边文书，以期提供及时合作保存和获取电子证据的国际机制；（f）制定网络犯罪综合多边文书，以期在定罪、程序权、管辖权和国际合作领域制定国际方法；（g）加强国际、地区与国家合作伙伴关系，包括与私营部门和学术机构的伙伴关系，以期提供强化的技术援助，以帮助发展中国家预防和打击网络犯罪。② 这些实质性的研究内容无疑为在联合国层面制定网络犯罪国际公约进行了必要的探索。

但是联合国层面的上述探索和实践遭到美国等西方国家的反对。这些国家依然全力推广《欧洲委员会网络犯罪公约》，反对在联合国层面制定网络犯罪国际公约。如美国、英国和欧盟认为，《欧洲委员会网络犯罪公约》已经足以打击网络犯罪，重点应放在其能力建设上，在联合国层面制定新公约可能耗时较长且难度较大。③ 甚至认为，《欧洲委

---

① 参见 UN, E/CN.15/2018/12,《全面研究网络犯罪问题专家组2018年4月3日至5日在维也纳举行的会议的报告》，第2页。
② 参见联合国毒品和犯罪问题办公室《网络犯罪综合研究（草案）》，关键结论与备选方案第5~6页。
③ Jonathan Clough, "The Council of Europe Convention on Cybercrime: Defining'crime' in a Digital World", *Criminal Law Forum*, Vol. 23 (2012), No. 4, pp. 388-389.

员会网络犯罪公约》的影响遍及全球的网络犯罪立法，任何相关的国际协定都必须在很大程度上反映其条款，如果新公约背离其规定，则不太可能与那些根据《欧洲委员会网络犯罪公约》进行立法的国家达成一致。①

西方国家对网络犯罪问题政府间专家组的工作也进行了干扰和抵制。在 2013 年专家组第二次会议上，围绕纳入制定网络犯罪全球公约建议的《网络犯罪综合研究（草案）》展开了激烈争论。金砖国家等对此表示欢迎，并支持尽快通过。西方国家则坚决反对，并对通过《网络犯罪综合研究（草案）》设置诸多障碍。他们声称，联合国毒品和犯罪问题办公室作为秘书处只能负责收集和分析数据，建议应当由各国专家研究提出；各国专家需要花更多时间对《网络犯罪综合研究（草案）》进行研究；《网络犯罪综合研究（草案）》作为联合国正式文件应当被翻译成 6 种官方语言之后再进行审议。最终，受其阻挠，《网络犯罪综合研究（草案）》未能正式通过。西方国家甚至试图"终结"网络犯罪问题政府间专家组的工作，认为在综合研究报告（草案）已经成稿的情况下，专家组工作可以视作完成，应当结束使命。② 在第七次专家组会议上，美欧与中俄两大阵营的交锋依然激烈，关于打击网络犯罪的立法、定罪、执法和调查、电子证据和刑事司法、国际合作、预防等六个议题提出的 205 条工作建议中，仅有 63 条建议获得一致支持。③

### （三）联合国制定网络犯罪国际公约的新阶段

在新兴国家的努力下，联合国制定网络犯罪国际公约逐步进入新的阶段。中俄协同其他金砖国家共同向联合国提出了《关于加强国际合作打击网络犯罪的决议》，该决议于 2017 年 5 月通过。④ 俄罗斯虽然前

---

① Jonathan Clough, "A World of Difference: The Budapest Convention on Cybercrime and The Challenges of Harmonisation", *Monash University Law Review*, Vol. 40 (2014), No. 3, p. 729.
② 参见叶伟《联合国网络犯罪政府专家组及中国贡献》，《中国信息安全》2018 年第 6 期，第 36 页。
③ UNODC, UNODC/CCPCJ/EG. 4/2021/2.
④ UNODC, *Strengthening International Cooperation to Combat Cybercrime*, http://www.unodc.org/documents/commissions/CCPCJ/CCPCJ_Sessions/CCPCJ_26/CCCPJ_Res_Dec/CCPCJ-RES-26-4.pdf.

期也积极参与了专家组的相关工作，但鉴于专家组进展缓慢，它直接于 2017 年向联合国第三委员会提交了《联合国合作打击网络犯罪公约（草案）》。尽管这一做法有利于快速启动联合国层面的网络犯罪国际公约制定程序，但是未经过充分的讨论酝酿，其法律文本的代表性、科学性难以保障，即便正式表决，通过的可能性也较小。在该草案受到了西方国家的阻挠后，2018 年俄罗斯又联合 36 个国家（其中包括俄罗斯在金砖国家的伙伴）共同提出《防止将信息通信技术用于犯罪目的》的决议，联合国大会于 2018 年 12 月 17 日通过了该决议。俄罗斯代表团称："俄罗斯的倡议得到了广泛的地区间支持，其中包括集体安全条约组织和上海合作组织成员国，许多非洲、拉美和亚洲国家。值得一提的是，美国和欧盟国家投票反对，看来，不知为何它们不希望共同解决该领域问题。"①

联合国近两年的实践为新兴国家提供了有力的支撑。2019 年 10 月 11 日，联合国大会通过《打击为犯罪目的使用信息和通信技术行为》（Countering the Use of Information and Communications Technologies for Criminal Purposes）的决议。② 随后，该决议于 12 月 27 日由第七十四届联合国大会通过（即第 74/247 号决议），③ 开启谈判制定打击网络犯罪全球性公约的进程。该决议"决定设立一个代表所有区域的不限成员名额的特设政府间专家委员会，以拟订一项关于打击为犯罪目的使用信息和通信技术行为的全面国际公约"。④ 联合国网络犯罪领域开放式政府间专家委员会将成为全面研究各国立法、最佳实践，促进技术援助和国际合作的重要交流平台，同时充分考虑到关于打击为犯罪目的使用信息和通信技术的现有国际文书和国家、区域、国际各级的现有努力，特别是全面研究网络犯罪问题政府间专家组的工作和成果。更为重要的

---

① 俄罗斯卫星通讯社：《联合国大会通过俄提出的打击网络犯罪决议》，http://sputniknews.cn/politics/201812181027136505/。
② UN，A/C.3/74/L.11, p.3.
③ 该决议草案由中国、俄罗斯等 47 国联合发起，并交由联合国 193 个国家投票，最终以 79 票赞成、60 票反对、33 票弃权的结果获得通过。参见 UN，A/RES/74/247。
④ UN，A/RES/74/247.

是，该特设委员会将直接指导联合国层面的网络犯罪国际规则制定，未来关于新公约实质性内容的讨论将主要集中在其框架下，并计划于2020年8月在纽约召开组织会议，商定下一步工作计划，提交第七十五届联合国大会审议。① 这标志着互联网诞生以来，联合国将首次主持网络犯罪国际公约谈判。

在阻挠联合国大会第74/247号决议未果的情况下，西方国家仍提出了尖锐的批评。美国代表沙蕾（Cherith Norman Chalet）称，各成员国之间就起草新条约的必要性或价值尚无共识，这"只会扼杀全球打击网络犯罪的努力"。② 欧盟更是发布了《欧盟关于支持〈欧洲委员会网络犯罪公约〉的声明》（EU Statement in support of the Council of Europe Convention on Cybercrime）。在声明中，欧盟强调了《欧洲委员会网络犯罪公约》作为已确立的打击网络犯罪全球标准的重要性。针对上述联合国大会决议授权"在联合国框架内谈判达成新的国际条约"，欧盟不仅认为其缺乏开启的必要性，还认为这一正在谈判中的公约将会成为降低"保护人权和基本自由的全球标准"，"扩大数字鸿沟并认可国家对互联网的控制"的工具。③

2021年5月27日，第七十五届联合国大会通过关于网络犯罪国际公约谈判安排的决议，在联合国框架下制定公约又迈出实质性的一步。根据该决议，从2022年1月开始，特设委员会应至少召开六届会议，每届为期十天，其后结束工作，以便向大会第七十八届会议提交公约草案。④ 谈判将采用联合国大会议事规则。如在实质问题上无法达成协商一致，须以投票作出决策。这一决议不仅明确了特设委员会的工作职责，更是确立了表决规则与时间安排，联合国层面的网络犯罪国际公约

---

① 该会议计划受新型冠状病毒肺炎疫情影响推迟。
② 《无视美国反对！联合国大会批准俄罗斯这项决议草案》，海外网：http://news.haiwainet.cn/n/2019/1229/c3541093-31690452.html。
③ COE, EU Statement in Support of the Council of Europe Convention on Cybercrime, https://eeas.europa.eu/delegations/council-europe/73052/eu-statement-support-council-europe-convention-cybercrime_en? utm_source = EURACTIV&utm_campaign = bec3c22b69 - digital_brief_COPY_01&utm_medium = email&utm_term = 0_c59e2fd7a9 - bec3c22b69 - 116254339.
④ 参见UN, A/75/L.87/Rev.1。

谈判进入实质阶段。

然而上述决议的通过并不意味着网络犯罪国际立法博弈的终结。美欧等国家在特设委员会已经设立的情况下，反而要求网络犯罪政府专家组与特设委员会并行运转，干扰网络犯罪国际公约的制定，继续推行《欧洲委员会网络犯罪公约》。特设委员会中，中国、俄罗斯、美国等国均只是担任副主席，支持制定网络犯罪国际公约的阿尔及利亚当选主席。另外，在亚太集团的副主席中，包括立场对立的中国和日本。[1]

特设委员会计划于2022年1月17日至28日举行第一次谈判会议，特设委员会主席已邀请各成员国就公约适用范围、目标和框架（要素）提出意见。俄罗斯于2021年7月27日向特设委员会提交了《联合国打击为犯罪目的使用信息和通信技术公约（草案）》。该草案在《联合国合作打击网络犯罪公约（草案）》的基础上，参考了《联合国打击跨国有组织犯罪公约》《联合国反腐败公约》《欧洲委员会网络犯罪公约》，以及《〈欧洲委员会网络犯罪公约〉第二附加议定书（草案）》的有关内容。[2]

---

[1] UNODC, *Ad hoc Committee Established by General Assembly Resolution* 74/247, https://www.unodc.org/unodc/en/cybercrime/cybercrime-adhoc-committee.html.

[2] 参见 Russian Federation, United Nations Convention on Countering the Use of Information and Communications Technologies for Criminal Purposes, https://www.unodc.org/documents/Cybercrime/AdHocCommittee/Comments/RF_28_July_2021_-_E.pdf。

# 第三章 网络犯罪国际立法的基础问题

## 第一节　网络犯罪国际立法的原则

网络犯罪国际立法的科学化与立法原则的确立与实践密不可分。有学者指出："在计算机网络日益无国界化、信息自由流动的情形下，通过国际公约确立基本的立法原则，制定相关法律，防止、制裁非法侵入数据和信息库犯罪，是极为重要的。"① 只不过其所指的犯罪范围需要扩展，网络犯罪国际立法应当遵循主权原则、平等原则、合作原则和比例原则。

### 一　主权原则

主权原则是现代国际法的基本原则之一，但是其在网络空间的推广应用也经历了一个过程。在互联网发展早期阶段，"去主权化"被当作网络空间的基本理念，主张排斥主权国家干预和规制网络空间。这一"去主权化"的观念，不仅符合网络空间早期发展独立于国家的现实，还与人们对网络空间特点和属性的阶段性认知密切相关——既然网络

---

① 徐澜波：《信息法的理论与实践》，上海人民出版社，2006，第209页。

空间是一个全球性和无边界的空间,那么以国家对特定领土的排他性控制为基础发展起来的主权原则,就不可能也不应当延伸适用于这一空间。①

然而晚近以来,各个国家日益重视网络空间的主权问题,网络主权经历了从"去主权化"到"再主权化"的过程。"网络主权源自于国家主权从传统疆域边界扩展到网络虚拟空间,是国家主权在网络虚拟空间的体现、延伸和反映,其实质就是国家主权在新形势下所产生的新的主权形式。"② 而且,网络空间已经是各国政府、各国人民日常生活中不可或缺的部分,网络主权得到了越来越多国家的认可并获得发展。③ 主权原则与"网络主权"对国际关系与国际治理也产生了越来越重要的影响。④ 有学者也将网络主权再确立的过程称为"民族国家的显性回归"。⑤

就网络主权的内容,有学者指出,国家的网络主权既包括对其境内有形网络基础设施的主权,也包括对无形网络信息和数据的主权(所谓"信息主权"或"数据主权"),二者缺一不可。如果说网络基础设施是网络空间不可或缺的"躯壳"或"载体",那么网络信息和数据就是网络空间的"灵魂";离开了"信息主权"或"数据主权"的网络主权,只能是丧失了"灵魂"、残缺不全的主权。⑥

网络空间的主权问题也为众多国际组织和相关机构所关注。联合国层面即多次肯定网络主权。2003年信息社会世界峰会通过的《日内瓦

---

① 参见黄志雄主编《网络主权论:法理、政策与实践》,社会科学文献出版社,2017,第65页。
② 刘肖、朱元南:《网络主权论:理论争鸣与国际实践》,《西南民族大学学报》(人文社会科学版)2017年第7期,第132~133页。
③ 参见郑远民、郑和斌《网络主权的政治基础与法律保障》,《湘潭大学学报》(哲学社会科学版)2018年第1期,第57页。
④ Yi Shen, "Cyber Sovereignty and the Governance of Global Cyberspace", *Chinese Political Science Review*, Vol. 1 (2016), No. 1, p. 82.
⑤ 刘晗:《域名系统、网络主权与互联网治理——历史反思及其当代启示》,《中外法学》2016年第2期,第524页。
⑥ 参见黄志雄主编《网络主权论:法理、政策与实践》,社会科学文献出版社,2017,第72页。

原则宣言》明确表示"互联网公共政策的决策权是各国的主权"。①
2013年首尔会议通过的《旨在维护网络空间开放与安全的首尔框架和承诺》重申了联合国信息安全政府专家组（即"国家安全背景下信息和通信领域的发展政府专家组"）报告的内容，指出："国家主权和在主权基础上衍生的国际规范及原则适用于国家进行的信息和通信技术活动，以及国家在其领土内对信息和通信技术基础设施的管辖权。"② 根据以上表述，尽管其没有直接提及"网络空间"一词，但明确了国家主权的应用体现在以下两个层面：第一，在技术层面，国家主权适用于信息和通信技术基础设施，位于"网络"层，必然包括互联网、各种电信网络和通信系统、各种广播电视网络、各种计算机系统以及关键工业设施中的各种嵌入式处理器和控制器；第二，在社会层面，国家主权适用于信息和通信技术活动，它位于"空间"维度，是信息和通信技术系统平台上的活动形式。③ 此外，由20名西方国家相关专家历时三年完成的、2013年3月由英国剑桥大学出版社出版的《关于可适用于网络战的国际法的塔林手册》（以下简称《塔林手册》）在规则1（主权）中指出："一国有权对其领土内的网络基础设施和网络活动行使控制权。"④ 但是《塔林手册》对于这一问题又具有明显的倾向性，手册起草者试图绕开网络空间是否涉及主权这一难题，仅将网络空间外化为一种物理存在而使其适用国际法。为方便这一适用，手册又把网络战限定在一国对他国网络基础设施进行攻击的范围内。⑤ 2017年2月出版的

---

① 黄惠康：《黄惠康司长在网络问题布达佩斯国际会议上的发言》，载中国国际法学会主办《中国国际法年刊（2012）》，法律出版社，2013，第718页。
② Seoul Conference on Cyberspace 2013, *Seoul Framework for and Commitment to Open and Secure Cyberspace*, https://dig.watch/sites/default/files/Seoul%20Framework%20for%20the%20Commitment%20to%20Open%20and%20Secure%20Cyberspace.pdf.
③ Binxing Fang, *Cyberspace Sovereignty: Reflections on Building a Community of Common Future in Cyberspace*, Springer, 2018, pp. 79–80.
④ Michael N. Schmitt, ed., *Tallinn Manual on the International Law Applicable to Cyber Warfare*, Cambridge University Press, 2013, p. 15.
⑤ 参见朱莉欣《〈塔林网络战国际法手册〉的网络主权观评介》，《河北法学》2014年第10期，第131页。

《塔林手册》2.0版则以一章的篇幅对网络主权相关问题进行了阐述。①

打击网络犯罪和国家主权息息相关。网络犯罪类型确立的基础在于各国的刑事立法，与立法主权、司法主权密切相关的打击网络犯罪国际合作面临的分歧与冲突在某种层面上也是各国主权的分歧与冲突的具体表现。因此，网络犯罪国际立法必须以主权原则为基石才能直面打击网络犯罪国际合作的基础性问题，从而推动形成科学和有效的系统规范。

美欧力主将《欧洲委员会网络犯罪公约》作为全球性网络犯罪国际规则，倡导让渡主权以求得打击网络犯罪协作一致化的主张，实质上是以自身的技术优势谋求其在网络犯罪国际治理领域的主导权。而且，由欧洲委员会或联合国来主导网络犯罪国际规则制定不仅意味着制定主体和程序的不同，也意味着在主权问题上采取了不同的立场，由欧洲委员会主导显然意味着规则的制定权、解释权归于美欧，以西方国家为主导，而非代表大多数国家，其主权立场具有天然的倾斜性。与此相对，《阿拉伯打击信息技术犯罪公约》和《联合国合作打击网络犯罪公约（草案）》基于主权原则进行了规范层面的探索。

新兴国家则致力于倡导主权原则在网络犯罪国际立法中的贯彻与落实。中俄两国通过2011年、2015年两次向联合国大会提交《信息安全国际行为准则》明确宣示了网络主权立场，即"遵守《联合国宪章》和公认的国际关系基本原则与准则，包括尊重各国主权"。② 俄罗斯甚至明确表示《欧洲委员会网络犯罪公约》违反了国家主权原则和不干涉主权原则。③ 此后，俄罗斯基于主权原则于2017年提出了《联合国合作打击网络犯罪公约（草案）》，并在第3条规定了"保护主体"。

未来制定联合国层面的打击网络犯罪公约以及其他网络犯罪国际立法应当基于主权原则制定条款，避免使该规范成为西方国家在这一领域

---

① Michael N. Schmitt, ed., *Tallinn Manual 2.0 on the International Law Applicable to Cyber Operations* (2nd edition), Cambridge University Press, 2017, pp. 11–29.
② 参见联合国《信息安全国际行为准则》，http://infogate.fmprc.gov.cn/web/ziliao_674904/tytj_674911/zcwj_674915/P020150316571763224632.pdf，第4页。
③ 罗加乔夫·伊利亚·伊戈列维奇：《俄罗斯在打击网络犯罪上的主张》，《信息安全与通信保密》2018年第1期，第22页。

推行"人权高于主权"的工具，要充分代表各个地区国家特别是发展中国家对该领域主权的维护。此外，除了明确宣示网络主权立场，还应科学设计网络犯罪国际立法的具体条款。原因在于，虽然网络主权坚实的法理与实践基础不容否认，但同时也应看到网络领域、网络空间的新特点，以及由此产生的人的行为与行为后果的新特征。[①] 特别是目前关于网络犯罪各国还存在一定的分歧，因此关于如何平衡国家主权性和规范有效性，仍需持续的努力和积极的推动。

## 二 平等原则

在国际法领域，国家主权平等原则是国际法基本原则的核心和基础。这一原则要求国家不管大小强弱、人口多寡、政治制度和经济制度如何，都具有平等地位，因而各国应该互相尊重、平等相处，任何国家都不应谋求任何特权。平等原则不仅是国际法的基本原则，在国际实践中也被不断强调。在国际组织中，国家主权平等原则是其存在的基石。[②] 欧盟本身就是以成员国间主权平等为基础的，欧盟建立的基本条约本身就是平等者之间的协议。如果欧盟在其半个多世纪的活动中不遵行成员国的主权平等原则，其成员国数量就不会多次增加，一体化领域就不会不断扩展和深化，就不会从欧洲煤钢共同体发展到今天的欧盟。[③]

发达国家与发展中国家其实一直未能完全取得平等地位，在互联网领域更是如此。长期以来，美欧等国家利用信息网络技术的优势，掌握着世界互联网的实际控制权，并且对其他国家进行倾轧和打压。而技术的发展并未结束这种不平等，比如有学者指出，深度学习算法的广泛应用与人工智能技术的飞速发展改变了传统的工业化路径，不仅会推动社会劳动生产率的大幅提升，也会对人类社会的经济生产形态、权力分配模式与国际体系结构产生深远的影响，国际行为主体之间的力量差异将

---

[①] 参见程卫东《网络主权否定论批判》，《欧洲研究》2018年第5期，第75页。
[②] 曾皓：《论国际组织中的比例平等原则》，《湖南社会科学》2011年第5期，第81页。
[③] 参见曾令良《欧洲联盟法总论：以〈欧洲宪法条约〉为新视角》，武汉大学出版社，2007，第36页。

进一步扩大。①

在网络犯罪国际立法过程中同样需要特别强调国家之间的平等，需要统筹不同经济地位、社会制度、技术能力的国家平等地参与网络犯罪国际法的制定和实施。然而在网络犯罪国际法的制定过程中，美欧等国家推动《欧洲委员会网络犯罪公约》成为世界性网络犯罪国际立法，强行将西方的价值观念、立法模式、司法制度等内容在这一领域进行推广，使其凌驾于其他国家特别是发展中国家之上。正是因为无论犯罪类型还是机制设计均未充分考虑发展中国家的诉求，该公约饱受争议。《阿拉伯打击信息技术犯罪公约》与《联合国合作打击网络犯罪公约（草案）》虽然对《欧洲委员会网络犯罪公约》进行了反思，但是也不免带有特定地区、特定国家的立场色彩。

在推动制定网络犯罪国际法的进程中，平等原则要求体现大多数国家的主张，而非以西方发达国家的标准为依据。这既需要在犯罪类型上充分考虑广大发展中国家的具体主张，比如在一些发达国家并不普遍，但是在发展中国家十分严重的犯罪类型，应当纳入规定，以贯彻平等原则；也需要使程序条款与大多数国家的司法现实相衔接，而非使立法文本只契合某些国家或某一地区国家的现实需要，比如在国际刑事司法协助等方面的制度设计过程中，《欧洲委员会网络犯罪公约》所采取的仅以欧洲地区国家实践为蓝本，罔顾世界各国司法制度差异性的做法不应被提倡。

此外，坚持平等原则也意味着网络犯罪国际立法应践行法律面前人人平等原则。类似国际立法已经肯定了这一观念。例如《联合国打击跨国有组织犯罪公约》第16条第13款明确规定："在对任何人就本条所适用的犯罪进行诉讼时，应确保其在诉讼的所有阶段受到公平待遇，包括享有其所在国本国法律所提供的一切权利和保障。"② 与之类似，

---

① 封帅：《人工智能时代的国际关系：走向变革且不平等的世界》，《外交评论》（外交学院学报）2018年第1期，第155页。
② 莫洪宪主编《加入〈联合国打击跨国有组织犯罪公约〉对我国的影响》，中国人民公安大学出版社，2005，第246~247页。

网络犯罪国际立法也应强调相关主体在就网络犯罪进行诉讼时受到公平待遇。

### 三 合作原则

打击网络犯罪过程中各国合作的加强与该类犯罪的跨国化密切相关。互联网是跨越国（边）境存在的人类共同的空间平台，基于网络的互联互通特性，对网络的攻击行为以及网络犯罪天生具有跨国性和全球性的色彩，各国逐步意识到仅仅依靠一国之力对网络空间进行法律治理已经力不从心，任何国家都难以在打击网络犯罪的过程中"独善其身"。因此依靠全球性治理机制共同打击和防范网络犯罪，建立维护网络安全的协同机制几乎成为所有国家的共识。[①]

然而目前打击网络犯罪的合作机制却存在一定的缺失。虽然国家政府间的双边合作或多边合作已经在一定程度上进行，但是这些合作主要是在西方发达国家之间开展的。比如，《欧洲委员会网络犯罪公约》的鲜明特色在于协作条款的强制性，这一模式却无法在广大发展中国家全面推广。因此仍须进一步探索打击网络犯罪的"南北合作"，无论是资金层面，还是人员、技术层面，推动世界各国特别是发达国家与发展中国家在这一领域的合作势在必行。[②]

制定网络犯罪国际立法的最终目的无疑也是推动打击网络犯罪国际合作的有效实现，因此理应将合作原则作为基本原则之一。特别是在未来网络犯罪国际立法过程中，应当致力于实现打击网络犯罪最广泛的国际合作，防止个别国家游离于其规范体系之外，成为"短板"和网络犯罪滋生之地。

此外，合作原则也应推广适用到国家以外的主体。对此有观点指出，网络空间是一个开放的、多利益攸关方共同参与的空间，网络犯罪

---

[①] 参见于志刚主编《全球化信息环境中的新型跨国犯罪研究》，中国法制出版社，2016，第264页。

[②] 参见张旭主编《跨国犯罪的惩治与防范：现状、问题与应对》，黑龙江人民出版社，2008，第296页。

问题具有高度的前沿性、复杂性，打击网络犯罪及国际合作还应充分发挥互联网企业、技术社群、民间机构、公民个人等其他主体的作用，形成有效合力。① 特别是网络服务提供者，在互联网跨国化、全球化的背景下，脱离重要互联网企业等相关主体根本无法有效打击网络犯罪，因此除了强调各国在这一领域的合作，各国与网络服务提供者的合作同样需要被强调。

### 四 比例原则

学界一般认为比例原则可以溯源至 1895 年奥托·迈耶的《德国行政法》一书。其后，比例原则逐渐作为公法领域的帝王条款。1958 年的"药房案"（Apothekenurteil）② 是德国联邦宪法法院首次适用比例原则，1969 年德国联邦宪法法院正式在判决中宣布，"比例原则是所有国家行为的卓越标准"，约束所有公权力，至此比例原则正式成为宪法层面的基本原则。③ 一般认为比例原则包括三个原则：（1）妥当性，即所采取的措施可以实现所追求的目的；（2）必要性，即除采取的措施之外，没有其他因素给关系人或公众造成更多损害；（3）相称性，即采取的必要措施与其追求的结果之间并非不成比例（狭义的比例性）。④

晚近以来，比例原则也被引入国际法领域，包括网络空间国际法领域。如，有学者提出比例原则在海上执法中的应用，即海上执法的特殊性质必然会影响国内外人员自由以及财产权利，在目前国际社会提倡和谐以及注重人道主义、人权的背景下，在海上执法措施中加强比例原则的应用，以平衡海洋权益，维护和保障人权，则更具有现实意义。⑤ 比例原则更为典型的适用领域为战争与人道法，并且该原则已经开始延伸适用于网络空间。如代表性观点认为，《战时法》（*Jus in Bello*）的比例

---

① 参见宋冬《打击网络犯罪国际合作形势与展望》，《中国信息安全》2018 年第 6 期，第 33 页。
② BVerfGE 7, 377.
③ BVerfGE 23, 127 (133).
④ 参见张明楷《法益保护与比例原则》，《中国社会科学》2017 年第 7 期，第 93 页。
⑤ 参见徐鹏《海上执法比例原则研究》，上海交通大学出版社，2015，第 190 页。

原则明令禁止造成额外平民伤亡和民用目标过度损失的攻击。武装冲突中的各方必须对可能造成的平民伤害进行评估，将这一附带风险与所获得的预期战争优势进行权衡比较。比例原则同样适用于武装冲突背景下的计算机网络攻击。在网络环境下，这一规则需要冲突各方作出以下评估：(1) 网络武器作用于军事目标和民用基础设施，包括影响民用的共享物理设施（如水坝或电网）；(2) 网络攻击潜在的物理伤害，如关键基础设施导致的人员伤亡等；(3) 针对民用目标进行网络攻击的可能效果，例如有些私人或民用计算机尽管没有军事用途，但可能和具有军事目的的计算机联网。① 虽然前述探讨基于网络战，但是在手段上和网络犯罪并无二致，这在行为方式层面肯定了比例原则适用于网络犯罪国际规则的可行性。

网络犯罪涉及的犯罪行为类型和危害结果样态十分复杂，因此刑事制裁措施和犯罪行为之间的对应关系更加处于不确定之中，有可能导致不合比例的结果出现。因此，在打击网络犯罪的过程中强调比例原则相较于其他犯罪类型更具有实践价值。

传统的比例原则更多强调公权力对私主体采取的措施必须合乎比例，这一理念也为现有网络犯罪国际立法所认可。比如，《欧洲委员会网络犯罪公约》第 15 条、《联合国合作打击网络犯罪公约（草案）》第 22 条的规定均体现了比例原则。

上述网络犯罪国际立法仅强调了比例原则的传统层面，该原则应当在两个层面进行强调，以全面指导规范的制定和实施。第一个是个人层面，强调各项条款特别是程序条款的适用应当在尽可能少地损害个人权益的情况下保证对于网络犯罪的打击，也即现有网络犯罪国际立法所注意到的比例原则。第二个是国家层面，在确保打击网络犯罪国际合作程序有效性的基础上尽可能少地消耗各国主权以及司法资源。

---

① 节选自 2012 年 9 月 18 日在马里兰州召开的美国网络司令部（USCYBERCOM）机构间法律会议上美国国务院法律顾问高洪柱（Harold Koh）的发言。参见高洪柱《评网络空间国际法》，惠志斌译，载《国外社会科学文摘》编辑部编《国外社会信息化研究文摘（下）》，上海社会科学院出版社，2016，第 873 页。

事实上，第二个层面往往为理论探讨和现有规范所忽略，却是网络犯罪国际立法领域比例原则适用不可或缺的层面。在前述各项立法原则发生冲突时即可通过比例原则进行协调，比如主权原则和合作原则往往容易产生内在矛盾，对此《欧洲委员会网络犯罪公约》采取了欧洲本位的"一刀切"方式，要求其他国家按照欧洲的标准构建规则，这无疑导致该地区以外的国家投入过多不必要的主权和司法成本，违反了比例原则。而按照比例原则，可以基于各个国家和地区的现实寻找"公约数"，以对各国主权和刑事司法损耗最小的方式推动打击网络犯罪国际合作的有效实现。

## 第二节　网络犯罪国际立法的关键术语

现有网络犯罪国际立法对于术语的界定各异，不仅侧重点大相径庭，详略程度也不尽相同。总体来看，可以分为以下几种模式。

第一，择要规定模式。《欧洲委员会网络犯罪公约》第1条仅界定了四项术语："计算机系统"（computer system）、"计算机数据"（computer data）、"服务提供者"（service provider）和"通信数据"（traffic data）。《英联邦计算机与计算机相关犯罪示范法》第3条承继了这一模式，只不过补充界定了"计算机数据存储介质"（computer data storage medium）。《独立国家联合体打击计算机信息领域犯罪合作协定》对于术语的界定也较为简略，仅规定了"与计算机信息有关的犯罪"（offence relating to computer information）、"计算机信息"（computer information）、"恶意软件"（malicious software）和"非法访问"（illegal access）。

第二，重点规定模式，即对于重要术语均予规定，特别是网络犯罪中与其他犯罪不同的术语。如《西部非洲国家经济共同体打击网络犯罪指令》第1条界定了7项术语，具体为"电子通信"（electronic communication）、"计算机数据"（computer data）、"与信息和通信技术有关的种族主义和仇外"（racism and xenophobia in relation to ICTs）、"未成年人"（minor）、"儿童色情制品"（child pornography）、"计算机系统"（computer system）和"信息技术和通信"（Information technology and communication）。《阿拉伯打击信息技术犯罪公约》第 2 条界定了 9 项术语，分别为"信息技术"（information technology）、"服务提供者"（service provider）、"数据"（data）、"信息程序"（information programme）、"信息系统"（information system）、"信息网络"（information network）、"站点"（site）、"截取"（capture）和"用户信息"（subscriber's information）。《联合国合作打击网络犯罪公约（草案）》则专门界定了 15 项术语，分别为"扣押财产"（seizure of property）、"僵尸网络"（botnet）、"恶意软件"（malicious software）、"儿童色情制品"（child pornography）、"（违法）所得"（proceeds）、"信息和通信技术"（information and communications technology）、"财产"（property）、"信息"（information）、"没收"（confiscation）、"关键基础设施"（critical infrastructure facilities）、"有组织犯罪集团"（organized criminal group）、"服务提供者"（service provider）、"垃圾邮件"（spam）、"通信数据"（traffic data）和"信息和通信技术设备"（ICT device）。

第三，详尽规定模式，即对相关的术语均予规定。例如《南部非洲发展共同体计算机和网络犯罪示范法》第 3 条界定了技术层面、实体法层面、程序法层面等的共计 24 项术语，甚至对接入服务提供者、托管服务提供者、缓存服务提供者、超链接服务提供者都作出了具体界定。《加勒比共同体网络犯罪、电子犯罪示范法》采取了类似立场，详细界定了 20 项术语。《东南非共同市场网络犯罪示范法》也详细界定了 23 项术语。

第四，附属规定模式。比如，《非洲联盟网络安全和个人数据保护公约》第 1 条虽然界定了 40 余项术语，但是系整体针对网络安全和个人数据保护展开，仅有一部分和网络犯罪相关。《上海合作组织成员国保障国际信息安全政府间合作协定》仅在其附件 1 中界定了"信息犯罪"，并在附件 2 中将信息犯罪的威胁根源描述为"个人或组织为犯罪目的非法使用信息资源或未经许可干扰信息资源"。

总体来看，重点规定模式较为妥当。择要规定模式过于简略，往往遗漏了对一些重要概念的界定。详尽规定模式对一些概念进行了过细的界定，反而不利于规范前瞻与效力维持，而且对一些非网络犯罪国际立法独特术语进行界定难免有赘余之嫌。附属规定模式显然难以契合网络犯罪国际立法对术语阐释的需求。

但是按照重点规定模式界定术语的网络犯罪国际立法，也存在一些问题。比如，《西部非洲国家经济共同体打击网络犯罪指令》在术语界定时采用了"信息技术和通信"的表述，但是在条文中却使用"信息和通信技术"的表述，术语的准确性存疑；《联合国合作打击网络犯罪公约（草案）》以"网络犯罪"为规制对象，全文却使用了"信息和通信技术"（犯罪）的术语范式，术语的协调性存疑；等等。因此，仍须在此视角下探索网络犯罪国际立法术语体系的科学化，本书认为可从对象类术语和主体类术语分别展开。

### 一　对象类术语

对象类术语指向网络犯罪所直接针对的对象，既包括计算机信息系统、网络、个人信息等受保护的对象，也指向恶意软件、僵尸网络等受规制的对象。据此，可以将其分为正向术语和负向术语。

#### （一）正向术语

正向术语是网络犯罪国际立法术语体系的核心类型。虽然各个网络犯罪国际立法对正向术语的表述不尽相同，但是也有一些内在的契合之处。因此虽然命名方法不同，但是许多核心概念均具有一致性。对此，《网络犯罪综合研究（草案）》曾将其归纳为数个类型。第一，计算机/信息系统。即设备（或相互连接的设备），（按照计算机/信息程序）对〔［计算机数据/信息进行（自动）处理］［合逻辑的/算术的储存功能］］（包括由计算机/信息系统储存、处理、检索、传输的计算机数据/信息）（包括任何通信设备或设施）（包括网络）。第二，计算机/信息程序。即机器可读形式的指令且（能够让计算机/信息系统）来（处理计算机数据/信息）执行功能/进行操作（能够被计算机/信息系统运行)。第三，计算机数据/信息。即（以机器可读形式）表示事实/信息/概念［适用于计算机/信息程序（或计算机/信息系统）进行处理］（包括计算机/信息程序）。① 据此，计算机信息系统及其程序、信息数据是最基本的术语范畴。

计算机信息系统及其程序、信息数据作为核心术语，其具体范围需要进一步扩展。一方面，随着大数据、云计算和人工智能的发展，网络犯罪所针对的对象范围不断扩展，需要对新出现的概念进行界定。另一方面，通信数据等关联对象的概念也需要在网络犯罪国际立法层面进行考量，否则可能无法实现对网络犯罪的全面规制。本书认为，以下术语应作为核心内容。

**1. 计算机信息系统**

各国国内法多对计算机信息系统进行专门保护，其也是网络犯罪国际立法的首要保护对象，但是在具体表述上各网络犯罪国际立法并不一致。一种表述为"计算机系统"，该表述最早可以溯源至《欧洲委员会网络犯罪公约》。该公约第1条作出如下界定："'计算机系统'系指任何设备或者一组相互连接（或者关联）的设备，其中的一个或多个（设备）根据程序进行数据的自动处理。"② 《欧洲委员会网络犯罪公约》的上述界定影响了一批网络犯罪国际立法，《英联邦计算机与计算机相关犯罪示范法》第3条、《西部非洲国家经济共同体打击网络犯罪指令》第1条、《非洲联盟网络安全和个人数据保护公约》第1条、《东南非共同市场网络犯罪示范法》第1条均围绕计算机系统进行类似界定。另一种表述为"信息系统"，为《阿拉伯打击信息技术犯罪公约》第2条所采用，但是其界定内容与"计算机系统"具有实质上的一致性，均强调信息处理性和设备性。正是基于二者的近似性，《南部非洲发展共同体计算机和网络犯罪示范法》第3条和《加勒比共同体网络犯罪、电子犯罪示范法》第3条均采用了"计算机系统或信息系统"的表述。

---

① 参见联合国毒品和犯罪问题办公室《网络犯罪综合研究（草案）》，第14页。
② COE, Convention on Cybercrime, art. 1.

尽管实质含义大体相近，但是仍须对具体的表述进行必要推敲。本书认为，"计算机"和"信息"的表述均保留更为妥当，即表述为计算机信息系统。

第一，该系统应当具有信息性，以区别于其他事物的系统，否则便难以和网络犯罪建立概念上的对应关系。大多数网络犯罪国际立法仅规定了"计算机系统"。《东南非共同市场网络犯罪示范法》第1条除了界定"计算机系统"，也界定了"计算机"，强调该设备具有数据处理功能。如果通过浸水、摔砸等方式破坏计算机，虽然也可能被界定为犯罪，但是并非适格的网络犯罪行为。

第二，该系统应当隶属于计算机，而非泛指所有的信息系统。因为诸如电子表等设备的系统也具有信息性，而对其侵入、破坏显然难以被界定为网络犯罪，应当以"计算机"的表述来限定该概念的基本范畴。（电子）计算机以具备独立性并在某种程度上广泛地处理业务为必要特点，作为组成部分集成在家电产品、自动贩卖机等（设备）中的微型计算机被排除。① 经由对"计算机"的限定也可以使其信息系统的范围趋于合理。

此外，还应考虑时代的发展，即对移动智能技术、人工智能技术的发展予以充分体现。基于此，"计算机信息系统"可以界定为具备自动处理数据功能，包括各种计算机、智能手机、自动化控制设备、人工智能设备等终端的信息系统。

**2. 网络**

不少网络犯罪国际立法回避了对"网络"本身的定义。比如《欧洲委员会网络犯罪公约》作为针对网络犯罪制定的公约，本身却没有对"网络"进行界定。《西部非洲国家经济共同体打击网络犯罪指令》《联合国合作打击网络犯罪公约（草案）》等也是如此。

但是也有网络犯罪国际立法对"网络"进行界定。例如《阿拉伯

---

① 参见〔日〕松宫孝明《刑法各论讲义》（第4版），成文堂，2016，第182页；〔日〕高桥则夫《刑法各论》（第2版），成文堂，2014，第196页；〔日〕斋藤信治《刑法各论》（第4版），有斐阁，2014，第83页。

打击信息技术犯罪公约》第 2 条将"信息网络"界定为"用以获取和交换信息的多个信息系统的互联"。① 《东南非共同市场网络犯罪示范法》第 1 条也采用了类似表述,并且将针对信息的操作扩展至发送、接收、共享或转发。② 此外,《上海合作组织成员国保障国际信息安全政府间合作协定》则是在附件 1 中界定了"信息空间":"与生成、创建、改造、传输、使用和存储信息有关的,包括对个人意识和社会意识、信息基础设施及信息本身产生影响的活动范围。"③ 相比而言,界定"信息网络/网络"较界定"信息/网络空间"对网络犯罪国际立法更具意义,其原因在于"信息网络/网络"作为网络犯罪的对象是具体的,作为基本概念是清晰的;"信息/网络空间"需要再行界定,直接作为网络犯罪对象可能存在术语障碍。

如何看待"网络"的界定还关系术语范式的问题,即采用信息范式还是网络范式?其实国际社会就相关犯罪归入"信息"还是"网络"的范畴并未取得一致认识。比如,联合国层面对于网络犯罪问题虽有较为持久的关注,并且相继出台了有关文件,但是对于刑事实体问题一直未有明确的治理思路,而是在"信息犯罪"与"网络犯罪"之间徘徊。2000 年第三委员会的报告《预防犯罪和刑事司法》决议草案五为"打击非法滥用信息技术"④。其后 2001 年大会据此通过的《打击滥用信息技术的犯罪决议》强调"必须加强各国之间在打击非法滥用信息技术方面的协调与合作"⑤,虽然该决议也赞同欧洲委员会制定《欧洲委员会网络犯罪公约》。2015 年,大会通过的中国等国提交的《信息安全国际行为准则》依旧使用了这样的表述:"合作打击利用信息通信技术和信息通信网络从事犯罪和恐怖活动,或传播宣扬恐怖主义、分裂主义、极端主义以及煽动民族、种族和宗教敌意的行为。"⑥ 然而联合国预防

---

① LAS, Arab Convention on Combating Information Technology Offences, art. 2.
② COMESA, Common Market for Eastern and Southern Africa Cyber Crime Model Bill, art. 1.
③ 上海合作组织:《上海合作组织成员国保障国际信息安全政府间合作协定》,附件 1。
④ UN, A/55/593, pp. 14–16.
⑤ UN, A/57/529/Add. 3, p. 9.
⑥ UN, A/69/723, p. 4.

犯罪和刑事司法委员会下设的网络犯罪问题政府间专家组则是基于"网络犯罪"的视角展开工作，其"目的是全面研究网络犯罪问题及相关应对方法"。或许正是由于治理思路难以统一，联合国层面关于网络犯罪的公约迟迟未能出台。2019年10月联合国大会通过的《打击为犯罪目的使用信息和通信技术行为》的决议又采用了"信息"范式。①

这种分歧又和各国术语体系的长期差异密不可分。比如，《联合国合作打击网络犯罪公约（草案）》没有对"网络"进行界定，就与其提案国的术语传统有关。该草案实质上采用了俄罗斯的信息犯罪范式，而非普遍认可的网络犯罪范式。② 虽然该草案在名称上冠以"网络犯罪"，但该草案的概念体系是围绕"信息"而非"网络"构建的，比如"信息""信息和通信技术"是贯穿草案的核心概念，相关概念的界定和条文的规定也大都立足于这两个概念。其根源可以追溯到俄罗斯与其他西方国家在"信息"与"网络"上的分歧。早在2000年《俄罗斯联邦信息安全学说》就以"信息安全"为核心概念。2016年新版《俄罗斯联邦信息安全学说》问世，"在总则之后，马上就提出了俄罗斯联邦在信息安全领域的国家利益，并且在第五点中，明确指出要维护俄罗斯联邦在信息空间中的国家主权"。③ "长期以来，俄罗斯一直使用'信息空间'代指'网络空间'，使用'信息安全'代指'网络安全'，在外交场合也避免使用'网络空间'一词。美国对网络空间概念的定义更多是强调其物理属性，仅与技术层面相关，而俄罗斯则认为概念还应涉及在网络空间制造、存储和传输的信息，由此，延伸出国家在维护网络空间安全时必须加强对网络信息的监管，这与西方国家倡导的反对网络限

---

① UN, A/C. 3/74/L. 11, p. 3.
② 在俄罗斯外交部门公开的文本中直接称为《联合国打击信息犯罪合作公约（草案）》（Draft United Nations Convention on Cooperation in Combating Information Crimes）, the Embassy of the Russian Federation to the United Kingdom of Great Britain and Northern Ireland, Draft United Nations Convention on Cooperation in Combating Information Crimes, https://www.rusemb.org.uk/fnapr/6394。
③ 班婕、鲁传颖：《从〈联邦政府信息安全学说〉看俄罗斯网络空间战略的调整》，《信息安全与通信保密》2017年第2期，第86页。

制是相违的。"①

与之不同，各国际立法普遍认可的概念范式为"网络犯罪"，《欧洲委员会网络犯罪公约》，以及《西部非洲国家经济共同体打击网络犯罪指令》与《南部非洲发展共同体计算机和网络犯罪示范法》等涵盖诸多发展中国家的网络犯罪国际立法都使用了"网络犯罪"的概念，如果作为全球性网络犯罪规则范本，"信息犯罪"可能存在一定的术语障碍。或许正是因为如此，俄罗斯提交联合国的草案文本以"网络犯罪"冠称，但是并未对概念和规范体系进行全面修改，依然存在规范推广所面临的术语体系障碍。

此外，信息范式和网络范式也未必不可调和。《阿拉伯打击信息技术犯罪公约》第2条即独树一帜地使用"信息网络"的概念，将"网络"概念纳入信息范式中。未来联合国层面制定打击网络犯罪国际公约也未必一定要基于信息范式展开，虽然其是基于《打击为犯罪目的使用信息和通信技术行为》的决议的。特别是在众多国家将"网络"与"网络犯罪"作为术语指向的情况下，界定"网络"从而寻求共识更为重要。

此外，本书认为界定"网络"与界定"网络犯罪"并非同一个问题。根据《网络犯罪综合研究（草案）》，"网络犯罪"一词本身并不适合有一个特定的定义，最好指代一系列活动或行为，而非单一行为。这与《联合国反腐败公约》等国际文书采取的做法相同，如《联合国反腐败公约》并未对"腐败"作出定义，而是赋予各国对一系列特定的、可以加以比较且能够有效描述的行为进行定罪的义务。② "网络犯罪"本身指向行为，而且是种类复杂、内容处于变动中的行为，确实不宜在网络犯罪国际立法中作出界定，从此视角来看，《欧洲委员会网络犯罪公约》有其合理性，该公约将"'网络犯罪'的概念转化为'通过互联计算机系统及其内容实施的犯罪'，避开了对'网络'这一发展中的概念的定义，一定程度上消减了技术发展可能带来的定义滞后等问

---

① 张孙旭：《俄罗斯网络空间安全战略发展研究》，《情报杂志》2017年第12期，第8页。
② 联合国毒品和犯罪问题办公室：《网络犯罪综合研究（草案）》，第14页。

题"。① 与之相对,"网络"指向客观连接的计算机信息系统,结构与内容具有特定性,更是关系网络犯罪独特的形式与结构,对其进行界定对相应网络犯罪国际立法的具体条款具有指导和规制作用。因此,《欧洲委员会网络犯罪公约》前述做法的弊端也客观存在,即会因为前提概念界定不明难以全面有效地为打击网络犯罪立法条款提供术语基础。

基于此,本书认为可将"网络"界定如下:"网络"系指由计算机信息系统及相关设备组成,按照一定的规则和程序对信息进行收集、存储、传输、交换、处理的群组。

### 3. 计算机数据

"计算机数据"已经被普遍认可为网络犯罪国际立法所使用的术语。《欧洲委员会网络犯罪公约》第1条规定:"'计算机数据'系指适于计算机系统处理的事实、信息或概念的表现形式,包括适于使计算机系统某项功能实现的程序。"② 该公约将计算机数据扩大至计算机程序,并且在刑事实体法与程序法层面加以使用。因为自动处理的计算机数据可能是刑事犯罪的目标,也可能是调查手段的应用对象。③ 这一广义界定影响了不少网络犯罪国际立法,如《英联邦计算机与计算机相关犯罪示范法》第3条、《东南非共同市场网络犯罪示范法》第1条、《加勒比共同体网络犯罪、电子犯罪示范法》第3条和《南部非洲发展共同体计算机和网络犯罪示范法》第3条均作出类似界定。

此外,也有不少网络犯罪国际立法对"计算机数据"作出狭义的界定,即未将计算机程序纳入计算机数据的范畴。不过这些立法采用的具体表述各异。《联合国合作打击网络犯罪公约(草案)》第4条规定:"'信息'系指任何数据(消息、记录),不论其呈现形式。"④《阿拉伯打击信息技术犯罪公约》第2条则是界定了"数据":"可以通过信息

---

① 胡健生、黄志雄:《打击网络犯罪国际法机制的困境与前景——以欧洲委员会〈网络犯罪公约〉为视角》,《国际法研究》2016年第6期,第25页。
② COE, Convention on Cybercrime, art. 14.
③ COE, Explanatory Report to the Convention on Cybercrime, p. 5.
④ UN, Draft United Nations Convention on Cooperation in Combating Cybercrime, art. 4.

技术存储、处理、生成和传输的所有信息,例如数字、字母、符号等。"① 类似地,在概念范畴大体一致的情况下,《非洲联盟网络安全和个人数据保护公约》第 1 条采用"计算机化数据"(computerized data)概念,《独立国家联合体打击计算机信息领域犯罪合作协定》第 1 条采用"计算机信息"概念,《西部非洲国家经济共同体打击网络犯罪指令》第 1 条采用"计算机数据"概念。

本书认为,计算机程序虽然具有数据的性质,但是由于其具有独特的结构与功能,将其纳入计算机数据的范畴有扩大之嫌。而且不采取广义的数据概念不代表不对计算机程序进行保护。《东南非共同市场网络犯罪示范法》第 1 条曾探索对计算机程序(computer programme)进行单独界定。即便不作单独的规定也不影响计算机程序的著作权等权利受到网络犯罪国际立法的保护。因此,"计算机数据"理应界定为通过计算机信息系统存储、处理、生成和传输的信息集合。

另有若干网络犯罪国际立法界定了"计算机数据存储介质"(computer data storage medium),如《英联邦计算机与计算机相关犯罪示范法》第 3 条、《南部非洲发展共同体计算机和网络犯罪示范法》第 3 条和《加勒比共同体网络犯罪、电子犯罪示范法》第 3 条。但是这一概念并非网络犯罪的基础概念,在网络犯罪国际立法中进行专门界定反而有赘余之嫌。

### 4. 通信数据

"通信数据"并非所有网络犯罪国际立法均界定的概念,但是从相关国际立法的规定来看其内涵大体一致。《欧洲委员会网络犯罪公约》第 1 条规定:"'通信数据'是指与计算机系统通信相关的计算机数据,其由作为通信链一部分的计算机系统生成,表明通信的起点、目的地、路径、时间、日期、文件大小、持续时长或基础服务的类型。"② 即便采取了不同的概念范式,但是《联合国合作打击网络犯罪公约(草案)》第 4 条对这一概念的界定大体一致:"'通信数据'系指任何关于

---

① LAS, Arab Convention on Combating Information Ttechnology Offences, art. 2.
② COE, Convention on Cybercrime, art. 1.

通过信息和通信技术方式进行数据传输的，并且特别表明来源、目的地、线路、时间、日期、大小、持续时间和基础网络服务类型的电子信息（不包括传输数据的内容）。"① 其他诸如《英联邦计算机与计算机相关犯罪示范法》第3条、《南部非洲发展共同体计算机和网络犯罪示范法》第3条、《加勒比共同体网络犯罪、电子犯罪示范法》第3条、《西部非洲国家经济共同体打击网络犯罪指令》第1条和《东南非共同市场网络犯罪示范法》第1条对"通信数据"的界定也并无二致。

本书也大体认可上述界定，但是认为应微调："通信数据"系指与计算机信息系统通信有关的（计算机）数据，用以表明来源、目的地、线路、时间、日期、文件大小、持续时间和基础网络服务类型。即应当强调该数据"与计算机信息系统通信有关"。

**5. 云存储**

"云存储"概念的出现和云计算技术的发展密切相关。云计算技术即将资源集中于互联网上的数据中心，通过多部服务器组成的系统进行处理和分析，从而解决传统计算机信息系统零散性带来的低效率问题。云计算不仅改变了计算方式和效率，更产生了极为深远的影响。在欧盟，"2015～2020年云计算的经济影响预计为9400亿欧元和380万个工作岗位"。②

与此同时，云计算也带来了新的风险和挑战。"云计算增加了安全问题的复杂性并引入了新的安全问题，日趋成为有风险的业务。"③ 在国家网络攻击层面，"云计算创造了更易于实现、易于管理的（攻击）目标，从而以经济威胁的角度来攻击像国家这样装备精良的对手"。④ 具体到网络犯罪，通过云计算方式侵犯信息数据安全的行为也越发普

---

① UN, Draft United Nations Convention on Cooperation in Combating Cybercrime, art. 1.
② Stephen B. Wicker, *Cellular Convergence and the Death of Privacy*, Oxford University Press, 2013, p. 3.
③ Surya Nepal, Mukaddim Pathan, eds., *Security, Privacy and Trust in Cloud Systems*, Springer, 2014, p. 5.
④ Massimo Felici, Carmen Fernández-Gago, eds., *Accountability and Security in the Cloud*, Springer, 2015, p. 207.

遍。比如，云计算已经不仅仅被用来实施传统的计算机犯罪，更是被用于实施侵犯个人信息的犯罪。"虽然通常（云计算）的重点在于安全性，但是其实最复杂的问题是隐私。"[①] 由此，"云计算可能带来一个新问题，即没有相应的法律范式来保护存在于第三方控制下的个人记录"。[②] 特别是当个人信息存在于跨管辖区域的云端系统时，各国相关立法的保护效果更是大打折扣——"虽然世界上有不少国家法律规定了数据保护，但是其（立法）不是都足够细致，难以适当地、充足地适用于具体的跨辖区的云应用情境。"[③] 对此也有学者指出："对于移动互联网犯罪、大数据犯罪、云端犯罪等新问题，理论研究的前沿性、超前性受阻，有失立法的战略性、规划性和长久性。"[④] 有鉴于此，解决这一问题同样需要从网络犯罪国际立法的层面着眼。

然而云计算本身是技术范式，难以作为对象（或客体）。"云计算"中的"云"一般称为"cloud"，其实质表现为一个动态的集合（group），即云计算描述的是一种计算结构而非计算内容，因此云计算仅提供了一种方法与范式。由此，表明数据存储形态的云存储比作为数据计算形式的云计算更适合作为网络犯罪国际立法的术语。从现实维度考量，谷歌云盘、百度网盘、360云盘等中外云存储中的数据也确实需要通过刑法加以保护。特别是随着分布式云存储的发展，数据分散存储于多地、多台独立的设备，使得云存储概念的跨国性更加明显，网络犯罪国际立法应直面这一现实。

云存储作为核心术语有两重意义：一方面，对于云存储中的计算机数据，理应纳入网络犯罪国际立法的保护范畴，弥补国内法的不足；另

---

[①] Siani Pearson, George Yee, eds., *Privacy and Security for Cloud Computing*, Springer, 2013, p. 5.
[②] Kristina Irion, "Your Digital Home is No Longer Your Castle: How Cloud Computing Transforms the (legal) Relationship between Individuals and Their Personal Records", *International Journal of Law and Information Technology*, Vol. 23 (2015), No. 4, p. 371.
[③] Surya Nepal, Mukaddim Pathan, eds., *Security, Privacy and Trust in Cloud Systems*, Springer, 2014, p. 453.
[④] 孙道萃：《网络安全刑事保障的体系完善与机制构建》，《华南师范大学学报》（社会科学版）2017年第5期，第121页。

一方面，云存储中的计算机数据对于证明网络犯罪行为、助力网络犯罪侦查同样具有重要的程序法意义。基于此，本书认为对云存储进行如下界定是必要的："云存储"系指基于网络和云计算技术建立的跨计算机信息系统存储（计算机）数据的方式和空间。

**6. 关键基础设施**

"关键基础设施"的表述在现有网络犯罪国际立法中的使用并不一致。一些网络犯罪国际立法使用了"关键基础设施"的表述。比如《联合国合作打击网络犯罪公约（草案）》第 4 条规定："'关键基础设施'系指为了国家、国防或安全利益（包括个人安全利益）而运转的国家设施、系统和机构。"① 与之有所区别，《南部非洲发展共同体计算机和网络犯罪示范法》第 3 条虽然也使用"关键基础设施"的概念，但是对其范围未作前述扩大理解，而是限于"计算机系统、设备、网络、程序、数据"。②《加勒比共同体网络犯罪、电子犯罪示范法》第 3 条和《东南非共同市场网络犯罪示范法》第 1 条也作了类似后者的理解。

另一种思路是基于"（关键）信息基础设施"进行界定。如《上海合作组织成员国保障国际信息安全政府间合作协定》附件 1 将"信息基础设施"界定为"生成、创建、改造、传输、使用和存储信息的技术手段和系统的总和"。③《非洲联盟网络安全和个人数据保护公约》第 1 条使用了"关键网络/信息和通信技术基础设施"（critical cyber/ICT infrastructure）的表述，将设施的指向范围设定为"公共安全、经济稳定、国际安全、国际稳定和关键网络空间的稳定和恢复"。④

客观来看，关键基础设施在网络领域的重要性日益凸显，网络犯罪国际立法理应重视这一对象。比如关键基础设施涉及网络犯罪管辖与司法主权的问题。国家有权管理本国网络基础设施，管治本国网络空间，

---

① UN, Draft United Nations Convention on Cooperation in Combating Cybercrime, art. 4.
② SADC, Computer Crime and Cybercrime: Southern African Development Community Model Law, art. 3.
③ 上海合作组织：《上海合作组织成员国保障国际信息安全政府间合作协定》，附件 1。
④ AU, African Union Convention on Cyber Security and Personal Data Protection, art. 1.

依法打击危害网络空间秩序的行为。① "由于网络空间作为一个人造的空间，是由现实世界的不同国家包括有关企业、个人通过电脑、路由器、服务器等各种基础设施创造的空间，这些基础设施是网络空间的物理基础或硬件基础，通常分布于不同主权国家领土范围之内，各国原则上对于这些网络基础设施可以行使完全和排他的主权。"② 具体到网络犯罪，关键基础设施既是网络犯罪针对的对象，也是针对网络犯罪采取刑事程序措施和进行国际合作不能不考虑的对象。

至于概念应表述为"关键基础设施"还是"关键信息基础设施"，本书认为采用前者更为妥当。如果采用"关键信息基础设施"将会导致将该类设施限于和信息安全有关的范围，难以涵盖通过网络实施的危害国家安全、国计民生的各类犯罪。随着网络社会的深化，几乎各个公共领域的基础设施都难以避免计算机化、网络化，采用"关键基础设施"可以通过关联计算机系统、程序或数据，对相关网络犯罪进行更周延的规制。基于此，对其可作如下界定："关键基础设施"系指公共通信和信息服务、能源、交通、水利、金融、社会服务、电子政务等重要行业和领域的基础设施，其计算机信息系统、程序或数据一旦遭到破坏、丧失功能（或者发生数据泄露），可能严重危害一国国家安全、国计民生、公共利益。

### 7. 个人信息

现有网络犯罪国际立法中仅有少数涉及个人信息问题。直接对此作出规定的仅有《非洲联盟网络安全和个人数据保护公约》第 1 条，该条虽然使用了"个人数据"（personal data）的概念，但是其指任何与已识别或可识别自然人有关的信息，通过该信息可以直接或间接地识别个人。③《阿拉伯打击信息技术犯罪公约》第 2 条、《东南非共同市场网络犯罪示范法》第 1 条则规定了用户信息（subscriber's information），将

---

① 参见刘肖、朱元南《网络主权论：理论争鸣与国际实践》，《西南民族大学学报》（人文社会科学版）2017 年第 7 期，第 133 页。
② 参见黄志雄主编《网络主权论：法理、政策与实践》，社会科学文献出版社，2017，第 71~72 页。
③ AU, African Union Convention on Cyber Security and Personal Data Protection, art. 1.

其范围限于和网络服务有关的范畴,范围颇为狭窄。①

实际上"个人数据"往往和"个人信息"在同样的范畴上适用。欧盟《通用数据保护条例》(General Data Protection Regulation)第4条将个人数据界定为识别或可识别自然人(数据主体)的任何相关信息。该界定和"个人信息"所指范围一样。

个人信息的意义已经不局限于个人,而是关系信息主权,需要在国家、国际层面进行考量。"国家的网络主权既包括对其境内有形网络基础设施的主权,也包括对无形网络信息和数据的主权(即所谓'信息主权'或'数据主权'),二者缺一不可。如果说网络基础设施是网络空间不可或缺的'躯壳'或'载体',网络信息和数据就是网络空间的'灵魂'之所在;离开了'信息主权'或'数据主权'的网络主权,只能是丧失'灵魂'、残缺不全的主权。"② 在侵犯个人信息犯罪借助"暗网"等形式不断走向跨国化的背景下,如何通过国际立法保护本国公民个人信息是各国不可回避的现实问题。因此该类犯罪并非仅仅和个人有关,不仅应在网络犯罪国内立法中进行规制,也需要在网络犯罪国际立法层面予以体现。

"个人信息"最重要的特征即具有识别性,但是这种识别性应当进行扩展,包括直接识别和间接识别。直接识别是指通过单一信息能够直接识别特定个人;间接识别是指单一信息无法直接识别特定个人,但同其他信息相结合后能够识别特定个人。《非洲联盟网络安全和个人数据保护公约》第1条也体现了这一意蕴。但是在表述上本书认为采用"个人信息"而非"个人数据"更为妥当。"信息"强调内容性,"数据"强调形式性,"个人信息"与"计算机数据"的表述错开更易于区分和理解。反观关于"个人数据"的表述,有可能产生属于"个人信息"还是个人计算机系统数据的歧义。基于此可以作如下界定:"个人信息"系指以电子或者其他方式记录的能够单独或者与其他信息结合

---

① LAS, Arab Convention on Combating Information Technology Offences, art. 2; COMESA, Common Market for Eastern and Southern Africa Cyber Crime Model Bill, art. 1.
② 黄志雄主编《网络主权论:法理、政策与实践》,社会科学文献出版社,2017,第72页。

识别自然人个人身份的各种信息。

(二) 负向术语

负向术语主要围绕网络犯罪行为的形式、相关工具或者衍生对象展开。与正向术语相比，现有网络犯罪国际立法对负向术语更未形成统一的认识，在范围和内容上规定也不一致。不过随着网络犯罪的发展蔓延，负向术语的地位和意义也日益彰显。

**1. 僵尸网络**

在目前的网络犯罪国际立法中，只有《联合国合作打击网络犯罪公约（草案）》第4条对"僵尸网络"作出规定："'僵尸网络'系指在用户不知情的情况下已被安装恶意软件并受到集中控制的两个或两个以上信息和通信技术设备。"① 该草案对"僵尸网络"的界定大体把握了其实质，即行为人采用一种或多种传播手段，使大量主机感染 bot 程序（僵尸程序）病毒，从而建构了可一对多控制的网络，该网络形似"僵尸"，受人驱赶和控制，因而得名。

僵尸网络的问题具有世界性。早在 2011 年，全球就有超过 100 万个独立的 IP 地址作为僵尸网络命令和控制的服务器运行。② 欧洲于 2013 年出台了《欧洲议会和欧盟委员会关于惩治攻击信息系统行为、替代第 2005/222/JHA 号框架协议的第 2013/40/EU 号指令》（Directive 2013/40/EU of the European Parliament and of the Council on Attacks Against Information Systems and Replacing Council Framework Decision 2005/222/JHA）③，该指令对僵尸网络相关行为作出界定性描述，即："故意通过对有目标的网络攻击使计算机感染恶意软件，从而对大量计算机建立远程控制的行为。"该指令还要求各成员国对制造僵尸网络的行为施以刑罚处罚。④

---

① UN, Draft United Nations Convention on Cooperation in Combating Cybercrime, art. 4.
② 联合国毒品和犯罪问题办公室：《网络犯罪综合研究（草案）》，执行摘要第8页。
③ EU, Directive 2013/40/EU of the European Parliament and of the Council of 12 August 2013 on Attacks Against Information Systems and Replacing Council Framework Decision 2005/222/JHA, https://eur-lex.europa.eu/legal-content/EN/TXT/PDF/?uri=CELEX：32013L0040&from=EN.
④ Elaine Fahey, The Global Reach of EU Law, Routledge, 2016, p. 122.

《联合国合作打击网络犯罪公约（草案）》第4条对"僵尸网络"的规定具有重要意义。虽然《欧洲委员会网络犯罪公约》等大多数网络犯罪国际立法未对"僵尸网络"作出界定，但是欧洲层面已经出台专门立法进行界定，该草案的规定无疑是与时俱进的。此外，本书认为网络犯罪国际立法中对"僵尸网络"的界定还需要体现和网络犯罪有关联，可具体界定为："僵尸网络"系指两个或两个以上被恶意软件非法控制、可被用于实施网络犯罪的计算机信息系统群组。

**2. 垃圾邮件**

现有网络犯罪国际立法中只有《联合国合作打击网络犯罪公约（草案）》第4条对"垃圾邮件"作出规定："'垃圾邮件'系指向地址列表（数据库）上未同发送方通信的各方发送未经许可的电子邮件，并且其无法拒绝从发送方接收这些邮件。"① 此外，《非洲联盟网络安全和个人数据保护公约》第1条仅涉及"电子邮件"（electronic mail），并未根据邮件的性质再作界定。

虽然对"垃圾邮件"作出规定的网络犯罪国际立法有限，但是这种规定的必要性却日益增加。作为网络领域先发国家的美国早在2003年就出台了反垃圾邮件法（Controlling the Assault of Non-Solicited Pornography and Marketing Act, CAN-SPAM Act）。② 其立法理由在于："虽然收到这类垃圾信息并不必然导致接收者花费时间和金钱去下载、浏览和删除它们，但发送垃圾信息对向消费者提供的通信接入服务的质量造成了越来越严重的负面影响，增加了通信使用者的成本。"③ 与此同时，美国还于2003年出台了《垃圾邮件刑事法案》（Criminal Spam Act），将发送侵犯财产和（性）虐待电子邮件定为犯罪行为。④

而且，这种立法向国际化扩展的趋势日益明显。"在网络无国界的

---

① UN, Draft United Nations Convention on Cooperation in Combating Cybercrime, art. 4.
② USA, Controlling the Assault of Non-Solicited Pornography and Marketing Act of 2003, https://www.spamlaws.com/federal/108s877.shtml.
③ 李昕：《美国反垃圾信息法及其对中国的启示》，《华中师范大学学报》（人文社会科学版）2008年第5期，第39页。
④ USA, Criminal Spam Act of 2003, https://www.spamlaws.com/federal/108s1293.shtml.

特性下，单靠国内执法力量仍显不足，只有透过国际合作的力量，例如每个国家签署管制网络垃圾邮件的国际条约，或透过类似 APEC 的区域组织与其他贸易伙伴进行对话，讨论反垃圾邮件的政策，并形成一定的共识，要求各会员国遵循，以避免国际间对于垃圾邮件的管制出现矛盾或冲突的现象，如此才有可能更有效率地防治垃圾邮件。"① 而垃圾邮件无疑也成为国际网络犯罪所采取的重要形式，无论是和财产相关还是和性观念相关的犯罪类型都离不开垃圾邮件的大量发送。因此，网络犯罪国际立法应当给予"垃圾邮件"充分的重视。参考《联合国合作打击网络犯罪公约（草案）》第 4 条，可考虑将其界定为：在未经授权情况下向用户发送的电子邮件，且这些邮件无法被用户拒收。

**3. 色情信息**

现有网络犯罪国际立法多以"儿童色情制品"的形式描述类似概念。如《欧洲委员会网络犯罪公约》并没有在第 1 条中将"儿童色情制品"作为术语进行界定，而是在第 9 条第 2 款中规定第 1 款中的"儿童色情制品"应当包括直观描述（以下情形）的色情材料："a. 未成年人参与的明显的性行为；b. 以未成年人形象参与的明显的性行为；c. 表现未成年人参与的明显性行为的逼真图像。"②

不少网络犯罪国际立法沿用了"儿童色情制品"的界定，但是具体方式不尽相同。一种方式为沿用《欧洲委员会网络犯罪公约》的做法，如《英联邦计算机与计算机相关犯罪示范法》也是在刑事实体法条款（第 10 条）中对"儿童色情制品"进行界定。另一种方式为将"儿童色情制品"的界定移至术语界定条款，但是沿用《欧洲委员会网络犯罪公约》的具体界定。《加勒比共同体网络犯罪、电子犯罪示范法》第 3 条、《西部非洲国家经济共同体打击网络犯罪指令》第 1 条、《南部非洲发展共同体计算机和网络犯罪示范法》第 3 条以及《非洲联盟网络安全和个人数据保护公约》第 1 条皆是如此。《西部非洲国家经

---

① 陈星：《大数据时代垃圾邮件规制中的权益冲突与平衡及其立法策略》，《河北法学》2014 年第 6 期，第 57 页。

② COE, Convention on Cybercrime, art. 9.

济共同体打击网络犯罪指令》第1条、《非洲联盟网络安全和个人数据保护公约》第1条甚至还专门界定了"儿童或未成年人"（Child or Minor）。

其实不少网络犯罪国际立法选择将对"儿童色情制品"的界定移到术语界定条款已经体现了对《欧洲委员会网络犯罪公约》的部分反思，即如果在刑事实体法条款中进行概念界定，有损规范体系的严谨性和科学性。即便作出如此调整仍未能解决所有问题，"儿童色情制品"也并非仅和网络犯罪有关，非网络形式实施的犯罪行为一样可以指向"儿童色情制品"，在网络犯罪国际立法中再行界定面临和既有规定重复的问题。基于此，《联合国合作打击网络犯罪公约（草案）》第4条尝试了不同的界定模式："'儿童色情制品'具有2000年5月25日《儿童权利公约关于买卖儿童、儿童卖淫和儿童色情制品问题的任择议定书》赋予该用语的含义。"也即采用了参考界定的方式，以避免重复界定的问题。

但是与网络犯罪相关的色情内容和一般的色情制品存在不同，其必然以信息数据的形式存在，而非实体的书刊、物品。因此，网络犯罪国际立法所应界定的对象为"色情信息"，而非一般意义上的"色情制品"，否则便难以和网络犯罪建立特定的联系，甚至不当消解该类犯罪对象的专门性、针对性。基于此，可作如下界定："色情信息"包括具体描绘性行为或者露骨宣扬色情的视频文件、音频文件、电子刊物、图片、文章、短信息等可被计算机信息系统读取的电子信息。

#### 4. 恶意软件

"恶意软件"是病毒、蠕虫、特洛伊木马以及其他有害计算机程序的总称，早先多在技术层面使用，并未被多数网络犯罪国际立法规定。比如《欧洲委员会网络犯罪公约》以及参照其制定的不少网络犯罪国际立法均未给予恶意软件充分的重视。在其体系中，计算机程序属于计算机数据的范畴，因而在"滥用设备"等条款中对"恶意软件"进行附属评价，未作独立考量。

但也有网络犯罪国际立法探索对"恶意软件"作出独立规制。其典型代表为《联合国合作打击网络犯罪公约（草案）》，该草案第 4 条作出如下界定："'恶意软件'系指目的为在未经授权的情况下修改、破坏、复制、阻止信息，或者使保护信息安全的软件无效的软件。"①这一规定实际上与《独立国家联合体打击计算机信息领域犯罪合作协定》第 1 条对"恶意软件"的界定具有一致性，只不过后者在"修改、破坏、复制、阻止信息"之外并列规定了"破坏计算机、计算机系统或者相关网络"。②《东南非共同市场网络犯罪示范法》第 1 条则是一方面引入损害"机密性、完整性和可用性"的目的，另一方面将恶意软件的对象范围扩大至计算机、计算机系统、网络、计算机程序、计算机数据、内容数据、通信数据。③

本书认为，随着恶意软件日益类型化、体系化，网络犯罪国际立法理应对其作出专门的界定。而且恶意软件不仅涉及滥用设备的情形，更可能涉及网络财产犯罪等多种犯罪类型，应当将其作为独立的对象进行规制。由此，可作如下界定："恶意软件"系指在未经授权的情况下在用户计算机信息系统上自动安装运行，实施非法修改、破坏、复制、拦截信息操作的病毒、蠕虫和特洛伊木马等程序。

**5. 网络恐怖活动**

恐怖主义犯罪已成为世界各国所重视的重要问题，也成为国际立法的重要领域之一。如《欧洲委员会制止恐怖主义公约》（Council of Europe Convention on the Prevention of Terrorism）、《打击恐怖主义、分裂主义和极端主义上海公约》（Shanghai Convention on Combating Against Terrorism, Separatism and Extremism）、《制止恐怖主义爆炸的国际公约》（International Convention for the Suppression of Terrorist Bombings）、《制止向恐怖主义提供资助的国际公约》（International Convention for the Suppression of the Financing of Terrorism）等国际立法对恐怖主义犯罪及个别

---

① UN, Draft United Nations Convention on Cooperation in Combating Cybercrime, art. 4.
② CIS, Agreement on Cooperation among the States Members of the Commonwealth of Independent States in Combating Offences Relating to Computer Information, art. 1.
③ COMESA, Common Market for Eastern and Southern Africa Cyber Crime Model Bill, art. 1.

传统恐怖主义犯罪行为进行了界定，但是并不一致。①

随着网络社会的发展，恐怖主义犯罪日益向网络领域延伸。网络恐怖主义的扩散规律是由事件中心等量甚至增量地向外辐射，波及的范围和危害程度是无限的、难以控制的。一次局部性的网络恐怖事件，往往会在很大范围内发生连锁反应，从而使相关国家大部分或全部陷入混乱盲目状态，甚至引发这些国家的社会危机。网络恐怖主义还可能加剧人们心理上对信息社会的不信任，甚至留下像"核冬天"一样的长期损害，从而也必然加剧下一次网络恐怖事件的恐怖效应。② 在前述恐怖主义犯罪界定的基础上，国际组织也对界定网络恐怖主义犯罪作出了努力。例如，2012 年联合国毒品和犯罪问题办公室将网络恐怖主义定义为"故意利用计算机网络来发动攻击……以扰乱计算机系统、服务器或底层基础设施等的正常运行"。③ 这一界定明显较为简单，而且指向范围有限。④

现有的网络犯罪国际立法中，只有《上海合作组织成员国保障国际信息安全政府间合作协定》界定了"信息恐怖主义"。其附件 1 将"信息恐怖主义"界定为"为达到恐怖主义目的，在信息空间使用和（或）影响信息资源"。附件 2 中在"该威胁根源"层面进一步描述为"恐怖组织或参加恐怖活动的个人，利用或针对信息资源进行非法

---

① 例如，《欧洲委员会打击恐怖主义公约》对恐怖主义的范围进行了说明："恐怖主义严重犯罪包括对受国际保护的人员（包括外交代表）的生命、人格尊严或自由的攻击；以及绑架、扣押人质、非法扣押、使用炸弹、火箭、手榴弹等危害人身安全的活动；以及企图参与或参与从事这些行为的共犯等。"《打击恐怖主义、分裂主义和极端主义上海公约》第 1 条第 1 款将恐怖主义界定为："1. 为本公约附件所列条约之一所认定并经其定义为犯罪的任何行为；2. 致使平民或武装冲突情况下未积极参与军事行动的任何其他人员死亡或对其造成重大人身伤害、对物资目标造成重大损失的任何其他行为，以及组织、策划、共谋、教唆上述活动的行为。而此类行为因其性质或背景可认定为恐吓居民、破坏公共安全或强制政权机关或国际组织以实施或不实施某种行为，并且是依各方国内法应追究刑事责任的任何行为。"
② Babak Akhgar, Andrew Staniforth, Francesca Bosco, *Cyber Crime and Cyber Terrorism Investigator's Handbook*, Elsevier Press, 2014, pp. 24 – 28.
③ UNODC, The Use of the Internet for Terrorist Purposes (2012), p. 11.
④ 联合国反恐执行工作组（Counter-Terrorism Implementation Task Force, CTITF）的界定则是从行为类型层面进行列举式描述，缺少一般性概括。

活动"。①

然而从"主义"视角进行界定面临现实的难题。各国对恐怖主义的定义存在根本性分歧,不少西方国家认为恐怖主义概念仅限于个人或小团体的行动,不包括国家的警察军事行动;而阿拉伯国家等则认为,恐怖主义的定义中可以包括国家的军事行动。因此,如果使用"网络恐怖主义"的概念可能导致网络犯罪国际立法陷入争议之中。《上海合作组织成员国保障国际信息安全政府间合作协定》不受西方国家的认可一定程度上也和"信息恐怖主义"等概念的兼容性有限相关。

因此本书认为,应当使用"网络恐怖活动"概念,并且进行专门的界定,以促进各国在打击网络恐怖活动犯罪中的协作。在其概念中,应当体现"恐怖活动"的形式与结果,淡化争议问题,可具体界定为:"网络恐怖活动"系指以计算机或网络系统等为媒介,组织、策划、领导、资助、发动或实施的危害一国国家安全、政治稳定、公民人身和财产安全,以及对此进行公开宣扬的各类行为。

此外也有一些网络犯罪国际立法涉及种族主义和仇外相关概念的界定。如《〈欧洲委员会网络犯罪公约〉第一附加议定书》第 2 条即界定了"种族主义和仇外材料"。与之类似,《西部非洲国家经济共同体打击网络犯罪指令》第 1 条界定了"与信息和通信技术有关的种族主义和仇外"(racism and xenophobia in relation to ICTs),《南部非洲发展共同体计算机和网络犯罪示范法》第 3 条界定了"种族主义和仇外材料"。但是通过网络实施的种族主义和仇外相关犯罪的特殊之处体现在行为类型而非对象类型上,因此并无将其作为独立术语加以界定的必要。

## 二 主体类术语

总体来看,网络犯罪国际立法关联的主体有多个类型。比如:国家作为缔约方无疑是重要的主体类型之一;自然人和法人作为实施网络犯

---

① 上海合作组织:《上海合作组织成员国保障国际信息安全政府间合作协定》,附件 1、附件 2。

罪的主体理应作为规制的对象；在打击网络犯罪国际合作的过程中国家的主管部门、司法机关均承担了重要的角色；等等。不过这些主体均出现在各类国际立法中，是打击犯罪的国际刑事规范普遍关联的主体，因而无须在网络犯罪国际立法中专门予以界定。

但"网络服务提供者"这一主体是网络犯罪国际立法中极为重要又极为特殊的主体类型，其不仅涉及具体犯罪行为，更涉及打击网络犯罪的公私协作，自《欧洲委员会网络犯罪公约》颁布起众多网络犯罪国际立法就对其界定十分关注。《欧洲委员会网络犯罪公约》第1条使用了"服务提供者"的概念，并具体界定为："I. 任何向用户提供计算机系统通信服务的公共或私人实体；II. 为该通信服务或通信服务用户处理或存储计算机数据的其他实体。"①《欧洲委员会网络犯罪公约》所规定的"服务提供者"范围并不狭窄，即无论网络服务的用户是否组成一个封闭的小组，或提供者是否向公众免费提供服务都无关紧要。②这一界定影响了众多网络犯罪国际立法，《阿拉伯打击信息技术犯罪公约》第2条、《东南非共同市场网络犯罪示范法》第1条、《英联邦计算机与计算机相关犯罪示范法》第3条、《联合国合作打击网络犯罪公约（草案）》第4条等均采取了类似界定。只有《非洲联盟网络安全和个人数据保护公约》第1条使用了"第三方"（third party）的概念，从而将政府当局、自然人与法人等数据的控制者、处理者等包括在内。③

此外，也有网络犯罪国际立法使用了"网络服务提供者"的表述，并对其具体类型均予界定。《南部非洲发展共同体计算机和网络犯罪示范法》第3条除了界定网络服务提供者（internet service provider）外，更是对接入服务提供者（access provider）、托管服务提供者（hosting provider）、缓存服务提供者（caching provider）和超链接服务提供者（hyperlink provider）作了详细的界定。《加勒比共同体网络犯罪、电子犯罪示范法》与其做法大体一致，只不过未对超链接服务提供者进行

---

① COE, Convention on Cybercrime, art. 1.
② COE, Explanatory Report to the Convention on Cybercrime, pp. 5 – 6.
③ AU, African Union Convention on Cyber Security and Personal Data Protection, art. 1.

专门界定。此外，二者没有专门界定搜索引擎服务提供者（search engine provider），但是也将其作为网络服务提供者的类型之一在后续条文中加以规定。①

虽然"网络服务提供者"有着不同的类型，但是在网络犯罪国际立法术语界定层面不宜再作细分。网络服务提供者包括网络接入服务提供者（internet access provider）、网络目录服务提供者（internet directory provider）、网络内容服务提供者（internet content provider）②、网络平台服务提供者（internet platform provider）等，③ 以及后续产生的网络存储服务提供者（host service provider）、缓存服务提供者（cache-service provider）、信息定位（或搜索引擎）服务提供者等。④ 但是在网络犯罪国际立法中其服务类型的区别并不会导致应适用的实体法、程序法规则的不一致，因此应集中统一规定。

本书认为，可以综合以上界定的长处进行界定。第一，应采用"网络服务提供者"的表述。《欧洲委员会网络犯罪公约》等网络犯罪国际立法所使用的"服务提供者"实际上必然具有网络服务的性质，即便如其解释性报告所指出的为特定封闭用户提供网络服务，也是为局域网用户提供网络服务，在性质上与为广域网用户提供服务并无二致。第二，不同类型的网络服务提供者可在定义中提及，但是没有必要单独界定。除了应适用的规则并无区别外，还应在网络犯罪国际立法层面考虑保证术语界定层次的一致性，不应对网络服务提供者作超出其他术语详细程度的界定。基于此，可作如下具体界定："网络服务提供者"系

---

① SADC, Computer Crime and Cybercrime: Southern African Development Community Model Law, art. 33 – 38; CARICOM, Cybercrime/e-Crimes: Model Policy Guidelines & Legislative Texts, Model Legislative Text-Cybercrime/e-Crimes, art. 28 – 33.
② 也有学者将网络服务提供者与网络内容服务提供者并列进行讨论，参见于志刚《虚拟空间中的刑法理论》，中国方正出版社，2003，第158～159页。
③ 参见陈洪兵《网络中立行为的可罚性探究——以 P2P 服务提供商的行为评价为中心》，《东北大学学报》（社会科学版）2009年第3期，第258～263页；谢望原《论拒不履行信息网络安全管理义务罪》，《中国法学》2017年第2期，第240～241页。
④ 参见王莹《网络信息犯罪归责模式研究》，《中外法学》2018年第5期，第1303～1304页；王华伟《网络服务提供者的刑法责任比较研究》，《环球法律评论》2016年第4期，第54～55页。

指向特定或不特定主体提供网络接入、网络目录、网络内容、网络存储、网络缓存、网络应用等服务的自然人或法人。采用"向特定或不特定主体"提供服务的表述实际上也为提供公共网络服务的情形预留了必要空间。

第四章

# 网络犯罪国际立法的实体规则

## 第一节 计算机犯罪

计算机犯罪是最为典型、最为传统的网络犯罪类型,并且其类型和范围也随着互联网的变迁处于变化发展之中。① 在早期阶段,计算机犯罪是网络犯罪的主要类型,甚至有观点认为网络犯罪与计算机犯罪同义。② 其后,随着网络化的传统犯罪出现,计算机犯罪不再是网络犯罪的唯一类型,但属于网络犯罪的核心类型,并且有了新的发展。比如,云计算和洋葱路由技术的联合运行以及"Deepnet"和"Dark Web"的发展,为计算机犯罪提供了在隐蔽的情况下非法进行活动的机会。③ 而且,计算机犯罪难以完全按照传统刑法的规则处理,专门的刑事立法不可或缺。早在1994年,第15届国际刑法大会决议即指出:"信息技术

---

① 也有学者将计算机犯罪与部分网络化的传统犯罪相关联,如归纳为"技术网络犯罪",认为其通常包括黑客攻击、恶意代码、拒绝服务以及破坏用于受版权保护作品的反规避设备。Sumit Ghosh, Elliot Turrini, eds., *Cybercrimes: A Multidisciplinary Analysis*, Springer, 2010, p. 9.
② Brian Craig, *Cyberlaw: The Law of the Internet and Information Technology*, Prentice Hall, 2012, p. 112.
③ Mark O'Brien, "The Internet, Child Pornography and Cloud Computing: The Dark Side of the Web?", *Information & Communications Technology Law*, Vol. 23 (2014), No. 3, pp. 254-255.

的滥用既影响到隐私方面的利益，也影响到与计算机相关的经济利益。从传统价值观遭受滥用数据处理行为的损害或威胁来看，新的作案手法可能彰显出传统刑法的漏洞。另一方面，由信息技术的发展昭示的是需要法律保护的新型利益特别是计算机系统及其数据的完整性以及特定数据的应用性和独占性（数据安全和数据保护）的出现。"①

计算机犯罪条款是各个网络犯罪国际立法的核心内容。《欧洲委员会网络犯罪公约》第二章"国家层面上的措施"第一节"实体刑法"的标题1"破坏计算机数据和系统机密性、完整性和可用性的犯罪"即专门规定计算机犯罪，具体包括第2条"非法访问"、第3条"非法拦截"、第4条"干扰数据"、第5条"干扰系统"和第6条"滥用设备"。除《上海合作组织成员国保障国际信息安全政府间合作协定》外，《英联邦计算机与计算机相关犯罪示范法》第5条至第9条、《东南非共同市场网络犯罪示范法》第18条至第22条、《阿拉伯打击信息技术犯罪公约》第6条至第9条、《非洲联盟网络安全和个人数据保护公约》第29条、《独立国家联合体打击计算机信息领域犯罪合作协定》第3条、《西部非洲国家经济共同体打击网络犯罪指令》第4条至第9条、《加勒比共同体网络犯罪、电子犯罪示范法》第4条至第10条、《南部非洲发展共同体计算机和网络犯罪示范法》第4条至第10条和《联合国合作打击网络犯罪公约（草案）》第6条至第12条均对计算机犯罪作出规定。

虽说上述网络犯罪国际立法均对计算机犯罪作出规定，但是对计算机犯罪种类、范围的规定并不一致，而且一些规定存在过时的问题。比如，《欧洲委员会网络犯罪公约》对计算机犯罪的规定影响了一批网络犯罪国际立法的规定。然而有观点指出，对于《欧洲委员会网络犯罪公约》所规定的网络犯罪类型，各国在十余年前就已经写入刑事立法予以打击，形成了较为完备的刑法制裁体系，因此其着重强调的内容已

---

① Association Internationale de Droit Pénal, *Fifteenth International Congress of Penal Law*. 参见赵秉志、卢建平、王志祥主译《国际刑法大会决议》（中英文对照本），中国法制出版社，2011，第112~120页。

经不再是目前人们重点关注的问题。① 一些网络犯罪国际立法对在计算机系统中非法停留、创制和分发恶意软件的行为进行了探索性规定，但是这些规则各不相同，甚至有些规则的科学性也有待商榷。因此，有必要对网络犯罪国际立法中计算机犯罪的行为类型进行系统化和类型化的分析。

《网络犯罪综合研究（草案）》曾提出为核心网络犯罪行为的定罪制定国际示范条款，以期支持各国通过采用共同的犯罪要件来排除（该类犯罪的）安全庇护所，具体目标包括："（一）这些条款能够保持现有文书打击破坏计算机系统和数据的机密性、完整性和可得（用）性犯罪行为的方法；（二）这些条款还可包括因使用计算机系统而造成或助长的'常规'犯罪行为，但只在现有定罪方法无法充分定罪的情况下适用；（三）这些条款可涉及现有文书未覆盖的领域，如对垃圾邮件进行定罪；（四）这些条款可按照最新的国际人权定罪标准制定，尤其是以条约为基础的对言论自由权的保护；（五）各国使用这些条款将最大限度上减少国际合作中的双重犯罪挑战。"② 这些目标虽然对计算机犯罪的对象、特定行为类型进行了有益探索，然而并未归纳成层次化的体系，仍须进行计算机犯罪的类型研究。本书认为，以下六类行为需要重点关注。

## 一 非法访问计算机信息系统

非法访问计算机系统是指在没有授权或正当理由的情况下进入整个或部分计算机系统的行为。具体例子为：犯罪分子绕过防火墙进入（比如）银行的计算机系统，或用户在授权时间过后继续与计算机系统保持连接，如犯罪行为人预定了在一定期限内使用服务器，但在到期后继续使用服务器。一些国家要求犯罪分子必须有特定意图的规避保护措

---

① 参见于志刚《"信息化跨国犯罪"时代与〈网络犯罪公约〉的中国取舍——兼论网络犯罪刑事管辖权的理念重塑和规则重建》，《法学论坛》2013年第2期，第98页。
② 联合国毒品和犯罪问题办公室：《网络犯罪综合研究（草案）》，关键结论与备选方案第5~6页。

施或行为。① 《欧洲委员会网络犯罪公约解释报告》甚至指出"非法访问是威胁及攻击电脑系统及数据安全（如机密性、完整性和可用性）的基本犯罪行为"。②

但现有网络犯罪国际立法对非法访问行为指向对象的规定并不一致。③ 大体可以分为三种类型。第一种类型的非法访问行为指向计算机系统。这一类型的规定由《欧洲委员会网络犯罪公约》第 2 条 "非法访问"所确立，之后为《英联邦计算机与计算机相关犯罪示范法》第 5 条 "非法访问"、《阿拉伯打击信息技术犯罪公约》第 6 条 "非法访问犯罪"、《非洲联盟网络安全和个人数据保护公约》第 29 条 "针对信息和通信技术的特殊犯罪"第 1 款第 a 项、《西部非洲国家经济共同体打击网络犯罪指令》第 4 条 "欺骗性地访问计算机系统"、《加勒比共同体网络犯罪、电子犯罪示范法》第 4 条 "非法访问"以及《南部非洲发展共同体计算机和网络犯罪示范法》第 4 条 "非法访问"所承继。第二种类型的非法访问行为指向信息（或数据）。这一类型的规定为《独立国家联合体打击计算机信息领域犯罪合作协定》第 3 条 "犯罪行为"第 1 款第 a 项、《联合国合作打击网络犯罪公约（草案）》第 6 条 "未经授权访问电子信息"所采纳。第三种类型的非法访问行为指向计算机、计算机系统、网络、计算机程序、计算机数据、内容数据、通信数据，《东南非共同市场网络犯罪示范法》第 18 条、第 19 条采用此种规定模式。④

以上行为类型的分歧主要和术语范式的区别有关。采用网络犯罪术语范式的网络犯罪国际立法一般将非法访问行为的对象设定为计算机系统，这是因为网络由相互连接的计算机系统构成，《东南非共同市场网

---

① 联合国毒品和犯罪问题办公室：《网络犯罪综合研究（草案）》，第 312~313 页。
② COE, Explanatory Report to the Convention on Cybercrime, p. 9.
③ 在国别层面也存在这种分歧。一些国家法律将非法入侵的客体限于数据或信息而不是系统，或者有时在不同条款中，规定进入数据和系统都是犯罪。一些国家条款甚至对犯罪方法加以限制。例如，一些西亚和东欧国家将非法入侵 "受法律保护的信息"视为犯罪行为。参见联合国毒品和犯罪问题办公室《网络犯罪综合研究（草案）》，第 95 页。
④ COMESA, Common Market for Eastern and Southern Africa Cyber Crime Model Bill, art. 18 – 19.

络犯罪示范法》第18条甚至还将非法访问行为的对象扩展至"网络"。与之相对，采用信息犯罪术语范式的网络犯罪国际立法则将非法访问行为的对象限定为信息（或数据），这是因为信息犯罪本身以信息（或数据）为指向，即便强调"信息和通信技术"也可在信息层面完成事实判定，而无须上升到整体的计算机系统层面。由此，对计算机系统的忽视也是后者的缺陷所在。

但是结合二者的优劣来看，将非法访问行为的对象定位为"计算机信息系统"更为妥当。计算机系统除了包括信息系统，还包括硬件系统，仅强调"计算机系统"可能存在范围不清的问题。《东南非共同市场网络犯罪示范法》将"计算机、计算机系统和网络"均作为非法访问行为的对象，无疑会导致概念范畴的过度扩大。因此，可以充分吸收网络犯罪的术语范式在界定该类行为时的优势，同时体现计算机系统的信息性。至于"网络"其实也可以通过"计算机信息系统"进行解释。根据《欧洲委员会网络犯罪公约解释报告》，"访问"包括进入另一计算机系统，该计算机通过公用电信网络连接到某一计算机系统，或连接到同一网络中的某一计算机系统。[①] 而且，从非法访问"计算机系统"的现有规定看，信息性也不可或缺。如《欧洲委员会网络犯罪公约》第2条"非法访问"规定："各缔约方应在其国内法中采取必要的立法和其他措施，将故意实施的非授权访问全部或部分计算机系统的行为规定为刑事犯罪。该缔约方可以要求犯罪行为通过破坏安全措施实现获取计算机数据或者其他不诚实目的，或者与相互连接的计算机系统相关。"[②] 上述非法访问行为的完成也离不开"信息和通信技术"方式。

此外，也有网络犯罪国际立法规定了额外的入罪条件。比如，《西部非洲国家经济共同体打击网络犯罪指令》第4条要求非法访问行为具有"欺骗性"。[③]《加勒比共同体网络犯罪、电子犯罪示范法》第4条在

---

[①] COE, Explanatory Report to the Convention on Cybercrime, p. 9.
[②] COE, Convention on Cybercrime, art. 2.
[③] ECOWAS, Directive on Fighting Cybercrime within Economic Community of West African States, art. 4.

明确要求对非法访问计算机系统行为进行打击的同时,也设置了独立的非法访问计算机数据的条款,要求符合特定的条件,也即需要具备"绕过安全防护措施"或者"不诚实的意图"的情形。[①] 再如,《独立国家联合体打击计算机信息领域犯罪合作协定》第3条第1款第a项要求非法访问行为需要造成"破坏、阻止、修改或复制信息,以及中断计算机、计算机系统或相关网络运作"的后果,方可作为刑事犯罪。[②] 也有网络犯罪国际立法将严重后果作为加重处罚的情形,例如《阿拉伯打击信息技术犯罪公约》第6条即规定,如果非法访问行为导致存储的数据、电子设备以及系统和通信网络的"关闭、修改、失真、复制、删除或销毁,并损害用户和受益人,或取得政府保密信息",则加重处罚。[③]

## 二 非法滞留计算机信息系统

与非法访问计算机信息系统的行为不同,仅有少数网络犯罪国际立法对非法滞留计算机信息系统的行为加以规定。《西部非洲国家经济共同体打击网络犯罪指令》第5条"欺骗性地滞留在计算机系统中"要求对"欺骗性"地滞留在计算机系统中的行为加以定罪。[④]《加勒比共同体网络犯罪、电子犯罪示范法》第5条和《南部非洲发展共同体计算机和网络犯罪示范法》第5条未要求该滞留行为具有欺骗性,同时规定了各国不将未经授权滞留系统中的行为定罪的可能性,条件是可提供其他有效补救措施。[⑤]《非洲联盟网络安全和个人数据保护公约》第29条第1款第(c)项也规定了滞留或者以试图欺诈的方式滞留在全部或

---

[①] CARICOM, Cybercrime/e-Crimes: Model Policy Guidelines & Legislative Texts, Model Legislative Text-Cybercrime/e-Crimes, art. 4.
[②] CIS, Agreement on Cooperation among the States Members of the Commonwealth of Independent States in Combating Offences Relating to Computer Information, art. 3.
[③] LAS, Arab Convention on Combating Information Technology Offences, art. 6.
[④] ECOWAS, Directive on Fighting Cybercrime within Economic Community of West African States, art. 5.
[⑤] CARICOM, Cybercrime/e-Crimes: Model Policy Guidelines & Legislative Texts, Model Legislative Text-Cybercrime/e-Crimes, art. 5; SADC, Computer Crime and Cybercrime: Southern African Development Community Model Law, art. 5.

部分计算机系统中的行为。①

然而非法滞留计算机信息系统这一行为并未受到普遍认可。不仅网络犯罪国际立法少有规定，各国也多未对该类行为作独立规制。一些国家的立法将非法滞留行为列入非法访问行为的条款，另一些国家的立法则将其当作另一种犯罪行为。其实更为常见的情况是，非法滞留行为并未被专门列为一种犯罪。② 其原因在于非法滞留计算机信息系统这一行为本身欠缺独立性：一方面，向前追溯非法滞留行为，势必难以脱离非法访问行为（不访问显然无法滞留），如果访问行为违法则可对滞留行为进行附属评价；另一方面，向后延展非法滞留行为，如果造成危害又难免和非法干扰等行为关联。因此，这一行为未能获得普遍认可，不宜作为网络犯罪国际立法中计算机犯罪的一般类型。

### 三　非法干扰计算机信息系统或计算机数据

《网络犯罪综合研究（草案）》采取合并的方式，统一称为"非法干扰数据或系统"，具体指妨碍计算机系统正常运行的行为，以及在没有获得授权或正当理由的情况下破坏、删除、劣化、变更或抑制计算机数据的行为。具体例子如：犯罪分子向计算机系统提交过多请求，导致其无法对合法请求作出响应（即所谓的"拒绝服务攻击"）；犯罪分子删除互联网服务器正常运行所必需的计算机程序文件，或更改计算机数据库的记录。一些国家仅将数据相关行为归入这一行为，而另一些国家则将硬件操纵也归入这一行为。例如，"非法侵入"与关键基础设施（如供水、供电系统）有关的计算机系统也会导致非法数据干扰或系统破坏行为。③

在各类计算机犯罪行为中，非法干扰计算机信息系统与非法干扰计算机数据确实具有最大的相近性，都实现了干扰的技术结果，并且可能通过相同的方式实施。但这仅是理论上类型化的近似性，实践中各个网

---

① AU, African Union Convention on Cyber Security and Personal Data Protection, art. 29.
② 参见联合国毒品和犯罪问题办公室《网络犯罪综合研究（草案）》，第 99 页。
③ 参见联合国毒品和犯罪问题办公室《网络犯罪综合研究（草案）》，第 313 页。

络犯罪国际立法多采用分别规定的方式。比如《欧洲委员会网络犯罪公约》即分别加以规定。第 4 条"干扰数据":"1. 各缔约方应在其国内法中采取必要的立法和其他措施,将故意实施的非授权破坏、删除、损坏、修改、压缩计算机数据的行为规定为刑事犯罪。2. 缔约方可以保留要求前述行为须导致严重侵害结果的权利。"第 5 条"干扰系统":"各缔约方应在其国内法中采取必要的立法和其他措施,将故意实施的通过非授权输入、传输、破坏、删除、损坏、修改、压缩计算机数据(方式)严重妨碍计算机系统功能的行为规定为刑事犯罪。"[1] 与之类似,《英联邦计算机与计算机相关犯罪示范法》第 6 条"干扰数据"、第 7 条"干扰计算机系统",《东南非共同市场网络犯罪示范法》第 20 条"干扰或破坏"第 1 款、第 2 款,《非洲联盟网络安全和个人数据保护公约》第 29 条"针对信息和通信技术的特殊犯罪"第 1 款第(d)项、第(e)项、第(f)项以及第 2 款第(b)项、第(d)项,《独立国家联合体打击计算机信息领域犯罪合作协定》第 3 条"犯罪行为"第 1 款第 a 项后半段、第 c 项,《西部非洲国家经济共同体打击网络犯罪指令》第 6 条"干扰计算机系统运行"、第 7 条"欺骗性地在计算机系统中输入数据"、第 9 条"欺骗性地修改计算机数据",《加勒比共同体网络犯罪、电子犯罪示范法》第 7 条"非法干扰数据"、第 9 条"非法干扰系统",《南部非洲发展共同体计算机和网络犯罪示范法》第 7 条"非法干扰数据"、第 9 条"非法干扰系统",《联合国合作打击网络犯罪公约(草案)》第 8 条"未经授权干扰数据"、第 9 条"破坏信息和通信技术运行",均采取了分别规定的模式。《阿拉伯打击信息技术犯罪公约》仅有第 8 条"侵犯数据完整性的犯罪",并未对干扰计算机信息系统的行为加以规定。

  计算机系统在一定程度上与计算机数据一样,可能会以不同方式受损,比如传输、更改或删除数据,电磁干扰或者切断系统电源。多边文书中关于系统干扰的规定通常包括"更改"、"删除"和"数据传输",

---

[1] COE, Convention on Cybercrime, art. 45.

或者是任何其他的数据或程序"操控"。然而，更广泛的定义载于《英联邦计算机与计算机相关犯罪示范法》和《加勒比共同体网络犯罪、电子犯罪示范法》，系统干扰不仅包括数据操控，还包括切断系统电源，引起电磁干扰和通过任何手段破坏计算机系统。[1] 但是显然通过切断电源等物理方式进行干扰已经超过了网络犯罪的范畴，对其行为范围应予必要限缩。

此外，不仅非法访问行为与非法干扰行为具有相继性，非法干扰行为同样具有相继性。因此，也有网络犯罪国际立法在非法干扰行为条款中以加重处罚情节的形式规定了和后续行为的衔接。如《东南非共同市场网络犯罪示范法》第 20 条"干扰或破坏"第 3 款至第 6 款规定了企图对生命、财产或公共安全造成严重损害或威胁，或故意破坏重要基础设施，或出于恐怖主义目的的非法干扰行为，须加重处罚。[2]

未来网络犯罪国际立法应在现有规定的基础上，推动对于非法干扰计算机信息系统或计算机数据行为进行全面规制。第一，干扰计算机操作系统的行为包括干扰计算机操作系统或者关键系统程序，干扰计算机信息系统关键运行数据，以及占用计算机信息系统资源。其中占用计算机信息系统资源的行为值得重视，该类行为的典型适例为利用恶意程序组建僵尸网络，进行 DDoS（Distributed Denial of Service）攻击（即分布式拒绝服务攻击）。虽然该类行为系针对计算机信息系统资源加以占用，但是同样会造成严重的干扰后果。第二，干扰计算机数据的行为包括删除、修改、增加计算机数据内容，妨碍计算机数据的正常删除、修改、增加，以及破坏计算机数据的结构。

## 四 非法拦截（获取）计算机数据

非法拦截计算机数据行为与非法访问计算机数据行为具有密切的关联。《网络犯罪综合研究（草案）》基于一体化的视角进行探讨，将行为种类概括为"非法访问、拦截或获取计算机数据"，指在没有授权或

---

[1] 参见联合国毒品和犯罪问题办公室《网络犯罪综合研究（草案）》，第 106 页。
[2] COMESA, Common Market for Eastern and Southern Africa Cyber Crime Model Bill, art. 20.

正当理由的情况下访问计算机数据的行为，包括获取正处于传输过程但并非向公众提供的数据的行为，以及在未经授权的情况下获取数据（如拷贝）的行为。具体例子如：犯罪分子非法访问计算机数据库，在无授权的情况下记录无线网络传输内容，或受雇于某一公司的犯罪分子在未经授权的情况下拷贝文件并将其带走。①

然而各个网络犯罪国际立法对于非法访问行为和非法拦截计算机数据行为是否分立做法并不一致，大体可以分为两类。一类做法为仅规定非法拦截计算机数据的行为。例如，《欧洲委员会网络犯罪公约》第 2 条将非法访问行为的对象限于计算机系统，因而第 3 条规定了"非法拦截"："各缔约方应在其国内法中采取必要的立法和其他措施，将通过技术手段故意实施的非授权拦截计算机数据非公开传输的行为规定为刑事犯罪，无论（传输）来自计算机系统或者在其内部，包括计算机系统之间传输这些数据的电磁辐射。该缔约方可以要求犯罪行为具有不诚实目的，或者与相互连接的计算机系统相关。"②《阿拉伯打击信息技术犯罪公约》第 7 条"非法拦截犯罪"、《非洲联盟网络安全和个人数据保护公约》第 29 条"针对信息和通信技术的特殊犯罪"第 2 款第（a）项、《英联邦计算机与计算机相关犯罪示范法》第 8 条"非法拦截数据等"、《西部非洲国家经济共同体打击网络犯罪指令》第 8 条"欺骗性地拦截计算机数据"、《加勒比共同体网络犯罪、电子犯罪示范法》第 6 条"非法拦截"、《南部非洲发展共同体计算机和网络犯罪示范法》第 6 条"非法拦截"也进行了类似的规定。

另一类做法为在规定非法访问计算数据行为外另行规定非法拦截计算机数据行为。例如《联合国合作打击网络犯罪公约（草案）》在第 6 条"未经授权访问电子信息"外，于第 7 条规定"未经授权拦截"："各缔约方均应采取必要立法和其他措施，在其国内法中规定，在未经适当授权和（或）违反既定规则的情况下使用技术手段拦截未被公开使用的基于信息和通信技术方式的通信和数据处理技术参数的行为，构

---

① 参见联合国毒品和犯罪问题办公室《网络犯罪综合研究（草案）》，第 313 页。
② COE, Convention on Cybercrime, art. 3.

成犯罪或其他违法行为。"① 与之类似,《东南非共同市场网络犯罪示范法》于第 19 条 "未经授权访问计算机程序、计算机数据、内容数据、通信数据"外,另行规定了第 21 条 "拦截"。此外,《阿拉伯打击信息技术犯罪公约》第 6 条 "非法访问犯罪"虽然内容指向 "信息技术",但是也包括信息数据对象,其第 7 条也规定了 "非法拦截犯罪"。

虽然各个网络犯罪国际立法有以上规范差异,但是规制的行为范围并无重大差别。这是因为完全可以将非法拦截行为扩大解释,使之包括非法访问行为。例如《欧洲委员会网络犯罪公约解释报告》指出,以计算机数据传输形式进行的通信可以在单个计算机系统内进行(例如,从中央处理器到屏幕或打印机)。② 但是这样的解释有赘余之嫌,增加了条款的适用与解释障碍。而将非法访问计算机数据行为与非法拦截计算机数据行为并列规定也并非没有问题,虽然这样能够确保规范的周延性,但是和其他的计算机犯罪类型相比则缺乏对于同类行为的集中归纳,显得过于零散。因此,可供参考的思路是集中规定非法获取计算机数据的行为,并明确该计算机数据包括:第一,计算机信息系统、云存储的静态数据;第二,计算机信息系统、云存储之间非公开传输的动态数据。

五 滥用计算机设备和认证信息与创制、利用和散发恶意软件

滥用计算机设备和认证信息与创制、利用和散发恶意软件行为虽然有所区别,但是内容上有所交叉。就其核心规制范围,《网络犯罪综合研究(草案)》归纳为 "制作、散布或持有计算机滥用工具",指开发或散布可用于实施计算机或互联网相关犯罪的硬件或软件的行为。具体例子如:犯罪分子开发出可自动实现拒绝服务类攻击的软件工具。③《网络犯罪综合研究(草案)》系基于硬件、软件的视角展开,未强调滥用认证信息这一侧面。基于立法模式和视角的区别,各个网络犯罪国际立法从不同的角度作出规定。

---

① UN, Draft United Nations Convention on Cooperation in Combating Cybercrime, art. 7.
② COE, Explanatory Report to the Convention on Cybercrime, p. 10.
③ 参见联合国毒品和犯罪问题办公室《网络犯罪综合研究(草案)》,第 313 页。

"滥用计算机设备和认证信息"的行为模式主要指向用于计算机犯罪的相关设备、数据。《欧洲委员会网络犯罪公约》第 6 条 "滥用设备"第 1 款分别针对设备、数据作出规定:"各缔约方应在其国内法中采取必要的立法和其他措施,将未经授权故意实施的以下行为规定为刑事犯罪。a. 制造、销售、为使用目的而购买、输入、分发或者以其他方式提供: Ⅰ. 专门为实施本公约第 2 条至第 5 条所述犯罪行为而设计,或者主要适用于这些犯罪行为的设备(包括计算机程序);Ⅱ. 可用于全部或部分访问计算机系统的计算机密码、访问代码或者类似数据,(以上行为)具有用于实施本公约第 2 条至第 5 条所述犯罪行为的目的。b. 持有第 a 段第 Ⅰ 项或第 Ⅱ 项规定的物品,并且具有实施本公约第 2 条至第 5 条所述犯罪行为的目的。缔约方可以在立法中要求(行为人已经)持有这些物品作为追究刑事责任的前提。"[1] 受其影响的不少网络犯罪国际立法也作出类似规定,如《英联邦计算机与计算机相关犯罪示范法》第 9 条 "非法设备"、《阿拉伯打击信息技术犯罪公约》第 9 条 "滥用信息技术手段的犯罪"、《非洲联盟网络安全和个人数据保护公约》第 29 条 "针对信息和通信技术的特殊犯罪"第 1 款第(h)项、《西部非洲国家经济共同体打击网络犯罪指令》第 14 条 "获取实施犯罪的设备"、《南部非洲发展共同体计算机和网络犯罪示范法》第 10 条 "非法设备"、《加勒比共同体网络犯罪、电子犯罪示范法》第 10 条 "非法设备"等。《东南非共同市场网络犯罪示范法》第 24 条 "数字诈骗获取经济利益"第 1 款虽然将滥用计算机设备和认证信息与网络财产犯罪关联,但其实也采取了这一范式。[2]

"创制、利用和散发恶意软件"的行为模式主要指向用于计算机犯罪的破坏性程序。其典型代表为《独立国家联合体打击计算机信息领域犯罪合作协定》第 3 条 "犯罪行为"第 1 款第 b 项,该项明确规定了创制、利用和散发三类行为。其后,《联合国合作打击网络犯罪公约(草案)》第 10 条 "创制、利用和散发恶意软件"第 1 款延续了对这三

---

① COE, Convention on Cybercrime, art. 6.
② COMESA, Common Market for Eastern and Southern Africa Cyber Crime Model Bill, art. 24.

类行为的规定（除研究目的外），并且在第 2 款规定了为计算机犯罪"创建或利用僵尸网络"的行为。[①]

从某种程度上来说，这两种行为模式的主要区别在于视角不同，但仍具有相当程度的共性。有网络犯罪国际立法探索予以一体规定，例如《东南非共同市场网络犯罪示范法》第 22 条"滥用和恶意软件"即尝试进行整合。与此同时，并列规定的模式也开始出现，《联合国合作打击网络犯罪公约（草案）》在第 10 条"创制、利用和散发恶意软件"之外，另行设置了第 12 条"未经授权贩卖设备"："各缔约方均应采取必要立法和其他措施，在其国内法中规定，非法制造、出售、为使用而购买、进口、出口或为使用而以其他形式转移主要为实施本公约第六至九条所规定犯罪而设计或改造的设备的行为，构成犯罪或其他违法行为"。[②]

本书认为这种并列规定的模式可以划定更为周延的保护范围，值得肯定，但是其具体范围应当斟酌。《联合国合作打击网络犯罪公约（草案）》仅涉及计算机设备，未涉及认证信息，这一做法有待商榷。《欧洲委员会网络犯罪公约》第 6 条虽然名为"滥用设备"，但是其实更加强调对于认证信息相关行为的规制，其第 3 款规定："各缔约方可以保留本条第 1 款的权利，但前提是该保留不涉及销售、分发或者以其他方式提供本条第 1 款第 a 段第 Ⅱ 项的物品。"[③]《欧洲委员会网络犯罪公约解释报告》进一步指出，每个缔约方都有义务至少将第 1 款第（a）段第 Ⅱ 项中所述的销售、分发或提供计算机密码或访问数据定为刑事犯罪。[④]《欧洲委员会网络犯罪公约》对这一保留作出限制固然与其采用广义数据概念（包括计算机程序）从而可以将该款适用于恶意软件有关，但是也表明认证信息等数据的重要性。而现实中认证信息对于计算机信息系统和数据的机密性、完整性和可用性无疑也具有重大威胁，理应进行独立考虑。亦即可以分设条款规定滥用计算机设备和认证信息的

---

[①] UN, Draft United Nations Convention on Cooperation in Combating Cybercrime, art. 10.
[②] UN, Draft United Nations Convention on Cooperation in Combating Cybercrime, art. 12.
[③] COE, Convention on Cybercrime, art. 6.
[④] COE, Explanatory Report to the Convention on Cybercrime, p. 13.

行为（该条款可再区分为滥用计算机设备、滥用认证信息的情形），以及创制、利用和散发恶意软件的行为。

此外，还应明确特殊情形的出罪事由。对出于科学研究、维护缔约方网络安全和履行国际网络安全义务的涉恶意程序行为，不应作为犯罪认定处罚。

### 六 批量发送垃圾邮件

关于发送垃圾邮件是否强调"批量"的问题各网络犯罪国际立法并未取得一致认识。《网络犯罪综合研究（草案）》将其行为类型描述为"发送或控制发送垃圾邮件"，指在没有授权或请求的情况下使用计算机系统向大量收件人发送信息的行为。① 目前涉及垃圾邮件规定的网络犯罪国际立法占少数，即便如此各网络犯罪国际立法就这一问题的规定也不相同。一类做法为仅规定发送垃圾邮件的行为，不强调批量发送。其代表为《联合国合作打击网络犯罪公约（草案）》第11条："各缔约方均应采取必要立法和其他措施，在其国内法中规定，散发垃圾邮件的行为构成犯罪或其他违法行为。"② 另一类做法为强调发送垃圾邮件行为的批量性。比如《南部非洲发展共同体计算机和网络犯罪示范法》第19条，以及《加勒比共同体网络犯罪、电子犯罪示范法》第15条，均强调发送、转发行为指向多个电子邮件。③

相比而言，在网络犯罪国际立法中强调发送垃圾邮件行为具有批量性更为妥当。一方面，在部门法体系中，不仅可以通过刑法制裁发送垃圾邮件的行为，而且需要刑法与民法、行政法的协同。强调该类行为的批量性才能够契合刑法加以规制的必要性（行为的严重性），否则通过其他部门法即可完成规制（如作为行政法的违法行为）。另一方面，发送垃圾邮件行为本身的目的不在于发送邮件，而在于通过该邮件可能诱

---

① 参见联合国毒品和犯罪问题办公室《网络犯罪综合研究（草案）》，第314页。
② UN, Draft United Nations Convention on Cooperation in Combating Cybercrime, art. 11.
③ SADC, Computer Crime and Cybercrime: Southern African Development Community Model Law, art. 19; CARICOM, Cybercrime/e-Crimes: Model Policy Guidelines & Legislative Texts, Model Legislative Text-Cybercrime/e-Crimes, art. 15.

导用户进行消费或者遭受诈骗，在侵犯法益层面表现为对不特定主体法益的侵害危险而非对特定主体法益的现实侵害，因此应强调行为的批量性。此外，还应强调垃圾邮件的"不可拒收性"，否则其也难以对用户造成侵害或危险。

## 第二节 网络化的传统犯罪

计算机可能是传统犯罪的工具，如身份盗窃、儿童色情、侵犯著作权、邮件或电信欺诈等。[①] 除了传统的计算机犯罪，在互联网的推动下诸多传统犯罪已经不断走向网络化，网络犯罪向各类犯罪渗透的态势日趋明显，而且被害程度、危害后果更为严重。也即，"网络犯罪除了带来经济损失外，也会带来知识产权、敏感数据以及机会成本等方面的损失"。[②] 根据联合国毒品和犯罪问题办公室的调查，个人网络犯罪受害者人数要远远高于"常规"犯罪形式。在线信用卡诈骗、身份窃取、响应钓鱼企图及非法进入邮箱账户的受害者人数在世界上21个国家中占到在线人数的1%~17%，而这些国家中盗窃、抢劫和汽车偷盗的被害率不足5%。互联网内容也是政府担忧的一个问题。有待删除的内容包括儿童色情制品和仇恨言论，以及与诽谤、批评政府和一些情况下提出的有关人权的内容，全球近乎24%的互联网通信都侵犯了版权。[③]

现有网络犯罪国际立法对网络化的传统犯罪[④]的态度并不一致。有

---

[①] Brian Craig, *Cyberlaw: The Law of the Internet and Information Technology*, Prentice Hall, 2012, p. 112.

[②] Ajayi Emmanuel Femi Gbenga, "The Impact of Cybercrimes on Global Trade and Commerce", *International Journal of Information Security and Cybercrime*, Vol. 5 (2016), No. 2, p. 37.

[③] 参见联合国毒品和犯罪问题办公室《网络犯罪综合研究（草案）》，执行摘要第8页。

[④] 有观点将网络化的传统犯罪概为"虚拟网络犯罪"，示例包括：虚拟儿童或动物色情制品的生产、分发和持有，多人在线计算机游戏虚拟环境中的虚拟财产盗窃，虚拟角色的杀害（删除），虚拟强奸（化身的强奸），在虚拟娱乐场中的虚拟老虎机上的非法赌博以及在计算机游戏的虚拟环境中表达的种族主义（或者仇外性质）的行为，等等。Litska Strikwerda, "Should Virtual Cybercrime be Regulated by Means of Criminal Law? A Philosophical, Legal-Economic, Pragmatic and Constitutional Dimension", *Information & Communications Technology Law*, Vol. 23 (2014), No. 1, p. 59.

些网络犯罪国际立法强调网络犯罪的技术属性，仅对网络化的传统犯罪进行有限规定。比如，"《欧洲委员会网络犯罪公约》规定的网络犯罪罪行侧重于技术性犯罪，即以网络为犯罪对象的犯罪（如非法入侵、非法拦截、数据干扰、系统干扰、设备滥用等），与当前'传统犯罪网络化'的形势不相适应"。① 现实中，由于网络的介入，网络诈骗犯罪等侵犯财产犯罪在行为模式、犯罪结构、法律后果上形成了新的特点，并且成为网络犯罪的核心类型，《欧洲委员会网络犯罪公约》依然仅以计算机犯罪为网络犯罪的主要范畴。与之相对，《联合国合作打击网络犯罪公约（草案）》等网络犯罪国际立法则探索对网络化的传统犯罪进行更为系统的规制，如对网络盗窃、网络钓鱼等行为作出规定。然而即便是探索对网络化的传统犯罪进行全面规定的文书，也未对行为的类型与范围达成一致，因此我们仍有必要进行系统的梳理和分析。

一　网络伪造犯罪

关于网络相关伪造行为的边界目前并未形成一致的认识。《网络犯罪综合研究（草案）》将该类行为和网络诈骗行为关联，概括为"计算机相关诈骗或伪造"，其中"计算机相关伪造"指干扰计算机系统或数据且导致产生不真实计算机数据的行为。② 然而虽然伪造相关数据是实施网络诈骗行为的重要形式，但是二者并不具有必然的关联性，网络相关伪造行为未必指向诈骗财产，也可能指向侵犯其他法益的情形（如公共信息安全）。

各个网络犯罪国际立法对网络相关伪造行为的范畴理解也不一致。一种思路为作限定理解，即将伪造行为与计算机关联，具体限定为计算机数据。例如《欧洲委员会网络犯罪公约》第 7 条"计算机相关的伪造"即将行为限定为故意实施的非授权输入、改变、删除或者压缩计

---

① 胡健生、黄志雄：《打击网络犯罪国际法机制的困境与前景——以欧洲委员会〈网络犯罪公约〉为视角》，《国际法研究》2016 年第 6 期，第 26 页。
② 参见联合国毒品和犯罪问题办公室《网络犯罪综合研究（草案）》，第 313 页。

算机数据从而产生不可信数据的行为。① 《南部非洲发展共同体计算机和网络犯罪示范法》第 11 条 "计算机相关的伪造"、《加勒比共同体网络犯罪、电子犯罪示范法》第 11 条 "计算机相关的伪造" 沿用了这一路径。

可能是考虑到 "计算机相关" 这一表述可能不当限制伪造行为的范围，一些网络犯罪国际立法仅基于实施伪造、针对数据两重要素进行规定，不再强调 "计算机相关" 这一要求。例如，《阿拉伯打击信息技术犯罪公约》第 10 条 "伪造犯罪"、《非洲联盟网络安全和个人数据保护公约》第 29 条 "针对信息和通信技术的特殊犯罪" 第 2 款第（b）项、《西部非洲国家经济共同体打击网络犯罪指令》第 13 条 "利用伪造的数据"。

另一种思路为作拓展理解，即将伪造行为的对象或行为进行延伸。比如《东南非共同市场网络犯罪示范法》第 23 条数字伪造（digital forgery）即将伪造行为的对象进行扩展，包括计算机程序、计算机数据、内容数据或通信数据。② 再如，《联合国合作打击网络犯罪公约（草案）》第 15 条 "与网络钓鱼有关的犯罪"："1. 各缔约方均应采取必要立法和其他措施，在其国内法中规定，为非法目的而创建和使用可被误认为用户已知或所信任数据的电子信息的行为，构成犯罪或其他违法行为；2. 各缔约方可保留一项权利，即可将与该缔约方国内法规定的其他犯罪同时实施的或带有实施这些其他犯罪意图的网络钓鱼行为视作刑事犯罪。"③

本书认为，对于伪造行为的对象进行扩展更为妥当。随着互联网的发展，云数据开始日益扩展原有的计算机数据范畴，数字形式的信息数据往往不仅和计算机信息系统相关联，而且和人身、财产等现实法益相关联。特别是随着社会的信息化，数据的信息内容可能不再依赖于计算机信息系统，比如独立的写有数据的磁卡，其社会应用可能脱离特定的计算机，只要通过网络即可实现数据认证及相关操作。因此，将 "与

---

① COE, Convention on Cybercrime, art. 7.
② COMESA, Common Market for Eastern and Southern Africa Cyber Crime Model Bill, art. 15.
③ UN, Draft United Nations Convention on Cooperation in Combating Cybercrime, art. 15.

计算机相关的伪造行为"拓展为"网络伪造行为"更为妥当。与此同时，应当确保网络伪造行为的辐射范围。网络相关的伪造行为不仅可能用于实施《网络犯罪综合研究（草案）》所提及的网络诈骗以及《联合国合作打击网络犯罪公约（草案）》第 15 条所提及的网络钓鱼，还可能用于实施各种各样的犯罪，不宜过分限定该类行为的适用领域，要确保对其进行全面、有效的打击。

## 二 网络侵犯财产犯罪

互联网确实为欺诈者提供了便利，使其可以更轻松地利用传统欺诈手段。[①] 网络侵犯财产行为早期被限定为"计算机诈骗"（针对计算机实施"诈骗"），《网络犯罪综合研究（草案）》将"计算机相关诈骗"界定为干扰或非法访问计算机系统或数据且意在以欺骗或不诚实手段获取金钱或其他经济利益，或规避责任的行为。具体例子如：犯罪分子修改银行使用的软件，导致转账程序将资金转入其自身账户；犯罪分子修改来自金融机构的真实电子邮件，以便将其用于诈骗目的。发送大量上述信息并企图套取个人信息或实施诈骗的行为也被称为"网络钓鱼"。[②]

不少网络犯罪国际立法也是按这一立场予以理解，即将网络相关财产犯罪限于"计算机诈骗"的范畴。《欧洲委员会网络犯罪公约》第 8 条"计算机相关的诈骗"还具体列明了两种行为情形：a. 输入、改变、删除或者压缩计算机数据的；b. 干扰计算机系统功能的。[③] 这一模式影响了不少网络犯罪国际立法条款，包括《阿拉伯打击信息技术犯罪公约》第 11 条"诈骗犯罪"、《非洲联盟网络安全和个人数据保护公约》第 29 条"针对信息和通信技术的特殊犯罪"第 2 款第（d）项、《西部非洲国家经济共同体打击网络犯罪指令》第 11 条"从计算机相关欺诈中获利"、《南部非洲发展共同体计算机和网络犯罪示范法》第 12 条

---

[①] Mark Button, Carol McNaughton Nicholls, Jane Kerr, et al., "Online Frauds: Learning from Victims Why They Fall for These Scams", *Australian & New Zealand Journal of Criminology*, Vol. 47 (2014), No. 3, p. 405.

[②] 参见联合国毒品和犯罪问题办公室《网络犯罪综合研究（草案）》，第 313 页。

[③] COE, Convention on Cybercrime, art. 8.

"计算机相关的欺诈"、《加勒比共同体网络犯罪、电子犯罪示范法》第12条"计算机相关的欺诈"和《东南非共同市场网络犯罪示范法》第24条"数字诈骗获取经济利益"第2款等。

《联合国合作打击网络犯罪公约（草案）》则是基于网络盗窃的视角加以规定。该草案第13条"与信息和通信技术有关的盗窃"第1款规定："各缔约方均应采取必要立法和其他措施，在其本国法律中规定，采用复制、修改、删除或阻止电子信息或者其他干扰信息和通信技术运行的手段故意盗窃财产的行为构成犯罪或其他违法行为。"[①]《联合国合作打击网络犯罪公约（草案）》的规定模式具有积极的探索意义，因为很多国家将网络诈骗、网络盗窃均作为财产犯罪加以处罚。

另外值得一提的是，《非洲联盟网络安全和个人数据保护公约》在第29条"针对信息和通信技术的特殊犯罪"第2款第（d）项的规定外，于第30条"适应信息和通信技术的特定犯罪"第1款"财产犯罪"第（a）项将涉及计算机数据的盗窃、诈骗、勒索等全面规定在内。

基于此，可考虑将网络财产犯罪行为分为网络盗窃行为[②]和网络诈骗行为。二者的区别在于是直接从计算机信息系统中获取财产还是利用网络的方式诱导被害人陷入错误认识处分财产。

### 三 网络侵犯知识产权犯罪

知识产权是指人们就其智力劳动成果所依法享有的专有权利，通常包括著作权（版权）、邻接权、商标权和专利权。最早被关注的网络侵犯知识产权行为是"数字盗版"（digital piracy）。如有观点指出，数字盗版是世界范围内日益引起关注的一个问题。[③] 自拨号调制解调器和在

---

[①] UN, Draft United Nations Convention on Cooperation in Combating Cybercrime, art. 13.
[②] 此外，有学者关注到服务盗窃的问题，但是考虑到网络犯罪国际立法的性质，其所规定的行为类型应具有典型性和普遍性，因此不宜过分扩大盗窃行为的范围。Sumit Ghosh, Elliot Turrini, eds., *Cybercrimes: A Multidisciplinary Analysis*, Springer, 2010, p. 104.
[③] Joshua L. Smallridge, Jennifer R. Roberts, "Crime Specific Neutralizations: An Empirical Examination of Four Types of Digital Piracy", *International Journal of Cyber Criminology*, Vol. 7 (2013), No. 2, p. 125.

线公告栏问世以来，数字盗版现象一直很普遍，并且它仍然与当今的行业和社会相关。①

就网络犯罪国际立法所应规制的网络侵犯知识产权行为范畴，《网络犯罪综合研究（草案）》将其限定为"计算机相关版权和商标侵权"，指违反版权或商标保护规定拷贝存储于计算机中的资料或生成计算机数据的行为。具体例子如：犯罪分子在未获得版权所有人许可的情况下通过文件共享系统散布受版权保护的歌曲。②

现有的网络犯罪国际立法则划定了更为狭窄的保护范围，其中不少仅规定了网络侵犯著作权（版权）及邻接权的犯罪。例如《欧洲委员会网络犯罪公约》第10条为"与侵犯著作权和邻接权有关的犯罪"，其分两个层面作出规定：著作权层面，具体指向《保护文学和艺术作品伯尔尼公约》（1971年巴黎文本）、《与贸易有关的知识产权协定》、《世界知识产权组织版权条约》；邻接权层面，具体指向《保护表演者、录音制品制作者和广播组织的国际公约》《世界知识产权组织表演和录音制品条约》。③《欧洲委员会网络犯罪公约》影响了其他网络犯罪国际立法对这一问题的规定，即将其限定在打击网络侵犯著作权及邻接权的犯罪。比如，《联合国合作打击网络犯罪公约（草案）》第18条"与信息和通信技术有关的侵犯版权和邻接权行为"第1款规定："各缔约方均应采取必要立法和其他措施，在其国内法中规定，若故意实施该缔约方制定国内法所规定的侵犯版权和邻接权行为，则构成犯罪或其他违法行为。"④《阿拉伯打击信息技术犯罪公约》第17条"与版权和邻接权有关的犯罪"也是限于侵犯这两种权利的行为。⑤《东南非共同市场网络犯罪示范法》也采取相同立场，只不过在第53条"适用于其他犯罪行为的条款"中列举了《欧洲委员会网络犯罪公约》第10条所述五项公

---

① Sameer Hinduja, "General Strain, Self-Control, and Music Piracy", *International Journal of Cyber Criminology*, Vol. 6 (2012), No. 1, p. 951.
② 参见联合国毒品和犯罪问题办公室《网络犯罪综合研究（草案）》，第314页。
③ COE, Convention on Cybercrime, art. 10.
④ UN, Draft United Nations Convention on Cooperation in Combating Cybercrime, art. 18.
⑤ LAS, Arab Convention on Combating Information Technology Offences, art. 17.

约，明确各国可依据国内法予以打击。① 此外，也有网络犯罪国际立法采取更为狭窄的范畴，例如《独立国家联合体打击计算机信息领域犯罪合作协定》第 3 条"犯罪行为"第 1 款第 d 项，仅规定了非法使用受版权或软件盗版保护的计算机和数据库软件的行为造成重大损害的情形。②

但从现实来看，网络侵犯知识产权行为采用广义的理解较为妥当。第一，网络侵犯商标权的行为需要关注。《网络犯罪综合研究（草案）》已经对该类行为予以强调，而且也需要为网络领域新生的域名等保护问题提供规范空间。第二，网络侵犯专利权的行为需要关注。随着专利申请授予等程序的网络化，其遭受网络侵害的风险也理应进行规范防控。第三，网络侵犯商业秘密的行为也不容忽视。商业秘密以其秘密性和价值性为存在的根本，然而通过网络技术可以用反向破译等方式对其秘密性进行侵害，该类行为同样不应被忽视。基于此，应当对网络侵犯知识产权行为进行扩展规定，使之成为包括网络侵犯著作权（及邻接权）、商标权、专利权和商业秘密在内的行为体系。

四　网络侵犯个人信息犯罪

关于侵犯个人信息犯罪行为，一般从两个角度予以探讨。一个为侵犯个人信息或个人数据角度（信息犯罪）。如认为新的权利，例如数据保护的权利、信息技术系统保密和完整的权利以及信息自决权，已经形成。③ 其中信息自决权和个人信息（数据）的保护密切相关。而"网络钓鱼"也被描述为一种企图从没有防备的受害人或组织处窃取个人秘密（信息）（诸如信用卡信息、密码）的行为。④ 另一个为身份盗用角

---

① COMESA, Common Market for Eastern and Southern Africa Cyber Crime Model Bill, art. 53.
② CIS, Agreement on Cooperation among the States Members of the Commonwealth of Independent States in Combating Offences Relating to Computer Information, art. 3.
③ Jens Kremer, "Policing Cybercrime or Militarizing Cybersecurity? Security Mindsets and the Regulation of Threats from Cyberspace", Information & Communications Technology Law, Vol. 23 (2014), No. 3, p. 237.
④ Mohsin Fida, A. Arokiaraj Jovith, "Anti-Phising Strategy Model for Detection of Phishing Website in E-Banking", International Journal of Information Security and Cybercrime, Vol. 5 (2016), No. 1, p. 73.

度（身份犯罪）。如《网络犯罪综合研究（草案）》即界定了"计算机相关身份犯罪"，指在无权情况下转移、持有或使用计算机数据中存储的另一人身份识别方式，以便实施、协助或教唆任何非法犯罪活动的行为。具体例子如：犯罪分子在无权情况下从计算机系统获取驾照信息，然后将其出售或在实施犯罪时用于掩盖真实身份。① 联合国毒品和犯罪问题办公室还发布了《身份相关犯罪手册》（Handbook on Identity-Related Crime）。② 身份盗用行为有时还与网络财产犯罪相联系，"有良好的信用记录，从事更多的交易，并且拥有较高收入水平的金融消费者更有可能成为身份盗用的受害者"。③

这种分歧也影响了现有网络犯罪国际立法的规定模式。有的网络犯罪国际立法对网络侵犯个人信息（或个人隐私）的行为加以规定。例如《阿拉伯打击信息技术犯罪公约》第 14 条"侵犯隐私罪"即规定了通过信息技术侵犯隐私权的情形。④《非洲联盟网络安全和个人数据保护公约》第 29 条"针对信息和通信技术的特殊犯罪"第 2 款第（e）项也规定了由于疏忽在处理个人数据过程中未遵守初步规程的情形。⑤《西部非洲国家经济共同体打击网络犯罪指令》第 12 条则是规定了"欺骗性地处理个人数据"。与之相对，另有网络犯罪国际立法基于身份盗用的角度作出规定。《加勒比共同体网络犯罪、电子犯罪示范法》第 15 条、《南部非洲发展共同体计算机和网络犯罪示范法》第 15 条均为"身份相关犯罪"，针对和计算机相关的身份犯罪作出规定。⑥

其实这两种情形并非不可调和，侵犯个人信息犯罪和身份犯罪本身即有密切关联。"身份盗用已成为非法利用个人信息行为的重要形式——

---

① 参见联合国毒品和犯罪问题办公室《网络犯罪综合研究（草案）》，第 314 页。
② UNODC, *Handbook on Identity-Related Crime*, https://www.unodc.org/res/cld/bibliography/handbook_on_identity-related_crime_html/10 - 57802_ebooke.pdf.
③ Nicole S. van der Meulen, *Financial Identity Theft: Context, Challenges and Countermeasures*, Springer, 2011, p. 214.
④ LAS, Arab Convention on Combating Information Technology Offences, art. 14.
⑤ AU, African Union Convention on Cyber Security and Personal Data Protection, art. 29.
⑥ CARICOM, Cybercrime/e-Crimes: Model Policy Guidelines & Legislative Texts, Model Legislative Text-Cybercrime/e-Crimes, art. 14; SADC, Computer Crime and Cybercrime: Southern African Development Community Model Law, art. 15.

身份盗用是基于身份的系统出现的主要和常见的个人风险。"① 在操作过程中,二者也不可分割:"身份犯罪包括身份盗用和使用该信息来创建虚假身份或进行身份欺诈。"② 从整个侵犯个人信息犯罪产业链来看,身份盗用其实也是非法利用个人信息的行为,该类行为与非法获取、非法提供个人信息行为共同构成完整的行为体系。一些网络犯罪国际立法只偏重网络身份盗用行为的规定,实际上未能完成对网络侵犯个人信息行为的完整规制。

此外,《联合国合作打击网络犯罪公约(草案)》还尝试规定了侵犯数据的一般条款。《联合国合作打击网络犯罪公约(草案)》第16条"与受国内法保护的数据有关的犯罪"规定:"各缔约方均应采取必要立法和其他措施,在其国内法中规定,使用信息和通信技术发布电子信息的行为,如其中包含构成一国机密的数据并有适当标记表明所发布信息是另一缔约方国内法规定保护的信息,则构成犯罪。"③ 这样的规定虽然也能涵盖个人信息(个人数据),但是可能和非法获取计算机数据的行为产生较大重叠,影响了立法的科学性。

因此,应当以个人信息为行为指向,全面规定以下行为类型。第一,非法提供个人信息的行为。既包括非法获取个人信息后再提供的行为,也包括合法占有个人信息的主体(如基于提供信息服务而占有个人信息的主体)向他人提供的行为。第二,非法获取个人信息的行为。既包括未经允许非法获取个人信息的行为,也包括超越授权范围非法获取个人信息的行为。如一些装有"后门"的电脑应用程序或者手机App,在未经个人许可的情况下私自对个人信息予以收集,侵犯个人的信息安全。第三,非法利用个人信息的行为。④ 如在实施下游犯罪的过

---

① L. Jean Camp, M. Eric Johnson, *The Economics of Financial and Medical Identity Theft*, Springer, 2012, p. 18.
② David S. Wall, "Policing Identity Crimes", *Policing and Society*, Vol. 23 (2013), No. 4, p. 438.
③ UN, Draft United Nations Convention on Cooperation in Combating Cybercrime, art. 16.
④ 《南部非洲发展共同体计算机和网络犯罪示范法》第22条和《加勒比共同体网络犯罪、电子犯罪示范法》第18条还规定了"利用电子通信进行骚扰"的行为,该类行为可以考虑纳入网络侵犯个人信息犯罪的范畴,通过规制非法利用行为加以打击。

程中非法利用个人信息，或者非法利用他人驾照信息有偿为另外的人"消分"等行为。① 此外，还可考虑对获取、提供或者利用个人信息导致他人人身、财产损害的情形从重或加重处罚。

### 五 网络色情犯罪

虽然各个地区和国家对"色情"的理解大体相同，但是由于历史传统和文化的差异，各个地区和国家所打击的色情犯罪范围并不一致，这种区别也影响了网络犯罪国际立法对网络色情犯罪的规定。"各国的社会开放程度存在差异，价值取向也不相同，个别国家司空见惯的儿童色情犯罪，在其他国家可能还非常罕见。"②《网络犯罪综合研究（草案）》采纳的是仅打击网络儿童色情犯罪的立场，其界定了"计算机相关的制作、散布或持有儿童色情制品"，指使用计算机系统制作、创作、散布、访问或观看、接收、储存或持有旨在表现18岁以下儿童或貌似18岁以下儿童从事明显性活动的载体，或主要以性目的表现儿童性器官的载体，无论上述载体以何种形式出现，上述儿童是真实的人还是虚拟的人，以及上述性活动是真实的性活动还是模拟的性活动。具体例子如：犯罪分子下载显示儿童性虐待行为的数字图片。③

不少网络犯罪国际立法也仅规定打击网络儿童色情犯罪。其代表为《欧洲委员会网络犯罪公约》第9条"儿童色情犯罪"第1款，该款具体规定了五种和计算机系统相关的儿童色情犯罪：以散发为目的制作儿童色情制品，提供儿童色情制品，散发或传播儿童色情制品，为自己或他人购买儿童色情制品，以及处理或存储儿童色情制品。④ 有些网络犯罪国际立法以《欧洲委员会网络犯罪公约》对网络儿童色情犯罪的规定为蓝本进行部分增删，但是基本保留其规定的行为框架。比如《英联邦计算机与计算机相关犯罪示范法》第10条"儿童色情"，《加勒比

---

① 参见王肃之《网络犯罪原理》，人民法院出版社，2019，第220页。
② 于志刚：《缔结和参加网络犯罪国际公约的中国立场》，《政法论坛》2015年第5期，第97页。
③ 参见联合国毒品和犯罪问题办公室《网络犯罪综合研究（草案）》，第314页。
④ COE, Convention on Cybercrime, art. 9.

共同体网络犯罪、电子犯罪示范法》第 13 条 "儿童色情制品" 和第 14 条 "色情制品"，《南部非洲发展共同体计算机和网络犯罪示范法》第 13 条 "儿童色情制品" 和第 14 条 "色情制品"，《非洲联盟网络安全和个人数据保护公约》第 29 条 "针对信息和通信技术的特殊犯罪" 第 3 款第（a）项到第（d）项。

在仅规定网络儿童色情犯罪的网络犯罪国际立法中也有改变前述规定模式的适例。《西部非洲国家经济共同体打击网络犯罪指令》加强对网络儿童色情犯罪的规制力度，分条予以规定，包括第 16 条 "制作儿童色情作品或者制品"、第 17 条 "进口或出口儿童色情作品或者制品"、第 18 条 "持有儿童色情作品或者制品" 以及第 19 条 "为未成年人获取色情作品、文件、影音或者色情制品提供便利"。此外，《联合国合作打击网络犯罪公约（草案）》第 14 条 "与儿童色情有关的犯罪" 则是采取了简略规定的方式："各缔约方均应采取必要立法和其他措施，在其国内法中规定，制作、持有、取得和加工处理以及散发电子形式的儿童色情制品的行为，构成犯罪。"[①]《东南非共同市场网络犯罪示范法》则是采取附属规定的方式，在第 53 条 "适用于其他犯罪行为的条款" 明确各国可以依照任何与儿童色情有关的国际协定或条约对该类犯罪行为进行打击。[②]

与之不同，《阿拉伯打击信息技术犯罪公约》则是对网络色情犯罪予以一体打击，只不过加重对网络儿童色情犯罪的处罚。其第 12 条第 1 款对通过信息技术生产、展示、散发、提供、出版、购买、出售、进口色情材料或者侵犯羞耻心的材料的行为予以规定。第 2 款规定与儿童和未成年人色情制品有关的犯罪行为应加重处罚。[③] 这与伊斯兰国家的文化传统和刑法基本原理有关。伊斯兰法认为任何人从事卖淫和（或）制售色情制品的行为均应受到起诉和惩罚。其立足伊斯兰基本的社会标准，明示发布淫秽材料的后果，并认为淫秽材料不仅违反家庭权利，还

---

① UN, Draft United Nations Convention on Cooperation in Combating Cybercrime, art. 14.
② COMESA, Common Market for Eastern and Southern Africa Cyber Crime Model Bill, art. 53.
③ LAS, Arab Convention on Combating Information Technology Offences, art. 12.

违反人类社会的精神利益。基于此,伊斯兰法将该行为定为犯罪,并明确该行为应受惩罚。① 除了伊斯兰国家,还有不少发展中国家也对网络成人色情犯罪、网络儿童色情犯罪予以打击,网络犯罪国际立法必须对此有充分的考虑。

基于各国刑事立法对这一问题的分歧,未来制定网络犯罪国际立法特别是全球性公约应当充分兼顾各国的立法差异。一种可行的思路是进行区分制规定:第一,明确缔约方均对网络儿童色情犯罪予以打击;第二,明确缔约方可以基于本国公共利益对网络成人色情犯罪进行打击,从而尽可能取得共识与协同,为打击网络犯罪程序合作奠定实体法基础。

此外,《阿拉伯打击信息技术犯罪公约》还在第13条规定了"与色情制品相关的其他犯罪",具体指向赌博和性剥削。值得说明的是网络赌博行为,目前仅有《阿拉伯打击信息技术犯罪公约》提及了该类犯罪,但是也存在类似网络色情犯罪的问题,各国对于赌博是否犯罪立场并不一致。在此背景下,也可采取区分制的规定,规定缔约方可以基于本国公共利益对网络赌博犯罪进行打击。

### 六 网络洗钱犯罪

网络洗钱必须反映洗钱和网络犯罪要素,具体指向利用计算机进行犯罪活动产生的有形、无形财产和利益的交易或关系。② 随着互联网的发展,利用网络、云端进行洗钱的行为也应纳入这一范畴。

现有的网络犯罪国际立法,并没有充分重视网络洗钱犯罪,未将其作为独立的犯罪行为类型,所采取的规定模式主要有两种。一种模式为对网络洗钱犯罪作附属性、提示性的规定。如《非洲联盟网络安全和个人数据保护公约》序言即提出在打击网络犯罪特别是洗钱方面需要进行适当的刑事立法,继而在第30条"使特定的犯罪适应信息和通信

---

① Farhad Malekian, *Principles of Islamic International Criminal Law: A Comparative Search* (2nd Edition), Brill, 2011, p.284.
② Daniel Adeoyé Leslie, *Legal Principles for Combatting Cyberlaundering*, Springer, 2014, p.56.

技术"第 1 款第（b）项中提及了"洗钱"。① 《阿拉伯打击信息技术犯罪公约》第 16 条"通过信息技术的手段实施的有组织犯罪"第 1 款为"进行洗钱活动、请求协助或传播洗钱方法"。② 另一种模式为在程序条款中设置网络洗钱的相关规定。其代表为《联合国合作打击网络犯罪公约（草案）》，该草案除了在序言中指出"不当使用信息和通信技术的犯罪为洗钱等其他形式的犯罪活动提供了大量机会"，继而在程序条款中对网络洗钱作出规定。如第二章"入罪和执法"第三节"资产追回"第 29 条"一般规定"即为："缔约方应根据本公约及其国内法的规定，为追回资产相互提供最广泛的合作和协助，同时顾及区域、区域间和多边组织打击洗钱的有关举措。"第 32 条"通过没收事宜国际合作追回财产的机制"第 1 款第（b）项规定："采取必要措施，准许其主管当局在拥有管辖权的情况下，通过对洗钱犯罪进行裁决，命令没收因本公约规定的犯罪所获来自外国的此类财产。"③

随着网络犯罪的发展，利用第三方支付、比特币等"加密货币"进行网络洗钱的行为愈演愈烈，其已经成为脱离具体上游犯罪的独立行为类型，网络犯罪国际立法理应对此予以关注。至于是采取通过实体法条款规定犯罪类型的模式还是通过程序法条款规定追缴程序的模式，本书认为前者（实体规制模式）更为妥当。随着网络洗钱犯罪行为的独立化，仅附属于上游犯罪打击该类行为可能面临全面性、有效性方面的不足，难以打击类型化、职业化的该类行为，程序规制模式的不足日益显现。因此，追缴网络洗钱犯罪行为的所得固然重要，但是将其作为一般的行为类型纳入网络犯罪国际立法的评价对象更为必要。在条文表述上，《联合国反腐败公约》第 23 条"对犯罪所得的洗钱行为"的规定具有参考价值。

---

① AU, African Union Convention on Cyber Security and Personal Data Protection, Preamble, art. 30.
② LAS, Arab Convention on Combating Information Technology Offences, art. 16.
③ UN, Draft United Nations Convention on Cooperation in Combating Cybercrime, Preamble, art. 29 – 32.

七 网络恐怖活动犯罪

随着恐怖活动日渐向互联网渗透，网络恐怖活动犯罪也开始步入网络犯罪国际立法的视野。传统观点一般以"恐怖主义犯罪"为该类犯罪的总称，对于该类犯罪一般理解为使用暴力、威胁或其他恐吓手段，在公众中制造恐怖气氛以达到某种政治目的的犯罪。① 相关国际组织也从网络恐怖主义的视角来界定相应行为。联合国反恐执行工作组将网络恐怖主义界定为四类行为："第一类是利用互联网远程改变计算机系统上的信息或者干扰计算机系统之间的数据通信以实施恐怖袭击；第二类是基于恐怖活动的目的将互联网作为其信息资源进行使用；第三类是将使用互联网作为散布与恐怖活动目的相关的信息的手段；第四类是为了支持用于追求或支持恐怖活动目的的联络和组织网络而使用互联网。"②《网络犯罪综合研究（草案）》认为，恐怖主义犯罪是指旨在打击恐怖主义的普适性法律文书确立的任何行为，或意图对平民或未积极参与武装冲突敌对行动的其他任何人造成死亡或严重身体伤害，且根据其性质或背景，旨在恐吓某一群体或迫使政府或国际组织作为或不作为的行为。同时，将与互联网相关的该类行为概括为"计算机相关支持恐怖主义犯罪的行为"，具体包括使用计算机系统向公众传播信息，以煽动实施恐怖主义犯罪，且无论是否直接鼓吹恐怖主义犯罪，均导致一项或多项上述犯罪可能被实施的危险的行为（计算机相关"煽动恐怖主义犯罪"）。这类行为还包括使用计算机系统提供或筹集资金，意图将其用于或知道其将全部或部分用于实施恐怖主义犯罪的行为（计算机相关"资助恐怖主义犯罪"）。这类行为还包括使用计算机系统谋划、研究、准备或组织恐怖主义犯罪的行为（计算机相关"谋划恐怖主义犯罪"）。③ 其中，联合国反恐执行工作组所界定的第一类网络恐怖主义行

---

① 参见马呈元《国际刑法论》（增订版），中国政法大学出版社，2013，第642~643页。
② United Nations Counter-Terrorism Implementation Task Force Working Group, "Report on Countering the Use of the Internet for Terrorist Purposes", https://www.un.org/counterterrorism/ctitf/sites/www.un.org.counterterrorism.ctitf/files/ctitf_internet_wg_2009_report.pdf, p. 5.
③ 参见联合国毒品和犯罪问题办公室《网络犯罪综合研究（草案）》，第314~315页。

一些网络犯罪国际立法对网络恐怖活动行为作出规定，但也多以网络恐怖主义为指向。其中，专门对此作出规定的是《阿拉伯打击信息技术犯罪公约》第15条"通过信息技术的手段实施的恐怖主义有关犯罪"，该条规定了四种具体的行为："1. 传播和倡导恐怖组织的理念和原则；2. 为恐怖行动融资和训练，并促进恐怖组织之间的沟通；3. 传播制造爆炸物的方法，特别是用于恐怖主义行动；4. 传播宗教狂热和异端，攻击宗教和信仰。"① 也有其他网络犯罪国际立法通过各自的形式提及网络恐怖主义或网络恐怖活动。《上海合作组织成员国保障国际信息安全政府间合作协定》附件2将"信息恐怖主义"的威胁特征描述为："恐怖组织利用信息网络实施恐怖活动，吸收新成员；破坏信息资源，导致社会秩序混乱；控制或封锁大众传媒渠道；利用互联网或其他信息网络散布恐怖主义言论，制造社会恐怖和恐慌，以及对信息资源造成其他负面影响。"并在"五、传播破坏他国政治、经济和社会制度以及精神文化环境的信息"中提及了"宣扬恐怖主义、分裂主义和极端主义的信息"。② 《东南非共同市场网络犯罪示范法》第18条"未经授权访问计算机、计算机系统和网络"、第22条"滥用和恶意软件"提及了网络恐怖主义行为。③《联合国合作打击网络犯罪公约（草案）》附件1提及了《制止恐怖主义爆炸的国际公约》（1997年12月15日，纽约）、《制止向恐怖主义提供资助的国际公约》（1999年12月9日，纽约）、《制止核恐怖主义行为国际公约》（2005年4月13日，纽约）。④

其实未明确规定网络恐怖主义和网络恐怖活动行为的网络犯罪国际立法也并非完全对此缺乏考虑。比如《欧洲委员会网络犯罪公约》通

---

① LAS, Arab Convention on Combating Information Technology Offences, art. 15.
② 上海合作组织：《上海合作组织成员国保障国际信息安全政府间合作协定》，附件2。
③ COMESA, Common Market for Eastern and Southern Africa Cyber Crime Model Bill, art. 18 – 22.
④ 《联合国合作打击网络犯罪公约（草案）》第17条"利用信息和通信技术实施国际法规定为犯罪的行为"第1款规定："各缔约方均应采取必要立法和其他措施，在其国内法中规定，为实施本公约附件一所列任何一项国际条约规定为犯罪的行为而使用信息和通信技术，构成犯罪。"

过第 4 条"干扰数据"和第 5 条"干扰系统"进行间接规制。① 该公约对各种"数据模式"攻击计算机系统的犯罪行为并不要求、考虑或者评估该犯罪行为造成的财产损失,以及犯罪分子带有的(政治)意图,因此对网络恐怖主义和网络恐怖活动行为的规制具有间接性。此外,网络恐怖主义可能涉及意图挑起种族、国家、民族团体之间纷争与暴力的威胁和侮辱,因此《〈欧洲委员会网络犯罪公约〉第一附加议定书》也可适用。② 不仅如此,《欧洲委员会网络犯罪公约》第 14 条规定的计算机调查措施不仅适用于该公约规定的计算机犯罪,而且适用于所有"利用计算机系统实施的其他犯罪",以及"以电子形式收集犯罪证据"。这包括了所有类型的利用互联网和其他计算机系统实施的恐怖主义犯罪。③ 但是《欧洲委员会网络犯罪公约》的间接模式具有明显的弊端,按此理解其将行为类型仅限制在网络恐怖袭击,诸如网络煽动、资助、谋划恐怖主义等行为均难以全面纳入打击范畴,其片面性和局限性十分明显。"而当前迫切要解决的则是以恐怖主义为目的利用计算机系统的行为,如利用互联网谋划恐怖主义活动、进行军火交易等。"④

此外,网络犯罪国际立法所规制的对象应为特定网络犯罪行为,而非主义、观点等,结合前文对于"网络恐怖活动"的界定,本书认为应以"网络恐怖活动犯罪"来概括,并且规定科学的行为类型体系。即一方面确保对各个种类的网络恐怖活动犯罪行为予以全面规制,另一方面建立层次化的类型体系。具体可作如下划分:第一类为网络恐怖袭击犯罪行为,即以发动网络恐怖袭击为目的,故意实施干扰数据、计算机信息系统的行为;第二类为利用网络实施的恐怖活动犯罪行为,具体包括宣扬和煽动实施恐怖活动,为实施恐怖活动提供资金和物资、招募

---

① 虽然国际社会对于《欧洲委员会网络犯罪公约》第 4 条和第 5 条是否足以解决网络恐怖主义问题存在一定的争议,但是欧洲委员会认为它们已经足以解决。
② 参见〔德〕乌尔里希·齐白《打击网络恐怖主义的国际合作》,方翌译,载赵秉志主编《联合国公约在刑事法治领域的贯彻实施》,中国人民公安大学出版社,2010,第 454 页。
③ 参见〔德〕乌尔里希·齐白《全球风险社会与信息社会中的刑法:二十一世纪刑法模式的转换》,周遵友、江溯等译,中国法制出版社,2012,第 412 页。
④ 胡健生、黄志雄:《打击网络犯罪国际法机制的困境与前景——以欧洲委员会〈网络犯罪公约〉为视角》,《国际法研究》2016 年第 6 期,第 27 页。

人员和进行培训，以及联络和组织恐怖活动等。

八 网络侵犯关键基础设施犯罪

网络侵犯关键基础设施的犯罪行为并未受到广泛重视，仅有少数网络犯罪国际立法对此予以规制。如《东南非共同市场网络犯罪示范法》第 19 条"未经授权访问计算机程序、计算机数据、内容数据、通信数据"中，第 4 款将非法入侵"政府计算机"或者"用于关键基础设施的计算机系统"的行为，定为刑事犯罪。[①]《南部非洲发展共同体计算机和网络犯罪示范法》第 9 条"非法干扰系统"和《加勒比共同体网络犯罪、电子犯罪示范法》第 9 条"非法干扰系统"也有类似规定。《非洲联盟网络安全和个人数据保护公约》第 30 条"使特定的犯罪适应信息和通信技术"第 1 款第（d）项明确指出，缔约方应采取必要的刑事立法措施，限制进入由于包含关键国家安全数据而被归类为关键国防基础设施的受保护系统。[②]《联合国合作打击网络犯罪公约（草案）》第 5 条规定各国应将网络侵犯关键基础设施的行为规定为犯罪，但是未在后续条款独立规制。

此外，也有网络犯罪国际立法不区分行为是否采用网络方式而对"国家信息基础设施"进行保护。《上海合作组织成员国保障国际信息安全政府间合作协定》附件 2 中"六、对全球和国家信息基础设施安全稳定运行的自然和（或）人为威胁"指出，该威胁的根源为自然灾害和其他危险的自然现象以及突然爆发或长期积累造成的人为灾难，可对国家信息资源产生大规模的破坏性影响。其威胁特征为破坏信息基础设施的运行，导致关键结构、国家管理和决策系统不稳定，其后果直接关系国家和社会安全。[③]

总体来看，网络侵犯关键基础设施犯罪行为是晚近以来出现并且危害日益严重的网络犯罪类型，未对其作出规定的网络犯罪国际立法也面

---

① COMESA, Common Market for Eastern and Southern Africa Cyber Crime Model Bill, art. 19.
② AU, African Union Convention on Cyber Security and Personal Data Protection, art. 30.
③ 参见上海合作组织《上海合作组织成员国保障国际信息安全政府间合作协定》，附件 2。

临修改和调整的问题。如《欧洲委员会网络犯罪公约》未对此作出规定，有学者即指出破坏计算机系统、其他基础设施以及其他法益的攻击行为具有巨大的潜在危险性。从技术层面来说，应该通过采用下列引进新型罪行的方法来保护互联网："第一种方案是要求各成员国在国内法中增加一项'加重型信息技术犯罪'——也许在《欧洲委员会网络犯罪公约》的附加条款中——附加条款中包含了滥用互联网、具有恐怖活动动机，以及——还有可能——要求对信息技术系统或计算机的信息技术基础设施造成严重损害的这些犯罪构成要素。第二种方案是要求各成员国为保护计算机的基础设施，或者更笼统地说是为保护不论是否具有特殊的政治（恐怖主义）目的的各种类型的基础设施（如打击特殊的恐怖主义行动的联合国决议，或者 2002 年欧洲委员会《关于打击恐怖主义的框架决议》中设置的破坏基础设施的条款）增设'加重型基础设施犯罪'。"① 但是网络侵犯关键基础设施不同于侵犯一般的计算机信息系统，也未必一定和网络恐怖活动犯罪相关联，相应规则不仅需要对危害后果进行考虑，还需要对行为性质进行独立的归纳，这在《欧洲委员会网络犯罪公约》的框架内显然是难以完成的，这种保护的缺失也越发体现了该公约以计算机犯罪为中心的规制模式存在不足。

总体来看，网络侵犯关键基础设施犯罪行为作为网络犯罪国际立法独立犯罪类型的必要性日益凸显，在未来网络犯罪国际立法中应当对该类行为设立独立条款。在此过程中还应考虑非法干扰行为性质的严重性，将针对关键基础设施（的计算机信息系统）实施的非法干扰行为和其他行为进行层次化的规定。至于《上海合作组织成员国保障国际信息安全政府间合作协定》提及的以物理方式破坏关键基础设施的行为，则应排除在外，以防止行为类型的混乱，可在其他专门保护关键基础设施、信息安全等国际协定中予以体现。

---

① 参见〔德〕乌尔里希·齐白《打击网络恐怖主义的国际合作》，方翌译，载赵秉志主编《联合国公约在刑事法治领域的贯彻实施》，中国人民公安大学出版社，2010，第 446 页。

## 九　网络实施种族主义和仇外性质犯罪

《网络犯罪综合研究（草案）》认为，种族主义和仇外心理材料是指基于种族、肤色、出身、国籍、族裔或宗教（在任何上述因素被用作借口的情况下）而倡导、主张或煽动针对个人或群体的仇恨、歧视或暴力的书面材料、图像、其他观念或理论的表现形式。同时，将与互联网相关的该类行为归纳为"计算机相关种族主义或仇外心理（行为）"，指使用计算机系统散布或提供种族主义和仇外心理材料的行为，或因种族主义或仇外心理威胁或侮辱个人或群体的行为。[①]

《〈欧洲委员会网络犯罪公约〉第一附加议定书》作为专门针对网络实施种族主义和仇外性质行为制定的法律文书全面规定了行为类型，具体包括第 3 条"通过计算机系统传播种族主义和仇外性质的材料"、第 4 条"种族主义和仇外动机的威胁"、第 5 条"种族主义和仇外动机的侮辱"，以及第 6 条"对构成种族屠杀或反人类罪的行为否认、开脱、赞同或为其辩护"，是现有网络犯罪国际立法中关于这一问题最为详细的规定。《南部非洲发展共同体计算机和网络犯罪示范法》在其基础上有所增删，没有将"种族主义和仇外动机的威胁"作为独立条款，其具体规定了三条，即第 16 条"种族主义和仇外材料"、第 17 条"种族主义和仇外动机的侮辱"和第 18 条"否认种族灭绝和危害人类罪"。《非洲联盟网络安全和个人数据保护公约》第 29 条"针对信息和通信技术的特殊犯罪"第 1 款第（e）项至第（f）项的规定模式也与之类似。

另有网络犯罪国际立法未采取分条规定模式，而是将其集中规定于一条或一款。《西部非洲国家经济共同体打击网络犯罪指令》第 20 条"通过计算机系统持有种族主义或者仇外的书面文件或者图片"规定以下行为："个人通过计算机系统实施的创建、下载、传播，（体现）种族主义和仇外性质的思想的书面材料、信息、照片、图片或任何其他形

---

[①]　参见联合国毒品和犯罪问题办公室《网络犯罪综合研究（草案）》，第 314 页。

式的材料，或以任何方式使之可用。"①

《〈欧洲委员会网络犯罪公约〉第一附加议定书》是专门针对网络实施种族主义和仇外性质行为制定的，因此对于具体行为类型的展开有其原因。但是一些针对网络犯罪层面制定的国际立法直接参考其规定模式则值得商榷。这可以在行为类型的对比中得以明确，《南部非洲发展共同体计算机和网络犯罪示范法》针对网络实施种族主义和仇外性质行为规定了三个条文，但是针对网络伪造、网络诈骗等犯罪行为均只规定了一个条文，使得其实体法部分条文层次混乱。因此，可以在以单一条文规定网络实施种族主义和仇外性质行为的基础上，基于分款、分类的方式，进行系统的规定，具体包括通过网络实施的以下行为：传播种族主义和仇外性质信息、实施种族主义和仇外动机的威胁、实施种族主义和仇外动机的侮辱以及否认种族灭绝和危害人类罪。

## 第三节　网络犯罪行为的形态与要件

网络犯罪的实体法问题不仅包括全面规制各类犯罪行为，也涉及犯罪行为的形态、特定主体等，网络犯罪国际立法也需要对这些方面进行规定。

### 一　未完成犯罪和共同犯罪

网络犯罪的未完成形态和共同犯罪在国内刑法理论中通常涉及两方面的问题，即犯罪的未完成形态和共同犯罪。② 第一，犯罪的未完成形态（或称"故意犯罪的停止形态"）。具体包括犯罪预备，即行为人为

---

① ECOWAS, Directive on Fighting Cybercrime within Economic Community of West African States, art. 20.
② 对此各国刑法规定和理论讨论的范围大体一致，如都认为预备犯在例外情况下才加以处罚。但是具体的术语和划分略有差异，如有的国家将犯罪中止归入犯罪未遂，称为中止未遂；有的国家承认过失共犯；等等。因此有学者指出，各国刑法在直接责任、参与性责任和推定责任的类型和程度以及确定其适用的法律技术方面有所不同。M. Cherif Bassiouni, *Introduction to International Criminal Law* (2nd Revised Edition), Brill, 2012, p. 296.

实施犯罪而开始创造条件的行为，由于行为人意志以外的原因而未能着手犯罪实行行为的犯罪停止形态；犯罪未遂，即行为人已经着手实行具体犯罪构成的实行行为，由于其意志以外的原因而未能完成犯罪的一种犯罪停止形态；犯罪中止，即在犯罪过程中，行为人自动放弃犯罪或者自动有效地防止犯罪结果发生，因而未完成犯罪的一种犯罪停止形态。第二，共同犯罪。即二人以上共同故意犯罪，要求行为人为二人以上，有共同的犯罪行为，存在共同的犯罪故意。①

国际刑法的理论和实践对犯罪的未完成形态和共同犯罪也有较为充分的探索。例如关于共同犯罪，有观点即指出："在国际刑法的理论和实践中，共同犯罪团伙作为实施的一种形式而加以运用，它区别于命令、帮助、教唆等共同犯罪的形式。"② 关于共同犯罪的特别形态，③《联合国打击跨国有组织犯罪公约》更是以公约的形式对有组织犯罪进行全面规制。该公约第2条"术语的使用"第（a）项即明确："'有组织犯罪集团'系指由三人或多人所组成的、在一定时期内存在的、为了实施一项或多项严重犯罪或根据本公约确立的犯罪以直接或间接获得金钱或其他物质利益而一致行动的有组织结构的集团。"④

现有的网络犯罪国际立法也对网络犯罪的未完成形态和共同犯罪作出了规定。《欧洲委员会网络犯罪公约》率先对此进行规定，其第11条"未遂、帮助或教唆"（attempt and aiding or abetting）第1款规定了帮助或教唆该公约第2条至第10条规定任何犯罪的情形；第2款规定了实施该公约第3条至第5条、第7条、第8条、第9条第1款第a项与第c项规定的犯罪未遂的情形。⑤ 不少网络犯罪国际立法也作出类似规定，如《东南非共同市场网络犯罪示范法》第26条"帮助、教唆和

---

① 参见高铭暄、马克昌主编《刑法学》（第六版），北京大学出版社、高等教育出版社，2014，第163~165页。
② 朱文奇：《国际刑事诉讼法》，商务印书馆，2014，第192页。
③ 共同犯罪一般分为两类：一类为普通的共同犯罪，另一类为有组织的共同犯罪（如集团犯罪）。
④ UN, Draft United Nations Convention on Cooperation in Combating Cybercrime, art. 2.
⑤ COE, Convention on Cybercrime, art. 11.

未遂"、《阿拉伯打击信息技术犯罪公约》第 19 条 "犯罪的未遂和共犯"、《联合国合作打击网络犯罪公约（草案）》第 19 条 "犯罪帮助、预备和未遂"。值得注意的是，《联合国合作打击网络犯罪公约（草案）》第 19 条直接提及了 "预备"（preparation），体现了该草案进行的探索。未来网络犯罪国际立法制定过程中可以考虑借鉴该草案的探索，于网络犯罪的未遂、帮助或教唆外规定预备问题。

此外，对网络有组织犯罪的规制也是未来网络犯罪国际立法考虑的一个方面。网络空间（犯罪组织）是对有组织犯罪组织现有变体的补充，而不是替代。① 网络犯罪的有组织性与日俱增，呈现职业化的趋势。② 在实际组织层面，网络犯罪集团的管理和组织结构趋于复杂。③ 并且，随着有组织犯罪的网络化，在网络社会的推动下有组织犯罪的结构发生了不同于以往的变化，表现为犯罪组织的扁平化、组织成员的非确定化和犯罪行为的碎片化。④

但是如何在未来网络犯罪国际立法中对网络有组织犯罪进行独立规定则可进一步讨论和研究。有学者认为，尽管俄罗斯拒绝签署《欧洲委员会网络犯罪公约》，但《联合国打击跨国有组织犯罪公约》仍然使俄罗斯有义务为消除有组织犯罪和相关的腐败犯罪（包括网络犯罪）而努力。⑤ 与此同时，网络有组织犯罪也具备了独立的类型，根据有关统计，网络有组织犯罪分为两类：第一类通常集中于或针对数字领域活动，可以进一步分为 "蜂拥式"（以线上为中心、分离结构）以及 "中心式"（以线下为中心、关联结构）；第二类则倾向在线上线下环境转

---

① E. Rutger Leukfeldt, Anita Lavorgna, Edward R. Kleemans, "Organised Cybercrime or Cybercrime that is Organised? An Assessment of the Conceptualisation of Financial Cybercrime as Organised Crime", *European Journal on Criminal Policy and Research*, Vol. 23 (2017), No. 3, p. 289.
② Graeme Edwards, *Cybercrime Investigators Handbook*, Wiley, 2020, p. 10.
③ G. Stevenson Smith, "Management Models for International cybercrime", *Journal of Financial Crime*, Vol. 22 (2015), No. 1, p. 113.
④ 参见莫洪宪《网络有组织犯罪结构的嬗变与刑法转向——基于网络黑恶势力犯罪的视角》，《中国刑事法杂志》2020 年第 4 期，第 18~21 页。
⑤ Daniel Ortner, "Cybercrime and Punishment: The Russian Mafia and Russian Responsibility to Exercise Due Diligence to Prevent Trans-Boundary Cybercrime", *Brigham Young University Law Review*, Vol. 29 (2015), No. 1, p. 200.

换活动,是组合和延伸的混合犯罪,可能具有混合和多重链接的结构(见图4-1)。

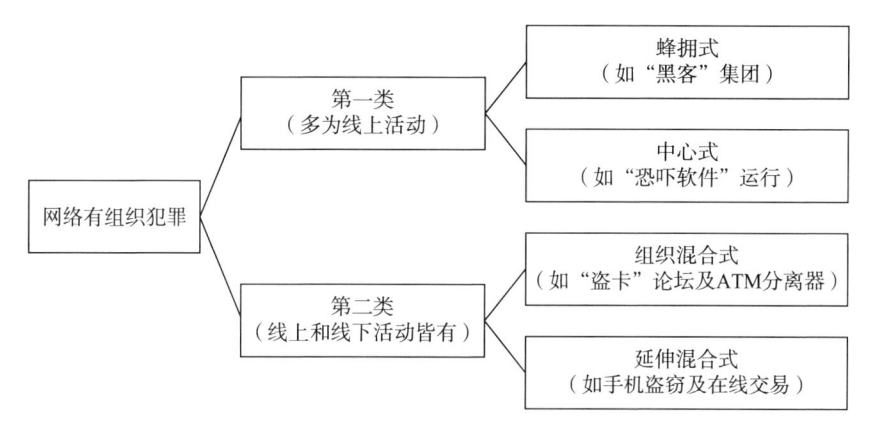

**图4-1 网络有组织犯罪的架构**

资料来源:联合国毒品和犯罪问题办公室:《网络犯罪综合研究(草案)》,第53~54页。

虽然这些网络有组织犯罪的具体行为类型可以纳入计算机犯罪或者网络化传统犯罪的范畴,但是犯罪组织的刑事评价却需要特别关注。未来网络犯罪国际立法也应对此进行考量。一个思路是基于网络有组织犯罪的新发展,规定独立的犯罪组织条款;另一个思路是规定适用(或准用)《联合国打击跨国有组织犯罪公约》,或者其他有组织犯罪相关国际立法。

二 罪过要素

在刑法理论上,犯罪的罪过形态包括故意与过失两种。如国内刑法通说认为,故意系明知自己的行为会发生危害社会的结果,并且希望或者放任这种结果发生的心理状态;过失系行为人应当预见自己的行为可能发生危害社会的结果,因为疏忽大意而没有预见,或者已经预见而轻信能够避免的一种心理状态。[①] 现有网络犯罪国际立法所规定的网络犯

---

① 参见高铭暄、马克昌主编《刑法学》(第六版),北京大学出版社、高等教育出版社,2014,第105~112页。

罪类型均要求行为系故意（或是"欺骗性"）实施，过失犯罪不在规制之列。这一做法也是为了尽可能协调各国刑事立法。例如《欧洲委员会网络犯罪公约解释报告》明确指出，"故意"的准确含义应该"由各国给出解释"。在这方面，构成"故意"意向的确切内容在各个国家法律系统之间有所不同——它取决于特别和一般刑法。①

关于这一问题，在未来制定网络犯罪国际立法时就罪过要素作出推定规制也是一个思路。《联合国反腐败公约》第 28 条："作为犯罪要素的明知、故意或者目的"规定："根据本公约确立的犯罪所需具备的明知、故意或者目的等要素，可以根据客观实际情况予以推定。"② 与腐败犯罪侦查存在的难题类似，很多网络犯罪行为指向、财产来源的查明也存在较大的难度，除了在程序层面进行系统的制度设计，规定罪过要素的推定条款也是值得参考的模式。

此外，网络犯罪的罪过要素也有新的命题。如网络犯罪的行为表征越发模糊，认识要素的判断面临新的困难，"明知"的范围难以确定，"应当知道"的情形如何认定被广泛关注。再如，网络犯罪参与结构也从阶层结构转向扁平结构，行为人追求的不再是整体犯罪参与体系的实现，而是自身获利等目的的实现，由此引发目的要素的重新评价。③ 对于这些问题在网络犯罪国际立法中应如何进行考量，可作进一步的研究。

### 三 法人责任

在国际刑法领域，法人作为犯罪主体已经被理论和立法所认可。除了个人以外，在某些情况下，组织或团体（单位）也有可能成为国际

---

① COE, Explanatory Report to the Convention on Cybercrime, p. 8. 其中，第 39 段为："所有公约认定的犯罪行为必须为'故意犯罪'，才可适用于刑事责任。在特定情况下，附加特定的故意性元素是犯罪的成立要件。例如，在第 8 条中，一个与计算机相关的诈骗行为中，故意从中获取经济利益是犯罪行为的构成要件要素。该公约的起草者们认为，'故意'的确切含义应该由国家作出解释。"
② 《联合国反腐败公约》，https://www.un.org/zh/issues/anti-corruption/uncac_text.shtml，第 28 条。
③ 参见王肃之《网络犯罪原理》，人民法院出版社，2019，第 301 页。

犯罪主体。① 有学者进一步指出，法人责任本质上是一种"替代责任"："这里的替代责任，不是指法人代法人成员受责，也不是指法人分担了法人成员的刑事责任，而是指在法人成员对其个人行为承担完全的刑事责任的情况下，法人仍然要对法人成员的行为另行承担刑事责任。"② 在立法实践中，一般认为《联合国反腐败公约》首先将法人（团体、组织）作为严格意义上的国际刑事责任主体。该公约第26条"法人责任"规定："1. 各缔约国均应当采取符合其法律原则的必要措施，确定法人参与根据本公约确立的犯罪应当承担的责任。2. 在不违反缔约国法律原则的情况下，法人责任可以包括刑事责任、民事责任或者行政责任。3. 法人责任不应当影响实施这种犯罪的自然人的刑事责任。4. 各缔约国均应当特别确保使依照本条应当承担责任的法人受到有效、适度而且具有警戒性的刑事或者非刑事制裁，包括金钱制裁。"③ 这四款分别从法人责任的适格性、类型的广泛性、责任的独立性、制裁的有效性进行规定。

网络犯罪不仅可能由自然人单独或共同实施，还可能由法人实施，法人犯罪的问题也需要网络犯罪国际立法予以关注。《欧洲委员会网络犯罪公约》第12条"法人责任"率先对此作出规定，基本沿袭了《联合国反腐败公约》的立法模式，也分四款加以规定，其创新在于第1款规定了构成法人犯罪行为的条件："代表法人的授权；（具有）代表该法人作出决定的权力；在该法人内部行使控制的权力。"④ 对此加以规定的其他网络犯罪国际立法基本沿袭了《欧洲委员会网络犯罪公约》的规定，如《东南非共同市场网络犯罪示范法》第27条"法人责任"、《阿拉伯打击信息技术犯罪公约》第20条"自然人或法人的刑事责任"、《联合国合作打击网络犯罪公约（草案）》第20条"法人责任"、《西部非洲国家经济共同体打击网络犯罪指令》第27条"法人责任"。

---

① 贾宇：《国际刑法学》，中国政法大学出版社，2004，第107页。
② 叶良芳：《国际刑法基本理论研究》，浙江大学出版社，2018，第180页。
③ 《联合国反腐败公约》，第26条。
④ COE, Convention on Cybercrime, art. 12.

目前法人责任的规定模式已经较为成熟，未来网络犯罪国际立法也应注重对此加以规定。

四　时效和刑罚

系统完整的网络犯罪国际立法还需要考虑两个方面的问题：一个是向前考虑追诉时效期间，另一个是向后考虑刑罚的处罚。

第一，网络犯罪的追诉时效期间。目前网络犯罪国际立法并未对此予以充分的重视，但是未来制定时可以考虑加以规定。现实中，由于各国对网络犯罪规定的不同，追诉时效期间也不尽相同，这在相当程度上影响了协同追诉，可以参照其他领域立法的经验加以规定。典型适例为《联合国反腐败公约》第29条"时效"："各缔约国均应当根据本国法律酌情规定一个较长的时效，以便在此期限内对根据本公约确立的任何犯罪启动诉讼程序，并对被指控犯罪的人员已经逃避司法处置的情形确定更长的时效或者规定不受时效限制。"[①] 围绕网络犯罪作出类似规定也对协同打击具有重要的意义。

第二，网络犯罪的刑罚措施。在网络犯罪国际立法中明确处罚的方式也对打击该类犯罪具有重要意义。《欧洲委员会网络犯罪公约》第13条"刑罚和措施"第1款、第2款分别针对自然人（特别是自由刑）、法人（特别是罚金刑）的刑罚处罚作出规定。[②] 这一规定模式为一些网络犯罪国际立法所借鉴，比如《东南非共同市场网络犯罪示范法》第54条"一般刑罚"，《西部非洲国家经济共同体打击网络犯罪指令》第28条"主刑"、第29条"附加刑"，均作出类似规定。此外，也有网络犯罪国际立法就量刑情节加以规定，《阿拉伯打击信息技术犯罪公约》第21条即为"加大对通过信息技术方式实施传统犯罪的处罚力度"，这一特色规定也具有参考的价值。但是考虑到各国刑罚体系各异，网络犯罪立法关于刑罚措施的规定应尽可能具有包容性。

---

① 《联合国反腐败公约》，第29条。
② COE, Convention on Cybercrime, art. 13.

第五章

# 网络犯罪国际立法的管辖权与程序规则

## 第一节 基础性规则

国际法领域针对犯罪行为同时规定实体法规则与程序法规则的做法源于国际刑法。国际刑法包括所有建立、排除或者以其他方式调整国际法项下犯罪的责任的规范。① 因此，国际刑法兼容了刑事法与国际法的内容与体系，具有一种边缘学科的性质，包括如何将国际罪犯诉诸法律制裁的刑事程序法。② 网络犯罪国际立法除了涉及实体法规则，同样涉及管辖权与程序法规则。③ 这些规则涉及不同领域的众多方面，同时由于各国国内刑事程序立法各不相同，打击网络犯罪程序协作需要确立一些各国共同认可的基础性规则。

一　刑事程序条款的适用范围

刑事程序条款的适用范围是网络犯罪国际立法的特殊问题。传统意

---

① 参见〔德〕格哈德·韦勒《国际刑法学原理》，王世洲译，商务印书馆，2009，第36页。
② 参见朱文奇《现代国际刑法》，商务印书馆，2015，第6页；贾宇《国际刑法学》，中国政法大学出版社，2004，第11页。
③ 在此以全球性打击网络犯罪公约为范本，很多示范法不涉及管辖权与程序法规则。

义上的国际立法默认实体条款和程序条款适用范围一致，比如《联合国反腐败公约》《联合国打击跨国有组织犯罪公约》等国际立法均是围绕所打击的犯罪类型规定具体的刑事程序。但是网络犯罪具有复杂性，其本身既包括计算机犯罪的独立犯罪类型，又包括传统化的网络犯罪，因此是否需要扩大网络犯罪国际立法刑事程序条款的适用范围成为问题。

《欧洲委员会网络犯罪公约》确立了刑事实体法适用范围较小、刑事程序法适用范围较大的模式。其第14条第2款规定，适用范围包括该公约第2条至第11条规定的犯罪、其他通过计算机系统实施的犯罪、电子形式的犯罪证据的收集。即对网络犯罪行为类型进行有限规定，同时对涉网络因素的犯罪行为均规定一致的刑事程序。简言之，规定了较低要求的实体法、较高要求的程序法。在此基础上第14条第3款还规定了两种例外情形。一种情形为保留的例外规定，即缔约方可保留适用第20条（通信数据的实时收集），前提是这些刑事犯罪或刑事犯罪类别范围不得窄于该缔约方适用第21条（内容数据的拦截）的刑事犯罪范围；并明确各缔约方均应考虑限制适用此项保留，以便第20条规定的措施得到最广泛适用。另一种情形为计算机系统范围的例外规定，即缔约方在通过该公约时由于其国内现行制定法的限制而无法将第20条和第21条所述措施适用于某一服务提供者信息系统中正在传输的数据，并且该系统仅为一个封闭用户群的利益而运行，同时没有使用信息和电信网络，也不与其他信息系统连接，则该缔约方可保留不对该数据的传输适用上述措施的权利。各缔约方均应考虑限制适用此项保留，以便第20条和第21条规定的措施得到最广泛适用。[①]

《欧洲委员会网络犯罪公约》这一做法也对其他网络犯罪国际立法产生了影响，《阿拉伯打击信息技术犯罪公约》第22条、《联合国合作打击网络犯罪公约（草案）》第21条、《东南非共同市场网络犯罪示范法》第28条都作出了类似规定。其中，《联合国合作打击网络犯罪公约（草案）》第21条在基本延续这一模式的基础上有所修正，其第4

---

[①] COE, Convention on Cybercrime, art. 14.

款规定:"若在一国境内实施的犯罪案件中,被指控的行为人是该国公民并处于该国境内,且没有任何其他国家有任何理由依照本公约的规定行使管辖权,则案件不适用本公约。"①《联合国合作打击网络犯罪公约(草案)》试图基于主权原则对刑事程序条款的适用范围进行修正。

此外,不少网络犯罪国际立法未对刑事程序条款的适用范围进行规定,如《非洲联盟网络安全和个人数据保护公约》《西部非洲国家经济共同体打击网络犯罪指令》《独立国家联合体打击计算机信息领域犯罪合作协定》《英联邦计算机与计算机相关犯罪示范法》《南部非洲发展共同体计算机和网络犯罪示范法》《加勒比共同体网络犯罪、电子犯罪示范法》(《上海合作组织成员国保障国际信息安全政府间合作协定》未规定刑事程序条款)。这些网络犯罪国际立法或者因为默认刑事实体法和刑事程序法的适用范围一致,或者由于具有示范法等特殊性质,未对刑事程序条款的适用范围作规定。

综合来看,网络犯罪国际立法明确规定刑事程序条款的适用范围有利于推动其有效适用。而且从全球视角来看,各个地区的国家在协作打击网络犯罪的需求程度和刑事实体法、刑事程序法的规定程度上均存在较大差异,在基于全球或者其他地区立场制定的网络犯罪国际立法中不宜照搬《欧洲委员会网络犯罪公约》的前述规定,刑事实体法与刑事程序法适用范围一致的做法应该被提倡。此外,《欧洲委员会网络犯罪公约》例外规定的可借鉴性也十分有限。虽然其保留例外的规定较为详尽,但如果在网络犯罪国际立法中放宽类似保留的范围,反而更有利于推广。至于计算机系统范围的例外规定,其仅涉及未连接(广域)互联网的计算机系统,需要作出这一补充规定与《欧洲委员会网络犯罪公约》术语界定的局限有关。反之,《联合国合作打击网络犯罪公约(草案)》强调主权原则的立场应当被重视,探索性地规定的未经当事国同意不得以任何理由访问他国关键基础设施、不当攫取他国信息资源等内容应当被肯定。一个可供参考的思路是,一方面明确相关刑事权力

---

① UN, Draft United Nations Convention on Cooperation in Combating Cybercrime, art. 21.

和程序规定适用于网络犯罪的侦查、相关电子证据收集、相关资产的没收和协助调查，另一方面明确其他犯罪的程序依照缔约方相关刑事诉讼法律执行。

二　条件和保障措施

网络犯罪国际立法的缔约方情况各异，打击网络犯罪的条件参差不齐，因此有国际立法探索对条件和保障措施加以规定，以保障缔约方对刑事程序条款的贯彻落实。关于条件和保障措施的规定可以溯源至《欧洲委员会网络犯罪公约》第 15 条。根据该条规定，第一，缔约方均应确保，确立、执行和适用程序法条款权力和程序须遵循其本国制定法为确保充分保护人权和自由，以及参加的欧洲委员会、联合国国际人权文书承担的义务所衍生的权利，并符合比例原则（第 1 款）。第二，考虑到所涉权力和程序的性质，此类条件和保障措施应包括司法或其他独立监督、适用理由以及对权力或程序的范围和持续期的限制（第 2 款）。第三，在符合公共利益，特别是司法方面利益的限度内，缔约方应考虑程序法条款权力和程序对第三方权利、责任及合法利益的影响（第 3 款）。① 这一规定模式为《联合国合作打击网络犯罪公约（草案）》第 22 条所沿用，只不过第 1 款不涉及缔约方参加的欧洲委员会国际人权文书承担的义务所衍生之权利。

然而，《欧洲委员会网络犯罪公约》第 15 条的规定带有较为明显的地域色彩，存在一定的不足。第一，该条强调将"司法或其他独立监督、适用理由以及对权力或程序的范围和持续期的限制"纳入"条件和保障措施"，然而世界各国制度模式不尽相同，这一要求仅契合西方国家保障程序法条款落实的实际，难以具有普适性。第二，该条强调比例原则，本身值得肯定，但是也有局限。根据《欧洲委员会网络犯罪公约解释报告》，第 15 条规定缔约方有义务提供足以保护人权和自由的条件和保障，这尤其意味着，由于调查数据的敏感性，调查的实质性

---

① COE, Convention on Cybercrime, art. 15.

标准和程序可能会有所不同。① 而且其仅注意到了刑事措施对于公民权利约束的合比例性，未注意到对缔约方主权减损的合比例性。其他地区的国家并未形成类似欧洲国家的一体化进程，刑事法律实践及其所蕴含的主权维护问题依然突出，而该公约基于欧洲国家的体制作出规定具有较为明显的地域局限性。《欧洲委员会网络犯罪公约》也部分注意到了这一问题，《欧洲委员会网络犯罪公约解释报告》指出该公约适用于具有多种不同法律制度和文化的缔约方，因此无法详细规定每种权力或程序的适用条件和保障措施，只不过将结论归于缔约方应确保这些条件和保障措施为充分保护人权和自由提供条件。②

综上，网络犯罪国际立法特别是全球性的打击网络犯罪公约应当充分弥补以上不足，对于条件和保障措施作出不带有西方意识形态倾向的规定，确立符合各国实际的司法或其他监督模式，并将比例原则扩展至缔约方主权让渡问题。与此同时，《欧洲委员会网络犯罪公约》的有益探索也可充分借鉴，比如对于公共利益、第三方的考量。再如，首先要考虑到对司法和其他公共利益（例如公共安全和公共卫生以及其他利益，包括受害者的利益和对私人生活的尊重）的合理管理。③ 也即，可在参考《欧洲委员会网络犯罪公约》第15条充分保障条款（第1款）、涉第三人条款（第3款）规定的基础上，重点围绕限制条件条款（第2款）进行优化调整。

## 第二节　管辖权

### 一　管辖权的实践发展

管辖权是刑事司法中极其重要的权力，早在传统国际刑法领域就已受到充分的重视，但是不同学者对于管辖权类型及确立原则的概括不尽

---

① COE, Explanatory Report to the Convention on Cybercrime, p. 6.
② COE, Explanatory Report to the Convention on Cybercrime, p. 23.
③ COE, Explanatory Report to the Convention on Cybercrime, p. 24.

相同。第一种观点认为,国际罪行管辖的法律原则有三个,即属地管辖原则、属人管辖原则、普遍管辖原则。① 第二种观点认为,通过国际公约确立起来的对于国际犯罪的刑事管辖,实际有四个原则,即属地管辖原则、属人管辖原则、保护管辖原则和普遍管辖原则。② 第三种观点认为,国际犯罪的刑事管辖有五个原则,包括属地原则、属人原则、被动属人原则、保护原则和普遍原则。③ 其中,第二种观点为各国立法所采纳,也是通说。详言之,属地管辖原则,是指以地域为标准,凡是在本国领域内犯罪的,不论犯罪人是哪国人,都适用本国的刑法。属人管辖原则,是指以人的国籍为标准,根据国家与公民之间以国籍为纽带所形成的权利义务关系而产生的刑事管辖原则。保护管辖原则,是指以保护本国国家和公民的利益为标准,凡是犯罪侵害了本国国家或者公民利益的,不论是本国人还是外国人,不论犯罪地点在国内还是国外,都适用本法。普遍管辖原则,是指不论犯罪地点属于哪一个国家,犯罪人和受害人的国籍如何,只要有犯罪行为在世界上发生,任何国家都有权根据本国的刑法加以惩罚。④

基于网络犯罪的跨国性,其管辖权的确立也面临新的难题。由于互联网用户较少受到地理位置的限制,并且享有高度的匿名性,国家警察组织发现很难对有关在线犯罪的举报采取行动。不仅犯罪者不在其管辖范围之内,也无法通过既定的侦查方法找到犯罪者。⑤ 因此,确定网络犯罪的犯罪地存在困难,作为传统基础性原则的属地原则难以有效适用,其他管辖原则也受到不同程度的冲击。

更为关键的是,除了技术层面,在法律适用层面更是存在实质的分歧。对各国而言,制定刑事罪行来处理在线行为是一回事,对可能位于

---

① 参见朱文奇《现代国际刑法》,商务印书馆,2015,第99~106页。
② 参见贾宇《国际刑法学》,中国政法大学出版社,2004,第56页。
③ 参见马呈元《国际刑法论》(增订版),中国政法大学出版社,2013,第227~260页。
④ 参见贾宇《国际刑法学》,中国政法大学出版社,2004,第56~59页。
⑤ Jan Beek, "Cybercrime, Police Work and Storytelling in West Africa", *Africa: The Journal of the International African Institute*, Vol. 86 (2016), No. 2, p. 309.

世界任何地方的罪犯主张管辖权是另一回事。① 现实中，各国对于网络犯罪行为打击范围的不同也带来确立管辖权的困难，即一个国家打击的网络犯罪行为完全可能在另一个国家合法，由此带来管辖的难题。② 特别是，当网络犯罪嫌疑人居住在某国域外法律管辖区时，即使其行为属于该国非常严重的刑事犯罪，该国也难以对其确立管辖权。③ 加之，(有些)国家在依据通行的国际模式管辖网络犯罪时，当发现自身利益受到损失时，可能会逃避国际责任。④

根据联合国毒品和犯罪问题办公室的调查，多数国家认为目前对于网络犯罪的管辖是不够充分的。尽管所有欧洲国家都认为，国家法律为域外网络犯罪的定罪和起诉提供了充分的框架，但其他区域有三分之一到一半的国家都报告称本国缺乏充分的框架。在许多国家，条款反映的理念是，无须"全部"犯罪发生在本国境内，即可主张属地管辖权。属地联系的认定可参照行为的要素或影响，或者犯罪所用计算机系统或数据的位置。⑤ 其研究还认为，目前没有必要针对"网络空间"性质引进新式管辖权。绝大多数的网络犯罪行为均可归入上述管辖权，并均可与特定国家建立真实的联系。⑥

## 二 管辖权的国际协调

管辖权条款无疑是网络犯罪国际立法的关键内容之一。如《欧洲委员会网络犯罪公约》第 22 条、《阿拉伯打击信息技术犯罪公约》第 30 条、《联合国合作打击网络犯罪公约（草案）》第 43 条、《英联邦计算机与计算机相关犯罪示范法》第 4 条、《南部非洲发展共同体计算机和网络犯罪示范法》第 23 条、《加勒比共同体网络犯罪、电子犯罪示

---

① Jonathan Clough, *Principles of Cybercrime*, Cambridge University Press, 2010, p. 405.
② Mohamed Chawki, Ashraf Darwish, Mohammad Ayoub Khan, et al., *Cybercrime, Digital Forensics and Jurisdiction*, Springer, 2015, p. 20.
③ Graeme Edwards, *Cybercrime Investigators Handbook*, Wiley, 2020, p. 11.
④ Rizal Rahman, "Legal Jurisdiction Over Malware-Related Crimes: From Theories of Jurisdiction to Solid Practical Application", *Computer Law & Security Review*, Vol. 28 (2012), No. 4, p. 414.
⑤ 联合国毒品和犯罪问题办公室：《网络犯罪综合研究（草案）》，执行摘要第 15 页。
⑥ 参见联合国毒品和犯罪问题办公室《网络犯罪综合研究（草案）》，第 241 页。

范法》第 19 条、《东南非共同市场网络犯罪示范法》第 40 条，均设置了管辖权条款。有的网络犯罪国际立法还基于主权原则强调管辖权的专属性，如《阿拉伯打击信息技术犯罪公约》第 4 条"保护主权"、《联合国合作打击网络犯罪公约（草案）》第 3 条"保护主权"还强调不授权缔约方在另一国领土内行使另一国国内法规定专属于该国当局的管辖权及职能。[1] 关于网络犯罪国际立法的管辖权，可以在两个层面加以分析。

第一个层面为管辖权类型。与其他问题的明确对立不同，现有网络犯罪国际立法在管辖权类型上并无根本性分歧。总体来看，网络犯罪国际立法的管辖权条款主要规定以下内容。第一，属地管辖权。现有网络犯罪国际立法的管辖权条款均认可属地原则，因而都要求缔约方对依据文书认定的在缔约方地理区域内"实施的"任何犯罪行使管辖权，并规定适用于在船舶和飞行器上实施的犯罪行为。根据客观属地原则，属地管辖权的适用并不要求犯罪行为的所有要素都必须在一国境内发生。比如，《欧洲委员会网络犯罪公约解释报告》即明确，在属地原则下，如攻击计算机系统的人和受害系统都位于一国境内，该国自然可主张属地管辖权，但是，"在受攻击的计算机系统位于一国境内的情况下，即便攻击人不在该国境内"，该国同样可主张属地管辖权。[2]《东南非共同市场网络犯罪示范法》第 40 条包含一个关于"犯罪发生地"的款项，该款项的部分规定如下："（三）无论在什么地方，只要作为犯罪要素的结果性行为依据……本法已经或本应发生，犯罪行为即应被认定为已经实施。"[3] 第二，属人管辖权。现有网络犯罪国际立法的管辖权条款也未排斥属人管辖权的适用，并经常采用主动属人原则，要求各国于一国国民实施犯罪时，包括在境外实施犯罪时，确保对相关国民行使管辖权。第三，其他管辖权依据。比如《阿拉伯打击信息技术犯罪公约》

---

[1] LAS, Arab Convention on Combating Information Technology Offences, art. 4; UN, Draft United Nations Convention on Cooperation in Combating Cybercrime, art. 3.
[2] COE, Explanatory Report to the Convention on Cybercrime, p. 40.
[3] COMESA, Common Market for Eastern and Southern Africa Cyber Crime Model Bill, art. 40.

将其权限延伸至对"本国重大利益"造成影响的犯罪。①

第二个层面为管辖权协调。不同管辖权类型在不同国家的同时适用可能导致的结果是，多个国家同时对特定网络犯罪行为主张管辖权（也不排除均不主张管辖权的可能）。比如作为最基础管辖权类型的属地管辖权即不易确定。网络犯罪的犯罪地可以包括行为人实施犯罪行为所在地、网站建立者所在地、管理者所在地、被害人财产遭受损失地、被害人被侵害时所在地等。② 这中间极易存在冲突，例如犯罪分子在 A 地通过终端操控 B 地的服务器对 C 地的计算机系统进行攻击，在同一时间涉及三个不同的地点，如何确定犯罪行为地成为值得讨论的问题。③ 但是并非所有网络犯罪相关地点均应被确定为犯罪地，如对于普通的线路传输而言，违法数据的传输仅为一种"无害"的通过，不可能导致其他损害，因此线路过境的地点不应被视为犯罪地。④ 因此，需要在网络犯罪国际立法中设计科学的规定，有效协调管辖权冲突。

部分网络犯罪国际立法对协调管辖权冲突进行了探索。比如《欧洲委员会网络犯罪公约》等国际立法明确规定，当某一犯罪行为同时属于几个国家的管辖权范围且任一相关国家均可依据犯罪事实提起合法诉讼时，各国须进行"合作"或"协商"，以确定最合适的起诉管辖权。⑤《阿拉伯打击信息技术犯罪公约》则就竞争性管辖权主张规定了以下详细的优先权顺序：（1）安全或利益受到犯罪行为损害的国家；（2）犯罪实施地所属国家；（3）犯罪分子国籍所属国家。如根据上述顺序仍无法达成共识，则首先提出请求的国家具有优先权。⑥ 但是《欧洲委员会网络犯罪公约》并未明确"协商"的程序和规则。《阿拉伯打

---

① LAS, Arab Convention on Combating Information Technology Offences, art. 30.
② 孙潇琳：《我国网络犯罪管辖问题研究》，《法学评论》2018 年第 4 期，第 195 页。
③ 邹晓玫、蔡玉千卉：《网络犯罪管辖权问题研究》，《河南财经政法大学学报》2014 年第 3 期，第 131 页。
④ 郭烁：《应对"首要威胁"的起点：网络犯罪管辖研究》，《求是学刊》2017 年第 5 期，第 109~110 页。
⑤ COE, Convention on Cybercrime, art. 22; COMESA, Common Market for Eastern and Southern Africa Cyber Crime Model Bill, art. 40.
⑥ LAS, Arab Convention on Combating Information Technology Offences, art. 30.

击信息技术犯罪公约》对确定管辖国应遵循的优先顺位作了规定。①

关于如何推动网络犯罪管辖权规则的完善，学者们提出了不同的观点。一种观点认为，应在属地管辖权的基础上，基于"实害或者影响关联性"确定网络犯罪的管辖（"实害联系原则"）②。具体指仅仅发生联系还不足以享有管辖权，某一法域对具体的某一网络犯罪行为是否拥有刑事管辖权，应当以实害标准为判断的前提性根据之一。③ 进而提出，网络没有边界而法律是有边界的，网络犯罪管辖权仍然要在传统的地域管辖（而非保护管辖）的基础上进行扩张解释。保护管辖的前提是双重犯罪原则，如果将实害联系原则解释为保护原则的延伸，就可能出现犯罪人有意在一国（不构成犯罪）实施针对另一国（构成犯罪）的犯罪行为，从而形成法律漏洞。④ 据此，其将"实害联系原则"作为网络犯罪管辖权判断的关键，实际上强调了属地管辖权的适用。

与之不同，另一种观点认为应围绕普遍管辖权来确定网络犯罪的管辖。其认为，为了避免形成刑事管辖消极冲突与管辖真空，而是形成普遍的约束力，应由缔约国普遍管辖跨国网络犯罪，无论犯罪人的犯罪地、国籍是什么，每个缔约国都应对网络犯罪国际公约、双边或多边协定规定的网络犯罪实行管辖。普遍管辖的犯罪行为应当是网络犯罪国际公约、双边或多边协定规定的罪行，即缔约各国共同认定的国际犯罪。⑤ 据此，其认为应当以网络犯罪国际立法为基础，通过普遍管辖权来消除网络犯罪管辖的"真空地带"。

相比而言，以属地管辖权为基础构建管辖权规则更为妥当。属地管辖权基于各国法域进行管辖，尊重了各国的司法实践，契合了在网络犯

---

① 参见吴海文、张鹏：《打击网络犯罪国际规则的现状、争议和未来》，《中国应用法学》2020年第2期，第200页。
② 参见于志刚《关于网络空间中刑事管辖权的思考》，《中国法学》2003年第6期，第111页。
③ 参见于志刚《"信息化跨国犯罪"时代与〈网络犯罪公约〉的中国取舍——兼论网络犯罪刑事管辖权的理念重塑和规则重建》，《法学论坛》2013年第2期，第101~102页。
④ 参见于志刚《缔结和参加网络犯罪国际公约的中国立场》，《政法论坛》2015年第5期，第102页。
⑤ 参见李晓明、李文吉《跨国网络犯罪刑事管辖权解析》，《苏州大学学报》（哲学社会科学版）2018年第1期，第97页。

罪国际立法中贯彻主权原则的要求；与之相对，如果以普遍管辖权为基础构建管辖权规则，则可能为个别国家推行"长臂管辖"乃至以一国规则替代国际规则提供便利。但是仅确立属地管辖权也不足以解决网络犯罪管辖的所有问题，还需要在此基础上进一步推动管辖权规则的完善。

第一，构建网络犯罪管辖权规则体系。实践中，仅侧重某一种管辖权难以有效解决网络犯罪的管辖问题。强调属地管辖权的学者也认可，由于互联网打破了地域限制，许多原本只规范国内事务的公法的效力溢出国界，对网上活动产生"普适"性影响，公法冲突在所难免，对同一刑事案件同时具备管辖权的国家可能有多个。[1] 与之类似，强调普遍管辖权的学者也认可，当前世界各国尚未对"犯罪"及"网络犯罪"的概念达成共识，这也是各国达成统一协议或公约实施普遍管辖的难点。[2] 因此，对于网络犯罪的管辖而言，既有的管辖权类型体系[3]依然应当沿用，即依据传统的解决管辖权冲突的原则，以属地管辖为主，属人管辖为辅，有限制地适用保护原则依然是解决网络犯罪刑事管辖权冲突的主要途径。[4]

亦即应明确网络犯罪的管辖权包括：属地管辖权，犯罪发生在缔约方领土内（或船舶、航空器）时；属人管辖权，缔约方公民在其领域外犯罪时；保护管辖权，域外公民在缔约方领土范围外犯有侵害该缔约方国家及其公民重大利益的犯罪时。在管辖权适用上，优先适用属地管辖权，之后再依次适用属人管辖权、保护管辖权。

第二，细化网络犯罪管辖权规则内容。关于网络犯罪管辖权未来需要深入探讨的是，如何创新机制，优化管辖权类型的选择标准、规则。例如，明确规定跨国性问题可以作为网络犯罪国际立法管辖权条款的发

---

[1] 参见于志刚《关于网络空间中刑事管辖权的思考》，《中国法学》2003 年第 6 期，第 102 页。
[2] 参见李晓明、李文吉《跨国网络犯罪刑事管辖权解析》，《苏州大学学报》（哲学社会科学版）2018 年第 1 期，第 97 页。
[3] 个别西方国家还存在对普遍管辖权滥用的情况，更需慎重。
[4] 参见胡陆生《刑法国际化：全球化背景下中国刑法的完善》，中国人民公安大学出版社，2009，第 221 页。

展方向之一。《联合国打击跨国有组织犯罪公约》第 3 条"适用范围"第 2 款即规定:"就本条第 1 款而言,有下列情形之一的犯罪属跨国犯罪:(a)在一个以上国家实施的犯罪;(b)虽在一国实施,但其准备、筹划、指挥或控制的实质性部分发生在另一国的犯罪;(c)犯罪在一国实施,但涉及在一个以上国家从事犯罪活动的有组织犯罪集团;(d)犯罪在一国实施,但对另一国有重大影响。"① 网络犯罪国际立法特别是打击网络犯罪国际公约也可考虑借鉴这一做法。

## 第三节 调查取证程序与电子证据

不同于国内法刑事实体法与刑事程序法泾渭分明,打击犯罪的国际立法对于程序法的涉及不可避免。如在国际刑法中,从纽伦堡审判起已经认识到有必要为新的国际刑事法庭开发新的程序系统。从某种意义上来说,这样的程序系统是特殊的,它不同于任何一种国内系统或法律传统。但是,它将不可避免地具有来自世界主要国内法律体系的要素,也将增强法庭及其诉讼程序的合法性。② 网络犯罪同样需要通过特定的程序进行刑事调查,并且其还涉及电子证据的问题,传统的刑事犯罪调查方法在适用于网络犯罪时面临过时的问题。③ 特别是随着相关数据越来越多地存储在多个司法管辖区中,数字调查中的国际协作变得越来越重要。④ 这使得网络犯罪国际立法必须对调查取证程序与电子证据作出系统规定。

---

① 《联合国打击跨国有组织犯罪公约》,https://www.un.org/zh/documents/treaty/files/A-RES-55-25.shtml,第 3 条。
② Robert Cryer, Håkan Friman, Darryl Robinson, et al., *An Introduction to International Criminal Law and Procedure* (2nd Edition), Cambridge University Press, 2010, p.425.
③ Borka Jerman Blažič, Tomaž Klobučar, "Removing the Barriers in Cross-Border Crime Investigation by Gathering E-Evidence in An Interconnected Society", *Information & Communications Technology Law*, Vol.29 (2020), No.1, p.15.
④ Joshua I. James, Pavel Gladyshev, "A Survey of Mutual Legal Assistance Involving Digital Evidence", *Digital Investigation*, Vol.18 (2016), No.1, p.23.

## 一　搜查与扣押计算机数据

关于搜查与扣押计算机数据（或相关硬件），根据《网络犯罪综合研究（草案）》，各国对调查问卷的答复表明，约50%国家的计算机硬件或数据的搜查和扣押是由一般的刑事程序法而不是网络特定权力授权进行的。[①]

《欧洲委员会网络犯罪公约》第19条为"搜查和扣押已存储计算机数据"，具体规定了以下内容。第一，各缔约方应调整必要的国内法或者规定，确保有关机关可以搜查某一个计算机系统（或其部分）或该系统存储的计算机数据，以及计算机数据存储介质（第1款、第2款）。第二，各缔约方应调整必要的国内法或者规定，确保有关机关可以采取特定措施：（1）扣押或者使用类似的安全措施保护计算机系统（或其部分）或计算机数据存储介质；（2）制作并保留这些计算机数据的副本；（3）维护已存储的有关计算机数据的完整性；（4）对计算机系统中的数据予以删除或者使其不可访问。此外，第19条还规定了相关人员的协助义务（第4款）以及符合程序法条款适用范围、条件和保障措施的要求（第5款）。[②]

《欧洲委员会网络犯罪公约》颁布之后，大多数网络犯罪国际立法均对搜查与扣押计算机数据（或相关硬件）作出规定，但是规定模式不尽相同。第一，合并规定模式。一些网络犯罪国际立法延续了《欧洲委员会网络犯罪公约》的规定模式，如《联合国合作打击网络犯罪公约（草案）》第26条"搜查和扣押已存储或处理的计算机数据"、《西部非洲国家经济共同体打击网络犯罪指令》第30条"搜查或访问计算机系统"、《南部非洲发展共同体计算机和网络犯罪示范法》第25条"搜查和扣押"、《加勒比共同体网络犯罪、电子犯罪示范法》第20条"搜查和扣押"、《东南非共同市场网络犯罪示范法》第37条"搜查和扣押已存储的数据"。第二，分条规定模式。如《英联邦计算机与计

---

[①] 联合国毒品和犯罪问题办公室：《网络犯罪综合研究（草案）》，第150页。

[②] COE, Convention on Cybercrime, art. 19.

算机相关犯罪示范法》第 12 条"搜查和扣押令"与第 14 条"记录和访问扣押数据"依据程序步骤分别规定,《阿拉伯打击信息技术犯罪公约》第 26 条"检查存储的信息"与第 27 条"扣押存储的信息"依据程序内容分别规定。此外,《非洲联盟网络安全和个人数据保护公约》第 31 条"使特定的制裁适应信息和通信技术"第 3 款"程序法"第（a）项与第（b）项的规定,也包括了《欧洲委员会网络犯罪公约》第 1 款至第 3 款的内容,即对象也包括计算机系统、计算机数据、存储介质,也涉及关联计算机系统的访问,并且对搜查和扣押分款作出规定,与其他刑事程序措施并列,也可视为采用分条（款）规定模式。[①]

综合来看,将搜查与扣押纳入网络犯罪国际立法的程序法部分确有必要,合并规定模式与分条规定模式虽然形式上有所差异,但内容其实大体相近。未来网络犯罪国际立法若仅沿袭既有规定也存在不足,比如随着云计算技术的发展,很多计算机数据存在于云存储空间,并非在某一个特定的计算机信息系统中。因此,未来网络犯罪国际立法的制定应重点围绕三个层面加以规定：第一,将云存储（空间）也纳入搜查和扣押的条款之中；第二,明确电子、物理方式均可用于保证计算机数据的完整性；第三,明确搜查和扣押计算机数据时应注重对个人信息进行必要保护。

## 二 保全计算机数据

由于网络数据的易变性和易损毁性,网络犯罪相关计算机数据保全的必要性比其他犯罪更为突出。这种行动的执行方式可以是命令控制计算机数据的人在规定时间内保全和维护数据的完整性,也可以是其他快速数据保护程序,如通过搜查和扣押令等。典型"快速"保全措施的主要特征之一,就是其实施时要求的条件和保障措施较数据披露情形更少,因为人们认为保全措施（在任何披露节点之前）的危害性更小,尽管这是值得商榷的。[②]

---

[①] AU, African Union Convention on Cyber Security and Personal Data Protection, art. 31.
[②] 联合国毒品和犯罪问题办公室：《网络犯罪综合研究（草案）》,第 152 页。

现有网络犯罪国际立法就保全计算机数据有两种规定模式。一种为分条规定模式。如《欧洲委员会网络犯罪公约》第 16 条"已存储计算机数据的快速保全"和第 17 条"通信数据的快速保全和部分披露",《联合国合作打击网络犯罪公约（草案）》第 23 条"快速保全已存储的计算机数据"和第 24 条"快速保全和部分披露通信数据",《阿拉伯打击信息技术犯罪公约》第 23 条"快速保全通过信息技术存储的数据"和第 24 条"快速保全和部分披露通信数据",《南部非洲发展共同体计算机和网络犯罪示范法》第 28 条"快速保全"和第 29 条"部分披露通信数据",《加勒比共同体网络犯罪、电子犯罪示范法》第 23 条"快速保全"和第 24 条"部分披露通信数据",《东南非共同市场网络犯罪示范法》第 33 条"保全已存储的计算机数据、内容数据、通信数据"、第 34 条"快速保全和部分披露通信数据"、第 35 条"快速保全计算机和存储介质"。《东南非共同市场网络犯罪示范法》除了分别对计算机数据保全、通信数据保全进行规定外，还通过独立条文对存储介质保全进行了规定。另一种为单条（项）规定模式。如《西部非洲国家经济共同体打击网络犯罪指令》第 31 条"快速保全数据"，以及《非洲联盟网络安全和个人数据保护公约》第 31 条"使特定的制裁适应信息和通信技术"第 3 款"程序法"第（d）项。

尽管在条文规定模式上有所差异，但是现有网络犯罪国际立法关于保全计算机数据的规定并无实质区别。比如分条规定模式中，《欧洲委员会网络犯罪公约》第 16 条、第 17 条分别针对已存储计算机数据、通信数据作出规定；单条（项）规定模式中，《西部非洲国家经济共同体打击网络犯罪指令》第 31 条"快速保全数据"采取概括规定，但是保全对象也包括前述两种数据。此外，《欧洲委员会网络犯罪公约》第 16 条、第 17 条也规定了类似搜查与扣押措施的相关人员协助义务，以及符合程序法条款适用范围、条件和保障措施的要求，并为一些网络犯罪国际立法所沿用。[①]

---

① COE, Convention on Cybercrime, art. 16 – 17.

最主要的立法分歧在于保全的期限。《欧洲委员会网络犯罪公约》第16条规定了"已存储计算机数据的快速保全",其中第2款规定"要求个人保护并维持计算机数据的完整性","最长可达90天"。《阿拉伯打击信息技术犯罪公约》第23条"快速保全通过信息技术存储的数据"、《东南非共同市场网络犯罪示范法》第33条"保全已存储的计算机数据、内容数据、通信数据"与第35条"快速保全计算机和存储介质"也是采用90天的期限。《联合国合作打击网络犯罪公约(草案)》第23条虽然延续了这一范式,但将期限延长至180天。《非洲联盟网络安全和个人数据保护公约》第31条第3款第(d)项规定了两年的最长期限。《英联邦计算机与计算机相关犯罪示范法》第17条与《南部非洲发展共同体计算机和网络犯罪示范法》第28条、《加勒比共同体网络犯罪、电子犯罪示范法》第23条规定了7天的期限。《西部非洲国家经济共同体打击网络犯罪指令》第31条没有规定具体期限。

基于现有实践,未来网络犯罪国际立法可考虑从两个方面对保全计算机数据加以规定。第一,明确保全的条件,即该计算机数据可能于短时间内灭失,或者可能在以后难以再取得。第二,规定合理的保全期限。关于保全期限的分歧侧面体现了各国打击网络犯罪标准要求、技术水平的差异。因此,网络犯罪国际立法特别是旨在推动打击网络犯罪合作的全球性公约,势必需要统筹考虑这一问题,确立适当的保全期限(如规定为180天或者360天)。

另外需要说明的是"部分披露通信数据"的规定。《欧洲委员会网络犯罪公约》《联合国合作打击网络犯罪公约(草案)》《阿拉伯打击信息技术犯罪公约》《南部非洲发展共同体计算机和网络犯罪示范法》《加勒比共同体网络犯罪、电子犯罪示范法》《东南非共同市场网络犯罪示范法》等网络犯罪国际立法均有此规定。这一规定源自《欧洲委员会网络犯罪公约》第17条第1款第(b)项,要求确保快速向缔约方主管当局或该当局指定人员披露数量充分的通信数据,以便相关缔约方能够查明服务提供者以及通信的传输路径。① 该项规定与欧洲国家的协作实践相契合：一方面，欧洲鲜有大型互联网企业，保全数据可能涉及众多网络服务提供者，因此需要将披露通信数据作为关键的环节强调；另一方面，欧洲各国法律协作程度很深、各国情况相近，统一披露通信数据的规定也易于实施。但是涉及其他地区、国家的网络犯罪国际立法则未必应当沿用这一做法。例如，《联合国合作打击网络犯罪公约（草案）》第 24 条"快速保全和部分披露通信数据"第 1 款也规定："各缔约方均应就本公约第二十三条规定应予保全的通信数据，采取必要立法和其他措施，旨在：（a）确保无论有多少服务提供者参与了相关信息传输都有可能迅速保全通信数据；（b）确保快速向缔约方主管当局或该当局指定人员披露数量充分的通信数据，以便相关缔约方能够查明服务提供者以及所指信息的传输路径。"② 在世界范围内，互联网企业特别是大型平台企业众多，往往基于一个互联网企业即可获取复合、多元的数据，加之各国法律传统、具体情况各异，未来网络犯罪国际立法制定过程中不宜简单照搬"部分披露通信数据"的规定。

三 提供计算机数据

在大多数情况下，由于侦查案件数量巨大和对合法商业活动的破坏等，采用搜查和扣押之类的强制措施获取计算机数据并不可行。基于网络服务提供者对于所涉信息的保密义务，非在特定情形下经专门程序不得对外泄露。③ 因此，就计算机数据的侦查向第三方发布命令就为电子证据的获取提供了一个适当的法律程序路径。各个网络犯罪国际立法对此的规定多以控制权限为关键要求。这些文书通常都会提及"用户"、

---

① COE, Convention on Cybercrime, art. 17.
② UN, Draft United Nations Convention on Cooperation in Combating Cybercrime, art. 24. 该规定相比《欧洲委员会网络犯罪公约》第 17 条的规定稍有调整，将"通信的传输"（the communication was transmitted）调整为"所指信息的传输"（the indicated information was transmitted）。
③ 参见裴炜《犯罪侦查中网络服务提供商的信息披露义务——以比例原则为指导》，《比较法研究》2016 年第 4 期，第 92 页。

"通信"和"内容"数据之间的区别，且通常仅涉及个人或服务提供商"拥有或控制"的信息。因此，上述命令唯一适用的情况是，作出命令时数据仍然存在，且命令主体可以调取。①

《欧洲委员会网络犯罪公约》第 18 条"提供令"第 1 款规定，各缔约方应调整必要的国内法或者规定，授权其有权机关指令：第一，个人在其控制范围内提供个人所有或者控制的（存储于计算机系统、存储介质中的）特定计算机数据；第二，在缔约方内提供服务的主体（服务提供者）在其控制范围内提供与这些服务相关的用户信息。第 18 条第 2 款也规定了符合程序法条款适用范围、条件和保障措施的要求。②不少网络犯罪国际立法沿用了《欧洲委员会网络犯罪公约》的规定模式，如《联合国合作打击网络犯罪公约（草案）》第 25 条"提供令"、《英联邦计算机与计算机相关犯罪示范法》第 13 条"警务协助"、《阿拉伯打击信息技术犯罪公约》第 25 条"提交信息指令"、《南部非洲发展共同体计算机和网络犯罪示范法》第 26 条"协助"、《加勒比共同体网络犯罪、电子犯罪示范法》第 21 条"协助"、《东南非共同市场网络犯罪示范法》第 36 条"提供令"。此外，《非洲联盟网络安全和个人数据保护公约》第 31 条"使特定的制裁适应信息和通信技术"第 3 款"程序法"第（e）项也对此加以规定。其中，《英联邦计算机与计算机相关犯罪示范法》第 13 条的内容稍有不同，是基于具体协助形式而非主体与权限作出规定。③

此外，自《欧洲委员会网络犯罪公约》始，不少网络犯罪国际立法均在提供计算机数据条款中规定了"用户信息"。该公约第 18 条第 3 款规定，该条所涉"用户信息"系指以计算机数据或任何其他形式包含的、由服务提供者掌握的、除通信数据和内容数据之外的、与其服务用户有关的任何信息。基于这些信息有可能确定：第一，使用的信息和通信服务类型、为此提供的技术支持和服务期；第二，可从服务协议或

---

① 参见联合国毒品和犯罪问题办公室《网络犯罪综合研究（草案）》，第 153 页。
② COE, Convention on Cybercrime, art. 18.
③ Commonwealth of Nations, Model Law on Computer and Computer Related Crime, art. 13.

安排中获取的用户身份、邮政地址或其他地址、电话和其他接入号码，以及账单和付款信息；第三，与服务协议或安排有关的、涉及信息和通信装置所在位置的任何其他信息。① 《联合国合作打击网络犯罪公约（草案）》第 25 条基本延续了这一界定，只不过在基于这些信息有可能确定的第二类信息中加入了"包括互联网协议地址"。②

从现有条款来看，关于提供计算机数据的规定已经较为详尽，不过在未来新制定网络犯罪国际立法时应注重以下两个问题。第一，"用户信息"概念是否使用的问题。目前有些网络犯罪国际立法使用了"用户信息"概念，以指明提供计算机数据的具体范围，但是随着"个人信息"作为保护对象出现，再使用"用户信息"可能导致混淆。而且，随着大数据技术的发展，网络犯罪侦查所需的数据可能是基于用户数据（甚至脱敏后的用户数据）整合的大数据，再使用"用户信息"概念可能导致不当的范围限缩。第二，基于云计算技术的发展，应该将提供云存储（空间）中的计算机数据也纳入这一条款，以确保适用范围的完整性。综上，可考虑不单独界定"用户信息"，而是规定网络服务提供者和公民个人提供涉案计算机信息系统、存储介质（含云存储介质），以及该系统、介质或云存储中计算机数据的协助义务。

## 四 实时收集计算机数据

（有些）关键计算机数据可能从来都未储存过（仅存在于瞬间的通信过程中），或者说因为执法侦查的紧迫性、敏感性或复杂性，必须进行"即时"收集。③ 比如，网络流量是瞬态的，必须在传输过程中捕获。④ 不少网络犯罪国际立法也注重对实时收集计算机数据加以规定。典型为《欧洲委员会网络犯罪公约》，其第 20 条"通信数据的实时收集"、第 21 条"内容数据的拦截"分别针对通信数据、内容数据的实

---

① COE, Convention on Cybercrime, art. 18.
② UN, Draft United Nations Convention on Cooperation in Combating Cybercrime, art. 25.
③ 参见联合国毒品和犯罪问题办公室《网络犯罪综合研究（草案）》，第 156 页。
④ Mohamed Chawki, Ashraf Darwish, Mohammad Ayoub Khan, et al., *Cybercrime, Digital Forensics and Jurisdiction*, Springer, 2015, pp. 20 – 21.

时收集作出规定。然而从条文结构看二者基本雷同，即：第 1 款规定有权机关的实时收集，以及服务提供者的实时收集与协助（有关机关）实时收集；第 2 款规定替代措施；第 3 款规定服务提供者的保密义务；第 4 款规定实时收集需符合程序法条款适用范围、条件和保障措施的要求。①

《欧洲委员会网络犯罪公约》对关于通信数据、内容数据的实时收集分别作出规定的做法产生了广泛的影响。《联合国合作打击网络犯罪公约（草案）》第 27 条"实时收集通信数据"与第 28 条"收集通过信息和通信技术传输的信息"，《阿拉伯打击信息技术犯罪公约》第 28 条"快速收集用户跟踪信息"与第 29 条"信息内容的拦截"，《英联邦计算机与计算机相关犯罪示范法》第 18 条"拦截电子通信"与第 19 条"拦截通信数据"，《南部非洲发展共同体计算机和网络犯罪示范法》第 30 条"收集通信数据"与第 31 条"拦截内容数据"，《加勒比共同体网络犯罪、电子犯罪示范法》第 25 条"收集通信数据"与第 26 条"拦截内容数据"，《东南非共同市场网络犯罪示范法》第 38 条"拦截（实时收集）通信数据"和第 39 条"拦截（实时收集）内容数据"均延续了《欧洲委员会网络犯罪公约》的分别规定模式。《非洲联盟网络安全和个人数据保护公约》第 31 条"使特定的制裁适应信息和通信技术"第 3 款"程序法"第（b）项与第（e）项也受其影响。

实际上，《欧洲委员会网络犯罪公约》第 20 条与第 21 条予以分立的理由在于内容数据具有更强的隐私性，因而只有侦查"严重犯罪"时才予截取。然而欧洲委员会自身就这一问题也存在难以自圆其说的情况。《欧洲委员会网络犯罪公约解释报告》指出："对于通信来源或目的地（如访问的网站）的数据（通信数据），可能存在更强的隐私问题（与内容数据相比）。"进而指出，《欧洲委员会网络犯罪公约》第 20 条与第 21 条中的大部分内容相同，因而"上文（第 20 条）关于收集或记录通信数据、合作和协助义务以及保密义务等问题的规定同样适用于

---

① COE, Convention on Cybercrime, art. 20 – 21.

截取内容数据"。由此可见，该公约系基于欧洲的隐私保护传统作出二者分立的规定，但是也存在重复的问题。①

因此，未来制定网络犯罪国际立法特别是全球性公约时可以考虑改变实时收集计算机数据针对通信数据、内容数据分设条款的做法，予以统一规定，并且涵盖计算机数据的生成、处理、存储、传输全过程。此外，还应注意两个问题。第一，数据输出的问题。即可以考虑对通过物理方式提取计算机数据予以明确规定，而不需要对《欧洲委员会网络犯罪公约》第 20 条、第 21 条的"收集或记录"进行再解释。对此，《英联邦计算机与计算机相关犯罪示范法》第 15 条"输出数据"已经进行有益探索，甚至明确提及了"打印输出或其他可理解的输出"。②第二，对于云存储（空间）中的计算机数据实时收集问题，也应作出类似前面几个问题的考量。

### 五 电子证据

与传统犯罪不同，用以证明网络犯罪成立的证据通常以数字形式存在，也即电子证据。根据联合国毒品和犯罪问题办公室的调查，超过 85% 的答复国表示，电子证据在它们国家的刑事诉讼中是可予采信的。承认电子证据的大多数国家表示，它们对待电子证据的方式与实物证据相同。比如，只有不到 40% 的国家表示，它们国家的法律对电子证据和实物证据进行了区分。③

但是电子证据本身在形态、性质上与传统的证据种类（如实物证据）存在实质区别，而且在证明网络犯罪过程中具有关键的地位。前述搜查与扣押、保全、提供、实时收集等程序法措施均是围绕计算机数据展开的，而与网络犯罪相关的计算机数据并非均可以作为适格的电子证据。

基于此，现有网络犯罪国际立法就是否规定电子证据以及规定的具

---

① COE, Explanatory Report to the Convention on Cybercrime, pp. 39 – 40.
② Commonwealth of Nations, Model Law on Computer and Computer Related Crime, art. 15.
③ 参见联合国毒品和犯罪问题办公室《网络犯罪综合研究（草案）》，第 200~202 页。

体内容进行了不同的探索。

有的网络犯罪国际立法采取了回避独立规定电子证据的做法。如《欧洲委员会网络犯罪公约》并未规定电子证据问题，《英联邦计算机与计算机相关犯罪示范法》第 20 条"证据"也未指明电子证据，《西部非洲国家经济共同体打击网络犯罪指令》第 32 条"证明方法"仅提及电子证据，《非洲联盟网络安全和个人数据保护公约》第 29 条"针对信息和通信技术的特殊犯罪"第 4 款"与电子信息安全措施有关的犯罪"仅提及"数字证据"。

有的网络犯罪国际立法则探索独立规定电子证据。《南部非洲发展共同体计算机和网络犯罪示范法》第四部分"电子证据"仅包括第 24 条"电子证据的可采性"，虽然条文内容较为简单，即明确电子证据能够被采信，但是其独立规定的探索值得肯定。① 系统对电子证据作出独立规定的是《东南非共同市场网络犯罪示范法》第 5 条，该条共分五款，第 1 款肯定了电子证据的可采性，第 2 款规定了电子记录保护，第 3 款规定了（认证）证书，第 4 款规定了保密性，第 5 款规定了输出文件和数据。② 此外，《南部非洲发展共同体计算机和网络犯罪示范法》第 32 条"取证工具"、《加勒比共同体网络犯罪、电子犯罪示范法》第 27 条"取证软件"还从技术层面进行了辅助规定。

综合来看，在网络犯罪国际立法中规定电子证据具有积极的意义。"电子数据的审查判断应当建立在电子数据自身的物理属性和特点上，这就使得电子数据的审查判断具有区别于传统证据的特殊性。"③ 而和网络犯罪相关的计算机数据并不必然能够作为电子证据，所以规定电子证据的审查条款十分必要，这一条款有利于指导缔约方打击网络犯罪刑事程序措施的有效推进和规范化，也是缔约方之间围绕电子证据进行国际合作的重要规范基础。虽然各国采用的方法不同，但许多国家认为

---

① SADC, Computer Crime and Cybercrime: Southern African Development Community Model Law, art. 24.
② COMESA, Common Market for Eastern and Southern Africa Cyber Crime Model Bill, art. 5.
③ 胡铭：《电子数据在刑事证据体系中的定位与审查判断规则——基于网络假货犯罪案件裁判文书的分析》，《法学研究》2019 年第 2 期，第 185 页。

（对电子证据和其他证据）进行区分是一种良好做法，因为它能够确保所有证据都得到公平的采信。欧洲以外的一些国家根本不认可电子证据，这使得无法起诉网络犯罪和通过电子信息举证的其他犯罪。[1] 如果未能确立相对一致的电子证据标准，将会导致证据法层面的刑事司法协助无法有效开展。基于此，网络犯罪国际立法的电子证据审查条款应对计算机数据构成电子证据的条件予以细致规定，同时进一步明确审查其真实性与完整性的具体措施。

## 第四节 特别程序

### 一 跨境访问数据

有观点指出，在全球范围内，需要进一步改进与私营行业的国际协作机制，以帮助打击严重的网络犯罪（如与金融和黑客相关的网络犯罪）。[2] 而各国执法机构与网络服务提供者之间进行的跨境访问数据无疑是最为关键的途径，因为这是公共实体和私人实体之间的直接对话。[3] 然而，大多数私营机构表示，在执法当局提出"非正式"请求（如电话请求）的情况下，它们并不认为自己有按要求提供数据的任何义务。许多机构表示，在这种非正式情形下，它们可根据内部政策选择自愿提供数据。[4] 因此，网络犯罪国际立法需要对跨境访问数据的规则进行考虑。

在网络犯罪国际立法中，跨境访问数据可以称为最受争议的问题，各国对此的理解和所持立场不尽相同。根据联合国毒品和犯罪问题办公室的调查，和远程取证工具文书一样，超过三分之一的答复国没有回答

---

[1] 参见联合国毒品和犯罪问题办公室《网络犯罪综合研究（草案）》，执行摘要第14页。
[2] Thomas J. Holt, Adam M. Bossler, *Cybercrime in Progress: Theory and Prevention of Technology-Enabled Offenses*, Routledge, 2016, p.189.
[3] Borka Jerman Blažič, Tomaž Klobučar, "Removing the Barriers in Cross-Border Crime Investigation by Gathering E-Evidence in An Interconnected Society", *Information & Communications Technology Law*, Vol.29 (2020), No.1, p.8.
[4] 参见联合国毒品和犯罪问题办公室《网络犯罪综合研究（草案）》，第180页。

调查问卷中关于"跨境"访问权是否存在的问题。在那些作出了答复的国家中，一半以上表示这种权力确实存在。但是，各国对"跨境"访问权这个术语的理解非常宽泛，认为还包括从实施措施所在地政府当局取得同意的情形。比如，一个国家表示，该国法律允许签发令状，以便在"海外场所/物品"上安装监控设备。但是，只有当"签发令状的法官确信该监控措施已为外国'正式批准官员'同意"时，该监控措施方可付诸实施。在书面评论中，一些表示国内法中存在"跨境"访问权的国家实际上指的是适用司法互助文书的情形。① 显然，该国家的理解已经超越了跨境执法程序的范畴，属于司法协助程序范畴。在此所讨论的跨境访问数据是指网络犯罪国际立法中所规定的，某一缔约方无须经过另一缔约方允许，在后者境内进行数据访问的刑事程序措施。

　　传统意义上刑事程序所涉及的对象，基于地域和主权，往往事实上仅能为所在国管控，他国如果想要获取，势必需要通过所在国的同意，因此跨境取证等程序通常为国际刑事司法协助的内容。然而随着互联网的发展，信息数据存储与传输的跨国性日益明显，一国完全可以凭借技术在没有他国任何协助的情况下获取存储于他国的计算机数据，因此跨境访问数据的刑事程序属性相比于国际合作属性更加突出。现实中，云数据存储地所在国的利益相对于云数据"控制"地所在国的利益而言已经失去了（更强的）关联性。而且，网络犯罪本身无国界，如果完全杜绝跨境访问数据，事实上也会形成放任网络犯罪的空间。《关于网络犯罪问题及会员国、国际社会和私营部门采取的对策的全面研究报告》② 指出，云计算技术等新技术会造成调查人员未经证据实际所在国同意而获取域外数据的情况。虽然这些技术在位于不同地理位置的多个数据中心储存数据，但实践中通常向网络服务提供者所在国而非数据中心实际所在国发送传统司法协助请求。外国执法机构可在调查人员利用嫌疑人设备连接或利用合法获取的数据访问凭证的情况下直接获取域外数据。网络服务提供者通常须遵守适当的法律程序，但执法调查人员可

---

① 参见联合国毒品和犯罪问题办公室《网络犯罪综合研究（草案）》，第159页。
② UNODC/CCPCJ/EG. 4/2013/2.

能通过非正式请求直接从域外网络服务提供者处获取信息。但是跨境访问数据往往与国家网络安全和数据主权密切相关，打击网络犯罪国际合作过程中协作效率和主权维护之间的矛盾也集中体现于此，因而不同的网络犯罪国际立法构建了各自的规范模式。

一种模式为效率优先，让渡主权，规定跨境访问数据条款。《欧洲委员会网络犯罪公约》第 32 条第 b 项是其典型。第 32 条"经同意或对公开的已存储的计算机数据越境访问"位于《欧洲委员会网络犯罪公约》第 3 章"国际合作"中，但是和其他条款不同，某一缔约方按照该条实施的程序措施无须其他缔约方的同意或协助："缔约方可以不经另一缔约方的授权：a. 访问可公开访问的（开源的）已存储计算机数据，无论这些数据位于哪国；b. 缔约方可以通过其领土内的计算机系统访问或接收存储于另一缔约方的计算机数据，如果该缔约方获得具有通过该计算机系统向其披露数据法定权限的人合法和自愿同意。"[①]《欧洲委员会网络犯罪公约》第 32 条起草时，云计算技术当然没有当下先进，尽管如此，该公约的起草人仍非常具体地预见到，第 32 条第 b 项可适用于"个人的电子邮件被服务提供商储存在另一国"等情形。因此，第 32 条第 b 项实际上可适用于范围相当广泛的情形，包括访问或接收境外个人、私营机构、服务提供商和（当下的）云服务运营商的计算机数据。对于执法机构而言，第 32 条第 b 项的潜在好处在于，如取得合法、自愿同意，侦查人员将不必遵循司法互助的程序——因为这种程序对于捕捉转瞬即逝的数据而言实在是太慢了。[②] 这一模式为部分网络犯罪国际立法所沿用，其代表为《阿拉伯打击信息技术犯罪公约》第 40 条第 2 款、《东南非共同市场网络犯罪示范法》第 49 条第 2 款。

而实践中，《欧洲委员会网络犯罪公约》的跨境访问数据也在落实上遭遇瓶颈。《欧洲委员会网络犯罪公约》委员会（T-CY）在 2014 年

---

① COE, Convention on Cybercrime, art. 32.
② 参见联合国毒品和犯罪问题办公室《网络犯罪综合研究（草案）》，第 268 页。

发布的报告中承认，规范跨境电子取证的工作已经很难继续推进。① 该委员会在相关指导说明的讨论稿中也无奈地认为，缔约方"可能有必要根据其国内法、相关的国际法原则或基于国际关系的考虑评估跨境搜查或其他取证措施的合法性"。②

另一种模式为主权优先，不规定跨境访问数据条款。其代表为《联合国合作打击网络犯罪公约（草案）》，该草案与《欧洲委员会网络犯罪公约》第 32 条第 b 项针锋相对。有观点提出，根据《欧洲委员会网络犯罪公约》直接跨境访问数据的范围非常有限，而且可能经常受到数据存储国家施加的数据保护条件的进一步限制。因此，至少在法律上人们对《欧洲委员会网络犯罪公约》可能降低隐私保护的担忧是不必要的。③ 但其实真正的问题在于国家网络安全和数据主权。提出该草案的俄罗斯基于《欧洲委员会网络犯罪公约》第 32 条第 b 项明确拒绝加入该公约，原因是："首先，《欧洲委员会网络犯罪公约》缺少了很多基本元素，比如对犯罪的定义。其次，《欧洲委员会网络犯罪公约》中的第 32 条第 b 项摧毁了现有的国际合作机制，完全违反了国家主权原则和不干涉主权原则。"④

虽然《欧洲委员会网络犯罪公约》委员会公布了指导说明来解释这一极具争议的条款，但是也未能从根本上解决问题。指导说明强调了第 32 条第 b 项跨境访问数据的问题，指出该款所含情形主要包括以下两种：第一，个人或互联网服务提供商将他们存储在他国服务器上的数据自愿披露给执法部门；第二，有犯罪嫌疑的贩毒者同意将其电子邮箱中有关犯罪的证据提供给警方。另外，该指导说明还指出："公约对其

---

① T-CY, *Transborder Access to Data and Jurisdiction: Options for Further Action by the T-CY*, https://rm.coe.int/16802e726e.
② T-CY, *T-CY Guidance Note # 3 Transborder Access to Data（Article 32）, Proposal Prepared by the Bureau for Comments by T-CY Members and Observers and for Consideration by the 9th Plenary of the T-CY*, https://rm.coe.int/16802e70bc.
③ Luca Tosoni, "Rethinking Privacy in the Council of Europe's Convention on Cybercrime", *Computer Law & Security Review*, Vol. 34（2018）, No. 6, p. 1214.
④ 罗加乔夫·伊利亚·伊戈列维奇：《俄罗斯在打击网络犯罪上的主张》，《信息安全与通信保密》2018 年第 1 期，第 22 页。

他情形既未授权也未阻止。"① 关于"拥有或控制"的要求，该指导说明的做法引人注目。② 因此，在不确定的情况下，缔约方可能需要根据国内法、相关国际法原则或国际关系，评估搜索或访问存储在另一个缔约方境内的数据的合法性。其实《欧洲委员会网络犯罪公约》对这一问题也预留了一定的表述空间。第32条第b项是以需要斟酌的措辞起草的，因为它规定《欧洲委员会网络犯罪公约》缔约方可实施上述行动。它并没有直接禁止缔约方阻止其他缔约方以上述方式访问存储于其境内的数据，但是如果缔约方确实这样做了，其行为可能会被视为与该条精神不相符。另一缔约方"未经授权"直接访问的行为被解释为"在未寻求互助的情况下单方面访问存储于另一缔约方境内的计算机数据"。③ 目前，很多新兴网络国家加入公约的积极性减弱，甚至反对将该公约发展为全球性公约，就缘于第32条第b项的规定，这些国家认为此项规定会对它们的网络安全构成潜在威胁并且难以消除，通过修订该条款消除威胁在程序上也基本行不通。④

而且《欧洲委员会网络犯罪公约》第32条第a项关于直接获取开源数据的条款也并非完全没有风险。使用新技术的最大挑战之一是如何处理开源信息，即出于犯罪调查的目的而依赖从公开来源收集的数据。这种类型的信息数据有助于调查，因为它不需要借助国家之间的合作。但是，随着计算机、互联网、社交媒体和开源图像的使用不断增加，侵犯个人权利的危险也值得关注。⑤

总体来看，对于网络犯罪国际立法关于跨境访问数据的规定需要作出全面和稳妥的考量。即一方面须为打击网络犯罪跨国数据传输确立必

---

① T-CY, *T-CY Guidance Note #3 Transborder Access to Data* (Article 32), p. 11.
② Paul de Hert, Cihan Parlar, Juraj Sajfert, "The Cybercrime Convention Committee's 2017 Guidance Note on Production Orders: Unilateralist Transborder Access to Electronic Evidence Promoted via Soft Law", *Computer law & Security Review*, Vol. 34 (2018), No. 2, p. 333.
③ 联合国毒品和犯罪问题办公室:《网络犯罪综合研究（草案）》，第267页。
④ Jonathan Clough, "A World of Difference: The Budapest Convention on Cybercrime and The Challenges of Harmonisation", *Monash University Law Review*, Vol. 40 (2014), No. 3, p. 719.
⑤ Carsten Stahn, *A Critical Introduction to International Criminal Law*, Cambridge University Press, 2019, p. 340.

要的程序保障，另一方面须充分考虑缔约方维护网络安全和数据主权的需要。为实现这两个方面的有效协调，可以考虑设置二元制的模式，即在取得实际存储国（或向取证方披露数据的网络服务提供者）合法且自愿的同意时，缔约方可以通过（本国境内的）计算机信息系统获取由另一方境内的计算机信息系统存储或控制的数据；在此基础上明确，缔约方可以规定其境内的网络服务提供者在提供前述数据时需要获得必要的许可，或者进行通报。

### 二 资产追回

以《欧洲委员会网络犯罪公约》为代表的传统的网络犯罪国际立法并未独立规定资产追回程序。《欧洲委员会网络犯罪公约》不作此规定有其自身原因，《欧洲议会和欧盟委员会关于欧盟国家冻结与没收犯罪工具、犯罪收益的第 2014/42/EU 号指令》（Directive 2014/42/EU of the European Parliament and of The Council of 3 April 2014 on the Freezing and Confiscation of Instrumentalities and Proceeds of Crime in the European Union）本身可以适用于网络犯罪，特别是其第 4 条至第 6 条规定的犯罪资产的没收、犯罪资产的扩大没收、针对第三人的犯罪资产没收已经能够充分提供资产追回程序规范依据。[①] 然而其他地区缺乏类似专门立法，这些地区的网络犯罪国际立法直接移植《欧洲委员会网络犯罪公约》不规定资产追回程序的做法有待商榷。

《联合国合作打击网络犯罪公约（草案）》对资产追回程序进行了较为系统的规定。该草案第二章第三节即为"资产的追回"，具体包括第 29 条"一般规定"、第 30 条"预防和发现犯罪所得的转移"、第 31 条"直接追回财产的措施"、第 32 条"通过没收事宜国际合作追回财产的机制"、第 33 条"没收事宜国际合作"、第 34 条"特别合作"、第

---

① EU，Directive 2014/42/EU of the European Parliament and of the Council of 3 April 2014 on the freezing and confiscation of instrumentalities and proceeds of crime in the European Union，https://eur-lex.europa.eu/legal-content/EN/TXT/PDF/? uri = CELEX：32014L0042&qid = 1624723938377&from = EN.

35 条"财产的返还和处置",内容不可谓不详尽。客观来看,该草案全面规定资产追回程序,对于网络犯罪追赃等事务的开展无疑具有积极的意义,但是仍须具体斟酌条款的可适用性。

比如,《联合国合作打击网络犯罪公约(草案)》程序条款相当程度上借鉴了《联合国反腐败公约》,从其旨在推动联合国层面打击网络犯罪公约制定的角度来看,其本身具有合理性,但是将一些反腐败的专有规则直接移植到全球性打击网络犯罪公约中则值得商榷,其中资产追回制度无疑最为典型。该草案第二章第三节"资产的追回"与《联合国反腐败公约》第五章"资产的追回"具有全面的近似性,具体可参见表 5–1。

表 5–1 "资产的追回"条款对比

| 《联合国合作打击网络犯罪公约(草案)》<br>第二章第三节 资产的追回 | 《联合国反腐败公约》<br>第五章 资产的追回 |
| --- | --- |
| 第二十九条 一般规定 | 第五十一条 一般规定 |
| 第三十条 预防和发现犯罪所得的转移 | 第五十二条 预防和监测犯罪所得的转移 |
| 第三十一条 直接追回财产的措施 | 第五十三条 直接追回财产的措施 |
| 第三十二条 通过没收事宜国际合作追回财产的机制 | 第五十四条 通过没收事宜的国际合作追回资产的机制 |
| 第三十三条 没收事宜国际合作 | 第五十五条 没收事宜的国际合作 |
| 第三十四条 特别合作 | 第五十六条 特别合作 |
| 第三十五条 财产的返还和处置 | 第五十七条 资产的返还和处分 |

然而,网络犯罪和腐败犯罪在资产追回问题上却有着不同的境况。腐败犯罪是具体的个罪,对其严厉打击是各国普遍做法,在此基础上构建相互之间的财产追回制度也可以为不同国家所接受。与之不同,网络犯罪是包括多种犯罪行为的类罪,对于其中很多犯罪类型各国并未达成共识,存在某些网络犯罪部分国家规定为有罪而其他国家规定为无罪的情形。比如网络(成人)色情犯罪,如果 A 国认为该行为是犯罪,B 国认为该行为不是犯罪,行为人在 B 国架设服务器向 A 国实施犯罪行

为并获利，A 国根据前述制度要求追回资产即存在障碍。

因此，未来制定网络犯罪国际立法时理应结合《联合国合作打击网络犯罪公约（草案）》资产追回程序的得失进行更为妥当的规定。在此过程中，可以考虑借鉴《欧洲议会和欧盟委员会关于欧盟国家冻结与没收犯罪工具、犯罪收益的第 2014/42/EU 号指令》的合理规定，特别是犯罪资产的扩大没收、针对第三人的犯罪资产没收等相关规定。此外，《联合国反腐败公约》所规定的资产追回程序也并非均不可借鉴，比如该公约第 52 条 "预防和监测犯罪所得的转移" 即具有一定的参考价值。

具体而言，未来网络犯罪国际立法就资产追回可从以下方面加以规定。第一，资产追回的一般条款，即规定针对网络犯罪所得、犯罪工具（或者等值财产）的没收，以保证对于网络犯罪的经济制裁。第二，资产追回的扩大适用，即规定对于行为人所实施网络犯罪之外其他犯罪所得、犯罪工具进行没收，以契合网络犯罪和传统犯罪融合的现状。第三，针对第三人的资产追回，即规定第三人非善意取得网络犯罪所得、犯罪工具的，可以予以追回。第四，犯罪资产的协助调查义务，即明确金融机构职能部门的工作人员应对网络犯罪关联资产调查予以协助。

# 第六章

## 网络犯罪国际立法的国际合作

## 第一节 国际合作的一般问题

打击网络犯罪离不开各国之间的有效协作。这与国内法效力的有限性有关：尽管不同的国家刑事司法制度之间有所差异，其运作前提却是相同的，即存在约束个人和私法人实体等主体的立法机关，并依靠强制力来执行法律。这些权力一般只在一国领土内适用，只有在非常有限的情况下才对域外适用。① 与之相对，网络和网络空间是一种全球现象，仅在国家层面打击犯罪，缺乏国际合作与协调必将难以成功。② 而未经有关国家主管当局同意进行国际和跨国调查是困难的。因为主权原则不允许一国未经所属当局许可而在另一国领土内进行调查，网络犯罪调查需要在所有相关国家当局的支持下进行。③ 基于此，通过有效的规范和

---

① M. Cherif Bassiouni, *Introduction to International Criminal Law* (2nd Revised Edition), Brill, 2012, p. 16.
② Jens Kremer, "Policing Cybercrime or Militarizing Cybersecurity? Security Mindsets and the Regulation of Threats from Cyberspace", *Information & Communications Technology Law*, Vol. 23 (2014), No. 3, p. 235.
③ Sulaiman L. Abdul-Rasheed, Ishowo Lateef, Muhammed A. Yinusa, et al., "Cybercrime and Nigeria's External Image: A Critical Assessment", *Journal of Pan African Studies*, Vol. 9 (2016), No. 6, p. 129.

机制协调各国相互合作有效打击网络犯罪势在必行。

之前也有就专门的网络犯罪建设专门合作机制的探索。例如，国际社会聚焦跨国调查和机构合作已设立一些工作组来协调跨国儿童剥削的应对措施。虚拟全球任务组（Virtual Global Taskforce，VGT）是为跨国儿童剥削调查提供协调响应的工作组的一个示例。VGT 成立于 2003 年，已将国家一级的执法机构与私营行业（例如网络服务提供者）联系起来，以识别、调查和应对儿童剥削事件。澳大利亚、加拿大、意大利、印度尼西亚、韩国、荷兰、新西兰、阿拉伯联合酋长国、英国和美国的国家执法机构，以及欧洲刑警组织和国际刑警组织都与 VGT 开展合作。[①] 但是总体来看，关于整体网络犯罪的国际合作机制仍未建立，网络犯罪国际立法仍须就此作出进一步的探索和努力。

## 一 国际合作的原则

对国际合作的原则作出规定的网络犯罪国际立法虽然不多，但是也规定了较为一致的合作原则，其典型为《欧洲委员会网络犯罪公约》第 23 条"与国际合作有关的一般原则"："各缔约方应按照本章规定，通过适用有关刑事事项国际合作的国际文书，根据统一或互惠立法、国内法基础上的一致安排，进行最广泛的国际合作，旨在调查或者审判与计算机系统或者数据有关的犯罪，或者收集电子形式的刑事犯罪证据。"[②]《东南非共同市场网络犯罪示范法》第 41 条"国际合作的一般原则"第 1 款沿用了这一规定，只不过将其拆分为两项。

《联合国合作打击网络犯罪公约（草案）》第 41 条"国际合作的一般原则"则是进行了一定的补充和发展，其第 1 款大体沿用了《欧洲委员会网络犯罪公约》第 23 条的规定，只不过在法律依据层面于"有关国际文书""共同商定的法律基础""本国法律"之外补充规定了"示范法"，并且将合作范围延展至"预防、制止、发现和调查与使用

---

[①] Thomas J. Holt, Adam M. Bossler, *Cybercrime in Progress: Theory and Prevention of Technology-Enabled Offenses*, Routledge, 2016, p. 121.

[②] COE, Convention on Cybercrime, art. 23.

信息和通信技术有关的犯罪"。

此外,《上海合作组织成员国保障国际信息安全政府间合作协定》第 4 条"合作基本原则"虽然不是专门针对网络犯罪的规定,但是其中对于国际法原则,以及国家主权、安全和公共利益的考虑也与网络犯罪有关。①

综合来看,无论是否分款、项加以规定,网络犯罪国际立法关于国际合作的原则一般均对以下问题加以规定:第一,国际合作的主要领域,现有网络犯罪国际立法一般强调两个方面,即网络犯罪的审查、审判,以及电子证据的收集;第二,国际合作的主要依据,包括有法律效力的国际立法、无法律效力的国际立法以及国内法;第三,国际合作的主要目的,一般指向打击网络犯罪,也有个别网络犯罪国际立法扩展至预防网络犯罪。

其中需要特别说明的是国际合作的主要依据。尽管网络犯罪国际立法可作为具体合作行为的法律依据,但这些文书的缔约方同时还是更为广泛的多边和双边刑事事项合作协议(包括《联合国打击跨国有组织犯罪公约》等条约)网络的参与方。根据被侦查行为的性质,合作需求可能同时适用多个法律机制。② 因此,国际合作的主要依据必然是多元的。此外,无约束力的网络犯罪国际立法一般也难以作为直接依据,仅是作为间接依据。比如,《东南非共同市场网络犯罪示范法》规定:"(本国)司法当局应尽最大可能与另一国家的司法当局直接进行合作。"③ 但是,这只是建议纳入国内法的一项规定。即便真的将其纳入了国内法,涉及具体合作行为时,各国通常仍需要启动一种政治法律机制——无论是多边或双边条约还是互惠性谅解协议。但是,在这方面一些国家存在的"门户开放"合作政策也值得注意。在这种政策下,这些国家原则上可依据其国内法与任何国家进行合作。④

---

① 参见《上海合作组织成员国保障国际信息安全政府间合作协定》,第 4 条。
② 参见联合国毒品和犯罪问题办公室《网络犯罪综合研究(草案)》,第 244 页。
③ COMESA, Common Market for Eastern and Southern Africa Cyber Crime Model Bill, art. 41.
④ 参见联合国毒品和犯罪问题办公室《网络犯罪综合研究(草案)》,第 244 页。

一些网络犯罪国际立法还规定了具体的法律适用规则。例如，《欧洲委员会网络犯罪公约》第 27 条规定："当请求方与被请求方间不存在关于统一或互惠立法商定的有效条约或协议的情况时，适用于本条第 2 款至第 9 款的规定。"[①]《阿拉伯打击信息技术犯罪公约》第 34 条规定："本条第 2 款至第 9 款适用于请求援助国与被请求国之间不存在合作或互助条约，或基于有效法律的公约时。"[②]《独立国家联合体打击计算机信息领域犯罪合作协定》第 6 条规定："本协定框架内的合作应基于参与方主管当局发出的援助请求。"[③]

现有网络犯罪国际立法关于国际合作原则的条款，实际上是将国际合作的一般规则加以规定，相关内容并非均系严格意义上的"原则"。其中虽然也体现了国际合作的内容，但是不够系统、全面。未来网络犯罪国际立法可考虑从以下方面加以规定。第一，广泛合作原则。[④]可明确缔约方尽可能及时、充分地相互合作，落实相关程序措施，以及协助取得证据，以期预防、制止、发现和调查网络犯罪。第二，和平与善意原则。即明确和平解决争端和冲突、不使用武力、不干涉内政及尊重人权和基本自由等公认的国际法原则适用于打击网络犯罪。第三，非政治化原则。即明确缔约方不得将网络犯罪视为政治犯罪、与政治犯罪有关的犯罪或出于政治动机的犯罪，从而确保司法互助和引渡的有效实践。第四，协同合作原则。即除了刑事实体法、程序法方面的合作，也应推动在网络犯罪预防和追究、侦查取证技术交流与互助、财产损失追回等方面的合作，以及在犯罪相关民事和行政案件方面提供互助。

## 二 国际合作的事项范围

关于国际合作的事项范围，现有网络犯罪国际立法规定的详略也不尽相同。有的网络犯罪国际立法仅对此作出概括性规定，其典

---

① COE, Convention on Cybercrime, art. 27.
② LAS, Arab Convention on Combating Information Technology Offences, art. 34.
③ CIS, Agreement on Cooperation among the States Members of the Commonwealth of Independent States in Combating Offences Relating to Computer Information, art. 6.
④ 这一原则虽然在现有网络犯罪国际立法中也有体现，但还需要作出更具体、明确的规定。

型为《非洲联盟网络安全和个人数据保护公约》第 28 条"国际合作",该条规定司法协助和信息交换属于国际合作的事项范围。第 2 款"司法协助"为:"没有网络犯罪互助协定的缔约方应承诺鼓励本国根据双重犯罪原则签署司法互助协定,同时缔约方组织之间基于双边和多边协议促进信息交流和数据有效共享。"第 3 款"信息交换"为:"缔约方应鼓励建立交换有关网络威胁和脆弱性评估信息的机构,例如计算机紧急响应小组(Computer Emergency Response Team,CERT)或计算机安全事件响应小组(Computer Security Incident Response Team,CSIRT)。"[1]

有的网络犯罪国际立法则对国际合作的事项范围作出具体规定。例如,《东南非共同市场网络犯罪示范法》第 41 条"国际合作的一般原则"第 2 款规定,根据该条第 1 款进行的合作、组织和调查,可酌情涉及:"(a)刑事事项的国际法律援助;(b)引渡;(c)查明、封存、扣押或没收刑事犯罪的证据、衍生物和工具;(d)进行共同调查,包括但不限于犯罪者在计算机上实际键入命令的地点,犯罪者故意使用或攻击的设备、软件的地点,以及犯罪者认为袭击或行动会产生影响的地点;(e)信息交流;(f)收集信息的技术援助或任何其他性质的援助;(g)专门人员培训;(h)其他认为适当的活动。"[2]

需要说明的是《独立国家联合体打击计算机信息领域犯罪合作协定》,其第 5 条虽然命名为"合作形式",但是从内容看其实系对国际合作的事项范围加以规定。该条除了涉及《东南非共同市场网络犯罪示范法》第 41 条的内容外,还包括以下三项具有独特性的内容:"(e)建立信息系统,以支持预防、侦查、制止、发现和调查与计算机信息有关的犯罪活动;(f)基于共同利益在打击与计算机信息有关的犯罪方面开展联合科学研究;(g)交流有关打击与计算机信息有关的犯罪的立法和

---

[1] AU, African Union Convention on Cyber Security and Personal Data Protection, art. 28.
[2] COMESA, Common Market for Eastern and Southern Africa Cyber Crime Model Bill, art. 41.

管理手段以及科学技术文献。"①

此外,《上海合作组织成员国保障国际信息安全政府间合作协定》第 3 条规定了"主要合作方向",共 16 项内容,虽然其中仅第 5 项直接提及"打击信息犯罪",但是不少其他项的内容也适用于打击网络犯罪国际合作事项。比如第 1 项"确定、协商并实施保障国际信息安全的必要的共同措施",第 4 项"打击以信息通信技术为手段的恐怖主义威胁",第 8 项"保障各方国家关键结构的信息安全",第 12 项"完善国际法基础和实际合作机制,保障国际信息安全",第 13 项"创造条件,以利各方国家主管机构为落实本协定相互配合",等等。②

总体来看,网络犯罪国际立法中关于国际合作的事项范围虽然具体规定不尽相同,但是大体包括两个方面:一是国际刑事司法协助,二是其他领域的国际合作(如信息协助、技术援助等)。

### 三 国际合作的要求与方式

对国际合作的要求进行独立规定的网络犯罪国际立法较少,其原因在于具体要求往往和相应的合作措施密切相关,很多情况下是直接在具体条款中予以规定。对此加以规定的网络犯罪国际立法中,《非洲联盟网络安全和个人数据保护公约》第 28 条"国际合作"第 1 款"协调"为:"缔约方应确保为打击网络犯罪而采取的立法措施和/或法规将增加在区域范围内统一这些措施的可能性,并尊重双重刑事责任原则。"③《联合国合作打击网络犯罪公约(草案)》第 41 条的规定则更为广泛,该条除了第 1 款明确规定国际合作的基本原则外,第 2 款至第 4 款还规定了几条合作要求。第一,双重犯罪的释明。其第 2 款要求提出协助请求的缔约方和被请求的缔约方的法律都将一个构成犯罪的行动定为刑事犯罪,无论被请求国的法律与请求国的法律是否将该行动定为相同类别

---

① CIS, Agreement on Cooperation among the States Members of the Commonwealth of Independent States in Combating Offences Relating to Computer Information, art. 5.
② 参见《上海合作组织成员国保障国际信息安全政府间合作协定》,第 3 条。
③ AU, African Union Convention on Cyber Security and Personal Data Protection, art. 28.

的犯罪或使用相同措辞进行表述。第二，案件类型的扩展。其第 3 款明确缔约方应在适当且国内法律制度允许的情况下，考虑在调查和起诉与使用信息和通信技术有关的违法行为相关民事和行政案件方面互助。第三，限制政治犯的适用。其第 4 款明确不得单纯因为一项犯罪涉及政治犯罪、与政治犯罪有关的犯罪或出于政治动机的犯罪而拒绝与该犯罪有关的司法协助或引渡请求。

关于国际合作的方式也有网络犯罪国际立法加以独立规定。《非洲联盟网络安全和个人数据保护公约》的规定具有概括性，其第 28 条"国际合作"第 4 款"合作方式"规定："缔约方应利用现有的国际合作方式，以应对网络威胁，改善网络安全并促进利益相关方之间的对话。这些方式可以是国际方式、政府间方式或区域方式，也可以是基于公私伙伴关系的方式。"[①]《上海合作组织成员国保障国际信息安全政府间合作协定》系对国际合作方式着墨最多的网络犯罪国际立法，然而其内容却缺乏专门性，仅是对主管部门、具体事项的合作方式进行集中规定。其第 5 条"合作主要方式和机制"基于各国主管机构的协调作出具体规定，而非作出类似《非洲联盟网络安全和个人数据保护公约》的原则性规定。[②]《独立国家联合体打击计算机信息领域犯罪合作协定》第 6 条"援助请求"、第 7 条"请求的执行"、第 8 条"请求的拒绝执行"分别作出详细的规定，但是实践中需要如此详尽程序要求的合作事项通常为国际刑事司法协助，而该协定仅作为一般程序加以规定。

总体来看，现有网络犯罪国际立法对于国际合作要求与方式的规定分歧较大，有的对这些内容不作独立规定，而是在具体国际合作措施中加以规定；有的是规定具有原则性、指导性的国际合作要求与方式的一般条款；有的则是将具体国际合作措施的要求与方式加以整合，作出规定。考虑到国际合作的形式多样、内容广泛，在具体国际合作措施中规定要求与方式的做法其实更为妥当。

---

① AU, African Union Convention on Cyber Security and Personal Data Protection, art. 28.
② 参见《上海合作组织成员国保障国际信息安全政府间合作协定》，第 5 条。

## 四 国际合作的负责机构

打击网络犯罪的国际合作不仅有赖于各国的积极参与，更需要国际、国内层面多个机构的参与和协同。负责机构是打击网络犯罪国际合作中不可忽视的关键主体。具体而言，国际合作的负责机构分为以下三类。

第一类为网络犯罪国际立法执行机构。这类机构一般基于特定打击网络犯罪公约所设立，负责所属公约的执行、监督等工作。例如，根据《欧洲委员会网络犯罪公约》第 46 条设立了缔约方大会，负责公约有效执行、相关法律信息交换以及公约补充修改等事宜。[①]《联合国合作打击网络犯罪公约（草案）》第 61 条"公约缔约方会议"也作出类似规定，此外，第 62 条"打击信息和通信技术犯罪国际技术委员会"则专门规定了该委员会的组成和职责，以"协助各国审查公约执行情况"。

《联合国合作打击网络犯罪公约（草案）》强调，设立这一委员会与其不同于《欧洲委员会网络犯罪公约》的制定和实施背景有关。后者是在欧洲委员会的框架下制定的，欧洲委员会本身即是公约执行的基础平台，而联合国本身并无审查打击网络犯罪公约执行情况的常设机构。因此，《联合国合作打击网络犯罪公约（草案）》第 62 条第 2 款规定："委员会应是常设机构，由 23 名成员组成，按照混合代表制原则设立：三分之二的成员代表缔约方会议，其余三分之一的成员代表国际电信联盟的理事机构。"[②] 一般这类机构与特定的打击网络犯罪公约相联系，但示范法类的网络犯罪国际立法往往不涉及。

第二类为缔约方的主管机构（当局）。为协调发出、接收引渡和司法协助请求，许多国家都指定了一个"中心机构"，并赋予其接收并执行请求，或将请求转发主管当局的权力。[③] 比如，《联合国打击跨国有

---

[①] COE, Convention on Cybercrime, art. 46.
[②] UN, Draft United Nations Convention on Cooperation in Combating Cybercrime, art. 62.
[③] 参见联合国毒品和犯罪问题办公室《网络犯罪综合研究（草案）》，第 217 页。

组织犯罪公约》第 18 条就要求缔约方就司法协助请求指定一个中心机构。① 主管机构（中心机构）往往和正式合作机制（引渡和司法协助）相关联。正式合作机制通常要求指定"中心机构"，然后由这些中心机构负责通过邮政或外交函件处理请求的发送和接收。比如，《独立国家联合体打击计算机信息领域犯罪合作协定》就要求其缔约方列出"一份主管当局清单"。②《欧洲委员会网络犯罪公约》也要求缔约方指明负责引渡和司法协助工作的中心机构。③ 不过，只要网络犯罪案件的处理方式与其他犯罪案件的处理方式基本相同，各国称为中心机构的典型机构也负责网络犯罪合作事务。这类机构通常为司法部部长或总检察长办公室、司法部。一些国家表示，基于不同的诉讼阶段，他们指定了不同的中心机构。④

也有网络犯罪国际立法规定了主管机构参与国际合作的具体机制。《上海合作组织成员国保障国际信息安全政府间合作协定》第 5 条"合作主要方式和机制"规定了四项内容。第一，保障合作渠道。该条第 1 款规定在该协定生效后 60 天内，各方通过保存方相互交换负责落实该协定的各方国家主管机构信息，以及可就具体合作方向直接交流信息的联络渠道信息。第二，磋商交流机制。该条第 2 款规定，为研究该协定的执行情况，开展信息交流，分析和共同评估信息安全威胁，协商、确定和协调应对这些威胁的共同措施，各方将定期举行其授权代表及各方国家主管机构的磋商。第三，主要管理范围。该条第 3 款规定，该协定具体合作方向的务实合作由各方负责落实该协定的国家主管机构实施。第四，部门间协议。该条第 4 款规定，各方国家主管机构之间可签订有关的部门间协议，为具体方向的合作奠定法律和组织基础。⑤

---

① 参见《联合国打击跨国有组织犯罪公约》，第 18 条。
② CIS, Agreement on Cooperation among the States Members of the Commonwealth of Independent States in Combating Offences Relating to Computer Information, art. 4.
③ COE, Convention on Cybercrime, arts. 24–27.
④ 参见联合国毒品和犯罪问题办公室《网络犯罪综合研究（草案）》，第 253 页。
⑤ 参见《上海合作组织成员国保障国际信息安全政府间合作协定》，第 5 条。

第三类为缔约方的联络机构（联络点）。联络机构与非正式合作机制相关联。尽管普遍缺乏相关政策，但并没有妨碍各国明确表示它们可通过非正式合作提供各种协助——尽管存在一些差异。根据各国报告，它们几乎每天与外国执法机构的对应部门交流一般技术和法律信息。这类信息大多涉及联合侦查或一般行动方面的情报。几乎所有答复国都能以非正式方式提供上述信息，只有10%的国家表示"所有非正式请求都要转交司法协助当局"。① 在此背景下，通过网络犯罪国际立法推动建立非正式的联络机构，无疑能够推动打击网络犯罪国际合作的全面化、高效化。

一些网络犯罪国际立法规定了专门的联络机构，包括《欧洲委员会网络犯罪公约》第35条"24/7网络"、《联合国合作打击网络犯罪公约（草案）》第57条"24/7网络"、《阿拉伯打击信息技术犯罪公约》第43条"专门机构"、《东南非共同市场网络犯罪示范法》第52条"联络点"。这些网络犯罪国际立法所规定的联络机构负责协助或在国内法律和实践允许的情况下直接开展下列活动：第一，提供技术咨询；第二，保全数据；第三，收集证据，提供法律信息和确定嫌疑人。虽然专门的联络机构的建立对于打击网络犯罪国际合作具有积极意义，但是其局限性也客观存在，主要体现在两个方面。

第一，适用范围的有限性。关于具体侦查措施（如数据的快速保全、嫌疑人的暂时逮捕、硬件或数据的搜查和扣押）的请求，要么需要通过正式司法协助请求，要么需要在事后的较短时间内提交正式请求。诸如"24/7网络""联络点"这样的非正式机制可能提供一般技术和法律咨询，以及推动更为正式的行动，而不太可能开展证据收集这类活动。②

第二，协作效果的有限性。与打击网络犯罪相关的"24/7网络"并不全是基于网络犯罪国际立法构建的，还存在两个不可忽视的"24/7网络"。一个是国际刑警组织的"24/7网络"。除执法机构之间的非

---

① 参见联合国毒品和犯罪问题办公室《网络犯罪综合研究（草案）》，第259页。
② 参见联合国毒品和犯罪问题办公室《网络犯罪综合研究（草案）》，第260~263页。

正式双边关系网之外，国际刑警组织还维系着一个由 190 个国家的中心局组成的体系。这些中心局通常是各国全国执法机构内部的指定科室。通过"24/7 网络"，中心局既可为警方之间的非正式双边或多边请求提供协助，也可以将正式司法协助请求从一国中心机构传送到另一国中心机构。① 另一个是八国集团高技术犯罪小组组建的"24/7 网络"，用以改进和补充联网通信及其他技术性案件的传统协助获取方式。

多个网络的出现可能会损害网络犯罪国际立法联络机构体系具备的"唯一联络渠道"优势。比如，有国家就指出，八国集团高技术犯罪小组组建的"24/7 网络"的国内联络点位于一个执法机构，而根据《欧洲委员会网络犯罪公约》创建的"24/7 网络"的国内联络点却位于一个附属于上级法院的检察办公室。一个国家存在多个联络点可能会给其他国家带来挑战，因为它们不知道到底要联系哪个联络点。而且，这种现象可能还会导致请求回应的延误，因为如果请求是通过一个它们从未联络过的机构提交的，被请求国将不得不花时间去核实相关联络点的合法性或身份。②

因此，如何整合和改善联络机构的协作成为网络犯罪国际立法必须面对的问题。《〈欧洲委员会网络犯罪公约〉第二附加议定书（草案）》进行了一定的尝试，其"Ⅲ．紧急双边协助"第 8 款第（a）项规定："紧急情况下，该请求可由请求国司法部门直接向被请求国的司法部门发出，或通过国际刑警组织及根据本公约第 35 条设定的全天候联络点发出。"③ 这一探索有其价值。为加强各国打击网络犯罪的国际合作，并考虑到不少发展中国家的网络发展水平，应鼓励未满足客观条件的国家借助国际刑警组织的"24/7 网络"，为逐步实现世界范围内较为统一的协作网络提供过渡机制。

---

① 联合国毒品和犯罪问题办公室：《司法协助与引渡手册》，https://www.unodc.org/documents/organized-crime/Publications/Mutual_Legal_Assistance_Ebook_C.pdf，第 31 页。
② 参见联合国毒品和犯罪问题办公室《网络犯罪综合研究（草案）》，第 257 页。
③ 《〈欧洲委员会网络犯罪公约〉第二附加议定书（草案）》Ⅲ．紧急双边协助第 8 款第（a）项。

## 第二节　网络犯罪的引渡

### 一　引渡的实践与规范发展

引渡从本质上可归属于一种特别的涉外刑事诉讼活动,[①] 具体是指一国应他国的请求,将本国境内的被他国指控为犯罪或已被他国判刑的人,移交该请求国追诉和处罚的制度。引渡作为一种国家间制裁国内及涉外犯罪的司法合作制度,在国际刑事司法协助中发挥着重要作用。[②] 引渡会对有关人员的自由产生相当程度的影响,但是从各国在打击犯罪方面的共同利益来看具有合理性。[③] 关于引渡,一般认为其具有以下特征:第一,引渡的主体主要是国家(或其他具有管辖权的实体);第二,引渡的对象是犯罪人;第三,引渡的目的是追诉和审判犯罪人或对其执行刑罚;第四,引渡的内容是被请求国将犯罪人移交给请求国。[④]

网络犯罪也面临引渡的问题。在某些情况下,跨国一级的执法极为复杂,而在另一些情况下,由于国家之间缺乏引渡关系,实际上在其他国家是不可能(对网络犯罪进行追诉)的。例如俄罗斯和乌克兰与美国没有引渡条约,因此除非嫌犯在国外旅行时被捕,否则任何起诉都不可能成功。[⑤] 实践中,网络犯罪引渡的实践也颇为有限,不仅案件数量较少,而且引渡周期也较长。根据联合国毒品和犯罪问题办公室的调查,约一半的答复国表示,它们每年接收和发送的网络犯罪相关引渡和司法协助案件不会超过 10 宗,案件平均数为每年 8 宗。尽管正式国际合作覆盖的违法行为和可提供的侦查权范围广泛,但在实践中,这一机

---

[①] 陈灿平编著《国际刑事司法协助专题整理》,中国人民公安大学出版社,2007,第 75 页。
[②] 参见贾宇《国际刑法学》,中国政法大学出版社,2004,第 393 页。
[③] Robert Cryer, Håkan Friman, Darryl Robinson, et al., *An Introduction to International Criminal Law and Procedure* (2nd Edition), Cambridge University Press, 2010, p. 93.
[④] 参见马呈元《国际刑法论》(增订版),中国政法大学出版社,2013,第 630~633 页;叶良芳《国际刑法基本理论研究》,浙江大学出版社,2018,第 202~203 页。
[⑤] Thomas J. Holt, Adam M. Bossler, *Cybercrime in Progress: Theory and Prevention of Technology-Enabled Offenses*, Routledge, 2016, pp. 186–187.

制却受到了回应时间过长这一挑战。根据各国报告，它们接收和发送的引渡请求回应时间的中位数为 120 天。①

基于此，通过国际规范推动网络犯罪引渡的有效开展即显得越发重要，一些网络犯罪国际立法对此已有所探索。《欧洲委员会网络犯罪公约》第 24 条"引渡"首先对此加以规定，主要包括以下内容。第一，网络犯罪的最低刑要求。该条第 1 款规定，该公约第 2 条至第 11 条规定的行为为可引渡的网络犯罪②，并且被剥夺自由的最高期限可能超过 1 年；统一或互惠立法、引渡条约（包括《欧洲引渡公约》）另有规定的，适用该立法或条约的规定。第二，规定了缔约方的义务。该条第 2 款规定，第 1 款规定的犯罪应被缔约方认可为相互之间引渡条约规定的犯罪，并将其纳入相应的引渡条约。第三，规定了适用的延展性。该条第 3 款规定，如果以条约的存在为条件进行引渡的缔约方收到与其没有引渡条约的另一缔约方提出的引渡请求，则可以将该公约视为该条第 1 款规定的犯罪之法律依据；第 4 款规定，不以存在条约为条件进行引渡的缔约方应认可该条第 1 款规定的犯罪为它们之间的可引渡犯罪。第四，规定了引渡的履行要求。该条第 5 款规定，引渡应遵守被请求方法律或适用的引渡条约所规定的条件，包括被请求方可以拒绝引渡的理由；第 6 款规定，当缔约方以国籍或者有管辖权为由拒绝引渡该条第 1 款规定的犯罪时，其应将该案件提交有权机关起诉（并参考同质犯罪），且以适当方式向请求缔约方通报最终结果。第五，规定了引渡机构及相关信息的告知义务（第 7 款）。③《欧洲委员会网络犯罪公约》的引渡规定影响了一些网络犯罪国际立法，《阿拉伯打击信息技术犯罪公约》第 31 条"引渡"基本沿袭了其规定，《东南非共同市场网络犯罪示范法》第 42 条"引渡的原则"虽然相对简略，但是在内容和结构上也大体与其近似。然而，这种沿袭未必妥当。例如《东南非共同市场

---

① 参见联合国毒品和犯罪问题办公室《网络犯罪综合研究（草案）》，第 251~252 页。
② 根据《〈欧洲委员会网络犯罪公约〉第一附加议定书》，通过计算机系统实施的种族主义和仇外性质行为的犯罪同样适用。
③ COE, Convention on Cybercrime, art. 24.

网络犯罪示范法》第 42 条"引渡的原则"第 2 款甚至直接照搬了适用《欧洲引渡公约》的规定，直接将欧洲法律适用于非洲地区国家，其妥当性值得商榷。

《联合国合作打击网络犯罪公约（草案）》第 48 条"引渡"沿袭和借鉴了《欧洲委员会网络犯罪公约》第 24 条的规定，同时进行了完善和创新，主要包括以下方面。第一，延展可引渡犯罪的范围。该条第 3 款规定，若引渡请求涉及多项单独罪行，其中至少有一项是该条规定的可引渡犯罪，其他罪行因适用的处罚而不可引渡，但仍被视为该草案规定的犯罪，则被请求的缔约方也可对这些犯罪适用该条规定。第二，加强引渡的有效实施。该条第 8 款规定，对于该条所适用的任何犯罪，缔约方应在符合其国内法的情况下，努力加快引渡程序并简化与之有关的证据要求；第 14 款规定，被请求的缔约方在拒绝引渡前应在适当情况下与提出请求的缔约方协商，使后者有充分机会陈述自己的意见并提供与请求书中陈述的事实有关的信息；第 15 款规定，缔约方应寻求缔结双边和多边协定或安排，以执行引渡或加强引渡的成效。第三，进行拘押或采取其他适当措施。该条第 9 款规定，被请求的缔约方在不违背其国内法及引渡条约规定的情况下，可在认定情况需要而且紧迫时，根据提出请求的缔约方的请求，对被请求国境内的被请求引渡之人进行拘押或采取其他适当措施，确保在进行引渡程序时该人在场。第四，变通履行"或引渡或起诉"原则。该条第 11 款规定，若一缔约方国内法规定，允许引渡或移交其国民的条件是，该人将被送还本国以便按照引渡或移交请求所涉及的审判或诉讼作出的判决服刑，并且该缔约方和请求引渡该人的缔约方也同意该程序以及它们可能认为适当的其他条件，则这种有条件引渡或移交即充分履行了该条第 10 款规定的义务。第五，保障被引渡人权利。该条第 12 款规定，在对任何人就该条所适用的任何犯罪进行诉讼时，应确保其在诉讼的所有阶段受到公平对待，包括享有其所在国国内法所提供的一切权利和保障。第六，引渡义务的例外。该条第 13 款规定，不得将该草案的任何条款解释为规定了下列情况下的引渡义务：被请求的缔约方有充分理由认为提出引渡请求的目的是以某人的性别、种族、宗教、国籍或族裔为由对其进行起诉或惩处，或者认为遵从该请求将使该人的处境因上述任一原因而受到损害。①

二　引渡的原则与适用

就引渡的适用原则而言，较为通行的观点将其概括为：第一，政治犯不引渡原则；第二，本国国民不引渡原则；第三，条约前置主义与互惠保证原则；第四，双重犯罪原则。② 但也有学者作出更广泛的概括，认为包括九项原则：第一，条约前置主义和互惠原则；第二，或引渡或起诉原则；第三，双重犯罪原则；第四，目的特定原则；第五，本国国民不引渡原则；第六，政治犯罪不引渡原则；第七，死刑犯不引渡原则；第八，军事犯罪不引渡原则；第九，一事不再理原则。③ 现有网络犯罪国际立法的引渡条款基于网络犯罪的具体情况践行了引渡的核心原则。

第一，践行了主权原则。国家主权平等原则是一切引渡活动的基本原则。根据国家主权平等原则，被请求国无论是接受引渡请求，进行引渡合作，还是拒绝引渡，以及怎样对请求国的引渡请求进行审查，都是被请求国行使其国家主权的表现，请求国不能以自己的意志干涉被请求国的主权活动，同样也不能干涉被请求国的引渡审查活动。④ 这在相关国际公约中也有体现，比如，《联合国打击跨国有组织犯罪公约》第4条规定："在履行其根据本公约所承担的义务时，缔约国应恪守各国主权平等和领土完整原则和不干涉别国内政原则。"该公约进一步解释道："本公约的任何规定均不赋予缔约国在另一国领土内行使管辖权和履行该另一国本国法律规定的专属于该国当局的职能的权利。"⑤ 该公约第16条"引渡"也是在第1款即明确："本条应适用于本公约所涵盖的犯罪，或第3条第1款第（a）项或第（b）项所述犯罪涉及有组

---

① UN, Draft United Nations Convention on Cooperation in Combating Cybercrime, art. 48.
② 参见贾宇《国际刑法学》，中国政法大学出版社，2004，第396~400页。
③ 参见叶良芳《国际刑法基本理论研究》，浙江大学出版社，2018，第206~216页。
④ 薛淑兰：《引渡司法审查研究》，中国人民公安大学出版社，2008，第38页。
⑤ 《联合国打击跨国有组织犯罪公约》，第4条。

织犯罪集团且被请求引渡人位于被请求缔约国境内的情况，条件是引渡请求所依据的犯罪是按请求缔约国和被请求缔约国本国法律均应受到处罚的犯罪。"①

引渡条款同样是网络犯罪国际立法主权原则"总""分"衔接的重要体现。《欧洲委员会网络犯罪公约》虽然未在总则规定主权原则，但是从其第 24 条第 1 款第 a 项规定看，也是以各缔约方对于犯罪的司法判断为前提的。《联合国合作打击网络犯罪公约（草案）》的规范结构则更是和《联合国打击跨国有组织犯罪公约》类似。《联合国合作打击网络犯罪公约（草案）》第 3 条"保护主权"第 2 款即为："本公约不授权缔约方在另一国领土内行使该另一国国内法规定专属于该国当局的管辖权及职能。"② 第 48 条"引渡"第 1 款也规定："对于根据本公约确定的犯罪，当被请求引渡之人处于被请求的缔约方境内时，应适用本条规定，条件是引渡请求所涉犯罪根据提出请求的缔约方和被请求国各自的国内法律，均应受到至少为期一年的监禁或更重的处罚。"③

第二，践行了双重犯罪原则。双重犯罪原则，是指被引渡人的行为依照请求国与被请求国的法律，都被认为是犯罪行为时，才可以引渡。如果有一方（特别是被请求方）的法律不认为是犯罪，则不能引渡。④ 若涉及互联网的危害活动在甲国构成犯罪，但在乙国不构成犯罪，那么乙国的犯罪分子完全可以通过互联网针对甲国的受害者。如此一来，甲国无法单独有效保护本国免遭此类跨国活动的损害。即使甲国刑法允许对身在乙国的犯罪分子主张管辖权，也须请求乙国同意或协助，才能收集证据或引渡已查明的罪犯。如果乙国对所涉行为不是同样定罪，为了保护其法域内的人员，则不大可能提供协助。⑤ 这种双重犯罪原则是多种国际合作形式的核心，见诸国家法律和多边及双边引渡条约⑥。

---

① 《联合国打击跨国有组织犯罪公约》，第 16 条。
② UN, Draft United Nations Convention on Cooperation in Combating Cybercrime, art. 3.
③ UN, Draft United Nations Convention on Cooperation in Combating Cybercrime, art. 48.
④ 参见贾宇《国际刑法学》，中国政法大学出版社，2004，第 400 页。
⑤ 参见联合国毒品和犯罪问题办公室《网络犯罪综合研究（草案）》，第 69 页。
⑥ 例如《联合国引渡示范条约》第 2 条第 1 款，《欧洲引渡公约》第 2 条第 1 款。

现有网络犯罪国际立法的规定均强调双重犯罪原则，即与请求相关的网络犯罪在被请求国和请求国刑法下都构成犯罪。《欧洲委员会网络犯罪公约》第24条第1款、《阿拉伯打击信息技术犯罪公约》第31条第1款、《东南非共同市场网络犯罪示范法》第42条第1款、《联合国合作打击网络犯罪公约（草案）》第48条第1款均体现了可引渡的网络犯罪需要双方均认可构成犯罪。

第三，践行了严重犯罪（可引渡）原则。因为各国参与国际合作需要大量投入，所以许多引渡文书都为国际合作请求规定了一种犯罪严重性门槛——通常参照犯罪行为可能受到的刑罚。犯罪严重性门槛是确保相称性原则和保护被告权利的重要机制。① 在这一问题上，现有网络犯罪国际立法的规定颇为一致，均以应受到一年有期徒刑或者更重处罚为可引渡的网络犯罪严重性的要求。《欧洲委员会网络犯罪公约》第24条第1款、《阿拉伯打击信息技术犯罪公约》第31条第1款、《东南非共同市场网络犯罪示范法》第42条第1款、《联合国合作打击网络犯罪公约（草案）》第48条第1款均是如此。

需要说明的是，以应受到一年有期徒刑处罚为犯罪严重性门槛体现了网络犯罪的特殊性质。这一要求并非普遍性规则，例如《联合国打击跨国有组织犯罪公约》第16条规定的犯罪严重性门槛就更高。该公约第16条指向的为"严重犯罪"，根据该公约第2条"术语的使用"第（b）项，"严重犯罪"系指构成可受到最高刑至少四年的剥夺自由或更严厉处罚的犯罪的行为。② 其原因在于网络犯罪自身具有复杂性，具有类罪的性质，本身既包括较为严重的犯罪也包括较为轻微的犯罪，需要对可引渡的网络犯罪设置独特的犯罪严重性门槛。

第四，践行了或引渡或起诉原则。引渡可以被界定为一国请求另一国将被控告或定罪人员强制遣返，以便其在请求国接受审判或服刑的一种正式程序。习惯国际法并未包含任何一般"引渡义务"。因此，通常根据双边或多边协议或互惠达成安排，即一国向另一国承诺今后对方提

---

① 参见联合国毒品和犯罪问题办公室《网络犯罪综合研究（草案）》，第70页。
② 《联合国打击跨国有组织犯罪公约》，第2条。

出要求时也会向其提供同样的协助。① 为防止出现管辖权"空白"，引渡条约通常会反映或引渡或起诉这一核心原则。②

现行网络犯罪国际立法也均践行了或引渡或起诉原则。《欧洲委员会网络犯罪公约》第 24 条第 6 款、《阿拉伯打击信息技术犯罪公约》第 31 条第 6 款、《东南非共同市场网络犯罪示范法》第 42 条第 4 款、《联合国合作打击网络犯罪公约（草案）》第 48 条第 10 款和第 11 款均体现了这一原则。

此外，上述网络犯罪国际立法的规定也涉及本国国民不引渡原则。本国国民不引渡原则，是指被引渡人应当是请求方的国民、第三国的国民或者无国籍人，而不能是被请求方的国民。③ 前述网络犯罪国际立法或引渡或起诉条款也均包含对于不予引渡的本国国民予以起诉的含义。

第五，践行了政治犯罪不引渡原则。政治犯罪不引渡原则是指当要求引渡的对象是政治犯时，被请求国可拒绝引渡，它是 18 世纪末期形成的一项国际法原则。④ 现有网络犯罪国际立法仅有《联合国合作打击网络犯罪公约（草案）》第 48 条第 2 款直接规定"本公约规定的任何犯罪均不得被视为政治犯罪"。⑤ 这一规定实际上是将该草案规定的网络犯罪排除在政治犯罪之外，其对于政治犯罪不引渡原则的践行是"逆向"的，即将（特别是涉技术的）网络犯罪与政治犯罪剥离，从而减少网络犯罪引渡的不必要障碍。与之不同，《欧洲委员会网络犯罪公约》《阿拉伯打击信息技术犯罪公约》《东南非共同市场网络犯罪示范法》未在引渡条款中规定政治犯罪不引渡，而是在司法协助等条款中规定对于政治犯罪可以拒绝协助，在这一问题上采取了与《联合国合作打击网络犯罪公约（草案）》不同的规定模式。

网络犯罪的"去政治化"仍须重视，现实中网络犯罪不乏可能涉

---

① 参见联合国毒品和犯罪问题办公室《司法协助与引渡手册》，第 19~23 页。
② 参见《联合国打击跨国有组织犯罪公约》，第 16 条。
③ 参见叶良芳《国际刑法基本理论研究》，浙江大学出版社，2018，第 211 页。
④ 参见贾宇《国际刑法学》，中国政法大学出版社，2004，第 396 页。
⑤ UN, Draft United Nations Convention on Cooperation in Combating Cybercrime, art. 48.

及政治因素的情形。典型的犯罪类型即网络恐怖活动犯罪。虽然"恐怖主义犯罪"也属于国际罪行的范畴,但是世界各个地区的国家对其理解的分歧十分明显,难以达成一致,"主义"的政治因素影响了该类犯罪的有效引渡。从打击网络犯罪的角度来看,将"网络恐怖主义犯罪"的行为类型表述为"网络恐怖活动犯罪",对于推动网络犯罪国际立法与政治犯罪不引渡原则的兼容具有重要的意义。

目前网络犯罪国际立法关于引渡的规则并无重大分歧。其原因在于,一方面引渡是对于犯罪嫌疑人的现实移交,并非网络犯罪创设的新程序类型,和传统犯罪在要求上并无实质不同;另一方面引渡的程序要求较为严格,各国均认可需要符合双重犯罪原则。

## 第三节 网络犯罪的国际刑事司法协助

国际刑事司法协助主要基于条约开展,涵盖了广泛的措施。[①] 概括来说,国际刑事司法协助指国家之间、国家与国际组织之间在送达诉讼文书、调查取证、追缴资产等方面相互提供帮助和进行合作。[②] 国际刑事司法协助具有以下特征:第一,国际刑事司法协助的主体主要是国家;第二,国际刑事司法协助的法律依据是国际条约和国内法;第三,国际刑事司法协助的内容是代为履行某些刑事诉讼行为;第四,国际刑事司法协助是为了实现刑事诉讼的目的。[③]

但是国际刑事司法协助的范围却有多种界定。概言之,主要有三种观点。第一,狭义的国际刑事司法协助,又称为"小司法协助"。这种刑事司法协助仅仅指文书、证据方面的司法协助,其范围包括代为送达司法文书、司法外文书及代为调查取证,如讯问被告,询问证人,进行

---

① Robert Cryer, Håkan Friman, Darryl Robinson, et al., *An Introduction to International Criminal Law and Procedure* (2nd Edition), Cambridge University Press, 2010, p. 102.
② 叶良芳:《国际刑法基本理论研究》,浙江大学出版社,2018,第 224~225 页。
③ 参见马呈元《国际刑法论》,中国政法大学出版社,2013,第 657~658 页。

勘验、检查或鉴定等。第二，广义的国际刑事司法协助。其范围包括引渡和前述的狭义国际刑事司法协助内容。第三，最广义的国际刑事司法协助。这种国际刑事司法协助的范围除了引渡和狭义的国际刑事司法协助外，还包括刑事诉讼移管及外国刑事裁判的执行。① 本书系从最广义的国际刑事司法协助视角展开。②

## 一 国际刑事司法协助的原则

国际刑事司法协助的具体事项林林总总，仅根据联合国《刑事事件互助示范条约》第 1 条第 2 款，（狭义）国际刑事司法协助的内容包括："（a）向有关人员收集证词或供述；（b）协助提供被关押者或其他人作证或协助调查工作；（c）递送司法文件；（d）执行搜查和查封；（e）检查物件和场地；（f）提供资料和证据；（g）提供有关文件和记录的原件或经核证副本，包括银行、财务、公司或商务记录。"按照第 1 条第 3 款，以上国际刑事司法协助不包括："（a）逮捕或关押某人以便予以引渡；（b）在被请求国执行在请求国内作出的刑事判决，但被请求国法律和本条约第 18 条许可者除外；（c）转送在押犯使之服刑；（d）刑事事件诉讼的转移。"③

国际刑事司法协助需要有基本的原则进行统一指导，以规范其实施。关于国际刑事司法协助，在理论层面一般认为主要包括如下原则。第一，国家主权原则。国家主权是国家固有的对内最高权和对外独立权，是普遍适用于各种司法协助关系的一般原则。第二，平等互利原则。平等互利是处理国家之间关系的基本原则。所谓平等，是指国家不分大小强弱、人口多寡、政治制度如何、经济发展水平高低，都具有平等的地位，应该互相尊重、和平共处。互利原则意味着协助双方各自的司法机关应在合作中的活动权限和特定要求上相互给予同样的优惠和便

---

① 贾宇：《国际刑法学》，中国政法大学出版社，2004，第 363 页。
② 由于引渡具有特殊性，已在本章第二节单独讨论。
③ 参见联合国《刑事事件互助示范条约》，https://www.un.org/zh/documents/treaty/files/A-RES-45-117.shtml，第 1 条。

利。第三，保护人权原则。积极保护各国公民的人权，特别是当事人的合法权益，也是推进国际刑事司法协助的重要任务之一。第四，双重犯罪原则。即只有当请求国与被请求国双方都认为某种行为构成犯罪并应加以处罚时，才提供刑事司法协助。①

网络犯罪的国际刑事司法协助具有特殊性，并且有些传统原则在这一领域面临变通适用的问题（如双重犯罪原则）。一些网络犯罪国际立法规定了网络犯罪国际刑事司法协助的原则。《欧洲委员会网络犯罪公约》第 25 条"与相互协助有关的一般原则"，可概括为以下几项。第一，广泛协助原则。该条第 1 款规定，各缔约方应在尽可能广泛的范围内互相协助，以进行与计算机系统和数据有关的刑事犯罪的调查或诉讼，或者刑事犯罪电子形式证据的收集。第二，保障协助原则。该条第 2 款规定，各缔约方还应采取必要的立法和其他措施，以履行该公约第 27 条至第 35 条规定的义务。第三，兼顾通常与紧急协助原则。该条第 3 款规定，在紧急情况下，各缔约方可采用传真或电子邮件等快速通信方式，发出司法协助请求或相关函件，前提是上述快速通信方式须提供适当程度的安全保障及认证（包括根据需要使用加密），而若被请求的缔约方提出要求，还应随后提交正式确认书。被请求国应接收类似通信方式的请求并予以答复。第四，限制拒绝协助原则。该条第 4 款规定，除非该章条款另有具体规定，否则司法协助应遵循被请求国的法律或适用的司法协助协定的规定，包括被请求国可能援引的拒绝合作理由清单。被请求国不（应）仅以请求涉及行为系财政犯罪为由，而就基于该公约第 2 条至第 11 条规定的犯罪所提出的相互协作请求行使拒绝权利。第五，延展双重犯罪原则。该条第 5 款规定，依照该章条款规定，如果被请求国以构成双重犯罪为互助的条件，而寻求协助的犯罪行为是其法律规定的刑事犯罪，则无论该国的法律是否将该犯罪归为同一犯罪类别，均应认为该条件已得到满足或以与请求国相同的术语表述犯罪。②《欧洲委员会网络犯罪公约》有关网络犯罪国际刑事司协

---

① 参见贾宇《国际刑法学》，中国政法大学出版社，2004，第 380～385 页。
② COE, Convention on Cybercrime, art. 25.

助原则的规定对一些网络犯罪国际立法产生了影响，《阿拉伯打击信息技术犯罪公约》第32条"相互协助"、《联合国合作打击网络犯罪公约（草案）》第42条"司法协助的一般原则"① 以及《东南非共同市场网络犯罪示范法》第43条"相互协助的一般原则"基本沿袭了其规定。

这些原则中，广泛协助原则、保障协助原则、兼顾通常与紧急协助原则以及限制拒绝协助原则得到各国较为一致的认识，也是推动打击网络犯罪国际刑事司法协助应当遵循的要求，需要讨论的是延展双重犯罪原则。传统意义上，双重犯罪常常是互助法和引渡法的先决条件。② 即双重犯罪也适用于面见证人及收集证据等司法互助领域。尽管并不是所有国家间司法互助协议都包括这一要求，但很多文书都规定双重犯罪适用于搜查、扣押或冻结财产等强制或侵入措施。

然而各国对于网络犯罪规定的差异相较于传统犯罪更加明显，双重犯罪原则的适用面临更突出的障碍。某些网络犯罪行为在某一国家可能是明确的犯罪，但在另一国家却不是，因此难以通过双重犯罪检验。比如，根据联合国毒品和犯罪问题办公室的调查，没有将计算机滥用工具的制作、散布或持有入罪的答复国多达20个。③

基于此，以《欧洲委员会网络犯罪公约》为代表的网络犯罪国际立法已经开始推动双重犯罪原则适用标准的放宽。根据《欧洲委员会网络犯罪公约》第25条第5款，"无论其国内法是否与请求国一样将犯罪行为归于相同的犯罪类型或予以相同的命名"，只要"属于其国内法规定的刑事犯罪"，双重犯罪要求即应视为已经满足。④ 根据这种处理方式，重点是将犯罪行为的各项要素"置换"于被请求国法律之下，以证明该

---

① 《联合国合作打击网络犯罪公约（草案）》中对延展双重犯罪的内容并未在第42条"司法协助的一般原则"予以规定，而是在第41条"国际合作的一般原则"第2款加以规定。再有，其于第42条第3款紧急请求协助的条文中，规定了"被请求国可保留转发在收到最初请求后所作答复的权利"。
② Jonathan Clough, *Principles of Cybercrime*, Cambridge University Press, 2010, p.21.
③ 参见联合国毒品和犯罪问题办公室《网络犯罪综合研究（草案）》，第249页。
④ COE, Convention on Cybercrime, art.25.

行为同样属于刑事犯罪。① 也即，为了协调网络犯罪方面的刑法，双重犯罪并不要求以同种法律条款惩处所涉活动。所以如果针对同一行为，丙国判为网络犯罪，而丁国将其视为普通犯罪，只要根据这两国法律，同一罪行的基本构成要件是类似的，那么两国就可以展开国际合作。②

但是这一调整可能仍未完全满足打击网络犯罪国际合作的需要。随着社会的发展，司法协助的范畴十分广泛，除了移管被判刑人等关系网络犯罪实体处理的协助形式，也有诸如信息协助、技术协助等形式，再以"双重犯罪"为前提条件来判断是否予以协助不妥。因此可以考虑在符合以下两个条件的情况下突破双重犯罪的要求：第一，协助事项为程序法事项而非实体法事项；第二，协助的形式为信息协助与技术协助，而非代为完成刑事诉讼程序。事实上，"双重犯罪"并非适用于所有网络犯罪国际合作规则。《欧洲委员会网络犯罪公约》第29条第3款指出"双重犯罪不应成为提供数据保护的条件"③，《欧洲委员会网络犯罪公约解释报告》甚至明确指出"一般而言，在数据保全的情况下适用双重犯罪原则是适得其反的"。④ 但同时，《欧洲委员会网络犯罪公约》第29条第4款允许缔约方在收到计算机数据保全请求时适用双重犯罪这一要求，没有要求全面放宽双重犯罪原则在技术协助领域的适用。⑤ 为了推动打击网络犯罪国际合作特别是信息协助与技术协助的开展，可以考虑在这一范围的协助事项中全面剔除双重犯罪原则的要求。

## 二 国际刑事司法协助的专门程序

虽然传统犯罪的国际刑事司法协助程序具有一定的参考意义，但是

---

① 在这方面，目前存在两种解释，即抽象的双重犯罪和具体的双重犯罪。抽象的双重犯罪指对相关行为的考量仅限于该行为是否可予处罚，而不论其法律限定或可免予处罚的可能原因。具体的双重犯罪指该行为满足了应予处罚的所有要求，包括已将自卫、宽恕或可免予处罚的其他原因这类辩解予以排除的要求。参见联合国毒品和犯罪问题办公室《网络犯罪综合研究（草案）》，第248页。
② 参见联合国毒品和犯罪问题办公室《网络犯罪综合研究（草案）》，第69~70页。
③ COE, Convention on Cybercrime, art. 29.
④ COE, Explanatory Report to the Convention on Cybercrime, p. 51.
⑤ COE, Convention on Cybercrime, art. 29.

网络犯罪具有自身的特点。如电子证据"稍纵即逝",传统国际刑事司法协助的周期过长,亟须设置专门的程序。传统司法协助大致需要经过四个主体:境内执法机关、境内主管机关、境外主管机关、境外执法机关。有学者将其称为"倒 U 形"的取证程序结构。[①] 根据各国报告,它们接收和发送的司法互助请求回应时间的中位数为 150 天。[②] 因此,为了保证打击网络犯罪的及时性、有效性,不少网络犯罪国际立法规定了专门的网络犯罪国际刑事司法协助程序。

《欧洲委员会网络犯罪公约》第 27 条 "在缺乏可适用的国际协定的情况下与相互协助请求有关的程序"首先对此加以详细规定,具体包括以下五方面。第一,专门程序条款的补充性。该条第 1 款规定,若提出请求的缔约方和被请求的缔约方之间没有司法协助条约或协定,则适用该条第 2 款至第 9 款的规定。若存在这样的条约或协定,则不应适用,除非有关缔约方同意适用该条的下列任何或所有规定替代上述文书。第二,以专门机关为中转的协作机制。该条第 2 款规定,各缔约方均应指定一个中央机关或多个机关发送、答复、执行、转递司法协助请求,确保这些机关之间的直接沟通,并告知欧洲委员会秘书长以及保证这些机关登记内容的准确性。第三,拒绝司法协助的情形。该条第 4 款规定了被请求的缔约方除了基于第 25 条第 4 款的事实(涉及被请求国的法律或适用的司法协助协定规定的情形)拒绝请求外,可以在以下情况下拒绝协作:一是被请求国认为,请求所涉犯罪是政治犯罪或是与此有关的犯罪;二是被请求国认为执行该请求将损害其主权、安全、公共秩序或其他重大利益。第四,司法协助的程序要求。该条第 3 款规定了适用被请求方的法律程序及例外情形,第 5 款规定了协助请求影响被请求方正在开展的刑事调查或诉讼程序情形下的延迟履行,第 6 款规定了拒绝或者延迟履行前的协商与部分准予执行,第 7 款规定了履行结果的及时告知,第 8 款规定了保密义务。第五,直接请求司法协助的情形。该条第 9 款规定了请求国与被请求国的司法机关之间可以直接发送

---

① 参见冯俊伟《跨境电子取证制度的发展与反思》,《法学杂志》2019 年第 6 期,第 29 页。
② 参见联合国毒品和犯罪问题办公室《网络犯罪综合研究(草案)》,第 251~252 页。

司法协助请求（含通过国际刑警组织发送的情形），并且具体规定了程序等方面的要求，以及告知欧洲委员会秘书长等要求。①

《欧洲委员会网络犯罪公约》的上述规定影响了一些网络犯罪国际立法。《阿拉伯打击信息技术犯罪公约》第34条"合作和互助的请求程序"与第35条"拒绝协助"、《联合国合作打击网络犯罪公约（草案）》第46条"在无适用的国际协定情况下发出互助请求的程序"、《东南非共同市场网络犯罪示范法》第45条"相互协助的程序"均深受其影响。但是这些网络犯罪国际立法也作出了一些调整，比如《阿拉伯打击信息技术犯罪公约》将拒绝协助的内容单独列为一条，《联合国合作打击网络犯罪公约（草案）》第46条没有规定直接请求司法协助的情形。②

未来网络犯罪国际立法对于前述补充性适用、专门机关、拒绝协助、程序要求等规定可予以借鉴，但是《联合国合作打击网络犯罪公约（草案）》第46条对于直接请求司法协助的这一调整值得重视，直接请求司法协助虽然一定程度上契合了网络犯罪司法协助的时效性要求，但是减损他国主权的风险较为明显。根据《欧洲委员会网络犯罪公约》第27条第9款，请求国与被请求国的司法机关之间可以直接发送司法协助请求，也即允许越过"主管机构（当局）"直接开展司法协助，无形中可能导致被请求国处于不利的地位——如果司法机关直接应请求国的要求开展协助，可能会有损本国的司法主权；如果拒绝请求国的要求，则无疑违背了条约义务。因此，是否允许直接请求司法协助并不只是刑事程序上的问题，也关系各国对于他国代为行使刑事诉讼程序的容让程度。其实世界上各个国家社会制度、发展水平各异，刑事司法协助体系也并非均健全，很难达到欧洲的一致性，因此应对直接请求司法协助条款持谨慎的态度。如何进一步协调及时打击网络犯罪和有效维

---

① COE, Convention on Cybercrime, art. 27.
② 此外，《独立国家联合体打击计算机信息领域犯罪合作协定》第6条"协助请求"列举了请求援助的各项要素及相关要求；第7条"请求的执行"、第8条"请求的拒绝执行"分别从正反两个方面对各项要求加以规定。这些内容规定是针对各项打击网络犯罪国际协助事项（包括司法协助和其他协助）规定的，自然也包括司法协助。

护国家主权,仍是需要探索的命题。

## 三 程序法事项的国际合作

一些网络犯罪国际立法也对程序法事项国际合作进行了专门规定,主要涉及:第一,被存储计算机数据的快速保全;第二,被保全通信数据的快速披露;第三,通信数据即时收集方面的互助;第四,内容数据拦截方面的互助等。①

对此加以专门规定的做法源于《欧洲委员会网络犯罪公约》,具体包括第 29 条"已存储计算机数据的快速保全"、第 30 条"已存储通信数据的快速披露"、第 31 条"与访问已存储计算机数据有关的相互协助"、第 32 条"经同意或对公开的已存储的计算机数据越境访问"、第 33 条"与实时收集通信数据有关的相互协助"、第 34 条"与内容数据拦截有关的相互协助"。这一规定模式也影响了一些网络犯罪国际立法,如《阿拉伯打击信息技术犯罪公约》规定了第 37 条"快速保护信息系统存储的信息"、第 38 条"快速披露受保护用户的跟踪信息"、第 39 条"与访问已存储信息技术信息有关的合作和双边协助"、第 40 条"信息技术信息的跨国获取"、第 41 条"与快速收集用户跟踪信息有关的合作和双边协助"、第 42 条"与内容有关信息的合作和双边协助"。《联合国合作打击网络犯罪公约(草案)》规定了第 50 条"快速保全电子信息"、第 51 条"加快披露已保全的通信数据"、第 53 条"实时收集通信数据方面的互助"、第 54 条"收集电子信息方面的互助"。《东南非共同市场网络犯罪示范法》规定了第 46 条"快速保全已存储的内容数据、计算机数据或通信数据"、第 47 条"快速披露已存储的内容数据、计算机数据或通信数据"、第 48 条"访问已储存的计算机数据、内容数据或通信数据的相互协助"、第 49 条"跨境访问已储存的计算机数据、内容数据或通信数据"、第 50 条"实时收集通信数据的相互协助"、第 51 条"拦截内容数据或计算机数据的相互协助"。虽然在借

---

① 联合国毒品和犯罪问题办公室:《网络犯罪综合研究(草案)》,第 245 页。

鉴过程中这些网络犯罪国际立法也进行了部分调整，但是基本沿袭了《欧洲委员会网络犯罪公约》的框架与规定。

《欧洲委员会网络犯罪公约》对此作出专门规定有其合理性，但是其他网络犯罪国际立法予以简单沿袭则值得商榷。第一，司法统一性的问题。欧洲国家具有较为一致的立法和司法模式，因此能够开展高度协调的网络犯罪司法协助，对程序法事项国际合作进行"细致入微"的规定也是地区司法实践的需要。然而在立法和司法模式上其他地区和国家与欧洲国家存在较大差异，难以达到类似欧洲国家的程序法国际协作标准。第二，程序法适用范围的问题。《欧洲委员会网络犯罪公约》确立的是"小实体法、大程序法"的立法模式，其程序法的适用范围广于网络犯罪，也即该公约其实可以理解为"计算机犯罪公约"与"通过网络方式打击犯罪协作公约"的结合，因此在国际合作层面就程序法事项进行规定也是对"大程序法"的立法模式的强调。但是其他网络犯罪国际立法则未必应予效仿，比如《联合国合作打击网络犯罪公约（草案）》，其意在推动联合国层面打击网络犯罪公约的制定，但是综观联合国的各个公约，并没有在国际合作条款中对程序法措施予以全面规定的先例。第三，立法重复与混乱的问题。即便是《欧洲委员会网络犯罪公约》也已经在程序法部分对各项措施进行了规定，再在国际合作部分加以规定难以避免立法重复的问题，而且容易导致混乱。比如《欧洲委员会网络犯罪公约》第 32 条第 b 项对跨境访问数据的规定，至多需要其他国家的许可（甚至可能不需要许可）而不是协助，因此该条款并非司法协助条款，反而更具有程序法条款的性质。综上，其他网络犯罪国际立法在借鉴《欧洲委员会网络犯罪公约》程序法事项国际合作规定时应当采取谨慎态度。

真正适格意义上的跨境访问数据国际合作事项是介入网络服务提供者所在国的情形，并应基于此构建层次化的协作机制。对此有学者提出："通过国际协商和合作，在遵循国家主权、网络空间主权原则和平等保护原则的基础上，谨慎地探索建立境外电子数据远程勘验规则体系。"① 《欧洲委员会网络犯罪公约》第 32 条第 b 项涉及跨境访问数据的国家与网络服务提供者两类主体,二者一方为国家,一方为私营实体,而国际合作显然是至少两个国家参与的情形。建立跨境访问数据的国家、网络服务提供者所在国与网络服务提供者三方共同参与的法律机制,才是适格意义上的跨境访问数据国际合作,网络犯罪国际立法应注重这一方面的探索。如基于三方主体构建协同的跨境访问数据机制,明确跨境访问数据可以基于网络服务提供者所在国(或者网络服务提供者)合法且自愿的同意,并在此基础上保证所在国对于数据的支配。对此有学者提出:"通过国际协商和合作,在遵循国家主权、网络空间主权原则和平等保护原则的基础上,谨慎地探索建立境外电子数据远程勘验规则体系。"②

此外,还有学者提出了规定特殊侦查手段的建议。其认为,应当通过颁布《欧洲委员会网络犯罪公约》附加议定书的方式来更新程序性手段。比如,议定书可以规定,在调查在线计算机系统(所谓的"秘密在线搜查")时,警方可以秘密使用黑客技术。这是一种在传统的互助规则之下有效的国际合作,它要求所有成员国在这些领域中都有类似规定,并且这些措施应在符合国际合作规则的前提下应用。③《联合国合作打击网络犯罪公约(草案)》已有探索,其第 56 条"特殊侦查手段"对此加以规定,特别是第 1 款规定了具体要求:"为有效打击与使用信息和通信技术有关的犯罪,各缔约方均应在其国内法的基本原则允许的范围内,以其国内法规定的条件为限,尽其所能采取必要措施,允许其主管当局在境内适当使用电子监视或其他形式的监视以及卧底行动等特殊侦查手段,使得通过这些方法收集的证据可为法院所接受。"④该草案的探索具有重要的价值,未来制定网络犯罪国际立法时可在此基础上进一步完善。

---

① 梁坤:《跨境远程电子取证制度之重塑》,《环球法律评论》2019 年第 2 期,第 146 页。
② 梁坤:《跨境远程电子取证制度之重塑》,《环球法律评论》2019 年第 2 期,第 146 页。
③ 参见〔德〕乌尔里希·齐白《全球风险社会与信息社会中的刑法:二十一世纪刑法模式的转换》,周遵友、江溯等译,中国法制出版社,2012,第 413 页。
④ UN, Draft United Nations Convention on Cooperation in Combating Cybercrime, art. 56.

## 四 刑事诉讼的移管

刑事诉讼移管，是指请求方虽然对犯罪具有管辖权，但由于某种原因不能进行或者完成追究犯罪嫌疑人刑事责任的诉讼活动，而是根据国际公约、双边条约或者互惠原则，将案件移交给被请求方予以追诉和审理的刑事司法合作活动。① 刑事诉讼移管具有以下特征：第一，刑事诉讼移管的主体主要是国家；第二，刑事诉讼移管的法律依据是国际条约和国内法；第三，刑事诉讼移管的内容是请求国将本国有权管辖的案件转移给被请求国管辖。② 就其具体实施的原则，有学者概括为：第一，尊重当事国管辖权原则；第二，有利于适当的司法处置原则；第三，一事不再理原则。③

随着跨国网络犯罪的发展，在对其进行打击的过程中也存在某国不能有效行使管辖权，而需要移转至其他国家加以管辖的情形。传统的网络犯罪国际立法并未重视这一问题，《联合国合作打击网络犯罪公约（草案）》第45条"刑事诉讼程序的移交"对此加以规定："缔约方如认为在涉及多个司法管辖区的具体案件中，向另一缔约方移交与本公约所规定犯罪有关的刑事诉讼程序有利于司法的正当行使，则应考虑移交诉讼程序，以确保合并审理刑事案件。"④ 应该说，作为全球性打击网络犯罪公约的草案，规定刑事诉讼的移管是值得肯定的。

此外，《联合国合作打击网络犯罪公约（草案）》第49条"被判刑人员的移交"还规定了移交人员的情形："缔约方可考虑缔结双边或多边协定或安排，将犯有本公约规定的罪行而被判处监禁或以其他形式剥夺自由的人员移送至缔约方本国境内服满刑期。"⑤ 这一情形相比刑事诉讼的移管更为少见，但是也不排除实践中有此需要。

---

① 叶良芳：《国际刑法基本理论研究》，浙江大学出版社，2018，第231页。
② 马呈元：《国际刑法论》，中国政法大学出版社，2013，第668页。
③ 贾宇：《国际刑法学》，中国政法大学出版社，2004，第462~463页。
④ UN, Draft United Nations Convention on Cooperation in Combating Cybercrime, art. 45.
⑤ UN, Draft United Nations Convention on Cooperation in Combating Cybercrime, art. 49.

## 第四节　网络犯罪国际合作的其他问题

### 一　技术、信息与培训援助

网络犯罪法律的执行需要高超的技术水平和大量的技术资源。[①] 有学者指出，一些发展中国家的制造商还使用容易造成网络犯罪的产品，以降低 PC 和其他设备的成本。[②] 但是客观上发展中国家信息网络技术水平有限，难以达到发达国家的水平，如果不通过有效的技术援助推动发展中国家有效参与到打击网络犯罪国际合作中来，无疑会给犯罪者留下逃避法律制裁的空间，影响全球打击网络犯罪的进程。

根据联合国毒品和犯罪问题办公室的调查，全球各区域 75% 的答复国表示在网络犯罪相关主题领域需要技术援助。特别是非洲所有答复国都表示需要技术援助，具体情况如图 6-1 所示。

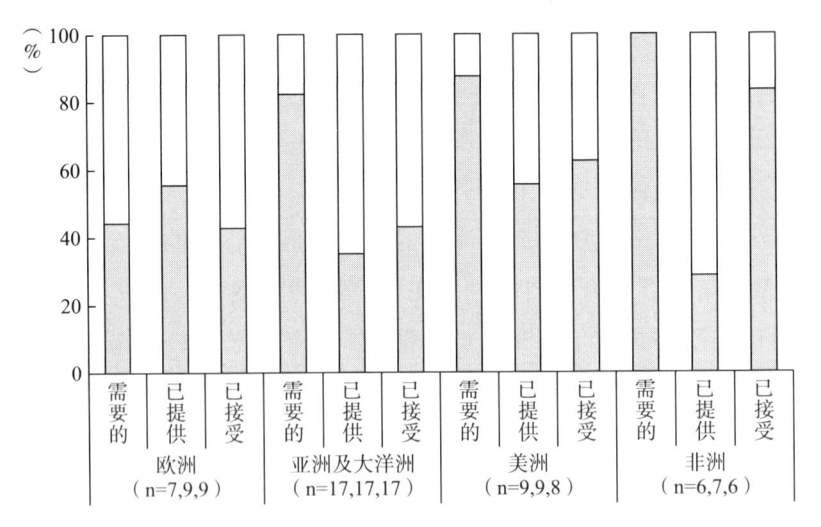

图 6-1　网络犯罪技术援助情况

---

[①] Jonathan Clough, "The Council of Europe Convention on Cybercrime: Defining 'crime' in A Digital World", *Criminal Law Forum*, Vol. 23 (2012), No. 4, p. 391.

[②] Nir Kshetri, "Cybercrime and Cybersecurity in India: Causes, Consequences and Implications for the Future", *Crime, Law and Social Change*, Vol. 66 (2016), No. 3, p. 318.

超过70%的答复国表示曾向其他国家提供过某种形式的技术援助，但表示接受过技术援助的国家却不到20%。这种情形要么说明大量捐助国集中针对一小部分受援国家，要么说明大部分最不发达国家都没有对调查问卷作出答复。而在持续时间上，几乎60%的技术援助项目持续不到一个月的时间。只有四分之一的项目持续了两年以上。尽管网络犯罪相关技术援助需求可能是短期、中期或长期的，但短期技术援助活动的普遍性表明了较长期、可持续投入的必要性。这种投入应着眼于建立参与应对网络犯罪的各类政府机构和利益相关方的核心结构性能力。[1]

《欧洲委员会网络犯罪公约》虽然没有规定技术援助，但是实际上欧洲委员会也在实施全球网络犯罪扩展行动（Global Action on Cybercrime Extended），或者资助其他国际组织推广《欧洲委员会网络犯罪公约》，客观上推动技术援助的开展。

《联合国合作打击网络犯罪公约（草案）》分别围绕技术和培训援助加以规定。其第58条"技术援助的一般原则"，详细规定了通过最广泛的技术援助（特别是通过有利于发展中国家的计划和方案）推动打击网络犯罪合作（第1款），实现国际组织和区域组织以及有关双边和多边协定、安排框架内业务和培训活动成效的最大化（第2款），对网络犯罪的类型、原因及后果进行评价、分析和研究（第3款），建立通过技术援助方案和项目为发展中国家和经济转型国家的努力提供资助的自愿机制（第4款），委托联合国毒品和犯罪问题办公室向缔约方提供专业技术援助（第5款）。[2] 第59条"培训"第1款明确各缔约方均应根据需要拟订、实施或改进对其负责预防、打击网络犯罪的人员进行培训的具体方案；第2款则是阐释培训和援助的关联，明确缔约方应委托联合国毒品和犯罪问题办公室向缔约方提供专业培训援助，以期推动执行打击网络犯罪的国家方案和项目。[3] 这些规定虽然很多具有探索性，但是其积极意义值得肯定，特别是在技术援助外规定培训援助。

---

[1] 参见联合国毒品和犯罪问题办公室《网络犯罪综合研究（草案）》，第220~224页。
[2] UN, Draft United Nations Convention on Cooperation in Combating Cybercrime, art. 58.
[3] UN, Draft United Nations Convention on Cooperation in Combating Cybercrime, art. 59.

从未来着眼，网络犯罪国际立法应注重援助的全面性，不仅规定技术援助，还应规定信息援助和培训援助，以整体提升各国协作打击网络犯罪的能力。第一，规定技术援助条款，以推动其有效开展。此外，还应重视技术援助的全面性。根据联合国毒品和犯罪问题办公室的调查，一些联合国实体强调，采用"多层次、全方位的方法"提供技术援助非常重要。基于此，应推动技术援助全面应用于搜查与扣押、保全、提供、实时收集计算机数据，以及其他刑事程序司法协助事项。第二，规定培训援助条款。许多国家强调，合作领域的能力建设也很重要，如可通过"司法培训机构网络"和采用"针对 IT 犯罪侦查/检验人员培训培训员"（train-the-trainer for IT crime investigators/examiners）的方式进行合作。比如，一个机构指出，"参与者"可使用"所有信息和资料"，"以便在其国内提供相同的培训"。① 第三，规定信息援助条款。如规定围绕网络犯罪的发展状况和态势进行研讨，以及就相关侦查和处理实践、国际治理经验进行交流。在此过程中，应通过科学的条款设置，推动缔约方尽其所能，特别是为了发展中国家有效参与打击网络犯罪国际合作，相互提供最广泛的援助。

## 二 预防犯罪的国际合作

传统意义上国家层面的网络犯罪预防已经被各国逐渐重视，并采取了各种举措。现有网络犯罪国际立法中，《联合国合作打击网络犯罪公约（草案）》对此作出探索性规定，其内容主要包括两个方面。第一，预防网络犯罪的政策和做法。《联合国合作打击网络犯罪公约（草案）》第 36 条"预防和打击与使用信息和通信技术有关的犯罪和其他违法行为的政策和做法"第 1 款和第 2 款分别规定了具体的政策和做法，第 3 款规定了缔约方应与相关国际和区域组织协作。② 第二，预防网络犯罪的负责机构。《联合国合作打击网络犯罪公约（草案）》第 37 条"预防和打击与使用信息和通信技术有关的犯罪和其他违法行为的负责机构"

---

① 参见联合国毒品和犯罪问题办公室《网络犯罪综合研究（草案）》，第 223 页。
② UN, Draft United Nations Convention on Cooperation in Combating Cybercrime, art. 36.

第 1 款规定了设置专门的负责机构及互动程序，第 2 款规定了将负责机构通知联合国秘书长。① 对预防网络犯罪的政策、做法、机构及国际合作进行规定确实具有重要作用，可以推动国际层面网络犯罪治理从已然转向未然。

此外，《联合国合作打击网络犯罪公约（草案）》在这一问题上也相当程度上借鉴了《联合国反腐败公约》。比如该草案第三章"预防和打击网络空间犯罪和其他违法行为的措施"中第 36 条为"预防和打击与使用信息和通信技术有关的犯罪和其他违法行为的政策和做法"，第 37 条为"预防和打击与使用信息和通信技术有关的犯罪和其他违法行为的负责机构"，第 38 条为"私营部门"，分别与《联合国反腐败公约》第二章"预防措施"中第 5 条"预防性反腐败政策和做法"，第 6 条"预防性反腐败机构"，第 12 条"私营部门"具有相似性。但是与资产追回程序不同，犯罪预防层面网络犯罪和腐败犯罪均有一些共同的要素，这种借鉴应当予以肯定。

基于已有探索，未来网络犯罪国际立法中，国家层面的网络犯罪预防条款可围绕预防措施和预防机构展开：在预防措施层面，可具体规定网络犯罪预防的措施和方法类型、预防机制或系统、与其他国家和国际组织的协作、沟通和对话机制。在预防机构层面，可规定具体的主管部门、职责事项、工作程序等。此外，仅依靠各国自身的努力难以全面完成网络犯罪预防，以下两类主体参与国际预防应受到重视。

第一，网络服务提供者参与网络犯罪国际预防。② 网络服务提供者在以下几个领域发挥着关键作用。其一，数据储存、保护与留存。很多国家出台了关于个人信息保护以及数据安全的立法，对网络服务提供者储存、保护、留存数据提出具体要求，特别是关于留存数据的规定。一些国家要求网络服务提供者将与客户在线活动有关的特定数据类型储存

---

① UN, Draft United Nations Convention on Cooperation in Combating Cybercrime, art. 37.
② 如中国政府已经与百度和搜狐等搜索引擎以及金融机构合作，以防止网络钓鱼攻击。Nir Kshetri, "Cybercrime and Cyber-Security Issues Associated with China: Some Economic and Institutional Considerations", *Electronic Commerce Research*, Vol. 13 (2013), No. 1, pp. 61 – 62.

特定期限（如一年），这不仅对网络犯罪审查至关重要，在网络犯罪预防中同样发挥着重要作用。其二，垃圾邮件和僵尸网络预防。由于每天接收和发送大量的垃圾邮件信息，垃圾邮件的过滤就成了所有电子邮件服务提供者关切的重点之一。垃圾邮件的过滤手段多样而复杂，包括对电子邮件的来源进行分析，以识别已知的垃圾邮件来源，以及对电子邮件的文本进行分析，以识别信息中常见的短语和内容模式。除垃圾邮件的过滤外，网络服务提供者还可在打击恶意通信（如僵尸网络）的领域发挥作用。其三，互联网内容过滤。一些国家的法律要求网络服务提供者阻止用户访问儿童色情之类的非法内容。实际上，网络服务提供者实施这一要求的方式多种多样，但都是在速度、成本、效果和准确性之间进行权衡取舍。另外，还可采用深度包检测技术（Deep Packet Inspection）对互联网通信的主要内容进行检查。这种方式可实现极其灵活的过滤操作，但需要昂贵的高速连接硬件，且可能降低所有用户连接的速度。[1]

《联合国合作打击网络犯罪公约（草案）》专门用两个条款对网络服务提供者参与犯罪预防加以规定。该草案第 38 条"私营部门"规定了各缔约方采取措施预防私营部门中的网络犯罪和其他违法行为（含民事、行政或刑事处罚）（第 1 款），以及具体的措施（第 2 款），特别是"促进执法机构与有关私营实体之间的合作"的具体措施。[2] 该草案第 39 条"私营信息和电信服务提供者行为的原则和守则"则是与网络犯罪预防国际合作有关："1. 位于缔约方境内的各私营信息和电信服务提供者（或其集团）均应在其权力范围内并依照其所在国的法律采取适当措施，协助以尊重联合国各项基本文书所保障的人权为基础，制定和执行国际网络空间的使用原则和守则。2. 除其他措施外，旨在实现上述目标的措施包括：（a）私营信息和电信服务提供者（或其集团）之间的合作；（b）合作制订各项原则和标准，以期创造建设文明社会的有利环境，使其成为国际网络空间的组成部分。"[3] 可以发现，第 39

---

[1] 参见联合国毒品和犯罪问题办公室《网络犯罪综合研究（草案）》，第 304~308 页。
[2] UN, Draft United Nations Convention on Cooperation in Combating Cybercrime, art. 38.
[3] UN, Draft United Nations Convention on Cooperation in Combating Cybercrime, art. 39.

条无论是第 1 款规定应执行"国际网络空间的使用原则和守则",还是第 2 款规定的与国际网络空间对接的措施,均体现了网络犯罪预防的国际合作,值得肯定。

未来网络犯罪国际立法中,也应规定网络服务提供者参与犯罪预防。在内容上除了借鉴《联合国合作打击网络犯罪公约(草案)》第 38 条、第 39 条的规定外,还可参考《联合国反腐败公约》第 12 条等立法条款。

第二,学术界参与网络犯罪国际预防。学术界也在网络犯罪国际预防中发挥着越发重要的作用,特别是在以下几个方面。(1) 知识共享和标准制定。越来越多的大学开始提供网络安全和网络犯罪相关学位、证书和职业教育,以推动"计算机安全做法和技术事项方面青年成年人和未来专业人员的教育和培训"。大学还通过参与专业机构和标准化机构及技术工作小组,充当了重要合作伙伴和推动者。一些国家的网络安全战略明确提到了大学在确保网络安全方面扮演的角色。① (2) 参与网络犯罪立法与宣传。在国家、区域和国际层面,学术界为众多专题——包括定罪、保密和隐私、宪法和法律保护——提供了法律咨询和立法草案。一些国家——包括发达国家和发展中国家——都表示正在开展具体的网络犯罪预防或意识提升活动,包括由执法机构及其他政府机构、学术界和私营机构开展的活动。(3) 参与技术援助。例如,大学在网络犯罪领域的技术援助方案通常是为国内和国际执法机构、刑事司法机构和国家安全机构设计并提供的。②

目前并无网络犯罪国际立法独立规定学术界参与网络犯罪国际预防,但是《联合国合作打击网络犯罪公约(草案)》的内容有所涉及,该草案第 40 条"提高公众对网络犯罪的预防意识"第 1 款为:"各缔约方均应采取适当措施,在其权力范围内,根据其国内法基本原则,促

---

① 澳大利亚、捷克、爱沙尼亚、德国、印度、日本、荷兰、新西兰、尼日利亚、英国和美国这些国家,都在国家战略中明确指出学术界或大学是其国家网络安全战略的重大利益相关方和合作伙伴。
② 参见联合国毒品和犯罪问题办公室《网络犯罪综合研究(草案)》,第 311~312 页。

进个人和团体，包括非政府组织和公共组织，积极参与预防与使用信息和通信技术有关的犯罪和其他违法行为，并让公众更加了解这些犯罪行为以及原因、严重性和构成的威胁。应采取下列措施支持以上参与：（a）提供有效的公众获取信息途径；（b）开展提升公众认识的活动，推动对与使用信息和通信技术有关犯罪和其他违法行为的零容忍；（c）实施关于信息和通信技术安全的公众教育培训计划。"[1] 在这三项措施方面学术界均发挥着重要作用，知识共享、参与宣传无疑能为公众提供更为充分的"获取信息途径"，并能"提升公众认识"，而开展的网络安全和网络犯罪职业教育也是充分贯彻"公众教育培训计划"。未来制定网络犯罪国际立法应充分借鉴该草案的规定，进一步探索完善学术界参与网络犯罪预防的条款。

---

[1] UN, Draft United Nations Convention on Cooperation in Combating Cybercrime, art. 40.

第七章

# 网络犯罪国际立法的模式分歧与中国立场

学界关于中国参与网络犯罪国际立法的讨论主要围绕应否加入《欧洲委员会网络犯罪公约》展开。

第一种意见是中国应按照《欧洲委员会网络犯罪公约》的模式来指导网络犯罪刑事立法。如有学者认为：《欧洲委员会网络犯罪公约》是一部历经近20年才制定的反网络犯罪的国际公约，在立法的完善性方面尚没有任何国家、国际组织的相关立法能出其右，而且，该公约已经在2004年7月1日生效，是目前国际上影响最大的、已生效的反网络犯罪的国际法律文件。借鉴该公约中的网络犯罪立法能迅速提升中国网络犯罪立法的完善程度。[①] 或认为："应当根据《欧洲委员会网络犯罪公约》和中国现有立法的不足，重新调整网络犯罪行为模式的立法布局。"[②]

第二种意见是中国不应照搬《欧洲委员会网络犯罪公约》的模式，而应从中国的实际情况出发。这种意见的基础主要在于以下两个方面。第一，网络犯罪国际立法规则的博弈。有学者指出："目前国际社会对

---

[①] 皮勇：《我国网络犯罪刑法立法研究——兼论我国刑法修正案（七）中的网络犯罪立法》，《河北法学》2009年第6期，第57页。

[②] 孙道萃：《移动智能终端网络安全的刑法应对——从个案样本切入》，《政治与法律》2015年第11期，第78页。

欧洲网络犯罪公约的态度已经逐渐分化为两大对立的立场。一方面，西方发达国家极力推动将《欧洲委员会网络犯罪公约》上升为全球性公约，另一方面，中国、俄罗斯以及广大的发展中国家都主张制定全新的网络犯罪国际公约。"① 在网络犯罪国际公约领域呈现"美欧"与"中俄"两大阵营的对峙。② 第二，网络犯罪类型的分歧。有学者指出《欧洲委员会网络犯罪公约》在犯罪类型上难以适应以中国为代表的发展中国家打击网络犯罪的立法需求，"除技术性犯罪外，公约规定的其他罪行，包括网络儿童色情、侵犯知识产权犯罪等，多为美欧发达国家关切的罪行，而发展中国家重点关注的网络成人色情、网络赌博等罪行均未纳入公约"。③

本书认为，关于如何参与网络犯罪国际立法的制定和实施这一命题，需要结合中国的现实情况和立法发展，具体分析和其他国家的异同，以及同现有网络犯罪国际立法的兼容性，从而得出妥当的结论。

## 第一节 实体法层面：信息模式与数据模式

《欧洲委员会网络犯罪公约》作为制定最早同时影响广泛的网络犯罪国际立法，其实体刑法规则与德国等初始缔约方的刑事立法具有内在的契合性。不少国内刑法学者提出参照《欧洲委员会网络犯罪公约》在一定程度上也和中国刑法理论研究参照对象的转移有关。随着传统的苏联理论在刑法学界式微，德日理论开始成为刑法理论的显学。德国和日本都是《欧洲委员会网络犯罪公约》的缔约方，因此难免在选择倾向上受到一定程度的影响。然而中国和欧洲国家的刑法传统和犯罪治理需求并不完全一致。对此有学者指出，对于网络秩序型犯罪的归罪模

---

① 于志刚：《缔结和参加网络犯罪国际公约的中国立场》，《政法论坛》2015年第5期，第98页。
② 参见于志刚《虚拟空间中的刑法理论》（第二版），社会科学文献出版社，2018，第360页。
③ 胡健生、黄志雄：《打击网络犯罪国际法机制的困境与前景——以欧洲委员会〈网络犯罪公约〉为视角》，《国际法研究》2016年第6期，第26页。

式，是当前中国刑法不同于国外刑法的重大差异。① 虽然该观点是否妥当仍有待商榷，但是首先思考和分析中国网络犯罪立法的模式确已成为这一领域研究的当务之急。

## 一　网络犯罪对象模式的差异

德国、日本刑事立法和《欧洲委员会网络犯罪公约》采用的是计算机（及计算机系统）与数据（电磁记录）两分的对象模式。第一，《德国刑法典》中使用的犯罪对象概念为"数据"（Daten）与"计算机"（Computer）。其主要保护计算机系统和数据的机密性、完整性、可用性（zum Schutz der Vertraulichkeit, der Integrität und der Verfügbarkeit von Computerszstemen und-daten）。② 第二，《日本刑法典》中使用的犯罪对象概念为"电子计算机"（電子計算機）。"所谓电子计算机，是指自动进行计算和数据处理的电子装置。"③《日本刑法典》并未使用"数据"的概念，其第7条之二专门界定了"电磁记录"（電磁的記録），指用电子、磁气及其他不能通过人的知觉认识的方式制作的供电子计算机进行信息处理所使用的记录。第三，《欧洲委员会网络犯罪公约》第1条也首先规定了"计算机系统"（computer system）和"计算机数据"（computer data），其中"计算机系统"强调"通过运行程序进行数据的自动化处理"，"计算机数据"包括"适于使计算机信息系统进行某项功能的程序"。

《刑法》虽然也使用了"计算机信息系统"和"计算机信息系统数据"的概念，但是无论对于计算机系统还是其中的数据均以"信息"为限定。此外，《刑法》中还有多处条文涉及《德国刑法典》、《日本刑法典》中未出现的"信息"概念，如"个人信息""虚假信息"等。基于以上网络犯罪对象的区别，一些学者提出应借鉴德日刑事立法的数

---

① 参见于志刚《中国网络犯罪的代际演变、刑法样本与理论贡献》，《法学论坛》2019年第2期，第7页。
② Ulrich Sieber, *Straftaten und Strafverfolgung im Intenet*, C. H. Beck, 2012, S. 82.
③ 〔日〕高桥则夫：《刑法各论》，成文堂，2014，第554页。

据模式,但是从另外的角度思考,中国刑事立法未尝不是形成了颇具特色的信息模式。

(一) 数据模式

德日刑法在网络犯罪对象方面采取的是数据模式。德国以数据为网络犯罪的核心对象,并以其他形式的对象为补充。除了第 202 条 a 探知数据罪、第 202 条 b 拦截数据罪、第 202 条 c 预备探知和拦截数据罪、第 202 条 d 窝藏数据罪、第 303 条 a 变更数据罪等罪名外,第 303 条 b 破坏计算机罪也指向了数据处理。《德国刑法典》中的数据概念具有极强的包容性。第 202 条 a 中的数据概念超出了《欧洲委员会网络犯罪公约》和《欧盟委员会关于惩治攻击信息系统行为的第 2005/222/JHA 号框架决议》(Council Framework Decision 2005/222/JHA of 24 February 2005 on Attacks Against Information Systems) 的要求,因为访问数据也未必进入计算机系统,通过录音带、磁带、软盘、硬盘、记忆卡、芯片和存储卡、信用卡、CD 或 DVD 等均可获取数据。对于数据概念内涵,德国立法机关故意不公开有其道理,因为这样可以避免基于各种新的技术发展再次调整数据概念。①

《日本刑法典》采取了"电磁记录"的表述。虽然从其概念来看,《日本刑法典》中的电磁记录有着数据的含义,如非法制作电磁记录罪与提供非法制作的电磁记录罪(第 161 条之二)、第 18 章之二有关支付磁卡电磁记录的犯罪、第 19 章之二非法指令电磁记录相关犯罪等罪名直接规定了电磁记录,其他相关犯罪也规定了电磁记录。但是《日本刑法典》中的电磁记录并非具有独立意义的犯罪对象。比如,在《德国刑法典》中数据概念虽然与信息相比强调形式判断,但也具有独立的对象价值,可以被探知、拦截等。《日本刑法典》中独立的电磁记录并不作为犯罪对象,即便是第 163 条之四预备非法制作支付磁卡电磁记录罪规定了非法获取电磁记录信息的情形,也要求供第 162 条之二非法

---

① Vgl. Daniel Schuh, *Computerstrafrecht im Rechtsvergleich-Deutschland, Österreich, Schweiz*, Duncker & Humblot, 2011, S. 53 – 56.

制作支付磁卡电磁记录等罪之用，而予以附属规制。

该模式中，信息并未在网络犯罪基础性概念的层面出现，体现在以下三个方面。

第一，信息仅是描述数据（或电磁记录）的概念，是后者的内涵形式或者结构形式。《德国刑法典》中并未将信息作为犯罪对象，只是在第176条性虐待儿童罪中规定了"信息和通信技术方式"（Informations-und Kommunikationstechnologie）。《日本刑法典》中电磁记录包括电磁记录信息，如准备非法制作支付用卡电磁记录的犯罪，其对象是"电磁记录信息"，即在使用支付用卡进行支付的决算系统当中，成为其情报处理对象的一连串的信息，而非会员号、姓名等零碎的信息。但是电磁记录本身的范围很广，计算机病毒都包括在"非法指令电磁记录"中。①

第二，信息在刑法视野中仅在财产犯罪的客体层面展开，一般与人身无关。如日本学者一般认为，信息被保护的必要性增大，但是不该作为财物看待，仅盗窃信息不能构成犯罪。② 无论从有体性说还是物理的管理可能性说，信息本身不是物理的存在，不过当信息被记录在文件、软盘、USB等物理介质中时，存储信息的介质（信息化的物体）就是财物。③

第三，个人信息（个人数据）保护通过单行刑法实现，在刑法典层面仅对个人秘密、隐私予以保护。比如《德国刑法典》第203条侵犯个人秘密罪（Verletzung von Privatgeheimnissen）、第204条利用他人秘密罪（Verwertung fremder Geheimnisse），《日本刑法典》第134条泄露秘密罪（秘密漏示）均是基于个人秘密信息规定的。

---

① 参见〔日〕大谷实《刑法讲义各论》，成文堂，2015，第500~511页。
② 参见〔日〕前田雅英《刑法各论讲义》，东京大学出版会，2015，第147页；〔日〕斋藤信治《刑法各论》，有斐阁，2014，第342页。
③ 参见〔日〕大谷实《刑法讲义各论》，成文堂，2015，第184~185页；〔日〕高桥则夫《刑法各论》，成文堂，2014，第209页；〔日〕斋藤信治《刑法各论》，有斐阁，2014，第91页；〔日〕山中敬《刑法各论》，成文堂，2015，第255页。

## （二）信息模式

《刑法》在网络犯罪对象方面采取的是信息模式。广义而言，信息作为犯罪对象并不限于网络犯罪范畴。《刑法》已经规定诸多有关信息的犯罪。有学者认为，在现行法律体系中，明确对七种类别的信息予以保护，分别是：国家秘密、军事秘密、国家情报、商业秘密、消费者个人信息、网络运营商收集的用户信息和公民个人信息。[①] 本书认为，应进一步予以类型化，在内容上分为以下四类。第一类为有关国家信息的犯罪，包括第 111 条为境外窃取、刺探、收买、非法提供国家秘密、情报罪；第 398 条故意泄露国家秘密罪、过失泄露国家秘密罪；第 431 条非法获取军事秘密罪，为境外窃取、刺探、收买、非法提供军事秘密罪；第 432 条故意泄露军事秘密罪、过失泄露军事秘密罪等。第二类为有关商业信息的犯罪，包括第 161 条违规披露、不披露重要信息罪，第 180 条第 4 款利用未公开信息交易罪，第 181 条第 1 款编造并传播证券、期货交易虚假信息罪，第 181 条第 2 款诱骗投资者买卖证券、期货合约罪，以及知识产权有关犯罪等。第三类为有关社会管理信息的犯罪，包括第 291 条之一第 2 款编造、故意传播虚假信息罪，第 308 条之一第 1 款泄露不应公开的案件信息罪、第 2 款故意泄露国家秘密罪[②]，第 3 款披露、报道不应公开的案件信息罪，以及有关计算机信息系统数据的犯罪等。第四类为有关个人信息的犯罪，主要包括第 177 条之一第 2 款窃取、收买、非法提供信用卡信息罪，第 253 条之一侵犯公民个人信息罪等。

信息模式嵌入网络犯罪领域突出表现在以下三个方面。第一，侵犯个人信息犯罪的设立。《刑法》第 253 条之一侵犯公民个人信息罪的增设与修改，第 177 条之一第 2 款窃取、收买、非法提供信用卡信息罪的增设均选择了"信息"的表述，而没有沿用德国和日本刑法的"秘密"

---

[①] 参见于志刚《"公民个人信息"的权利属性与刑法保护思路》，《浙江社会科学》2017 年第 10 期，第 7 页。

[②] 在国家秘密意义上我国和德国刑法规定的立场相同，均强调信息的秘密性，参见《德国刑法典》第 93 条。

表述。第二，虚假信息犯罪的设立。第291条之一第1款编造、故意传播虚假恐怖信息罪，第2款编造、故意传播虚假信息罪的增设，都使用了"虚假信息"的概念，强调信息属性，不同于《日本刑法典》中"虚假传闻"或"虚假事实"的概念。① 第三，计算机信息系统数据的信息化解释。相关司法解释实际上也是对计算机信息系统数据作信息化的解释，具体表述为"身份认证信息"，而非将信息与数据割裂开来。因此本书认为下述意见值得商榷，即："中国刑法计算机犯罪条文的一个显著问题是在系统和数据的关系上强调系统安全而不重视信息安全。"②

在网络犯罪对象上选择信息模式还是数据模式与不同国家社会价值观念和犯罪追诉标准的分歧有关。第一，在社会价值观念层面，德国和日本强调个人法益优先，隐私利益处于绝对的优先地位，无论是计算机（信息）系统和数据的"机密性"，还是个人数据的私密性，都强调秘密属性，因此一旦数据形式上被侵犯，不论其内容是什么均通过刑法予以保护。中国社会结构与之不同，在计算机信息系统和个人信息层面均强调安全，更注重实质内涵，故采用更体现内容属性的信息概念。但是这也不意味着中国对此的保护程度更低，比如对于公开的个人信息在中国也可以通过刑法予以保护。有学者认为："中国将来的刑事立法，应当将伪造、变造普通私文书、印章、署名与伪造、变造电子文书、电子署名（电磁记录）等行为，一并规定在同一法条中，从而保护私文书、印章、署名的信用。"③ 这一意见实际上未充分考虑中国和德日网络犯罪对象模式的本质区别。第二，在犯罪追诉标准层面，德国和日本的犯罪圈较为宽泛，理论上任何侵犯法益的行为均构成犯罪，只是在司法层面由法官裁量是否予以追诉，因此通过更具有形式意义的数据概念可以

---

① 参见〔日〕山中敬一《刑法各论》，成文堂，2015，第213页；〔日〕松宫孝明《刑法各论讲义》，成文堂，2016，第168页；〔日〕高桥则夫《刑法各论》，成文堂，2014，第181页。
② 李源粒：《破坏计算机信息系统罪"网络化"转型中的规范结构透视》，《法学论坛》2019年第2期，第43页。
③ 张明楷：《网络时代的刑事立法》，《法律科学（西北政法大学学报）》2017年第3期，第81页。

确保犯罪追诉。中国的入罪标准较高，凡是犯罪行为均具有相当程度的法益侵害性，且达到法定标准均应予以追诉，因此采用更具有实质意义的信息概念可以确保刑罚权发动的正当性和妥当性。

这种区别也延伸至相关信息技术系统的不同指称。《德国刑法典》采用"计算机"的表述，《日本刑法典》采用"电子计算机"的表述，指向具体的应用终端。《欧洲委员会网络犯罪公约》采用"计算机系统"的表述，强调应用终端的系统性。中国则在"系统"前增加"信息"这一前缀，表述为"计算机信息系统"。

二 网络犯罪行为类型模式的差异

国内有学者基于《欧洲委员会网络犯罪公约》与中国网络犯罪立法的犯罪模型比较展开研究。其认为："在刑事实体法方面，《欧洲委员会网络犯罪公约》规定了9种犯罪模型，将这些网络犯罪模型和中国网络犯罪立法规定进行比较，有利于发现两者之间的差异，对中国网络犯罪刑事实体法的修改完善起积极作用。"① 但是如前所述，中国对于网络犯罪对象的模式选择具有本国特色，与《欧洲委员会网络犯罪公约》构建的行为类型模式有所不同。

（一）德日网络犯罪的行为类型模式

2007年德国联邦议会决议通过为打击计算机犯罪的刑法第41修正案，将《欧洲委员会网络犯罪公约》中的相关条款②在《德国刑法典》中予以体现。修改后的《德国刑法典》中网络犯罪的相关条款充分体现了《欧洲委员会网络犯罪公约》的规定，并有所发展。第一，《德国刑法典》第202条a探知数据罪基于《欧洲委员会网络犯罪公约》第2条（非法访问）进行修正，但是该条中数据概念超出了《欧洲委员会网络犯罪公约》的要求，因为访问数据也未必进入计算机系统，可以

---

① 皮勇：《欧洲理事会〈网络犯罪公约〉中的犯罪模型与我国网络犯罪立法比较》，《月旦法学杂志》2002年第11期，第333页。
② 此外，《欧盟委员会关于惩治攻击信息系统行为的第2005/222/JHA号框架决议》也对德国网络犯罪立法产生了影响。

通过录音带、磁带、软盘、硬盘、记忆卡、芯片和存储卡、信用卡、CD 或 DVD 进行访问。第二，《德国刑法典》第 202 条 b 拦截数据罪基于《欧洲委员会网络犯罪公约》第 3 条（非法拦截）增设。第三，《德国刑法典》第 202 条 c 预备探知和拦截数据罪基于《欧洲委员会网络犯罪公约》第 6 条（滥用设备）增设，但是其范围超出了《欧洲委员会网络犯罪公约》第 6 条的范围，因为不要求该程序实质上主要适用于计算机犯罪，所以包括"两用工具"（Dual-Use-Tools）。[①] 第四，《德国刑法典》第 303 条 a 变更数据罪对应《欧洲委员会网络犯罪公约》第 4 条（干扰数据），于修正案中增加与第 202 条 c 衔接的条款。第五，第 303 条 b 破坏计算机罪根据《欧洲委员会网络犯罪公约》第 5 条（干扰系统）修改，修改后的该条现在也保护重要的私人数据处理。[②] 此外，《德国刑法典》还创制了颇有特色的第 202 条 d 窝藏数据罪（数据赃物罪）。

基于上述规定，德国在网络犯罪刑事立法方面虽然也以数据为中心，但是对《欧洲委员会网络犯罪公约》的规定有所增删。第一，沿用了访问（探知）、拦截、干扰等具有数据色彩的行为模式表述。第二，于《德国刑法典》第 202 条 a 扩大了行为作用的数据范围，未局限于《欧洲委员会网络犯罪公约》对"计算机数据"的界定。第三，虽然在《德国刑法典》第 202 条 c 沿用《欧洲委员会网络犯罪公约》第 6 条将计算机程序与计算机密码、访问代码等并列的规定，但是未将其置于计算机数据的概念下予以规定。此外，《德国刑法典》第 202 条 c 从预备行为的角度进行规定，也可以反映其对网络犯罪行为教义化的探索。

《日本刑法典》也受到《欧洲委员会网络犯罪公约》的影响。2011 年《日本刑法典》作出部分修正，在第 2 编第 19 章之后，增设了"有关非法指令电磁记录（计算机病毒）的犯罪"作为第 19 章之二，包括制作非法指令电磁记录等罪（第 168 条之二）以及取得非法指令电磁记录等罪（第 168 条之三）。这是为了加入《欧洲委员会网络犯罪公

---

[①] "两用工具"为既可用于正常用途，又可用于网络犯罪的程序工具。
[②] Vgl. Daniel Schuh, *Computerstrafrecht im Rechtsvergleich-Deutschland，Österreich，Schweiz*，Duncker & Humblot，2011，S. 53 – 69.

约》增设的犯罪。该章规定对制作、提供计算机病毒或将计算机病毒作用于计算机的行为，以及为了上述目的而取得、保管计算机病毒的行为进行处罚。①

但是《欧洲委员会网络犯罪公约》以数据为中心的网络犯罪行为模式对《日本刑法典》的影响较为有限。第一，《日本刑法典》中的"电磁记录"虽然与《德国刑法典》中的"数据"有类似之处，但是并不强调将电磁记录作为基本的犯罪对象，而是将其作为附属性的行为对象或方式，难以全面决定网络犯罪的行为模式。电磁记录或者附属于特定领域的电子计算机，如《日本刑法典》第234条之二以破坏电子计算机等手段妨害业务罪中"供该电子计算机使用的电磁记录"；或者作为特定行为对象或方式的表现形式，如第175条第1款散布淫秽物品罪、第163条之二至之五有关支付磁卡的电磁记录的犯罪、第246条之二使用电子计算机诈骗罪、第258条毁弃公文书等罪、第259条毁弃私文书等罪、第161条之二非法制作电磁记录罪与提供非法制作的电磁记录罪中的"电磁记录"。第二，在另外的意义上也可以认为《日本刑法典》修改贯彻了《欧洲委员会网络犯罪公约》以数据为中心的网络犯罪行为模式，具体表现在将计算机病毒规定为"非法指令电磁记录"，而未单独在《日本刑法典》中体现程序的独立性。

《日本刑法典》的上述规定也存在一定问题。在根据《欧洲委员会网络犯罪公约》作出上述修改之前，就有学者指出有关支付磁卡的电磁记录的犯罪中，从法条表述看是电磁记录具有正规卡功能的意思，但由于是针对具有支付功能的电磁记录所规定，上述表述显得极为难懂。② 由于《日本刑法典》之前未采用对计算机犯罪独立规定的模式，新设条款将计算机病毒等破坏性程序解释为"电磁记录"，无法为区别针对破坏性程序和针对信息数据实施的行为提供概念基础。

---

① 参见〔日〕松宫孝明《刑法各论讲义》，成文堂，2016，第415~416页；〔日〕大谷实《刑法讲义各论》，成文堂，2015，第510~511页；〔日〕前田雅英《刑法各论讲义》，东京大学出版会，2015，第405页；〔日〕高桥则夫《刑法各论》，成文堂，2014，第554页。
② 参见〔日〕中森喜彦《刑法各论》，有斐阁，2015，第234页。

## （二）中国网络犯罪的行为类型模式

中国网络犯罪刑事立法则是以信息为中心展开，同《欧洲委员会网络犯罪公约》、德国和日本刑法以数据为中心的模式相区别，构建了具有中国特色的网络犯罪行为类型模式。具体表现为：第一，侵入、破坏等行为所指向的为计算机信息系统，强调系统的信息性。《刑法》第 285 条第 1 款非法侵入计算机信息系统罪、第 286 条破坏计算机信息系统罪等罪名均作此表述。第二，通过司法解释将非法获取等行为指向的计算机信息系统数据作信息化解释（解释为"身份认证信息"）。[①] 第三，新设犯罪的编造、传播、获取、提供等行为以"信息"为基本对象概念。如《刑法》第 253 条之一侵犯公民个人信息罪、第 291 条之一编造、故意传播虚假恐怖信息罪（第 1 款）和编造、故意传播虚假信息罪（第 2 款）。

行为类型模式的不同也对具体行为的设置产生了影响。比如《欧洲委员会网络犯罪公约》采用"非法拦截"的行为模式，强调对于数据传输的保护，而《刑法》采取"非法获取"的行为模式，强调对于信息数据内容的全面保护。再如《欧洲委员会网络犯罪公约》将干扰数据作为干扰计算机系统的前置条件，而《刑法》则对非法控制计算机信息系统的行为予以独立考量。

关于如何对待《欧洲委员会网络犯罪公约》的行为模式，本书认为虽然可以对其部分内容予以借鉴，但是中国的网络犯罪行为类型模式另具特色，不宜简单照搬，而应基于自身立场予以完善。除了本书第二章指出的该公约网络犯罪类型可能存在过时问题外[②]，还应注意以下两点。

第一，《欧洲委员会网络犯罪公约》的行为模式并非基于中国本土

---

① 《最高人民法院、最高人民检察院关于办理危害计算机信息系统安全刑事案件应用法律若干问题的解释》（法释〔2011〕19 号）第 1 条第 1 款规定非法获取计算机信息系统数据的情形包括："（一）获取支付结算、证券交易、期货交易等网络金融服务的身份认证信息十组以上的；（二）获取第（一）项以外的身份认证信息五百组以上的。"其第 11 条第 2 款更明确指出，该解释所称"身份认证信息"，是指用于确认用户在计算机信息系统上操作权限的数据，包括账号、口令、密码、数字证书等。

② 参见本书第二章的相关论述。

视角制定的。《欧洲委员会网络犯罪公约》的行为模式是基于德国等欧洲国家的视角制定的，与中国的立法现实、法律传统有一定差距。从形式上看，《欧洲委员会网络犯罪公约》采取了以数据为中心的网络犯罪行为模式，而中国网络犯罪立法采取了以信息为中心的网络犯罪行为模式。从实质上看，《欧洲委员会网络犯罪公约》体现了欧洲国家重视形式判断的法律传统，而中国网络犯罪立法则体现了重视实质判断的法律传统。此外，信息模式并非仅被《刑法》采取，《中华人民共和国网络安全法》等法律也使用了个人信息、关键信息基础设施等概念，贸然移植数据模式很可能导致"南橘北枳"的结果。

第二，中国与德日的刑事立法模式不同。中国采取一元的刑事立法模式，而非德日的二元刑事立法模式，移植《欧洲委员会网络犯罪公约》的行为模式存在体系障碍。《欧洲委员会网络犯罪公约》规定的以数据为中心的网络犯罪行为模式实际上以计算机犯罪为主要指向，在网络犯罪向各类犯罪演化的当今，这一模式难以适用于所有的网络犯罪类型。而且德日采取的是二元的刑事立法模式，可以只在刑法典规定计算机犯罪行为的类型，将广义网络犯罪行为类型规定于其他法律的刑事条款中。其典型适例即德国《联邦数据保护法》，即便《德国刑法典》未规定所有侵犯个人信息的行为，《联邦数据保护法》的刑事条款也可予以周延保护。与之类似，日本《个人信息保护法》的刑事条款也承担着相同的功能。中国则是采取一元的刑事立法模式，所有犯罪的行为模式和法律后果均由《刑法》予以明确，由此选择统筹性和延展性更为充分的信息模式来确立网络犯罪行为类型有其特定依据。

此外，《欧洲委员会网络犯罪公约》在（网络）色情犯罪、赌博犯罪等方面和中国刑事立法规定有较大差距，这也是中国在国际上反对《欧洲委员会网络犯罪公约》成为一般性的网络犯罪国际立法的重要原因[①]。

另须补充说明的是，中国网络犯罪刑事立法的信息模式也并非简单

---

[①] 参见胡健生、黄志雄《打击网络犯罪国际法机制的困境与前景——以欧洲委员会〈网络犯罪公约〉为视角》，《国际法研究》2016年第6期，第26页。

等同于一些网络犯罪国际立法采用的"信息技术犯罪"或者"信息和通信技术领域犯罪"模式。"信息技术犯罪"为《阿拉伯打击信息技术犯罪公约》所采用,"信息和通信技术领域犯罪"为《联合国合作打击网络犯罪公约(草案)》所采用。一方面,中国仍然在基础犯罪类型上采用"网络犯罪",而非"信息技术犯罪"或"信息和通信技术领域犯罪",信息系作为对象模式,而非基础犯罪类型。另一方面,中国采用的信息模式旨在推动网络犯罪相关概念的体系化、类型化,而非寻找概括、包容的宏观概念。比如,《联合国合作打击网络犯罪公约(草案)》第9条"破坏信息和通信技术运行"直接将行为概括为"未经授权故意以破坏信息和通信技术运行为目的的行为",未指明相应的对象。与之不同,《刑法》第286条"破坏计算机信息系统罪"的行为类型(之一)则是"对计算机信息系统功能进行删除、修改、增加、干扰,造成计算机信息系统不能正常运行",指明了相应的对象,兼采了数据模式的优势。基于此,围绕中国的信息模式探索构建网络犯罪国际立法的实体法规则,或可为沟通美欧国家的数据模式与俄罗斯、阿拉伯国家的信息(和通信)技术模式提供兼容可用的术语、行为体系。

## 第二节 程序法与国际合作层面:
## 区域模式与国际模式

一 欧洲国家程序法与国际合作的模式

(一)区域模式的实践

《欧洲委员会网络犯罪公约》虽然因内容过于宽泛而备受批评,①但也是基于欧洲地区国家的视角制定的程序法与国际合作规则,实践了区域模式。即基于本区域国家、法律等方面的传统,制定和实施寻求区

---

① Elaine Fahey, "The EU's Cybercrime and Cyber-Security Rulemaking: Mapping the Internal and External Dimensions of EU Security", *European Journal of Risk Regulation*, Vol. 5 (2014), No. 1, p. 48.

域国家打击网络犯罪程序法与国际合作实现统一的模式。

第一，该公约采取让渡主权以提升打击网络犯罪国际合作效率的做法，与欧洲地区国家的一体化密不可分。"欧洲一体化"自第二次世界大战后即已经开始，各国之间的关系日渐多样化和复合化，国家主权的实现方式也有了很大的变化。欧洲各国之间的经济和社会依存度不断加深，这在客观上要求各国对本国主权进行合理限制以便更好地参与国际合作，更大程度地实现本国利益。[①] 在此背景下，"成员国国家主权的相对转让"日益成为欧洲国家的共识，具体到网络犯罪国际合作领域，对主权的相互容让也被欧洲各国认可。由此，《欧洲委员会网络犯罪公约》第 32 条第 b 项关于跨境访问数据的规定虽然对缔约方的主权有所减损，但是欧洲国家为了协作效率仍予以接受。

第二，该公约采取严格统一化的模式，强调法律协作的一致性，与欧洲地区法律的一体化密切相关。在世界范围内区域一体化实现程度最高的即为欧洲，在法律层面区域立法甚至可以直接对成员国产生效力。在规范上欧洲国家也具有趋近甚至趋同的态势，"欧洲刑法"已经被理论界关注和讨论，只不过在方式上有合作模式和超国家模式之别。更有学者指出，《里斯本条约》已为狭义欧洲刑法带来突破性发展。即便这些权限规定只允许针对某些领域的特定行为采取一定措施，但欧洲刑事立法既已起步，就不（能）只将立法工作局限于创设犯罪要件，对一些犯罪类型也会颁布总则予以规定，例如正犯与共犯或未遂可罚性等。甚至欧洲层面的立法可以直接规定三种制裁类型：罚款、其他经济制裁和其他失权。[②] 因此，《欧洲委员会网络犯罪公约》设置一致性要求较高的条款，也不过被欧洲国家视为特定领域的区域国际立法条款而已，在欧洲地区该公约的接受度并不存在问题。

《欧洲委员会网络犯罪公约》的一些缔约方虽然位于欧洲主体区域

---

① 参见何佳馨、李明倩等《法律文明史》第 16 卷《法的国际化与本土化》，商务印书馆，2018，第 193 页。
② 参见〔德〕赫尔穆特·查致格《国际刑法与欧洲刑法》，王士帆译，北京大学出版社，2017，第 91~102 页。

以外，但是其法律模式、传统与该区域国家具有近似性，因此缔结该公约也不会产生较大的立法和司法冲突。比如英国，从该国视角来看，《欧洲委员会网络犯罪公约》（对于英国国内）的影响大不，除了国际合作部分。① 虽然英国对于在网上传播种族主义和侮辱性语言的规定与该公约并不完全一致，但英国网络犯罪的有关立法和司法在遏制犯罪方面（也）起了一定作用。② 再如土耳其，通过批准该公约，土耳其政府使建立地方刑事司法机关成为可能，这对调查网络犯罪和起诉网络犯罪分子，以及提高国际合作的有效性至关重要。③ 又如美国，其虽然是欧洲以外的国家，但是其社会制度和法律传统也与欧洲地区具有近似性。自 2006 年美国批准该公约后，其在网络攻击、网络利用方面的作用甚至超过美国国内法。④ 又如南非，该国 2002 年第 25 号《电子通信交易法》实质上契合了该公约的要求。⑤

但是除了个别统一化较强的地区外，这种程序法与国际合作的区域模式也存在一定的推广障碍。美欧国家在社会制度、法律传统等方面具有一致性甚至趋同性，其他地区的国家则未必如此。继《欧洲委员会网络犯罪公约》之后，基于区域模式制定的专门的网络犯罪国际立法以公约形式出现的仅有《阿拉伯打击信息技术犯罪公约》。《阿拉伯打击信息技术犯罪公约》虽然在术语范式、实体法条款等方面结合自身实际作出规定，但是其程序法与国际合作的框架基本沿袭了《欧洲委员会网络犯罪公约》。这也与地区的具体情况有关，伊斯兰世界的国家

---

① Ian J. Lloyd, *Information Technology Law* (7th Edition), Oxford University Press, 2014, p. 406.
② 古丽阿扎提·吐尔逊：《英国网络犯罪研究》，《中国刑事法杂志》2009 年第 7 期，第 125 页。
③ Aliya Shukan, Aitugan Abdizhami, Gulnar Ospanova, et al., "Crime Control in the Sphere of Information Technologies in the Republic of Turkey", *Digital Investigation*, Vol. 30 (2019), No. 1, p. 97.
④ Angelyn Flowers, Sherali Zeadally, Acklyn Murray, "Cybersecurity and US Legislative Efforts to Address Cybercrime", *Journal of Homeland Security & Emergency Management*, Vol. 10 (2013), No. 1, p. 35.
⑤ Siyanda Dlamini, Candice Mbambo, "Understanding Policing of Cybercrime in South Africa: The Phenomena, Challenges and Effective Responses", *Cogent Social Sciences*, Vol. 5 (2019), No. 1, p. 4.

在社会制度、法律传统上也具有较强的近似性，具备实践区域模式的基础。比如，"伊斯兰国际刑法"（Islamic International Criminal Law）作为一个区域性的国际刑法概念出现，其也强调合法性原则等基本国际法原则，但是却将《古兰经》作为伊斯兰刑法的主要来源，并强调刑事管辖权的追溯力。虽然这些做法难以为其他地区国家所普遍认同，但是却在该区域内的国家中享有较高程度的共识。[①] 对于各国国情差异较大的地区乃至世界范围的网络犯罪国际立法来说，区域模式的推广存在一定的障碍。因此，现有的区域性网络犯罪国际立法多以指令、协定、示范法等形式出现，仅推动区域的协同，并不强求完全的一致。

### （二）区域模式的法律协同

对于欧洲国家打击网络犯罪程序法和国际合作的区域模式而言，法律一体化不仅代表特定的社会背景，更意味着一套相对成熟的区域立法和执法体系。实际上，对于欧洲国家而言，《欧洲委员会网络犯罪公约》在很大程度上是现有各国刑事司法协助体系的补充，要服从各国间司法协助文件的安排。[②] 其中最为关键的是欧盟的作用，欧盟积极推动《欧洲委员会网络犯罪公约》的实施，不仅出台了一系列配套立法，还推动建立了区域网络犯罪预防和程序执行机制。

《欧洲委员会网络犯罪公约》作为欧洲委员会通过的国际立法，在欧洲层面并不是孤立存在的，而是和（欧洲议会和）欧盟相关立法共同配合的。与《欧洲委员会网络犯罪公约》的"包罗万象"不同，欧盟网络犯罪立法是围绕具体问题制定的。[③] 网络犯罪立法被理解为"第

---

[①] Farhad Malekian, *Principles of Islamic International Criminal Law: A Comparative Search* (2nd Edition), Brill, 2011, p.21.

[②] 这在《欧洲委员会网络犯罪公约》的前言中可以得到佐证："考虑到欧洲委员会关于刑事领域合作的现有公约以及欧洲委员会成员国与其他国家之间签订的类似条约，强调本公约旨在对这些公约进行补充，以期使与计算机系统和数据有关的刑事犯罪在刑事调查和诉讼方面更为有效，并且能够以电子形式收集刑事犯罪的证据。"也可由该公约第39条得到确认，该条规定："现行公约的目的是补充缔约国之间的多边和双边条约，包括……" COE, Convention on Cybercrime, preamble, art.39.

[③] Erik O. Wennerström, Csaba Sandberg, "Combating Cybercrime-Developments in the European Union", Scandinavian Studies in Law, Vol.56 (2010), No.1, p.248.

三代欧盟刑法"。虽然欧盟法律并未直接全面定义"网络犯罪",①但是针对网络犯罪的立法工作却已系统进行。欧盟网络犯罪的"法律"在形式上是从《欧盟委员会关于惩治攻击信息系统行为的第2005/222/JHA号框架决议》② 开始的。该框架决议和《欧洲委员会网络犯罪公约》都被认为旨在改善欧洲打击网络犯罪合作。③ 但是该框架决议并未彻底解决网络犯罪的各种问题,欧盟法律仍然没有公认的网络犯罪定义,也没有具体的网络犯罪指令。其将在线和离线行为定为犯罪,明确处以严惩和管辖权规则,着重于个人的不法行为,但仅构成法律的最低限度或有限度的协调。之后加强执法合作、公私伙伴关系和国际合作等方面的政策框架需求出现,最终提出了废除和更新框架决定条款的提案。其后,《欧洲议会和欧盟委员会关于惩治攻击信息系统行为、替代第2005/222/JHA号框架协议的第2013/40/EU号指令》出台,特别强调了一种打击创建网络犯罪的新方法的战略(例如针对大规模"僵尸网络")。值得注意的是,欧盟委员会在发布该指令时就提出了"全面"的欧盟网络犯罪法构想,其中包括金融网络犯罪,非法互联网内容,电子证据的收集、存储和转移以及详细的管辖权规则等更多内容的规定,亦即采取与《欧洲委员会网络犯罪公约》并行运作的"综合"立法形式,并采取非立法措施。④ 在此意义上,与《欧洲委员会网络犯罪公约》相匹配的欧洲地区国家立法不仅包括各国的国内法,也包括统一性的欧盟立法。

不仅(欧洲议会和)欧盟的网络犯罪专门立法可以为《欧洲委员会网络犯罪公约》的实施提供支持,相关网络安全立法对于打击网络

---

① Elaine Fahey, "The EU's Cybercrime and Cyber-Security Rulemaking: Mapping the Internal and External Dimensions of EU Security", *European Journal of Risk Regulation*, Vol. 5 (2014), No. 1, p. 48.

② EU, Council Framework Decision 2005/222/JHA of 24 February 2005 on Attacks Against Information Systems, https://eur-lex.europa.eu/legal-content/EN/TXT/PDF/? uri = CELEX: 32005 F0222&from = EN.

③ Aldo Shkëmbi, Darjel Sina, "Cybercrime in the Perspective of the European Legal Framework", *Mediterranean Journal of Social Sciences*, Vol. 4 (2013), No. 9, p. 327.

④ Elaine Fahey, *The Global Reach of EU Law*, Routledge, 2016, pp. 121 – 122.

犯罪的程序法和国际合作也提供了充分的支持，甚至提供了完整的协作框架。比如《欧洲议会和欧盟委员会关于隐私与电子通信的第 2002/58/EC 号指令》①［Directive 2002/58/EC of the European Parliament and of the Council of 12 July 2002 Concerning the Processing of Personal Data and the Protection of Privacy in the Electronic Communications Sector（Directive on Privacy and Electronic Communications）］②，该指令处理的主要是电子通信领域的数据保护，包括电信、传真、电子邮件、互联网和其他类似服务。其后，《欧洲议会和欧盟委员会关于存留因提供公用电子通信服务或者公共通信网络而产生或处理的数据及修订第 2002/58/EC 号指令的第 2006/24/EC 号指令》（Directive 2006/24/EC of the European Parliament and of the Council of 15 March 2006 on the Retention of Data Generated or Processed in Connection with the Provision of Publicly Available Electronic Communications Services or of Public Communications Networks and Amending Directive 2002/58/EC）③ 颁布，其规制范围主要为自然人和法人的通信数据和定位数据，还有识别预订用户或者注册用户所需的数据。这些立法其实和《欧洲委员会网络犯罪公约》有密切关联，比如 2006 年的指令旨在解决起草该公约时未能达成一致意见的一个特定问题，即在互联网上和其他电子网络中的成功调查在很大程度上依赖于追踪犯罪人到其原始计算机系统的能力。普通的追踪程序要求储存特定的通信数据，以便其能够适用于调查，而这种调查只是在犯罪发生后才开始进

---

① 该指令的前身是《电子通信数据保护指令》，后者最初由欧盟委员会于 1997 年 12 月 1 日批准，2000 年 7 月 12 日欧盟委员会对此提出了修正案，即《隐私与电子通信指令》草案。2002 年 6 月 25 日欧洲议会全体代表通过了该修正案，经欧盟委员会批准《隐私与电子通信指令》正式生效。

② EU，Directive 2002/58/EC of the European Parliament and of the Council of 12 July 2002 Concerning the Processing of Personal Data and the Protection of Privacy in the Electronic Communications Sector（Directive on Privacy and Electronic Communications），https：//eur-lex. europa. eu/legal-content/EN/TXT/PDF/？uri = CELEX：32002L0058&from = EN.

③ EU，Directive 2006/24/EC of the European Parliament and of the Council of 15 March 2006 on the Retention of Data Generated or Processed in Connection with the Provision of Publicly Available Electronic Communications Services or of Public Communications Networks and Amending Directive 2002/58/EC，https：//eur-lex. europa. eu/legal-content/EN/TXT/PDF/？uri = CELEX：32006L0024&from = EN.

行。因此，2006年的指令要求各国采取措施以便规定：某些通信数据与位置通信服务应从通信之日起被保留下来，保留时间不超过两年，并且不少于六个月，并于第12条规定了例外情形。更为重要的是，这一规定不仅仅是为了适应《欧洲委员会网络犯罪公约》对于数据保全的规定，更应理解为与该数据保全规定共同构成特定类型的程序措施体系。"数据保留措施不能被《欧洲委员会网络犯罪公约》规定的'快速保全'通信数据完全替代，因为如果数据未被储存，快速保全就不能发生。"①

此外，欧洲国家还构建了多个区域性的网络犯罪执法机制，从而保证了《欧洲委员会网络犯罪公约》在大多数缔约方之间有效地实施。

第一，欧洲司法系统的基础性保障。欧洲法院根据欧盟法律为欧洲联盟的最高法院。作为欧盟法院的一部分，其负有解释欧盟法律和确保欧盟法律在各欧盟成员国间被平等适用的任务。网络犯罪虽然对欧洲刑事司法系统构成了重大挑战，但是《欧洲法院规约》和欧盟合作框架的建立已经朝着有效打击网络犯罪迈出了第一步。②

第二，欧洲调查令（European Investigation Order，EIO）等程序工具。欧盟成员国之间先前已经创建了欧洲扣押令、欧洲证据令、欧洲逮捕令三大刑事程序工具，晚近以来欧洲调查令的设置与实践对于协作打击网络犯罪也具有重要意义。设置欧洲调查令之前，成员国只能接受其他成员国现有的证据，没有主动权，且局限于对方已掌握的证据，即不能实施侦查主动搜寻证据。而设置欧洲调查令之后，一方面，扩大以往各类令状的适用范围，使其适用于绝大多数的调查措施；另一方面，重点关注各类具体措施的实施，便于收集证据。③ 而欧洲调查令所关联的重要犯罪领域包括走私犯罪、毒品犯罪、贪腐犯罪、网络犯罪等跨境跨

---

① 〔德〕乌尔里希·齐白：《全球风险社会与信息社会中的刑法：二十一世纪刑法模式的转换》，周遵友、江溯等译，中国法制出版社，2012，第410页。

② Francesco Calderoni, "The European Legal Framework on Cybercrime: Striving for an Effective Implementation", *Crime, Law and Social Change*, Vol. 54 (2010), No. 5, pp. 350 – 355.

③ 参见肖军《欧盟领域内追逃追赃的经验与启示：以欧洲侦查令为切入点》，《中国人民公安大学学报》（社会科学版）2016年第3期，第65页。

国犯罪。① 例如，欧洲调查令的第一个要求即为"简化"，② 这无疑契合了网络犯罪相关电子证据调取的关键要求。

欧盟委员会也在推动建立"欧洲数据提交令"和"欧洲数据保存令"这两项新的制度。根据欧洲数据提交令，成员国的执法或司法当局可直接指令欧盟境内的服务提供者提供电子数据，而不论相应数据到底是否存储于欧盟境内。③

第三，打击网络犯罪专门协作平台。比如，欧盟网络犯罪中心（European Cybercrime Centre，EC3）于2013年启动，重点关注一些有组织犯罪集团实施的非法网络（犯罪）活动，尤其是攻击网络银行和其他网络金融服务、网络儿童性虐待，以及其他危及欧盟重要基础设施和信息系统的行为。欧盟打击网络犯罪中心进一步提升服务质量，努力提供更为详细的网络犯罪信息、更为先进的技术支持、更为全面的重点案件剖析、更为权威的网络犯罪威胁评估等一系列服务。④ 此外，欧盟还和《欧洲委员会网络犯罪公约》的欧洲域外关键缔约方美国合作，构建欧盟和美国网络安全和网络犯罪工作组（EU-US Working Group on Cybersecurity and Cybercrime），就打击网络犯罪开展多方合作。⑤

（三）区域模式的典型法律实践

在与《欧洲委员会网络犯罪公约》相配套的欧洲区域协定中，特别值得关注的是2016年颁布的《欧洲议会和欧盟委员会关于欧盟范围内通用高层次网络和信息系统安全相关措施的指令》［Directive (EU) 2016/1148 of the European Parliament and of the Council of 6 July 2016 Concerning Measures for a High Common Level of Security of Network and Information Systems Across the Union］。2013年欧洲委员会制定了《欧盟网络

---

① 参见肖军《再论欧洲侦查令制度：发展与启示》，《中国人民公安大学学报》（社会科学版）2019年第2期，第64页。
② Tommaso Rafaraci, Rosanna Belfiore, eds., *EU Criminal Justice*: *Fundamental Rights*, *Transnational Proceedings and the European Public Prosecutor's Office*, Springer, 2018, pp. 90–91.
③ 参见梁坤《欧盟跨境快捷电子取证制度的发展动向及其启示》，《中国人民公安大学学报》（社会科学版）2019年第1期，第37~38页。
④ 参见肖军《欧洲主要国家与欧盟侦诉主体研究》，群众出版社，2015，第145页。
⑤ Elaine Fahey, *The Global Reach of EU Law*, Routledge, 2016, p. 127.

安全战略：一个开放、安全、可靠的网络空间》（Cybersecurity Strategy of the European Union：An Open, Safe and Secure Cyberspace），并首创数字化单一市场（Digital Single Market）[①]。其战略目标是：提升网络弹性[②]；减少网络犯罪；制定网络防御政策和提升网络防御能力；建立欧盟统一的网络政策。[③] 2013 年，委员会提出了一项建议，即制定一个指令来规定确保欧盟高水平的网络与信息系统安全的相关措施，从法律层面提升欧盟的网络安全整体水平。[④] 该指令是该战略的主要举措。战略的进一步举措包括提升认识水平、发展有关网络安全产品和服务内部市场、加大研究与发展投资以及加紧对抗网络犯罪。[⑤] 2016 年 7 月，欧洲议会全体会议正式通过了该指令，这意味着第一部欧盟层面的网络安全立法历时三年终于出台，欧盟还要求其成员国于 2018 年 11 月 9 日前将该指令的内容纳入国内立法。这意味着欧盟正在逐步向（网络安全）有效管理进行探索实践。[⑥] 该指令不仅在立法目的中明确提及减少网络犯罪，其众多条款均和《欧洲委员会网络犯罪公约》密切关联。

该指令全文共七章二十七条，各章分别是一般规定、网络与信息系统安全的国家框架、合作、基本服务运营者的网络与信息系统安全、数字服务提供者的网络与信息系统安全、标准化与自愿通知、最后规定。

---

[①] 数字化单一市场的目标包括：迅速完成对欧盟共同的数据保护规则的协商；增强正在进行的欧洲数据规则修改的决心；根据新技术的发展来修改著作权规则，使之更简单和清晰；简化消费者网上购物的规则；使创新者更容易创办自己的公司；提升数字技能和加强数字学习；可以在欧盟任何一个国家更好地享受在线内容和服务。

[②] 网络弹性（cyber resilience）也称为"运维弹性"（operational resilience），是指网络在遇到灾难事件时快速恢复和继续运行的能力。

[③] Scott J. Shackelford, Amanda N. Craig, "Beyond the New 'Digital Divide': Analyzing the Evolving Role of National Governments in Internet Governance and Enhancing Cybersecurity", *Stanford Journal of International Law*, Vol. 50 (2014), No. 1, p. 156.

[④] EU, Directive (EU) 2016/1148 of the european parliament and of the council of 6 July 2016 concerning measures for a high common level of security of network and information systems across the Union, https://eur-lex.europa.eu/legal-content/EN/TXT/PDF/?uri=CELEX：32016L1148&from=EN.

[⑤] Richard Tauwhare, "Improving Cybersecurity in the European Union: The Network and Information Security Directive", *Journal of Internet Law*, Vol. 19 (2016), No. 12, p. 4.

[⑥] Andre Barrinha, "Cybersecurity in the European Union. Resilience and Adaptability in Governance Policy", *European Security*, Vol. 25 (2016), No. 3, p. 388.

其中，每一部分均和《欧洲委员会网络犯罪公约》的规定相呼应，在某种意义上该指令也是基于整合网络安全保护和网络犯罪打击，在欧盟立法层面对《欧洲委员会网络犯罪公约》加以贯彻的立法实践。

**1. 一般规定**

第一章"一般规定"（General Provisions）对该指令的主要问题、适用范围与协调原则、核心术语与表述作了较为细致的规定。

第一，主要问题。该指令第 1 条第 1 款即指出，该指令规定了确保欧盟高水平的网络与信息系统安全的相关措施，以促进内部市场[①]的运行。继而第 2 款明确指出该指令主要解决的五个问题："其一，规定所有成员国通过关于网络和信息系统安全的国家战略的义务；其二，创建一个合作组织以支持和推进成员国之间的战略合作和信息交流以及发展相互的信赖和信任；其三，创建一个计算机安全事件响应小组网络（Computer Security Incident Response Team Network）以促进成员国之间信赖和信任的发展以及促成迅速和有效的行动合作；其四，规定基本服务运营者和数字服务提供者有关安全与通知的要求；其五，规定成员国指派国家有关部门、联络点以及有关网络和信息系统安全任务的计算机安全事件响应小组的义务。"[②]

根据《欧洲委员会网络犯罪公约》序言，其旨在补充现有公约，使与计算机系统和数据有关的刑事犯罪在刑事调查和诉讼方面更为有效，并且能够以电子形式收集刑事犯罪的证据。虽然其立法目的更具有专门性，但是二者在打击网络犯罪以维护网络安全层面具有一致性。

第二，适用范围与协调原则。由于该指令是在欧盟层面公布的，涉及欧盟诸多成员国，需要对适用范围与协调原则作出规定，以保证该指令的有效实施。关于适用范围，该指令先是在第 1 条第 3 款、第 4 款中就不适用该指令的情形以及该指令与相关立法的效力问题作出规定，继而在第 5 款至第 7 款中就一些具体适用范围作出规定：第 5 款规定，信息交换必须具有该指令规定的必要性，且必须保密和保护商业利益；第

---

[①] 内部市场（Internal Market）即"European Single Market"，这里应理解为数字化单一市场。
[②] EU, The European Union's Directive on Security of Network and Information Systems, art. 1.

6款规定，该指令不妨碍成员国实施其基本国家职能；第7款规定，成员国关于基本服务运营者和数字服务提供者安全与通知（义务）的规定，义务要求必须不低于该指令方可适用。此外，该指令第2条就个人数据的问题指出，有关个人数据的处理问题适用欧盟其他相关的立法。[①]

关于协调原则，该指令第3条规定了最低限度的协调原则。该条规定："在不妨碍该指令第16条第10款规定的义务实现时，成员国可以制定或保留实现更高水平的网络与信息系统安全的规定。"[②] 该条实际上明确了这样一个协调原则：该指令所规定的有关义务只是最低义务，成员国在设置有关义务时不得低于该指令的要求，但是成员国可以设置比该指令更高的义务要求来保护网络与信息系统安全。

《欧洲委员会网络犯罪公约》根据通例在缔约方中加以适用，在这一问题上与该指令有所区别，但是由于《欧洲委员会网络犯罪公约》的区域属性，其中一些条款的强行性相比于全球性公约更加明显。此外，关于规范的协调，《欧洲委员会网络犯罪公约》不少条款采用的是最低标准规定，即明确缔约方可以采取更高标准的要求或者措施，与该指令的协调原则类似。

第三，核心术语与表述。该指令的一个突出特色就是对相关的核心术语作出全面的规定，并对关键问题予以详细的阐述，以保证该指令的理解与适用，主要包括三个层面。

其一，基本术语的全面界定。该指令第4条规定，网络与信息系统是指："（a）欧盟2002/21/EC中第2条规定的电子通信网络；（b）任何设备或者一组相互关联或联系的设备，其中一个或一些根据程序执行数字化数据自动处理；（c）由（a）和（b）项中规定的网络或设备出于运转、使用、保护和维持的目的存储、处理、检索或传播的数字化数据。""网络与信息系统安全是指，在一定的置信水平下，网络与信息系统抵御危害可用性、真实性、完整性和机密性之行为的能力，（这些

---

[①] EU, The European Union's Directive on Security of Network and Information Systems, art. 2.
[②] EU, The European Union's Directive on Security of Network and Information Systems, art. 3.

行为指向）存储、传输和处理的数据，或者这些网络和信息系统提供或传递的相关服务。"[1] 继而对网络与信息系统安全的国家战略、基本服务运营者、数字服务、数字服务提供者、事件、事件处理、风险、代表、标准、规范、互联网交换点（Internet Exchange Point，IXP）、域名系统、域名服务提供者、顶级域名注册机构、网上市场、网上搜索引擎、云计算服务等术语作了全面的界定，为该指令的理解与适用奠定了基础。

其二，特殊主体的详细规定。该指令第5条对基本服务运营者作出详细的规定，重申基本服务运营者的认定应当参照该指令的附件二[2]，并在第2款详细地规定了成员国识别基本服务运营者的标准，包括社会经济层面、网络信息系统相关层面、网络安全事件的影响层面。此外，该指令还对各国在基本服务运营者的认定、审查、识别等方面的义务与程序加以规定。

其三，关键表述的特别厘定。该指令第6条对第5条提及的"显著的破坏性影响"（significant disruptive effect）作了细致的阐释，指出各成员国在认定时应当考虑用户人数、行业独立性、程度和时间、市场份额、区域扩散、服务重要性等跨部门因素。[3] 该条还指出，在考虑这一问题时，成员国也应酌情考虑特定行业因素。

在术语层面该指令与《欧洲委员会网络犯罪公约》的契合性十分明显。该指令对"网络与信息系统"的界定沿用了后者第1条关于"计算机系统"的表述，包括对"数字服务提供者"的界定也与后者第1条关于"服务提供者"的表述类似，所不同者在于该指令所界定术语、概念的范畴更为广泛，这也与其所针对的网络安全领域更为广泛有关。

**2. 网络与信息系统安全的国家框架**

第二章"网络与信息系统安全的国家框架"（National Frameworks

---

[1]　EU, The European Union's Directive on Security of Network and Information Systems, art. 4.
[2]　EU, The European Union's Directive on Security of Network and Information Systems, art. 5.
[3]　EU, The European Union's Directive on Security of Network and Information Systems, art. 6.

on the Security of Network and Information Systems）包括网络与信息系统安全的国家战略、联络点与响应小组、国家层面的协作。

第一，网络与信息系统安全的国家战略。该指令第 7 条规定："每个成员国应当出台规定战略目标、合适政策、监管措施的网络与信息系统安全国家战略，以便实现和保持高水平的网络和信息系统安全，并且至少包括附件二规定的行业类别和附件三规定的服务类别。"① 并特别指出有关网络与信息系统安全的国家战略应当特别解决目标和重点、治理框架、预防和应对措施、安全教育与训练、研究与发展计划的指示、风险评估计划与参与者名录等问题。此外，该指令还规定了成员国在网络与信息系统安全国家战略的问题上向欧洲网络与信息安全局（European Union Agency for Network and Information Security）请求援助的权利以及在三个月内通报其战略的义务。

第二，联络点与响应小组。在先前的指令（2013 / 40 / EU）中，响应机制包括联络点（contract point）、信息共享（information sharing）、运营商协助（service provider assistant）。② 该指令对此作了进一步的规定，联络点与响应小组都是一国关于网络与信息系统安全的特定机构。该指令第 8 条规定了国家主管部门和联络点，指出："每个成员国应当指派一个或多个网络与信息系统安全的主管部门，其管理范围至少包括附件二规定的行业类别和附件三规定的服务类别。"③ 并且每个成员国应当指定一个"单一联络点"，通过其行使联络职能来确保与其他成员国及其有关部门、该指令第 11 条规定的合作组织、该指令第 12 条规定的计算机安全事件响应小组网络之间的跨境合作。此外，该条还规定了联络点的监管问题、资源问题、咨询问题与程序问题。

该指令第 9 条规定了计算机安全事件响应小组，指出："每个成员国应当指派一个或多个能够遵守附件一中第（1）项要求的计算机安全

---

① EU, The European Union's Directive on Security of Network and Information Systems, art. 7.
② 张涛、王玥、黄道丽：《信息系统安全治理框架：欧盟的经验与启示——基于网络攻击的视角》，《情报杂志》2016 年第 8 期，第 20 页。
③ EU, The European Union's Directive on Security of Network and Information Systems, art. 8.

事件响应小组,管理范围至少包括附件二规定的行业类别和附件三规定的服务类别,并且能够依照清晰明确的程序处理风险与事件。"① 此外,该条还规定了计算机安全事件响应小组的管理、资源保障、基础设施、信息通报与请求协助等事项。

第三,国家层面的协作。该指令第10条规定了国家层面的协作,指出:"一国的单一联络点和计算机安全事件响应小组应当独立于主管部门,并且在履行该指令规定的义务过程中进行协作。"② 此外,该条还具体规定了与之相关的指令遵守义务以及对相关事项的报告义务。

在协作层面该指令也与《欧洲委员会网络犯罪公约》相契合。虽然该公约由于法律性质方面的原因没有直接规定国家战略,但是其所构建的协作框架和体系均与该指令一致。比如,与一般的国际刑法仅明确司法协助的范围、要求不同,③《欧洲委员会网络犯罪公约》第27条明确要求缔约方应确定一个中央机构负责发送和回答相互协作请求;与之类似,该指令要求每个成员国指派主管部门作为联络点,并指派计算机安全事件响应小组。此外,二者用语也具有近似性,"联络点"的表述不仅出现在该指令中(如其第8条标题即包括"single point of contact"),也出现在《欧洲委员会网络犯罪公约》中(如其第35条也将"a point of contact"作为24/7网络的组成节点)。

### 3. 网络与信息系统安全的跨国合作

关于网络与信息系统安全跨国合作的内容主要规定在该指令第三章"合作"(Cooperation)中,包括合作组织、计算机安全事件响应小组网络和国际合作三部分。

第一,合作组织。该指令第11条第1款规定:"为了支持和促进成员国之间的战略合作和信息交流,发展信赖和信任,在欧盟范围实现更高水平的网络和信息系统安全,因此建立合作组织。"④ 并且合作小组

---

① EU, The European Union's Directive on Security of Network and Information Systems, art. 9.
② EU, The European Union's Directive on Security of Network and Information Systems, art. 10.
③ 比如《联合国打击跨国有组织犯罪公约》《联合国反腐败公约》虽然也提及了"主管当局"或"主管机关",但是并未要求缔约国指定唯一的联络机关。
④ EU, The European Union's Directive on Security of Network and Information Systems, art. 11.

应当执行该指令规定的两年一度的规划任务。第 2 款规定:"合作组织应当由成员国、欧洲委员会和欧洲网络与信息安全局的代表组成。在适当的情况下,合作小组可以邀请利益相关者参与其工作。"继而,该条第 3 款详细规定了合作组织的具体任务,包括提供战略指导、交流各种典型经验、交流各种信息、讨论(网络安全)预防措施等多种相关问题。此外,该条还规定了合作组织的评价报告制度、程序性要求等问题。

第二,计算机安全事件响应小组网络。该指令第 12 条第 1 款规定:"为了促进成员国之间信赖和信任的发展以及促成迅速和有效的行动合作,因此建立国家层面的计算机安全事件响应小组。"[1] 第 2 款规定:"计算机安全事件响应小组网络应当由成员国计算机安全事件响应小组和欧洲计算机紧急响应小组(CERT-EU)的代表组成。欧洲委员会应该作为观察员参与计算机安全事件响应小组网络。欧洲网络与信息安全局应当努力支持计算机安全事件响应小组的合作。"继而,该条第 3 款规定了计算机安全事件响应小组网络的主要任务,包括交流各种有关信息、在请求下研讨相关问题、向成员国提供有关支持以及特定情况下的通知与指导等。此外,该条还规定了评估报告制度,以及议事规则制度。

第三,国际合作。该指令第 13 条规定:"依照《欧盟运作条约》(Treaty on the Functioning of the European Union)第 218 条,欧盟可以同第三国或国际组织缔结国际条约,允许并且组织其参与合作组织的一些行动。这些条约应当考虑到给予数据充分保护的必要性。"[2] 这一规定,明确了合作组织在与欧盟成员国之外的主体合作问题上的基本原则,有利于推动国际合作的开展。

该指令和《欧洲委员会网络犯罪公约》都确立了以欧洲地区国家为主体,向其他地区国家扩散的国际合作模式。该指令第 11 条规定了专门的合作组织,"由成员国、欧洲委员会和欧洲网络与信息安全局的代表组成";《欧洲委员会网络犯罪公约》本身是在欧洲委员会的框架

---

[1] EU, The European Union's Directive on Security of Network and Information Systems, art. 12.

[2] EU, The European Union's Directive on Security of Network and Information Systems, art. 13.

下制定和实施的，也特别强调了欧洲委员会部长委员会在缔约过程中的关键作用。同时，该指令第 13 条明确规定可以一定程度吸纳第三国或国际组织参与，《欧洲委员会网络犯罪公约》第 37 条也允许其他地区国家加入，但是要符合"欧洲"立场的严格要求①，特别强调已加入公约的缔约方和欧洲委员会成员国的同意，这意味着缔约方及欧洲委员会成员国有权阻止新成员的加入。因此，二者实际上都强调欧洲本位的国际合作。

**4. 基本服务运营者与数字服务提供者的网络与信息系统安全**

该指令第四章（Security of the Network and Information Systems of Operators of Essential Services）、第五章（Security of the Network and Information Systems of Digital Service Providers）分别就基本服务运营者与数字服务提供者的网络与信息系统安全作出专门的规定，而且均围绕安全要求与事件通知、实施与执行两个方面展开（第 18 条专门就数字服务提供者的管辖问题作出规定）。

第一，安全要求与事件通知。关于基本服务运营者的安全要求与事件通知，该指令第 14 条第 1 款规定："成员国应当确保基本服务运营者采取合适和适当的技术与有组织的措施来管理其运营中的网络与信息系统安全风险。考虑到相应的技术水平，这些措施应当确保与风险相适应的网络与信息系统安全。"该指令第 14 条第 3 款规定："成员国应当确保基本服务运营者毫不延迟地通知主管部门或计算机安全事件响应小组对于其服务连续性有重大影响的（网络安全）事件。通知的内容应当足以保证主管部门或计算机安全事件响应小组判定事件的跨境影响。不得因通知增加通知方的责任。"② 该条还规定了对服务连续性的保障、事件判断的参考因素、对其他成员国的通知、公众告知、合作组织的指导等问题。

就数字服务提供者的安全要求与事件通知，该指令第 16 条第 1 款规定："成员国应当确保数字服务提供者采取合适和适当的技术与有组

---

① 参见本书第二章第一节的相关内容。
② EU, The European Union's Directive on Security of Network and Information Systems, art. 14.

织的措施来管理其在欧盟内部提供的、附件三所列举的服务的网络与信息系统安全风险。考虑到相应的技术水平，这些措施应当确保与风险相适应的网络与信息系统安全。"并明确在此基础上还应当考虑相关因素。该指令第 16 条第 3 款规定："成员国应当确保数字服务提供者毫不延迟地通知主管部门或计算机安全事件响应小组附件三所提及的对其提供的服务有重大影响的（网络安全）事件。通知的内容应当足以保证主管部门或计算机安全事件响应小组判定事件的跨境影响。不得因通知增加通知方的责任。"① 该条还就对服务连续性的保障、事件判断的参考因素、通知义务的分配、对其他成员国的通知、公共利益问题等作了规定。

第二，实施与执行。就基本服务运营者的实施与执行，该指令第 15 条第 1 款规定："成员国应当确保主管部门有必需的权力与手段来评估基本服务运营者对于第 14 条义务的遵守情况以及由此给网络与信息系统安全带来的影响。"该条还规定了主管部门上述权力的范围、补救所发现缺陷的权力、与数据保护机关的协作问题。

就数字服务提供者的实施与执行，该指令第 17 条第 1 款规定："在采取监督措施后，如果有证据证明数字服务提供者没有遵照第 16 条的要求，成员国在必要的情况下应当确保主管部门采取行动。如果其他成员国也接受了服务，这些证据也应当提交给其主管部门。"该条还规定了主管部门上述权力的范围和与其他成员国的协作。

第三，数字服务提供者的管辖问题。该指令第 18 条就数字服务提供者的管辖作了专门规定，指出数字服务提供者的总部或者主要营业机构在成员国内时，应该被认为处于成员国的管辖之下。此外，该条还规定欧盟以外数字服务提供者的代表制度以及这一制度的限制规定。

除了上述主要内容之外，第六章还规定了标准化和自愿通知制度（Standardisation and Voluntary Notification），就与基本服务运营者和数字服务提供者相关的技术规范的标准化与（网络安全）事件的自愿通知

---

① EU, The European Union's Directive on Security of Network and Information Systems, art. 16.

作了规定。

该指令的上述规定也和《欧洲委员会网络犯罪公约》的相关条款有联系。比如后者第 18 条"提供令"、第 32 条"经同意或对公开的已存储的计算机数据越境访问"等条款均需要网络服务提供者的积极配合。该指令关于基本服务运营者、数字服务提供者的要求也体现了其与《欧洲委员会网络犯罪公约》的衔接，不仅涉及与数据保护机关、其他成员国的协作，还涉及数字服务提供者的管辖等问题，为推动欧洲各国跨境取证的协调提供了基础。

总体来看，区域模式的打击网络犯罪程序法和国际合作在欧洲范围内得到了良好的实践，这既得益于欧洲国家社会和法律传统的近似，也得益于欧洲层面政治、法律的一体化进程（特别是欧盟层面立法和实践的积极推动）。但是这一模式的可复制性有待商榷，其他地区的国家往往在社会制度和法律传统上不尽相同，也不存在类似欧盟的共同体来推动一致的立法和执法，以配合区域模式的网络犯罪国际立法实践，强行追求一致化反而可能不利于打击网络犯罪的国际合作。当然，区域模式的探索也积累了有益的经验，比如其探索通过缔约方/成员国确立主管机关作为联络点，构建相对高效的打击网络犯罪协作系统，为网络犯罪国际立法的发展完善提供了可借鉴的思路。

## 二　中国程序法与国际合作的模式

### （一）程序法的实践

曾有学者提出借鉴《欧洲委员会网络犯罪公约》的证据调查制度修改中国相关刑事程序法，包括采纳该公约的基本原则、基础侦查措施框架，集中规定计算机数据实时收集，以及新增各种电子形式证据的侦查措施，并考虑在未来为计算机数据实时收集单独设立更完善的"电子通信截获法"。[①] 但是晚近以来，论者也关注到广大发展中国家未能

---

① 皮勇：《〈网络犯罪公约〉中的证据调查制度与我国相关刑事程序法比较》，《中国法学》2003 年第 4 期，第 162 页。

参与《欧洲委员会网络犯罪公约》的起草过程，其利益和关切未得到充分反映。因所谓全球开放签署建立在生效后该公约的加入国放弃自身网络安全利益诉求、完全接受起草国立场的基础上，该公约实际上成为一个内容封闭的法律文件。该公约及其附加议定书开放签署后18年未作任何修改，未根据网络空间犯罪的演变进行调整，表明其发展能力不足。① 实际上，中国打击网络犯罪实践的具体情况与欧洲国家存在区别，在程序法问题上，中国也形成了具有自身特色的制度与实践。

第一，电子数据地位的法定化。在网络犯罪程序法方面，中国基于电子数据的独立化进行了系统规定。不同于《欧洲委员会网络犯罪公约》仅强调获取数据措施的协同应用，中国在强调电子数据独立证据地位的基础上还推动各类程序措施的全面适用。2018年修正的《中华人民共和国刑事诉讼法》第50条规定了证据的具体类型："（一）物证；（二）书证；（三）证人证言；（四）被害人陈述；（五）犯罪嫌疑人、被告人供述和辩解；（六）鉴定意见；（七）勘验、检查、辨认、侦查实验等笔录；（八）视听资料、电子数据。"其中，"电子数据"作为独立的证据类型出现，实现了传统理论所探讨的"电子证据"地位的法定化。在这一规定的基础上，该法后续规定的勘验、检查、搜查、技术侦查等程序措施，均可适用于电子数据取证。

第二，电子数据收集提取的体系规定。《公安机关办理刑事案件电子数据取证规则》（公通字〔2018〕41号）第二章"收集提取电子数据"对此加以详细规定。其第7条规定："收集、提取电子数据，可以根据案情需要采取以下一种或者几种措施、方法：（一）扣押、封存原始存储介质；（二）现场提取电子数据；（三）网络在线提取电子数据；（四）冻结电子数据；（五）调取电子数据。"② 该规则继而对扣押、封存原始存储介质，现场提取电子数据，网络在线提取电子数据，冻结电子数据，调取电子数据均加以详细规定。

---

① 参见皮勇《论中国网络空间犯罪立法的本土化与国际化》，《比较法研究》2020年第1期，第136~137页。
② 公安部：《公安机关办理刑事案件电子数据取证规则》，第7条。

对比《欧洲委员会网络犯罪公约》，二者在具体程序措施上有一些类似的规定（见表 7-1）。

表 7-1 《公安机关办理刑事案件电子数据取证规则》与《欧洲委员会网络犯罪公约》（部分）程序措施对照

| | 《公安机关办理刑事案件电子数据取证规则》 | 《欧洲委员会网络犯罪公约》 |
|---|---|---|
| 程序措施种类 | 第二章第二节"扣押、封存原始存储介质"* <br> 第二章第三节"现场提取电子数据" | 第 19 条"搜查和扣押已存储计算机数据" |
| | 第二章第四节"网络在线提取电子数据"** | 第 20 条"通信数据的实时收集" <br> 第 21 条"内容数据的拦截" |
| | 第二章第五节"冻结电子数据" | 第 16 条"已存储计算机数据的快速保全" <br> 第 17 条"通信数据的快速保全和部分披露" |
| | 第二章第六节"调取电子数据" | 第 18 条"提供令" |

\* 有观点指出，基于保证电子数据真实性和完整性的考虑，有必要使用"电子数据原始存储介质"概念，以表明电子数据存储在原始的介质之中，而非通过其他存储介质从原始介质中提取电子数据。参见喻海松《刑事电子数据的规制路径与重点问题》，《环球法律评论》2019 年第 1 期，第 40 页。

\*\* 其实"网络在线提取电子数据"的范围应该广于《欧洲委员会网络犯罪公约》第 20 条与第 21 条的范围，但是其内容具有一定的同质性，同时基于二者的体系地位宜作此划分。

从表 7-1 可知，虽然该规则与《欧洲委员会网络犯罪公约》在刑事程序措施的条款排列顺序、组合上有所不同，比如该规则在提取措施中区别电子数据与存储介质，而《欧洲委员会网络犯罪公约》在程序措施的对象层面加以细分（已存储的计算机数据、通信数据、内容数据等），但是在总体程序措施框架上具有一定的近似性。但同时，该规则也具有以下两个方面的独特之处。

其一，关于以打印、拍照或者录像等方式固定电子数据的规定。该规则第 8 条规定了三种可以采取打印、拍照或者录像等方式固定电子数据的情形："（一）无法扣押原始存储介质并且无法提取电子数据的；（二）存在电子数据自毁功能或装置，需要及时固定相关证据的;(三) 需现场展示、查看相关电子数据的。"① 由于电子数据的易损毁性,其不仅需要通过网络在线(实时收集)的方式加以固定,有些情况下还需要通过物理方式固定下来,否则即难以确保不灭失。而《欧洲委员会网络犯罪公约》无论关于实时收集还是提供令的规定,均强调基于网络方式完成程序措施,忽视了通过物理方式实现的必要性。

其二,关于跨境获取电子数据的有限规定。如前所述,这一问题也是网络犯罪国际立法中最受争议的问题。《欧洲委员会网络犯罪公约》第 32 条"经同意或对公开的已存储的计算机数据越境访问"第 b 项关于直接跨境访问数据的规定更是直接成为一些国家反对该公约的关键原因。有观点认为中国实际上也确立了与《欧洲委员会网络犯罪公约》第 32 条第 b 项一致的单边主义跨境远程取证措施。其认为该规则第 23 条虽然强调"公开发布的电子数据、境内远程计算机信息系统上的电子数据"可以通过网络在线提取,但并未明确禁止网络远程勘验②等侦查措施的跨境适用。具体到张某、焦某案③中跨境网络远程勘验的做法,从操作上看与《欧洲委员会网络犯罪公约》第 32 条第 b 项授权的属人主义并无实质区别。④ 甚至认为,在通过嫌疑人自愿配合获取账号密码并远程登录境外邮箱系统或服务器取证的情况下,中国所谓的跨境远程勘验,实际上也就是《欧洲委员会网络犯罪公约》第 32 条第 b 项

---

① 公安部:《公安机关办理刑事案件电子数据取证规则》,第 8 条。
② 关于"网络在线提取"和"远程勘验",《关于办理刑事案件收集提取和审查判断电子数据若干问题的规定》在第 9 条提取电子数据的规定中分别明确:第一,对于原始存储介质位于境外或者远程计算机信息系统上的电子数据,可以通过网络在线提取;第二,为进一步查明有关情况,必要时,可以对远程计算机信息系统进行网络远程勘验。
③ 在张某、焦某非法获取计算机信息系统数据、非法控制计算机信息系统案中,焦某归案后主动向公安机关提供了一台位于美国的主控服务器的 IP 地址、用户名和密码。武汉市公安局网络安全保卫支队出具的远程勘验检查工作记录表明,侦查人员对该主控服务器(IP 地址为 66.102.253.30)进行了远程登录,提取到主控程序"Client.exe"和"系统日志"。"主控列表"显示,该服务器共控制 240 个 IP 地址,其中包括我国境内的 31 个 IP 地址。参见湖北省武汉市中级人民法院(2016)鄂 01 刑终 176 号刑事裁定书。
④ 参见梁坤《基于数据主权的国家刑事取证管辖模式》,《法学研究》2019 年第 2 期,第 201 页。

所规定的"经同意的提取或接收"的具体表现。① 或认为,公安机关这种自行在境外取证的方式,属于单边取证,并未获得相应的授权,因此很容易被非法证据排除规则排除。②

然而本书认为,不宜将网络犯罪"网络在线提取电子数据"理解为单边主义跨境远程取证措施。现有关于跨境获取电子数据程序措施的类型划分有两种思路。一种思路为依据数据存储的主体,分为基于国家疆域的数据存储地模式、依托跨境云服务提供者的数据控制者模式。③ 另一种思路为依据获取数据的状态,分为获取公开数据,即获取已经在境外网站上公开的数据;获取准公开数据,即可以通过获得的用户账户密码获取数据;获取非公开数据(或称秘密数据),即需要采取一定的技术侦查措施才能获得数据。④ 相比而言,第二种思路更为妥当,即将获取"准公开数据"在类型划分时予以特殊考虑。实际上,前述张某、焦某案中跨境网络远程勘验即属于获取"准公开数据"的情形。这类数据并不需要境外国家机关或者网络服务提供者的专门协助,只需登录本国犯罪嫌疑人等人的账号密码即可获取,从技术性质上仅是常规操作,而非专门的强制措施。⑤ 对数据安全和国家主权有严重威胁的情形是《欧洲委员会网络犯罪公约》第32条第b项所允许的"获得具有通过该计算机系统向其披露数据法定权限的人合法和自愿同意"的情形。在该种情形中,一国可以越过他国直接向他国境内的网络服务提供者或者公民个人调取电子数据,二者显然有天壤之别。

其实早在最高人民法院、最高人民检察院和公安部2016年颁布的

---

① 参见梁坤《跨境远程电子取证制度之重塑》,《环球法律评论》2019年第2期,第139页。
② 参见王立梅《论跨境电子证据司法协助简易程序的构建》,《法学杂志》2020年第3期,第84页。
③ 参见梁坤《基于数据主权的国家刑事取证管辖模式》,《法学研究》2019年第2期,第190~194页。
④ 参见王立梅《论跨境电子证据司法协助简易程序的构建》,《法学杂志》2020年第3期,第83页。
⑤ 而且从技术上也无法阻止,因为这种登录往往符合用户的常规操作,无须网络服务提供者额外的授权或同意,网络服务提供者甚至无从知悉登录和操作账号的是用户还是司法人员。

《关于办理刑事案件收集提取和审查判断电子数据若干问题的规定》（法发〔2016〕22号）中即明确了适用网络远程勘验以"必要性"为前置条件。这就意味着远程勘验的适用具有置后性，其只有在通过其他常规手段无法达到取证目的时才可适用。① 《公安机关办理刑事案件电子数据取证规则》也意识到跨境取证的敏感性，因此其第23条就对网络在线提取的适用对象予以限缩，仅适用于公开发布的电子数据、境内远程计算机信息系统上的电子数据。② 由此，实际上"网络在线提取"与"远程勘验"主要围绕获取公开数据与准公开数据进行，一般不涉及非公开数据，在这一问题上中国的相关规定与《欧洲委员会网络犯罪公约》第32条第b项具有实质区别。

在这一问题上中国和美欧国家的立场不同。不仅《欧洲委员会网络犯罪公约》设置了直接跨境取证的条款，美国《澄清域外合法使用数据法案》（Clarifying Lawful Overseas Use of Data Act）也以"高效"为价值基础，其重要指向就是解决网络犯罪传统取证方式效率低下、适用困难的弊端。③ 与之不同，基于前述规定的分析可以发现，中国更强调数据安全和网络主权的维护。

### （二）国际合作的实践

中国一直积极推进打击网络犯罪国际合作。如近年来，在打击电信网络诈骗方面，中国与多个国家开展司法互助，成功将许多犯罪人引渡回国。④ 为推动国际刑事合作的开展，中国于2018年颁布了《中华人民共和国国际刑事司法协助法》（以下简称《国际刑事司法协助法》）。⑤ 立足该法，中国基于主权原则开展国际合作，反对未经本国同意的跨境取

---

① 参见谢登科《电子数据网络远程勘验规则反思与重构》，《中国刑事法杂志》2020年第1期，第59~60页。
② 参见公安部《公安机关办理刑事案件电子数据取证规则》，第23条。
③ 刘天骄：《数据主权与长臂管辖的理论分野与实践冲突》，《环球法律评论》2020年第2期，第189页。
④ 参见江溯主编《中国网络犯罪综合报告》，北京大学出版社，2021，第20页。
⑤ 此前还于2000年颁布了《中华人民共和国引渡法》。

证等活动,在实践中践行了国际模式。该法对于保障国际刑事司法协助的正常进行,加强刑事司法领域的国际合作具有重要意义,对于打击网络犯罪国际合作也具有关键的指导意义。根据该法,中国开展打击网络犯罪国际合作形成了具有自身特色的实践方式。

第一,基于主权原则开展国际合作,反对未经本国同意的跨境取证等活动。该法第4条第3款规定:"非经中华人民共和国主管机关同意,外国机构、组织和个人不得在中华人民共和国境内进行本法规定的刑事诉讼活动,中华人民共和国境内的机构、组织和个人不得向外国提供证据材料和本法规定的协助。"该款的内容鲜明地反对了美国的"长臂管辖"原则,强调维护数据安全和网络主权。

"长臂管辖"源于美国民事诉讼法,置于国际语境中时,其理论基础则是管辖中的"效果原则",即只要某个在国外发生的行为在本国境内产生了"效果"(最低限度联系),无论行为人是否具有本国国籍或者住所,也无论该行为是否符合当地法律,只要此种效果使一国法院行使管辖权并非完全不合理,该国法院便可对因为此种效果而产生的诉因行使管辖权。[①] 而现实中,一国在国际领域适用"长臂管辖"极易与行为人所在国的"属地管辖"或"属人管辖"发生冲突,因此国际法中通行的规则是对"长臂管辖"进行制约,即除非在某些公认的例外情况下,一国不应在另一国的领土之上行使国家管辖权,否则不仅是对他国主权的侵犯,也是对主权平等、互不侵犯等国际公法基本原则的破坏。[②]《中华人民共和国国际刑事司法协助法(草案)》于2017年12月一审后,有部门提出:"实践中有外国司法执法机关未经我国主管机关准许要求我境内的机构、组织和个人提供相关协助,损害我国司法主权和有关机构、组织和个人的合法权益。"由此,该法第4条增加中国"域内的机构、组织和个人不得向外国提供证据材料"的内容,其目的

---

[①] 参见李庆明《论美国域外管辖:概念、实践及中国因应》,《国际法研究》2019年第3期,第3~23页。

[②] 参见杜涛《美国联邦法院司法管辖权的收缩及其启示》,《国际法研究》2014年第2期,第82~95页。

就是"抵制外国的'长臂管辖'"。①

但是这一规定并未完全排斥跨境取证，而是将"经主管机关同意"作为开展类似协作的前提条件。根据官方释义，考虑到实际情况，该条规定了有关机构、组织和个人可以采取有关行为的情况，即"经主管机关同意"，外国机构、组织和个人在中华人民共和国境内可以直接进行刑事诉讼活动，中华人民共和国境内的机构、组织和个人可以向外国提供证据材料和本法规定的协助。是否同意以及允许其直接进行的刑事诉讼活动的内容，由主管机关根据国际国内以及案件的具体情况等各方面的因素综合考量决定，并按照法律的规定执行。② 由此，中国确立了既非严格反对跨境执法也非许可他国自行跨境执法的方式，而是设置了前置许可程序。对于跨境访问数据也是如此，应在"经主管机关同意"的情况下实施。

第二，推动刑事程序措施的专门化。例如，《联合国反腐败公约》首次区分查封、扣押、冻结的目的，从而适应各自的程序规则。《国际刑事司法协助法》第六章则是全面规定了以资产追缴为目的的查封、扣押、冻结，这也是该法的"最大亮点"。③ 根据该法也能确定相应的职责与权限，从而推动相关刑事程序措施的有效开展。比如，根据该法"主管机关审查认为符合下列条件的，可以同意查封、扣押、冻结涉案财物，并安排有关办案机关执行"的规定，公安部门即可履行"主管机关""办案机关"的相关职责。④

第三，探索违法所得追缴分享制度。网络犯罪的资产追回面临请求国和被请求国之间有效协作和受益协调的问题，往往实践中存在较大障

---

① 参见《全国人民代表大会宪法和法律委员会关于〈中华人民共和国国际刑事司法协助法（草案）〉审议结果的报告》，中国人大网：http://www.npc.gov.cn/zgrdw/npc/xinwen/2018-10/26/content_2064519.htm。
② 参见王爱立主编《中华人民共和国国际刑事司法协助法释义》，法律出版社，2019，第17页。
③ 参见黄风《检察机关实施〈国际刑事司法协助法〉若干问题》，《国家检察官学院学报》2019年第4期，第170页。
④ 参见秦一禾《公安机关在国际刑事司法协助中的职能范围》，《中国人民公安大学学报》（社会科学版）2019年第5期，第76页。

碍。《国际刑事司法协助法》所规定的违法所得追缴分享制度则可以提供参考的思路。该法第49条规定："外国协助没收、返还违法所得及其他涉案财物的，由对外联系机关会同主管机关就有关财物的移交问题与外国进行协商。对于请求外国协助没收、返还违法所得及其他涉案财物，外国提出分享请求的，分享的数额或者比例，由对外联系机关会同主管机关与外国协商确定。"第54条规定："对于外国请求协助没收、返还违法所得及其他涉案财物的，可以由对外联系机关会同主管机关提出分享的请求。分享的数额或者比例，由对外联系机关会同主管机关与外国协商确定。"通过该分享制度的设计，可以充分调动其他国家的积极性，[①] 从而与中国充分协同。在违法所得追缴更加不易的网络犯罪领域，该制度无疑具有更重要的价值。

总体来看，中国基于国际模式探索和实践了打击网络犯罪程序法和国际合作：一方面，强调尊重国家主权、维护数据安全，以各国的立法和司法实践为前提开展协作，而非寻求严格统一的法律实践机制；另一方面，积极推动相关制度的科学化、兼容化，尽可能寻找各国打击网络犯罪国际协作的"最大公约数"，进行制度创新，寻求兼顾协作范围、效率的实践方式。

## 第三节　制定网络犯罪国际立法的中国立场与方案

### 一　中国参与网络犯罪国际立法制定的立场

中国采取何种立场参与网络犯罪国际立法制定必将对这一领域的国际格局产生深远的影响，也会相当程度上影响全球网络犯罪治理的发展方向。因此，必须以负责任大国的立场引领网络犯罪国际规则的良性发展，并且提出有建设性的核心主张。

---

① 参见黄风《检察机关实施〈国际刑事司法协助法〉若干问题》，《国家检察官学院学报》2019年第4期，第174页。

### (一) 坚持主权原则

主权原则也面临如何在网络世界中"重生"的问题。[①] 美欧国家积极倡导的《欧洲委员会网络犯罪公约》与俄罗斯提出的《联合国合作打击网络犯罪公约（草案）》之间博弈的焦点之一即是否倡导国家主权原则。在这一问题上，中国也难置身事外。围绕着国家主权的内涵和行使方式等问题，中国与主要西方国家之间还存在一些重要分歧。西方国家还常常以"威胁跨境数据流动""分割全球互联网"等说辞，对中国的有关主张加以"妖魔化"。[②]

中国一贯坚持国家主权原则。而且只有坚持网络主权原则，才能更好地维护网络空间安全。[③] 中俄两国通过 2011 年、2015 年两次向联合国大会提交的《信息安全国际行为准则》明确宣示了中俄的网络主权立场，即："遵守《联合国宪章》和公认的国际关系基本原则与准则，包括尊重各国主权……"[④] 2015 年 12 月 16 日，中国国家主席习近平在第二届世界互联网大会开幕式上进一步指出："《联合国宪章》确立的主权平等原则是当代国际关系的基本准则……也应该适用于网络空间。"[⑤] 基于此，中国应当着眼于推动关于数据主权、互联网信息监管等问题的谈判，充分发挥在乌镇世界互联网大会、上海合作组织、亚非法律协商组织以及联合国信息安全政府间专家组、"伦敦进程"等机制内的话语权和影响力，引领谈判议题，引导规则内容。[⑥] 在网络犯罪领域，中国应当积极推动主权原则成为制定网络犯罪国际立法的基本原则，以指导管辖权、司法协助等具体领域，打消大多数国家的疑虑，打造各国普遍认可、支持的法律文本。

---

① Yi Shen, "Cyber Sovereignty and the Governance of Global Cyberspace", *Chinese Political Science Review*, Vol. 1 (2016), No. 1, p. 91.
② 黄志雄主编《网络主权论：法理、政策与实践》，社会科学文献出版社，2017，第 74 页。
③ 参见刘肖、朱元南《网络主权论：理论争鸣与国际实践》，《西南民族大学学报》（人文社会科学版）2017 年第 7 期，第 133 页。
④ 参见联合国《信息安全国际行为准则》，第 4 页。
⑤ 《习近平在第二届世界互联网大会开幕式上的讲话（全文）》，新华网：http://news.xinhuanet.com/politics/2015－12/16/c_1117481089.htm。
⑥ 黄志雄主编《网络主权论：法理、政策与实践》，社会科学文献出版社，2017，第 77 页。

如在网络犯罪管辖权问题上，应强调基于属地原则确立管辖权，反对西方国家扩大适用普遍管辖的观点。对此有学者提出基于"实害联系标准"来起草网络犯罪刑事管辖权的中国规则，从"行为"和"结果"的分离转向"行为人"与"行为"的分离，强调"属地管辖"而非"保护管辖"。① 虽然"实害联系标准"未体现属人管辖，但是其强调属地管辖的立场应予肯定。未来可考虑提出在属地管辖的基础上妥善考虑属人管辖、保护管辖的具体方案。

### （二）立足发展中国家的诉求

《欧洲委员会网络犯罪公约》的文本明显带有体现西方国家立场、价值和需求的倾向。《联合国合作打击网络犯罪公约（草案）》基于俄罗斯的立场进行了一定的修正，在犯罪类型设定与协作制度设计上有所突破，但是在不少问题上仍未体现广大发展中国家的诉求。中国作为世界上最大的发展中国家，理当在提出制定网络犯罪国际规则的中国方案的过程中，充分代表发展中国家的利益和诉求。

比如，在犯罪类型上，主张对网络恐怖活动犯罪、网络色情犯罪、网络知识产权犯罪等广大发展中国家关切的犯罪类型进行科学的考量，充分结合各国立场、国情、规定不同的现实，作出兼具统一性和层次性的设计，使之尽可能满足不同的需求。同时，在中国方案的推进过程中，可以通过联合国网络犯罪问题政府间专家组、亚非法律协商组织等相关平台，广泛吸收意见和建议，确保中国方案为广大发展中国家发声。

### （三）推动打击网络犯罪的协作

《欧洲委员会网络犯罪公约》的鲜明特色在于协作条款的强制性，但是各国法律规定与实践的差异，导致区域外国家的参与热情不高，也因此限制了其成为大多数国家广泛参与的打击网络犯罪国际合作立法的空间。《联合国合作打击网络犯罪公约（草案）》虽然对《欧洲委员会

---

① 参见于志刚《"信息化跨国犯罪"时代与〈网络犯罪公约〉的中国取舍——兼论网络犯罪刑事管辖权的理念重塑和规则重建》，《法学论坛》2013年第2期，第103页；于志刚《缔结和参加网络犯罪国际公约的中国立场》，《政法论坛》2015年第1期，第102页。

网络犯罪公约》有所反思，设计了具有特色的程序协作条款，但是除了可能未必适应网络犯罪国际治理的问题外，也未能充分考虑大多数国家司法、执法水平的差异，先天性地限制了这一草案程序设计的可行性。

中国方案应从联合国的立场出发，最大限度地推动有效协作，使中国方案成为打击网络犯罪国际合作过程中"南北协作"的典范文本。在协作机制上，主张改变《欧洲委员会网络犯罪公约》与《联合国合作打击网络犯罪公约（草案）》单一化的机制设计，设计一种兼具确定性与灵活性的机制，使不同发展程度的国家都可以有效地参与其中，实现相互协同。比如，主张最大限度地开展打击跨国网络犯罪国际合作，在罪名认定及适用"双重犯罪"原则时采取灵活的态度，至少在协助请求不涉及强制措施时，不将"双重犯罪"原则作为提供协助的前提。[1]

比如，在协作网络建设上更大程度支持发展中国家参与。一方面，通过基础制度设计使协作网络兼容不同社会制度、司法体系的发展中国家参与；另一方面，通过借助国际刑警组织的"24/7网络"或者设计新的机制，确保协作网络与广大发展中国家的网络犯罪治理实践兼容。

**（四）倡导制定全球性规则**

中国一贯倡导在联合国框架下推动制定全球性打击网络犯罪公约。包括中国、俄罗斯、南非等在内的很多国家很早就关注打击网络犯罪国际合作规则问题，认为现有的区域性条约不仅不能解决问题，反而会造成规则碎片化，妨碍国际合作，主张尽快在联合国框架下谈判制定全球性的打击网络犯罪公约。[2]

中国不仅是发起成立联合国网络犯罪问题政府间专家组的首倡者，还派团参加了历次专家组会议和支持了《网络犯罪问题综合研究报告

---

[1] 参见《中国代表团出席联合国网络犯罪问题专家组首次会议并做发言》，中国常驻维也纳联合国和其他国际组织代表团网站：http://www.fmprc.gov.cn/ce/cgvienna/chn/zxxx/t790751.htm。

[2] 参见吴海文、张鹏《打击网络犯罪国际规则的现状、争议和未来》，《中国应用法学》2020年第2期，第189页。

（草案）》的撰写，而且中国政府专家一直担任专家组副主席。此外，中国会同其他金砖国家推动在2013年CCPCJ第二十二届会议上通过决议，要求专家组"继续开展工作直至完成授权任务"，保住了专家组机制。2017年5月，中国连同其他金砖国家推动通过CCPCJ第26/4号决议，明确了专家组将把工作重点转向讨论网络犯罪实质问题。此后，中国又牵头草拟了"2018—2021年工作计划"，对专家组后续会议议题等作出安排，明确了讨论网络犯罪实质问题的时间表和路线图。① 中国也在持续推动专家组的相关工作，在2019年3月27日至29日举行的专家组第五次会议上，中国政府代表团由外交部、公安部、最高人民检察院、司法部、工信部和常驻维也纳联合国代表团组成，北京师范大学、上海国际问题研究院及腾讯公司作为观察员参会，介绍了本国相关法律和实践，并提出具体规则建议。② 在2020年7月27日至29日举行的专家组第六次会议上，中国外交部、公安部、最高人民检察院、最高人民法院和常驻维也纳联合国代表团组团参会，外交部条法司参赞吴海文任团长。北京师范大学作为专家组观察员与会。会上，我国提交了书面意见和一般性评论，并发言介绍相关实践，阐述立场主张，提出建设性意见。③

此外，中国也积极提倡全球性打击网络犯罪公约与其他规范形式的协同。如在亚非法律协商组织中，中国就曾积极推动出台专门的打击网络犯罪示范法。有学者进而提出具体的路径："作为新兴国家的代表，中国推动示范法的适当途径是在亚非法协框架下拟定代表中国和广大新兴国家利益的法律文本。同时，以现有国际公约尤其是《网络犯罪公

---

① 参见叶伟《联合国网络犯罪政府专家组及中国贡献》，《中国信息安全》2018年第6期，第36页。
② 参见张鹏、王渊洁《联合国网络犯罪政府专家组最新进展》，《信息安全与通信保密》2019年第5期，第11页。
③ 参见中国国际法前沿《国际社会共商打击网络犯罪国际合作和预防——联合国网络犯罪问题政府间专家组第六次会议简况》，https://mp.weixin.qq.com/s/Pkkzcpm3cJN3TcCHn_GbBQ。

约》与《联合国合作打击网络犯罪公约（草案）》为鉴，取长补短。"①

二 网络犯罪国际公约草案的设计方案

目前联合国层面已经启动网络犯罪国际公约谈判，中国本身即为第74/247号决议的发起国家之一，② 同时作为新兴的网络大国，理应在专家委员会的工作进程中发挥关键的作用。因此，中国应当积极参加乃至引领专家委员会的工作，全力推动联合国层面的公约制定，促进打击网络犯罪国际法律机制的有效构建。然而，目前尚缺乏关于中国提出网络犯罪国际公约草案的设计，使得中国方案更多地成为"空中楼阁"。因此，当务之急是以框架设计为引领，拿出完整科学的中国方案。

(一) 指导理念

中国提出的网络犯罪国际公约草案应当彰显自身的理念，以推动中国主张和中国实践为着力点，实现文本的代表性、科学性、全面性。

第一，倡导网络空间命运共同体。人类命运共同体旨在追求本国利益时兼顾他国合理关切，在谋求本国发展中促进各国共同发展。"中国构建人类命运共同体思想的历史性出场，表面上是中国提出的国际外交理念，实质上则是为破解全球性治理难题贡献的中国智慧和中国方案。"③ 在此基础上，中国进而提出了网络空间命运共同体。中国国家主席习近平在第二届世界互联网大会开幕式上的演讲中强调互联网是人类的共同家园，各国应该共同构建网络空间命运共同体，推动网络空间互联互通、共享共治，为开创人类发展更加美好的未来助力。④ 2019年10月，世界互联网大会组委会发布《携手构建网络空间命运共同体》概念文件，全面阐释"构建网络空间命运共同体"理念的时代背景、

---

① 李彦：《网络犯罪国际法律规则制定与中国方案研究》，《中国社会科学院研究生院学报》2020年第3期，第98页。
② UN, A/C.3/74/L.11/Rev.1.
③ 刘同舫：《构建人类命运共同体对历史唯物主义的原创性贡献》，《中国社会科学》2018年第7期，第5页。
④ 参见《习近平在第二届世界互联网大会开幕式上的讲话（全文）》，新华网：http://news.xinhuanet.com/politics/2015-12/16/c_1117481089.htm。

基本原则、实践路径和治理架构，倡议国际社会携手合作，共谋发展福祉，共迎安全挑战，把网络空间建设成造福全人类的发展共同体、安全共同体、责任共同体、利益共同体。①"中国提出构建网络空间命运共同体的倡议不仅有利于化解目前全球网络空间面临的矛盾和困境，还有利于将越来越多的国家纳入全球网络空间的治理体系之中，共同构建和平安全的网络空间治理新秩序。"②

中国提出的网络犯罪国际公约草案理应充分贯彻网络空间命运共同体理念，使之成为新时代全球网络空间共同治理的典范。具体可以在以下层面体现。在总则层面，于草案的宗旨声明中开宗明义地表明，立法宗旨之一即为共同构建网络空间命运共同体，指导整体文本的理解适用。在犯罪类型层面，基于各国特别是发展中国家网络犯罪的治理需求，对网络犯罪类型予以全面规定，构建科学的网络犯罪类型体系。在国际合作层面，于一般原则和具体制度中充分体现网络空间命运共同体"促进开放合作"的要求，设计正式合作与非正式合作结合、强行机制与灵活机制结合的合作制度，切实促进打击网络犯罪国际合作。在技术援助层面，以网络空间命运共同体"资源共享"要求为指引，全面构建信息、技术与培训援助的新型模式。

第二，充分体现中国网络犯罪治理的经验做法。中国网络犯罪刑事立法以信息为中心展开，同《欧洲委员会网络犯罪公约》、德国和日本刑事立法以数据为中心的模式相区别。③中国网络犯罪的法律实践与理论建构都已完成了初步的原始积累，并且二者互为助益，中国刑事法律对网络犯罪的制裁经验也值得与国际分享。④比如：在行为类型上，非

---

① 《世界互联网大会组委会发布〈携手构建网络空间命运共同体〉概念文件》，中共中央网络安全和信息化委员办公室、中华人民共和国国家互联网信息办公室网站：http://www.cac.gov.cn/2019 - 10/16/c_1572757003996520.htm。
② 阙天舒、李虹：《网络空间命运共同体：构建全球网络治理新秩序的中国方案》，《当代世界与社会主义》2019 年第 3 期，第 172 页。
③ 参见王肃之《我国网络犯罪规范模式的理论形塑——基于信息中心与数据中心的范式比较》，《政治与法律》2019 年第 11 期，第 54 页。
④ 参见于志刚《中国网络犯罪的代际演变、刑法样本与理论贡献》，《法学论坛》2019 年第 2 期，第 14 页；于志刚、吴尚聪《我国网络犯罪发展及其立法、司法、理论应对的历史梳理》，《政治与法律》2018 年第 1 期，第 60 页。

法获取的行为模式即比《欧洲委员会网络犯罪公约》非法拦截的行为模式更为科学；在犯罪主体上，关于网络服务提供者的规定探索了网络犯罪刑事责任的新范畴；在对象范围上，对于网络侵犯个人信息犯罪的规制也改变了欧美以身份为中心、以数据为中心的保护模式，积累了有效的经验。

在未来提出的网络犯罪国际公约草案中，应对中国打击网络犯罪的立法和司法经验进行充分总结，向世界输送中国的最新成果。比如，改变《欧洲委员会网络犯罪公约》以数据为中心的犯罪类型模式，采用以信息为中心的犯罪类型模式，实现信息犯罪与数据犯罪的一体打击。在主体维度，可赋予网络服务提供者三重身份，即法人网络犯罪的主体身份、国际合作的义务主体身份、网络犯罪预防的参与主体身份，以契合其在网络犯罪国际治理中的现实地位。此外，中国与东盟国家建立的10+1、10+3打击跨国犯罪部长级会议、高官会议以及东盟国家警察首长会议等合作机制方面的经验也可充分纳入。①

再如，为协调跨境取证问题，可推广《国际刑事司法协助法》的"前置许可"规定。一方面，可以在紧急请求司法协助中设立"前置许可"。即规定在一般情况下各缔约国均应指定一个中央机关（主管机关），使其有权负责和接收司法协助请求并执行请求，或将请求转交相关机关执行。但是在紧急情况下，可以在经主管机关同意的情况下，直接将司法协助请求发送至被请求国的司法机关。另一方面，可以在跨境访问数据中设立"前置许可"。《国际刑事司法协助法》第4条第3款的规定无疑为二元机制、三方参与的跨境远程访问数据程序提供了实践基础。可在"经主管机关同意"规则基础上，进一步探索前置许可制度的程序、要求等内容。

第三，充分体现网络犯罪治理的时代性与前瞻性。《欧洲委员会网络犯罪公约》的一个突出问题就是滞后于网络犯罪的变化发展。《联合国合作打击网络犯罪公约（草案）》虽然对这一问题有所突破，但是也

---

① 参见王立梅《论跨境电子证据司法协助简易程序的构建》，《法学杂志》2020年第3期，第90页。

未根本上解决问题。中国提出的网络犯罪国际公约草案理应充分体现网络犯罪的时代性，对于网络侵犯关键基础设施、网络洗钱等犯罪，以及变化发展的网络诈骗、网络盗窃等犯罪予以规定，同时注重结合电子证据的最新发展设计程序条款，结合网络犯罪的最新特点设计协作机制，使草案文本充分跟上网络犯罪的发展进程。

此外，草案设计还应注重时代性与前瞻性的兼容，使其能够适应相当长时期内网络犯罪的国际治理。由于网络犯罪国际规则的制定与实施需要较长时间，而网络犯罪的发展变化又十分迅速，必须注重草案条文的前瞻性，防止其出台即过时。在此意义上，《欧洲委员会网络犯罪公约》也有其可取之处，其"使用技术中立语言以便将实体刑法犯罪类型适用于当前和未来涉及的技术"。[1] 只是《欧洲委员会网络犯罪公约》过于强调技术中立性，导致基本概念体系和行为类型的缺失，最终影响了条文的科学性。草案设计应寻求具体性与抽象性的平衡，使之既能发挥应有的指导作用，也不会轻易因技术的发展而过时。

### （二）框架设计

未来由中国提出的网络犯罪国际公约草案应当兼采《欧洲委员会网络犯罪公约》与《联合国合作打击网络犯罪公约（草案）》的长处，弥补其不足，进行细致科学的规范建构，使之成为网络犯罪国际规则的优秀范本。基于此，可从以下几个部分开展制度设计。[2]

第一部分为"总则"。本部分条款主要解决两方面的问题。第一，公约的宗旨。应明确指出"共同构建网络空间命运共同体"，以阐明中国关于网络空间治理的主张。在此基础上，对适用范围、保护网络主权等问题作出规定。第二，关键术语的界定。对于术语的选择与界定除了为后面的条文提供概念基础，更应对一些争议术语加入基于中国社会立场、法律立场的表述，从而与后续条文配合，共同推出中国关于网络犯罪的规范体系。

---

[1] COE, Explanatory Report to the Convention on Cybercrime, p. 7.
[2] 参见王肃之：《打击网络犯罪国际规则的博弈与中国方案》，《法学论坛》2021年第1期，第91~92页。

第二部分为"定罪"。本部分条款主要解决网络犯罪行为类型的确定。根据中国的立场及刑事立法的规定，可在其中体现三类犯罪：直接侵犯网络的犯罪、间接侵犯网络的犯罪和通过网络实施的其他严重犯罪。综观现有网络犯罪国际立法，虽然多对以上犯罪有所涉及，但是范围、标准和立场有所差别，应当通过对网络犯罪类型的规定体现中国立场。此外，也应对网络犯罪的未完成形态、共同犯罪、法人责任等问题作出规定。

第三部分为"执法程序"。本部分条款可特别关注以下三个问题。第一，网络犯罪刑事程序法与刑事实体法范围的一致性。《欧洲委员会网络犯罪公约》确立的是刑事实体法适用范围较小、刑事程序法适用范围较大的模式，可尝试对此模式予以匡正。第二，网络犯罪刑事程序的类型设置。《欧洲委员会网络犯罪公约》的刑事程序类型设置产生了广泛影响，但是其在划分和规定上也存在一定的问题，其原因既在于该公约制定于2001年，早已落后于网络犯罪发展的实际情况，也在于一些刑事程序规定虽然与欧洲国家的司法实践契合，却不宜全面推广（最典型的即为《欧洲委员会网络犯罪公约》第五部分关于计算机数据实时收集的规定）。第三，关于网络服务提供者不履行刑事程序义务的法律责任。考虑到网络服务提供者既可能是自然人，也可能是法人，可参考中国刑事立法经验对其责任进行科学规定。

第四部分为"国际合作"。本部分条款的理论根基在于中国提出的"网络空间命运共同体"。可重点关注以下几个问题。第一，直面跨国打击网络犯罪的重点、难点问题，提出有利于合作的刑事程序。特别是基于以中国为代表的新兴网络国家打击网络犯罪的现实需要，参考现有打击网络犯罪国际规则进行取舍，提出有利于合作的刑事程序。比如管辖权条款、引渡条款、司法协助条款均是国际关注的重点，可结合广大发展中国家的需求作出有特色的规定，还可规定推动信息、技术与培训援助，以及相互承认、执行司法判决。第二，结合国际实践的具体情况修正或排除现有打击网络犯罪国际规则中不合理的规定。以刑事程序协助的联络机关为例，尽管《欧洲委员会网络犯罪公约》的缔约方多是网络发达国家，也有不少缔约方没有达到"24/7网络"① 的要求，应考虑到各国技术发展水平的差异作出兼容性规定。第三，关注跨境取证问题，修正现有打击网络犯罪国际规则中不合理的规定。《欧洲委员会网络犯罪公约》第32条第b项侧重于是否获得具有数据披露合法权限的人员的"同意"，而跳过数据中心所在地国（或相关服务提供商）跨境取证可能危害被取证缔约方的网络安全和数据安全，也不利于有效获取电子证据。可针对跨境取证中数据中心所在地国（或具有合法权限的服务提供商）的同意权作出规定。

第五部分为"网络犯罪预防"。本部分基于预防网络犯罪的趋势和各国的需求作出规定。预防犯罪是打击网络犯罪的重要环节，预防措施须全面且可以落实，具体应涵盖缔约方国内、国际两个层面，兼顾预防机构和预防机制。其中，还应当就私营部门、社会团体、普通公民如何与政府部门协同发挥作用作出规定，以全面实现网络犯罪的防控。

第六部分为"最后条款"。基于保障公约的实施，还应对后续各缔约方的义务予以规定。如为监督和推动缔约方履行公约义务，建立固定的实施机制确有必要，也应对修订等要求予以明确。另外，由于网络空间的跨国性，公约适用过程中可能面临一些争端，和平解决争端应被特别强调。

---

① 《欧洲委员会网络犯罪公约》第35条规定，各缔约方应指定每天24小时、每周7天有效的联络点。

# 附录一 《联合国合作打击网络犯罪公约（草案）》*

2017年10月11日俄罗斯联邦常驻联合国
代表给秘书长的信的附件

## 序言

本公约缔约方，

关切信息和通信技术领域的犯罪对社会稳定和安全造成严重问题和威胁，破坏民主体制和价值观、道德观和正义，并对可持续发展和法治产生不利影响，

又关切不当使用信息和通信技术的犯罪为洗钱等其他形式的犯罪活动提供了大量机会，

还关切信息和通信技术犯罪案件涉及大量资产，可能构成有关国家

---

\* 该草案系2017年10月11日俄罗斯联邦向联合国秘书长提交（A/C.3/72/12），系第一份联合国层面的打击网络犯罪公约草案。该草案的官方中文文本参见 https://documents-ddsny.un.org/doc/UNDOC/GEN/N17/329/58/pdf/N1732958.pdf? OpenElement。但是该文本有一些模糊和错误之处，本书在尽可能保留其正确原文的基础上给出著者译本。至于《欧洲委员会网络犯罪公约》，国内已有多个译本出版，因此不再附译，与现有译本表述的区别之处已在本书叙述中体现。此外，俄罗斯于2021年7月27日向特设委员会提交的《联合国打击为犯罪目的使用信息和通信技术公约（草案）》基本延续了《联合国合作打击网络犯罪公约（草案）》的主体内容，在此基础上对网络犯罪行为类型予以扩展，并在国际合作机制方面提出一些适应网络犯罪特点的具体方案，但是该草案并未作为正式的联合国文件，有待特设委员会进一步讨论修改，因此暂不附译，其英文文本可参见 https://www.unodc.org/documents/Cybercrime/AdHocCommittee/Comments/RF_28_July_2021_-_E.pdf。

资源的重要组成部分，并且威胁这些国家的政治稳定和可持续发展，

深信信息和通信技术犯罪是影响所有国家社会和经济的跨国现象，因此，开展预防打击信息和通信技术犯罪的国际合作至关重要，

又深信应通过提供技术援助，将各缔约方的信息和电信系统技术水平提升到同等程度，这在加强各国有效预防犯罪和提高信息安全水平的能力方面发挥着重要作用，

决心更有效地预防、发现并制止通过信息和通信技术犯罪对非法获得的资产进行国际转移，并加强追回资产方面的国际合作，

铭记预防和消除信息和通信技术犯罪是所有国家的责任，各国必须在公共部门以外的个人和团体（例如民间团体）的支持、参与下相互合作，确保这一领域的努力取得成效，因为整个信息环境的总体安全取决于每个国家所作的努力，

深信网络空间的使用应严格依照公认的国际法原则和准则、尊重人权和自由原则以及和平解决争端原则，

铭记每个国家在其领土上对网络空间拥有主权并依照其国内法行使管辖权，

又铭记公平、责任和法律面前人人平等原则，有必要培育不容忍信息和通信技术犯罪的文化，

兹议定如下：

# 第一章　总则

**第一条　宗旨**

本公约的宗旨如下：

（a）促进和加强旨在有效预防、打击信息和通信技术领域犯罪和其他违法行为的措施；

（b）预防危害信息和通信技术保密性、完整性和可用性的行为以及不当使用信息和通信技术的行为，为此将本公约载述的此类行为定为刑事犯罪，为有效打击此类犯罪和其他违法行为充分授权，为在国内国

际两级发现、调查和起诉此类行为提供便利，并作出国际合作安排；

（c）提高国际合作效率并使其深化，包括在就预防、打击信息和通信技术犯罪问题进行人员培训和提供技术援助领域的合作。

第二条　适用范围

1. 本公约依其规定适用于预防、调查和起诉本公约第六条至第十九条规定的犯罪和其他违法行为，并且适用于采取措施查明、阻止和消除此类行为的后果，包括暂停与实施本公约规定的任何犯罪或其他违法行为所获财产有关的交易，以及扣押、没收和返还此类犯罪所得。

2. 为执行本公约之目的，其中规定的犯罪和其他违法行为不必导致损害，但本公约另有规定的除外。

第三条　保护主权

1. 在履行本公约规定的义务时，缔约方应恪守国家主权原则、各国主权平等原则和不干涉别国内政原则。

2. 本公约不授权缔约方在另一国领土内行使该另一国国内法规定专属于该国当局的管辖权及职能。

第四条　用语

就本公约而言：

（a）"扣押财产"系指按照法院或其他主管当局的命令暂时禁止财产转移、转换、处置或移动，或暂时对财产实施扣留或控制；

（b）"僵尸网络"系指在用户不知情的情况下已被安装恶意软件并受到集中控制的两个或两个以上信息和通信技术设备；

（c）"恶意软件"系指目的为在未经授权的情况下修改、破坏、复制、阻止信息，或者使保护信息安全的软件无效的软件；

（d）"儿童色情制品"具有 2000 年 5 月 25 日《儿童权利公约关于买卖儿童、儿童卖淫和儿童色情制品问题的任择议定书》赋予该用语的含义；

（e）"所得"系指直接或间接通过实施本公约和国内法规定的犯罪或其他违法行为而产生或获得的任何财产；

（f）"信息和通信技术"系指为生成、转换、传输、利用和存储信息而相互连接的方法、流程、硬件和软件的集合；

（g）"财产"系指各种资产，无论是动产还是不动产，有形还是无形资产，以及证明这些资产或其任何部分所有权的文件或信息；

（h）"信息"系指任何数据（消息、记录），不论其呈现形式；

（i）"没收"系指按照法院或其他主管当局的命令，强行剥夺财产而不予补偿；

（j）"关键基础设施"系指为了国家、国防或安全利益（包括个人安全利益）而运转的国家设施、系统和机构；

（k）"有组织犯罪集团"系指由两人或多人组成、在一段时期内存在并以实施本公约规定的一项或多项犯罪为目的而一致行动的具有组织结构的集团；

（l）"服务提供者"系指（一）向其所服务的用户提供利用信息和通信技术进行通信的能力的任何公共或私营实体，（二）为上文（一）中所述实体或使用该实体所提供服务的用户处理或存储电子信息的任何其他实体；

（m）"垃圾邮件"系指向地址列表（数据库）上未同发送方通信的各方发送未经许可的电子邮件，并且其无法拒绝从发送方接收这些邮件；

（n）"通信数据"系指任何关于通过信息和通信技术方式的数据传输的，并且特别表明来源、目的地、线路、时间、日期、大小、持续时间和基础网络服务类型的电子信息（不包括传输数据的内容）；

（o）"信息和通信技术设备"系指为了自动处理和存储电子信息而使用或设计的硬件组件集合（群组）。

## 第二章　入罪和执法

### 第一节　法律责任的确立

**第五条　法律责任的确立**

1. 各缔约方应采取必要立法和其他措施，在其国内法中将本公约

第六至十二条、第十五条、第十八条和第十九条所述行为规定为犯罪或其他违法行为，并在考虑具体罪行公共危险程度及其造成的损害程度基础上，适用监禁等刑罚和其他处罚。

2. 各缔约方均应采取必要立法和其他措施，在其国内法中将本公约第十三条、第十四条、第十六条和第十七条所述行为规定为犯罪或其他违法行为。

3. 各缔约方均应采取必要立法和其他措施，在其国内法中将对关键基础设施信息和通信技术设备实施的本公约第六条、第八条、第九条、第十条和第十五条所述行为规定为犯罪。

4. 各缔约方均应确保，本公约第二十条规定负有责任的法人应受到有效、适度和劝阻性处罚，包括罚金刑。

5. 在不影响一般国际法准则的情况下，本公约不应排除缔约方行使其本国法律规定的刑事管辖权的可能性。

### 第六条　未经授权访问电子信息

各缔约方均应采取必要立法和其他措施，在其国内法中规定，故意未经授权访问电子信息的行为构成犯罪或其他违法行为。

### 第七条　未经授权拦截

各缔约方均应采取必要立法和其他措施，在其国内法中规定，在未经适当授权和（或）违反既定规则的情况下使用技术手段拦截未被公开使用的基于信息和通信技术方式的通信和数据处理技术参数的行为，构成犯罪或其他违法行为。

### 第八条　未经授权干扰数据

各缔约方均应采取必要立法和其他措施，在其国内法中规定，未经授权故意修改、阻止、破坏或复制电子信息的行为构成犯罪或其他违法行为。

### 第九条　破坏信息和通信技术运行

缔约方均应采取必要立法和其他措施，在其国内法中规定，未经授权故意以破坏信息和通信技术运行为目的的行为构成犯罪或其他违法行为。

**第十条 创制、利用和散发恶意软件**

1. 各缔约方均应采取必要立法和其他措施，在其国内法中规定，除为研究目的外，故意创制、利用和散发恶意软件的行为构成犯罪或其他违法行为。

2. 各缔约方均应采取必要立法和其他措施，在其国内法中规定，为实施本公约第六至十条所述任何行为之目的而创建或利用僵尸网络的行为，构成犯罪或其他违法行为。

**第十一条 散发垃圾邮件**

各缔约方均应采取必要立法和其他措施，在其国内法中规定，散发垃圾邮件的行为构成犯罪或其他违法行为。

**第十二条 未经授权贩卖设备**

各缔约方均应采取必要立法和其他措施，在其国内法中规定，非法制造，出售，为使用而购买、进口、出口或为使用而以其他形式转移主要为实施本公约第六至九条所规定犯罪而设计或改造的设备的行为，构成犯罪或其他违法行为。

**第十三条 与信息和通信技术有关的盗窃**

1. 各缔约方均应采取必要立法和其他措施，在其本国法律中规定，采用复制、修改、删除或阻止电子信息或者其他干扰信息和通信技术运行的手段故意盗窃财产的行为构成犯罪或其他违法行为。

2. 各缔约方可保留一项权利，即在与信息和通信技术有关的盗窃行为以其国内法所规定形式实施的情况下，将此类盗窃行为视为加重处罚情节。

**第十四条 与儿童色情有关的犯罪**

各缔约方均应采取必要立法和其他措施，在其国内法中规定，制作、持有、取得和加工处理以及散发电子形式的儿童色情制品的行为，构成犯罪。

**第十五条 与网络钓鱼有关的犯罪**

1. 各缔约方均应采取必要立法和其他措施，在其国内法中规定，为非法目的而创建和使用可被误认为用户已知或所信任数据的电子信息的行为，构成犯罪或其他违法行为。

2. 各缔约方可保留一项权利，即可将与该缔约方国内法规定的其他犯罪同时实施的或带有实施这些其他犯罪意图的网络钓鱼行为视作刑事犯罪。

**第十六条 与受国内法保护的数据有关的犯罪**

各缔约方均应采取必要立法和其他措施，在其国内法中规定，使用信息和通信技术发布电子信息的行为，如其中包含构成一国机密的数据并有适当标记表明所发布信息是另一缔约方国内法规定保护的信息，则构成犯罪。

**第十七条 利用信息和通信技术实施国际法规定为犯罪的行为**

1. 各缔约方均应采取必要立法和其他措施，在其国内法中规定，为实施本公约附件一所列任何一项国际条约规定为犯罪的行为而使用信息和通信技术，构成犯罪。

2. 在交存其批准、接受、核准或加入文书之时不是本公约附件一所列的一项条约之缔约方的本公约缔约方可声明，在对该缔约方适用本公约时，应将该条约视为不包含于上述附件。而一旦该条约对该缔约方生效，则声明即失效，且该缔约方应将此事实通知保存人。

3. 若一缔约方不复为本公约附件一所列任何条约的缔约方，则可就该条约作出本条所规定的声明。

**第十八条 与信息和通信技术有关的侵犯版权和邻接权行为**

1. 各缔约方均应采取必要立法和其他措施，在其国内法中规定，若故意实施该缔约方国内法所规定的侵犯版权和邻接权行为，则构成犯罪或其他违法行为。

2. 各缔约方均应采取必要立法和其他措施，在其国内法中规定，若利用信息和通信技术故意实施该缔约方国内法所规定的侵犯版权行为，则构成犯罪。

**第十九条 犯罪帮助、预备和未遂**

1. 各缔约方均应采取必要立法和其他措施，在其国内法中规定，以任何形式参与实施本公约条款规定为犯罪的行为，例如作为共犯、帮助犯或教唆犯，均构成犯罪。

2. 各缔约方可采取必要立法和其他措施，在其国内法中规定，一个人直接以实施犯罪为目的故意采取行动，即使由于意志以外的原因而未实施该罪行，也构成犯罪。

3. 各缔约方可采取必要立法和其他措施，在其国内法中规定，一个人创制或改良犯罪手段或工具、引诱共犯、共谋实施犯罪或以任何其他方式故意为实施犯罪创造条件，即使由于意志以外的原因而未实施该罪行，也构成犯罪。

**第二十条　法人责任**

1. 各缔约方均应采取必要立法和其他法律措施，确保能够就因具备下列条件而在法人内部担任领导职务的任何自然人为该法人利益独自或作为相关法人机关一部分实施的本公约所规定刑事犯罪或其他违法行为，追究该法人的法律责任：

（a）该法人的委托授权书；

（b）代表该法人作出决定的权力；

（c）在该法人内部行使控制的权力。

2. 在本条第 1 款已经规定的情况之外，各缔约方还应采取必要措施，确保在以下情况下能够追究法人的法律责任：由于第 1 款所述之自然人对法人缺乏监督或控制，致使根据该法人授权行事的自然人得以为该法人利益实施依本公约条款规定的犯罪或其他违法行为。

3. 以不违反相关缔约方法律原则的适用为限，法人的法律责任可为刑事、民事或行政责任。

4. 法人这一法律责任不应影响实施犯罪或其他违法行为的自然人法律责任。

**第二节　执法**

**第二十一条　程序性规定的范围**

1. 各缔约方均应采取必要立法和其他措施，为预防、制止和调查犯罪以及进行与犯罪有关的司法程序之目的，确立本节条款所设计的权力和程序。

2. 除本公约第二十八条另有规定外，各缔约方均应将本条第 1 款所述权力和程序适用于：

（a）本公约第六至十九条规定的刑事犯罪和其他违法行为；

（b）通过信息和通信技术手段实施的其他刑事犯罪和其他违法行为；

（c）收集实施刑事犯罪和其他违法行为的证据，包括电子形式的证据。

3.（a）各缔约方均可作出一项保留，声明该缔约方保留将本公约第二十七条所述措施仅适用于该项保留中具体列明的刑事犯罪或刑事犯罪类别的权利，前提是这些刑事犯罪或刑事犯罪类别范围不得窄于该缔约方对其适用本公约第二十八条所述措施的刑事犯罪范围。各缔约方均应考虑限制适用此项保留，以便本公约第二十七条规定的措施得到最广泛适用；

（b）若一缔约方在通过本公约之时由于其国内现行法律的限制而无法将本公约第二十七条和第二十八条所述措施适用于某一服务提供者信息系统中正在传输的数据，并且该系统（一）仅为一个封闭用户群的利益而运行且（二）没有使用信息和电信网络，也不与其他信息系统连接，则该缔约方可保留不对该数据的传输适用上述措施的权利。各缔约方均应考虑限制适用此项保留，以便本公约第二十七条和第二十八条规定的措施得到最广泛适用。

4. 若在一国境内实施的犯罪案件中，被指控的行为人是该国公民并处于该国境内，且没有任何其他国家有任何理由依照本公约的规定行使管辖权，则案件不适用本公约。

**第二十二条　条件和保障措施**

1. 各缔约方均应确保，确立、执行和适用本节规定的权力和程序须遵循其本国法律为确保充分保护人权和自由，包括为保护该缔约方根据 1966 年 12 月 16 日《公民权利和政治权利国际公约》及其他适用国际人权文书承担的义务所衍生权利而规定的条件和保障措施。

2. 考虑到所涉权力和程序的性质，此类条件和保障措施除其他外，应包括司法或其他独立监督、适用理由以及对权力或程序的范围和持续期的限制。

3. 在符合公共利益、特别是司法方面利益的限度内，缔约方应考虑本节所规定的权力和程序对第三方权利、责任及合法利益的影响。

**第二十三条　快速保全已存储的计算机数据**

1. 各缔约方均应采取必要立法和其他措施，使本国主管当局能够作出适当命令、指示或通过类似手段确保，尤其是在有理由认为数据特别易被删除、复制或修改的情况下确保迅速保全特定计算机数据，包括通信数据。

2. 若一缔约方适用本条第 1 款的规定通过命令个人保全由其持有或控制的特定已存储数据，则该缔约方应采取必要立法和其他法律措施，要求该个人在最长可达 180 天的所需期间内保全这些数据并维护其完整性，以便主管当局寻求数据披露。缔约方可规定，此类命令随后可以延长。

3. 各缔约方均应采取必要立法和其他措施，要求负责保全数据的个人在其国内法所规定的期间内对履行此类程序一事保密。

4. 本条所述权力和程序应符合本公约第二十一条和第二十二条的规定。

**第二十四条　快速保全和部分披露通信数据**

1. 各缔约方均应就本公约第二十三条规定应予保全的通信数据，采取必要立法和其他措施，旨在：

（a）确保无论有多少服务提供者参与了相关信息传输都有可能迅速保全通信数据；

（b）确保快速向缔约方主管当局或该当局指定人员披露数量充分的通信数据，以便相关缔约方能够查明服务提供者以及所指信息的传输路径。

2. 本条所述权力和程序的确立应符合本公约第二十一条和第二十二条的规定。

**第二十五条　提供令**

1. 为本公约第二十一条第 1 款所述目的，各缔约方均应采取必要立法和其他措施，授权其主管当局命令：

（a）在其境内的个人提供由其持有或控制的特定计算机数据；

（b）在其境内提供服务的服务提供者提交由其持有或控制的用户信息。

2. 本条所述权力和程序的确立应符合本公约第二十一条和第二十二条的规定。

3. 就本条而言，用语"用户信息"系指服务提供者掌握的除通信数据和内容数据之外与其服务用户有关的任何信息，基于这些信息有可能确定：

（a）使用的信息和通信服务类型、为此提供的技术支持和服务期；

（b）可从服务协议或安排中获取的用户身份、邮政地址或其他地址、电话和其他接入号码，包括互联网协议地址，以及账单和付款信息；

（c）与服务协议或安排有关、涉及信息和通信装置所在位置的任何其他信息。

**第二十六条 搜查和扣押已存储或处理的计算机数据**

1. 各缔约方均应采取必要立法和其他措施，授权其主管当局寻求访问该国境内的：

（a）信息和通信技术设备以及其中存储的计算机数据；和

（b）可能存有所查找计算机数据的存储介质。

2. 各缔约方均应采取必要立法和其他措施，确保若其主管当局在根据本条第 1 款（a）项的规定进行搜查时有理由相信所查找的数据存储于该缔约方境内另一信息和通信技术设备内，则该主管当局应能够迅速进行搜查，以访问该另一信息和通信技术设备。

3. 各缔约方均应采取必要立法和其他措施，授权其主管当局扣押在该缔约方境内或其管辖之下的计算机数据，或者通过类似手段保护该数据安全。这些措施应包括提供以下权力：

（a）扣押用于存储信息的信息和通信技术设备或通过其他手段确保其安全；

（b）制作并保留这些计算机数据的副本；

（c）维护已存储的有关计算机数据的完整性；

（d）从信息和通信技术设备中删除以电子形式存储或处理的数据。

4. 各缔约方均应采取必要立法和其他措施，授权其主管当局根据其国内法确立的程序，命令对有关信息系统、信息和电信网络与部件或其中所含信息所适用的保护措施运作具有专门知识的人员在实施本条第1至3款所述措施方面提供必要信息和（或）协助。

5. 本条所述权力和程序的确立应符合本公约第二十一条和第二十二条的规定。

第二十七条　实时收集通信数据

1. 各缔约方均应采取必要立法和其他措施，授权其主管当局：

（a）运用技术手段收集或记录该缔约方境内与使用信息和通信技术有关的通信数据；及

（b）要求服务提供者以其拥有的技术能力为限：

（一）运用技术手段收集或记录该缔约方境内的通信数据；或

（二）配合并协助该缔约方主管当局实时收集或记录该国境内与特定信息有关的通信数据。

2. 若一缔约方由于其国内法律制度由来已久的原则而不能采取本条第1款（a）项规定的措施，则可转而采取必要立法和其他措施，确保在其境内运用技术手段实时收集或记录通信数据。

3. 各缔约方均应采取必要立法和其他措施，要求服务提供者对本条所规定任何权力的行使及与之相关的任何信息保密。

4. 本条所述权力和程序应符合本公约第二十一条和第二十二条的规定。

第二十八条　收集通过信息和通信技术传输的信息

1. 各缔约方均应采取必要立法和其他措施，授权其主管当局针对本公约所规定且由其国内法所确定的犯罪：

（a）在该缔约方境内运用技术手段，收集或记录通过信息和通信技术传输的信息；及

(b) 要求服务提供者以其拥有的技术能力为限：

（一）在该缔约方境内运用技术手段，收集或记录通过信息和通信技术传输的计算机信息；或

（二）配合并协助该缔约方主管当局实时收集或记录该缔约方境内通过信息和通信技术传输的计算机信息。

2. 若一缔约方由于其国内法律制度由来已久的原则而不能采取本条第 1 款（a）项所述措施，则可转而采取必要立法和其他措施，确保在该国境内运用技术手段实时收集或记录其境内通过信息和通信技术传输的计算机信息。

3. 各缔约方均应采取必要立法和其他措施，要求服务提供者对本条所规定任何权力的行使及与之相关的任何信息保密。

4. 本条所述权力和程序应符合本公约第二十一条和第二十二条的规定。

第三节 资产追回

**第二十九条 一般规定**

缔约方应根据本公约及其国内法的规定，为追回资产相互提供最广泛的合作和协助，同时顾及区域、区域间和多边组织打击洗钱的有关举措。

**第三十条 预防和发现犯罪所得的转移**

1. 缔约方应根据其国内法，采取必要措施，在其管辖范围内金融机构的客户和受益所有人据查可能参与实施了本公约规定的犯罪，或者其家庭成员、密切关联人或代表其行事的其他个人可能参与实施了本公约规定的犯罪的情况下，要求这些金融机构核实所涉客户和受益所有人的身份，包括提供其账户信息。

2. 缔约方应根据其国内法，采取一切必要措施，要求金融机构对本条第 1 款所述人员曾试图开立或维持的有关账户采取合理控制措施。

3. 应合理设计本条第 1 款和第 2 款所述措施，以期发现可疑交易并向主管当局报告，并且不应将上述措施解释为阻止或禁止金融机构与

任何正当客户开展业务。

4. 为了促进执行本条第 1 款和第 2 款规定的措施，各缔约方均应在适当情况下应另一缔约方的请求或主动向其管辖范围内的金融机构通告特定自然人或法人的身份，金融机构则将对这些自然人或法人以及金融机构另行确定身份的其他人的账户适用强化审查。

5. 各缔约方均应采取措施，确保其金融机构在适当期间内对涉及本条第 1 款所述人员的账户和交易保持充分的记录，其中至少应载有关于客户身份的信息以及尽可能载有关于受益所有人身份的信息。

6. 为了预防和发现转移本公约规定的犯罪所得的行为，各缔约方均应采取适当和有效措施，在其监管和监督机构帮助下，防止设立无实体机构且未与受监管的金融集团建立隶属关系的银行。此外，缔约方可考虑要求其金融机构拒绝与此类机构建立或继续保持代理行关系，并防范那些允许无实体机构且未与受监管的金融集团建立隶属关系的银行使用其账户的外国金融机构，避免与其建立关系。

7. 各缔约方均应考虑依照其国内法，针对据查可能参与实施了本公约条款所规定罪行的相应人员制定有效的财务披露制度，并为不遵守该制度的行为规定适当的制裁措施。各缔约方还应考虑采取必要措施，允许本国主管当局在必要时与其他缔约方主管当局共享这些信息，以便调查并追回本公约规定的犯罪之所得。

### 第三十一条 直接追回财产的措施

各缔约方均应依照其国内法，采取必要立法或其他措施：

（a）准许另一缔约方、其公民和永久居住在其境内的无国籍人和在其境内设立或具有常驻代表的法人在该缔约方法院提起民事诉讼，确立对通过实施本公约规定的犯罪或其他违法行为取得的财产的所有权；

（b）准许本国法院下令支付与本公约规定的犯罪或其他违法行为有关的补偿金或损害赔偿金；并

（c）准许本国法院或主管当局在必须作出关于没收的决定时，确认另一缔约方、其公民和永久居住在其境内的无国籍人以及在其境内设立或具有常驻代表的法人提出的关于其是通过实施本公约规定的犯罪或其他违法行为取得的财产的合法所有人之权利主张。

**第三十二条　通过没收事宜国际合作追回财产的机制**

1. 各缔约方为提供与通过实施本公约规定的犯罪取得的财产或用于实施犯罪的工具有关之司法协助，应依照其国内法：

（a）采取必要措施，准许其主管当局执行另一缔约方法院发布的没收令；

（b）采取必要措施，准许其主管当局在有管辖权的情况下，通过对洗钱犯罪进行裁决，命令没收因本公约规定的犯罪所获来自外国的此类财产；

（c）考虑采取必要措施，在因犯罪行为人死亡、潜逃或缺席而无法予以起诉的案件中或在其他适当情形下，允许不经刑事定罪而没收此类财产。

2. 各缔约方应另一缔约方的请求为其提供司法协助时，应根据其国内法：

（a）采取必要措施，准许本国主管当局根据提出请求的缔约方法院或主管当局发出的扣押令扣押财产，前提是请求国提供了合理根据，使被请求国相信，有充分理由采取该行动并且最终将针对该财产作出本条第1款（a）项所述没收令；

（b）采取必要措施，准许本国主管当局根据请求扣押财产，前提是相关请求提供了合理根据，使被请求国相信，有充足理由采取行动并且最终将针对该财产作出本条第1款（a）项所述没收令；

（c）考虑采取补充措施，准许本国主管当局基于与取得财产有关的外国逮捕令或刑事指控等依据，为没收目的而对有关财产进行保全。

**第三十三条　没收事宜国际合作**

1. 一缔约方在收到对本公约规定的一项犯罪拥有管辖权的另一缔约方关于如本公约第三十五条第1款所述没收位于被请求国境内、因实施本公约规定的犯罪而取得的财产或犯罪实施工具的请求后，应在根据其国内法可能的范围内：

（a）将该请求提交其主管当局，以便取得没收令并在没收令发出

后予以执行；或

（b）向其主管当局提交提出请求的缔约方境内法院发布的没收令，以期在所请求的范围内，且在与位于被请求国境内因实施本公约规定的犯罪而取得的财产或用于实施该犯罪的工具有关范围内予以执行。

2. 在对本公约规定的犯罪拥有管辖权的缔约方提出请求后，被请求的缔约方应采取措施，查明或扣押因实施本公约规定的犯罪而取得的财产或本条第 1 款（b）项提及的用于实施该犯罪的工具，以便由提出请求的缔约方命令，或者依照请求国根据本条第 1 款提出的请求，而最终予以没收。

3. 被请求的缔约方应依照其国内法以及在该国与提出请求缔约方的关系方面可能约束该国的任何双边、多边协定或安排的规定，作出或采取本条第 1 款和第 2 款规定的决定或行动。

4. 各缔约方均应向联合国秘书长提供该国实施本条规定的法律和法规以及其后各项修正案副本或说明。

5. 若被请求的缔约方未及时收到提出请求的缔约方主管当局命令或被请求国主管当局作出决定所需的文件，则可拒绝根据本条提交的请求或解除临时措施。

6. 在解除根据本条采取的任何临时措施之前，被请求的缔约方应尽可能向提出请求的缔约方提供一次说明须继续执行临时措施理由的机会。

7. 不应对本条规定作损害善意第三人权利的解释。

第三十四条　特别合作

若认为披露关于因实施本公约规定的犯罪而产生的财产的信息有可能为接收信息的另一缔约方主管当局提供启动调查或司法程序的理由，或者有可能导致该另一缔约方根据本章规定提出请求，则各缔约方均应在不违背其国内法的情况下努力采取措施，以不妨碍本国主管当局开展的调查或司法程序为前提，主动向该另一缔约方提供该信息。

第三十五条　财产的返还和处置

1. 已按照本章条款没收财产的缔约方应按照本条第 3 款及其国内

法处置该财产,包括将财产归还之前的合法所有人。

2. 各缔约方均应采取一切必要立法和其他措施,使本国主管当局能够在考虑到善意第三方权利的基础上,依照其国内法,在根据另一缔约方依照本公约规定提出的请求而采取行动时,返还所没收的财产。

3. 根据本公约第三十三条以及本条第1款和第2款的规定,被请求的缔约方应:

(a) 在盗用公共财产案件中,向提出请求的缔约方返还已按照本公约第三十三条的规定并根据在请求国境内作出的终局判决而没收的财产,但被请求国可免除关于请求国须作出终局判决的这一要求;

(b) 在所有其他案件中,优先考虑将所没收财产归还给之前的合法所有人或者用于向罪行受害者支付补偿或损害赔偿。

4. 除非缔约方另有决定,否则被请求的缔约方可在适当时扣除为按照本条规定返还或处置所没收财产而开展的调查或司法程序所致合理费用。

5. 缔约方可进行协商并缔结单独协定,以期就所没收财产的最后处置达成相互接受的安排。

# 第三章 预防和打击网络空间犯罪和其他违法行为的措施

**第三十六条 预防和打击与使用信息和通信技术有关的犯罪和其他违法行为的政策和做法**

1. 各缔约方均应根据其本国法律制度的基本原则,制定执行或寻求行之有效和协调一致的政策,以打击与使用信息和通信技术有关的犯罪和其他违法行为。

2. 各缔约方均应努力制定和促进行之有效的做法,以预防与使用信息和通信技术有关的犯罪和其他违法行为。

3. 缔约方应在适当情况下,按照本国法律制度的基本原则,相互并与相关国际和区域组织协作，促进和制定本条所述措施。

**第三十七条　预防和打击与使用信息和通信技术有关的犯罪和其他违法行为的负责机构**

1. 各缔约方均应采取一切必要立法和其他法律措施，指定负责预防和打击与使用信息和通信技术有关犯罪和其他违法行为活动的主管当局，并制定此类主管当局间的互动程序。

2. 各缔约方均应将可协助其他缔约方制定和执行预防与使用信息和通信技术有关的犯罪和其他违法行为具体措施的一个或多个主管当局的名称和地址通知联合国秘书长。

**第三十八条　私营部门**

1. 各缔约方均应根据其国内法基本原则，采取措施预防私营部门中与使用信息和通信技术有关的犯罪和其他违法行为，提高私营部门的信息安全标准，对不遵守这些措施的，在适当情况下施加并适用有效、适度和劝阻性的民事、行政或刑事处罚。

2. 除其他措施外，旨在实现上述目标的措施包括：

（a）促进执法机构与有关私营实体之间的合作；

（b）促进制定旨在确保信息安全的标准和程序；

（c）促进对执法、调查、司法和检察人员的培训方案。

**第三十九条　私营信息和电信服务提供者行为的原则和守则**

1. 位于缔约方境内的各私营信息和电信服务提供者（或其集团）均应在其权力范围内并依照其所在国的法律采取适当措施，协助以尊重联合国各项基本文书所保障的人权为基础，制定和执行国际网络空间的使用原则和守则。

2. 除其他措施外，旨在实现上述目标的措施包括：

（a）私营信息和电信服务提供者（或其集团）之间的合作；

（b）合作制定各项原则和标准，以期创造建设文明社会的有利环境，使其成为国际网络空间的组成部分。

**第四十条　提高公众对网络犯罪的预防意识**

1. 各缔约方均应采取适当措施，在其权力范围内，根据其国内法基本原则，促进个人和团体，包括非政府组织和公共组织，积极参与预防与使用信息和通信技术有关的犯罪和其他违法行为，并让公众更加了解这些犯罪行为以及原因、严重性和构成的威胁。应采取下列措施支持以上参与：

（a）提供有效的公众获取信息途径；

（b）开展提升公众认识的活动，推动对与使用信息和通信技术有关犯罪和其他违法行为的零容忍；

（c）实施关于信息和通信技术安全的公众教育培训计划。

2. 各缔约方均应采取适当措施，确保公众了解负责打击与使用信息和通信技术有关的本公约所述犯罪和其他违法行为的相关机构，并提供诉诸这些机构的途径，以利于举报任何可被认为属于本公约规定的犯罪和其他违法行为的事件。

## 第四章　国际合作

### 第一节　国际合作与互助的一般原则

**第四十一条　国际合作的一般原则**

1. 各缔约方应依照本章的规定，按照刑事事务国际合作的有关国际文书、在示范法或共同商定的法律基础上达成的协定以及本国法律，尽可能充分地相互合作，以期预防、制止、发现和调查与使用信息和通信技术有关的犯罪。

2. 若为将一项行为认定为犯罪以便进行国际合作而必须满足相互承认这项要求，则当提出协助请求的缔约方和被请求的缔约方两国法律都将一个构成犯罪的行为定为刑事犯罪时，无论被请求国的法律与请求国的法律是否将该行为定为相同类别的犯罪或使用相同措辞进行表述，都应视为可适用相互承认要求。

3. 缔约方应在适当且国内法律制度允许的情况下，考虑在调查和起诉与使用信息和通信技术有关的违法行为相关民事和行政案件方面提供互助。

4. 为了缔约方之间司法协助和引渡目的，本公约第六至十八条提及的任何犯罪均不得被视为政治犯罪、与政治犯罪有关的犯罪或出于政治动机的犯罪。因此，不得单纯因为一项犯罪涉及政治犯罪、与政治犯罪有关的犯罪或出于政治动机的犯罪而拒绝与该犯罪有关的司法协助或引渡请求。

**第四十二条 司法协助的一般原则**

1. 缔约方应提供司法协助，以便就与使用信息和通信技术有关犯罪和其他违法行为开展调查或司法程序。

2. 各缔约方还应采取一切必要立法和其他措施，遵守本公约第四十七条、第四十八条、第五十至五十四条和第五十七条规定的义务。各缔约方还应考虑延长（或免除）时间限制，以防止逃避责任。

3. 在紧急情况下，各缔约方可采用传真或电子邮件等快速通信方式，发出司法协助请求或相关函件，前提是上述快速通信方式须提供适当程度的安全保障及认证（包括根据需要使用加密），而若被请求的缔约方提出要求，还应随后提交正式确认书。被请求国应采用任何快速通信方式接收并答复请求。被请求国可保留转发在收到最初请求后所作答复的权利。

4. 除非本章条款另有具体规定，否则司法协助应遵循被请求国的法律或适用的司法协助协定的规定，包括被请求国可能援引的拒绝合作理由清单。

**第四十三条 管辖权**

1. 各缔约方应采取一切必要措施，对符合以下条件的本公约规定的犯罪和其他违法行为确立管辖权：

（a）发生在该缔约方境内；或

（b）发生在罪行实施时悬挂该缔约方国旗的船只或已根据该缔约方法律注册的航空器内。

2. 在不违反本公约第三条规定的情况下，缔约方在下列情况下还可对上述任何犯罪和其他违法行为确立管辖权：

（a）实施对象是该缔约方国民、在其境内永久居住的无国籍人、在其境内设立或具有常驻代表的法人或者该缔约方的外交使团或领事馆；或

（b）实施者是该缔约方国民或在其境内有惯常居所的无国籍人；或

（c）罪行是针对该缔约方实施的。

3. 为本公约第四十八条之目的，各缔约方均应采取一切必要措施，在被指控的犯罪行为人位于该国境内并且该国仅以被指控人是其本国国民或由其授予难民地位之人为由而不予引渡时，确立该国对本公约所规定犯罪的管辖权。

4. 在本条第 1 款和第 2 款规定的情况下，不引渡其境内被指控行为人的缔约方，无论犯罪是否发生在该缔约方境内，都毫无例外应不加拖延地将案件提交其主管当局，以便依照该国法律进行法律诉讼。

5. 若根据本条第 1 款或第 2 款行使其管辖权的缔约方被告知或以其他方式获知任何其他缔约方正在对同一行为开展调查、起诉或进行司法程序，则这些缔约方的主管当局应适当相互协商，以期协调行动。

6. 在不影响一般国际法准则的情况下，本公约不排除缔约方行使其依据本国法律确立的任何刑事管辖权。

**第四十四条　主动提供信息**

1. 缔约方若认为披露其在调查期间收集到的信息可能会帮助另一缔约方就本公约规定的犯罪或其他违法行为启动或者进行调查或司法程序，或者可能导致该另一缔约方按照本章规定提出合作请求，则可依照其国内法，未经另一缔约方事先请求，将这些信息转给该另一缔约方。

2. 相关缔约方在提供信息之前可要求对信息进行保密或规定信息使用的特定条件。若接收信息的缔约方不同意这一请求，则应通知提供信息的缔约方，由提供国决定是否仍将提供该信息。若接收国根据上述条件接收信息，则上述条件对接收国具有约束力。

**第四十五条　移交刑事诉讼程序**

缔约方如认为在涉及多个司法管辖区的具体案件中，向另一缔约方移交与本公约所规定犯罪有关的刑事诉讼程序有利于司法的正当行使，

则应考虑移交诉讼程序，以确保合并审理刑事案件。

**第四十六条　在无适用的国际协定情况下发出互助请求的程序**

1. 若提出请求的缔约方和被请求的缔约方之间没有司法协助条约或协定，则适用本条第 2 至 8 款的规定。若存在这样的条约或协定，则本条规定不适用，除非有关缔约方同意适用本条的下列任何或所有规定替代上述文书。

2.（a）各缔约方均应指定一个中央主管当局或数个主管当局负责传送、答复、批准，或向主管当局转交司法协助请求；

（b）上文（a）项提及的中央主管当局或数个主管当局应相互直接沟通；

（c）各缔约方于签署本公约时或交存其批准、接受、核准以及加入文书时，应将该国依照本款规定指定的主管当局名称和地址告知联合国秘书长；

（d）联合国秘书长应编制并定期更新载列各缔约方指定的中央主管当局的登记册。各缔约方均应定期确保登记册载有最新信息。

3. 被请求的主管当局在准予司法协助请求时，应适用其本国法律。如提出请求的主管当局要求适用请求国的法律程序，则在请求国法律程序不违反被请求国法律的前提下，可适用请求国的法律程序。

4. 被请求的缔约方除了第四十三条第 4 款规定的拒绝理由外，还可以在以下情况下拒绝提供法律协助：

（a）被请求国认为，请求所涉犯罪是针对该国的犯罪或是与此有关的犯罪；

（b）被请求国认为执行该请求将损害其主权、安全、公共秩序或其他重大利益。

5. 若应请求而采取的措施会妨碍被请求的缔约方主管当局正在开展的刑事调查或司法程序，则被请求国可推迟采取这些措施。

6. 在拒绝或推迟提供司法协助之前，被请求的缔约方应在视需要与请求国协商之后，考虑部分准予请求或在设定其认为适当的条件基础上准予请求。

7. 被请求的缔约方应将司法协助请求的处置结果尽快通知提出请求的缔约方。若拒绝请求或推迟准予，则应将拒绝或推迟的原因告知请求国。被请求国还应告知请求国请求不会得到准予或很可能在推迟相当长时间后才会准予的原因。

8. 提出请求的缔约方可要求被请求的缔约方对按照本章规定所提请求之事实和请求的事由保密，但以不影响该请求的实施为限。若被请求国不能遵守保密要求，则应立即告知请求国；请求国随后应决定是否仍然提出该请求。

**第四十七条　保密和信息使用限制**

1. 若提出请求的缔约方和被请求的缔约方之间没有基于示范法或共同商定的法律而达成的司法协助条约或协定，则适用本条规定。若存在这样的条约、协定或法律，则本条规定不适用，除非有关缔约方同意适用本条的下列任何或所有规定，以之替代上述文书。

2. 针对请求，被请求的缔约方可以为提供信息或材料设定条件：

（a）对信息或材料进行保密，若不接受这些条件，则不准予司法协助请求；

（b）不得为请求中未提及的其他调查或法律程序的目的披露这些信息或材料。

3. 若提出请求的缔约方不能遵守本条第 2 款所述的任何条件，则应立即通知另一缔约方；另一缔约方随后应决定是否能够提供信息。若请求国同意遵守条件，则该条件对该缔约方具有约束力。

4. 以本条第 2 款所述条件为前提提供信息或数据的任何缔约方均可要求另一缔约方明确说明使用该信息或材料的任何规定条件。

**第四十八条　引渡**

1. 对于根据本公约确定的犯罪，当被请求引渡之人处于被请求的缔约方境内时，应适用本条规定，条件是引渡请求所涉犯罪根据提出请求的缔约方和被请求国各自的国内法律，均应受到至少为期一年的监禁或更重的处罚。

2. 本公约第六至二十条规定的各项刑事犯罪均应被视为缔约方间

任何现行引渡条约规定的可引渡犯罪。缔约方承诺将这些犯罪作为可引渡的犯罪列入它们今后将缔结的任何引渡条约。若缔约方国内法允许，则在以本公约作为引渡依据时，本公约规定的任何犯罪均不得被视为政治犯罪。

3. 若引渡请求涉及多项单独罪行，其中至少有一项是本条规定的可引渡犯罪，而其他罪行因适用的处罚而不可引渡，但仍被视为本公约规定的犯罪，则被请求的缔约方也可对这些犯罪适用本条规定。

4. 以订有条约为引渡条件的缔约方若收到未与之订有引渡条约的另一缔约方的引渡请求，则可将本公约视为就本条所适用的任何犯罪进行引渡的法律依据。

5. 以订有条约为引渡条件的缔约方应：

（a）于交存本公约批准书、接受书、核准书或者加入书时通知联合国秘书长，说明该国是否将适用本公约，将之作为其与本公约其他缔约方进行引渡合作的法律依据；及

（b）若不以本公约作为引渡合作的法律依据予以适用，则应在适当情况下寻求与本公约其他缔约方缔结引渡条约，以适用本条规定。

6. 不以订有条约为引渡条件的缔约方应承认本条所适用的犯罪是这些缔约方之间可相互引渡的犯罪。

7. 引渡应符合被请求的缔约方国内法或相关引渡条约所规定的条件，其中包括引渡的最低限度处罚要求和被请求国可据以拒绝引渡的理由。

8. 对于本条所适用的任何犯罪，缔约方应在符合其国内法的情况下，努力加快引渡程序并简化与之有关的证据要求。

9. 被请求的缔约方在不违背其国内法及引渡条约规定的情况下，可在认定情况需要而且紧迫时，根据提出请求的缔约方的请求，对被请求国境内的被请求引渡之人进行拘押或采取其他适当措施确保在进行引渡程序时该人在场。

10. 若一缔约方不引渡在其境内被发现的、与本条所适用犯罪有关的被指控犯罪行为人，在寻求引渡的缔约方提出请求后，该国毫无例外

地有义务将案件提交其本国主管当局进行起诉，不得不当拖延。主管当局应作出决定并进行诉讼程序，其方式与根据该缔约方国内法处理性质严重的任何其他犯罪所采用的方式相同。有关缔约方应相互合作，特别是在程序和证据事项上进行合作，以确保该诉讼的效率。

11. 若一缔约方国内法规定，允许引渡或移交其国民的条件是，该人将被送还本国以便按照引渡或移交请求所涉及的审判或诉讼作出的判决服刑，并且该缔约方和请求引渡该人的缔约方也同意该程序以及它们可能认为适当的其他条件，则这种有条件引渡或移交即充分履行了本条第 10 款规定的义务。

12. 在对任何人就本条所适用的任何犯罪进行诉讼时，应确保其在诉讼的所有阶段受到公平对待，包括享有其所在国国内法所提供的一切权利和保障。

13. 不得将本公约的任何条款解释为规定了下列情况下的引渡义务：被请求的缔约方有充分理由认为提出引渡请求的目的是以某人的性别、种族、宗教、国籍或族裔为由对其进行起诉或惩处，或者认为遵从该请求将使该人的处境因上述任一原因而受到损害。

14. 被请求的缔约方在拒绝引渡前应在适当情况下与提出请求的缔约方协商，使后者有充分机会陈述自己的意见并提供与请求书中陈述的事实有关的信息。

15. 缔约方应寻求缔结双边和多边协定或安排，以执行引渡或加强引渡的成效。

### 第四十九条　被判刑人员的移交

缔约方可考虑缔结双边或多边协定或安排，将犯有本公约规定的罪行而被判处监禁或以其他形式剥夺自由的人员移送至缔约方本国境内服满刑期。

### 第五十条　快速保全电子信息

1. 一缔约方可请另一缔约方发布命令或以其他方式迅速保全在该另一缔约方境内利用信息和通信技术保存或处理的信息，为此请求国须在司法协助框架内发出搜查、扣押或以其他方式保全该信息的请求。

2. 根据本条第 1 款提出的信息保全请求应具体说明：

（a）提出请求的主管当局的名称；

（b）概述请求所涉基本事实以及有关的调查、起诉或司法程序的性质；

（c）拟保全的电子信息及其与相关犯罪之间的关系；

（d）可用于确定信息保管人或信息和通信技术设备位置的任何可得数据；

（e）保全信息的理由；

（f）缔约方打算在司法协助框架内提出的搜查、扣押或类似保全信息请求的函件。

3. 收到另一缔约方的请求后，被请求的缔约方应采取适当措施，根据其本国国内法迅速保全本条第 1 款具体规定的信息。被请求国可全部或部分执行请求，以确保保全信息，即使构成请求理由的行为在被请求国不被定为刑事犯罪。

4. 若被请求的缔约方认为执行请求可能损害其主权、安全或其他基本利益，则可拒绝保全信息的请求。

5. 若被请求的缔约方认为执行本条第 1 款所述请求无法确保将来保全信息或将会危及保密性，或给调查、起诉以及司法程序造成其他损害，则应立即通知提出请求的缔约方。请求国应根据该通知决定该请求是否应予执行。

6. 应本条第 1 款所述请求而实行的任何保全在期间上不得少于 180 天，以便提出请求的缔约方能够提交搜查、扣押或以其他方式保全信息的请求。在收到请求后，被请求的缔约方应在就该请求作出决定前，保全相关信息。

**第五十一条　加快披露已保全的通信数据**

1. 若在执行依照本公约第五十条提出的保全信息请求过程中，被请求的缔约方发现另一国家境内的服务提供者参与传输该信息，则被请求国应迅速向提出请求的缔约方披露充足的通信数据，以确定该服务提供者的身份并查明所请求保全信息的传输路径。

2. 若被请求的缔约方认为执行请求可能损害其主权、安全或其他基本利益，则可拒绝保全信息的请求。

**第五十二条　执法合作**

1. 缔约方应在符合其国内法律制度和行政管理制度的情况下相互密切合作，以加强执法行动的成效，打击本公约规定的犯罪。各缔约方尤其应采取有效措施，目的是：

（a）加强并在必要时建立各国主管当局、机构和部门之间的沟通渠道，以促进安全、迅速地交换有关本公约所规定犯罪的各个方面信息，有关缔约方认为适当时还可包括与其他犯罪活动的联系之有关信息；

（b）同其他缔约方合作，就本公约规定的犯罪进行调查，目的是查明：

（一）涉嫌参与犯罪之人的身份、行踪和活动，或其他相关人员的所在地点；

（二）犯罪所得或因实施犯罪而取得的财产的去向；

（三）用于或企图用于实施犯罪的财产、设备或其他工具的去向；

（c）提供用于实施犯罪的物品，包括犯罪工具；因犯罪而获取的物品或作为犯罪报偿的物品；行为人用采取这种方式取得之物品所换取的物品；可能在刑事案件中具有证据价值的物品；

（d）视情况与其他缔约方就实施本公约规定的犯罪所采用的具体手段和方法交换信息，其中包括利用虚假身份；虚假、变造或伪造的文件；或其他掩盖违法活动的手段；

（e）促进各缔约方主管当局、机构和部门之间有效协调，并推动工作人员和其他专家的交流，包括根据有关缔约方之间的双边协定和安排派出联络官员；

（f）交换重要情报，采取协调一致的措施，以尽早发现本公约规定的犯罪。

2. 为执行本公约，缔约方应考虑订立关于其执法机构间直接合作的双边或多边协定与安排，并在已有此类协定或安排的情况下考虑对其进行修正。若有关缔约方之间没有此类协定或安排，则缔约方可考虑以本公约为依据，就本公约规定的犯罪开展相互执法合作。凡在适当情况下，缔约方均应充分利用各种协定或安排，包括国际或区域组织机制，加强缔约方执法机构之间的合作。

**第五十三条　实时收集通信数据方面的互助**

1. 缔约方应根据另一缔约方提出的请求，在其境内或受其管辖的领土内实时收集通信数据，然后根据其国内法律规定的程序，基于相关理由（如有）传输所收集的信息。

2. 各缔约方均应考虑就其国内法律规定应实时收集通信数据的犯罪和其他违法行为提供司法协助。

3. 根据本条第 1 款发出的请求应具体说明：

（a）提出请求的主管当局的名称；

（b）概述请求所涉基本事实以及有关的调查、起诉或司法程序的性质；

（c）需要收集通信数据的有关电子信息及其与相关犯罪或其他违法行为的关系；

（d）可用于确定信息所有人/使用人以及信息和通信技术设备位置的任何可得数据；

（e）收集通信数据的期间；

（f）收集通信数据的原因；

（g）选择指定期间收集通信数据的原因。

**第五十四条　收集电子信息方面的互助**

缔约方应在其本国境内或受其管辖的领土内，依照其国内法规定的程序，实时收集通过信息和通信技术传输的电子信息。缔约方应根据其国内法和已有的司法协助协定，向另一缔约方提供这些信息。

**第五十五条　联合调查**

缔约方应考虑缔结双边或多边协定或安排，以便有关主管当局可据以设立联合调查机构，处理一国或多国境内调查、起诉或司法程序所涉案件。若无此类协定或安排，则可逐案商定开展联合调查。参与调查的各缔约方应确保调查实施地所在的缔约方主权受到充分尊重。

**第五十六条 特殊侦查手段**

1. 为有效打击与使用信息和通信技术有关的犯罪，各缔约方均应在其国内法的基本原则允许的范围内，以其国内法规定的条件为限，尽其所能采取必要措施，允许其主管当局在境内适当使用电子监视或其他形式的监视以及卧底行动等特殊侦查手段，使得通过这些方法收集的证据可为法院所接受。

2. 为调查本公约规定的犯罪，鼓励缔约方在必要时缔结适当的双边或多边协定或安排，以便在国际层面的合作中使用上述特殊侦查手段。此类协定或安排的缔结和执行应完全符合各国主权平等原则，执行时应严格遵守协定或安排的条款。

3. 若无本条第 2 款所述协定或安排，则应逐案作出在国际层面使用特殊侦查手段的决定，必要时可考虑到所涉缔约方达成的资金安排以及关于行使管辖权的谅解。

**第五十七条 24/7 网络**

1. 各缔约方均应指定一个每周七天每天 24 小时可用的联络点，以确保为涉及计算机系统和数据的刑事犯罪调查、起诉、司法程序或为以电子方式收集与刑事犯罪有关的证据提供紧急协助。这种协助应包括促进采取下列措施，或在其国内法和惯例允许的情况下直接执行下列措施：

（a）提供技术咨询意见；

（b）保全数据，以收集证据并继而按照其国内法和现有司法协助协定提供法律信息。

2. 各缔约方均应采取措施，确保提供训练有素的人员和设备，以促进该网络的运作。

**第二节 技术援助和培训**

**第五十八条 技术援助的一般原则**

1. 缔约方应尽其所能，特别是为了有利于发展中国家打击信息和通信技术犯罪的计划和方案，考虑相互提供最广泛的技术援助，包括在本公约第六十条提及的领域中提供实质支持和培训，并提供培训和援助，互相交流相关经验和专门知识，以促进缔约方之间在引渡和司法协助方面的国际合作。

2. 缔约方应根据需要加强努力，实现国际组织和区域组织以及有关双边和多边协定、安排框架内业务和培训活动成效的最大化。

3. 缔约方应考虑根据请求相互协助，对各自境内实施的信息和通信技术犯罪的类型、原因及后果进行评价、分析和研究，以期在各主管当局、社会和私营部门参与下，拟订打击这些类别犯罪的战略和行动计划。

4. 缔约方应考虑建立自愿机制，以期通过技术援助方案和项目为发展中国家和经济转型国家的努力提供资助。

5. 缔约方应委托联合国毒品和犯罪问题办公室向缔约方提供专业技术援助，以期推动执行打击信息和通信技术犯罪的方案和项目。

**第五十九条　培训**

1. 各缔约方均应根据需要拟订、实施或改进对其负责预防、打击信息和通信技术犯罪的人员进行培训的具体方案。除其他领域外，这些培训方案可包括以下领域：

（a）采取有效措施，包括进行电子证据收集和使用侦查手段，预防、发现、调查并且惩处和打击信息和通信技术犯罪；

（b）进行能力建设，推进打击信息和通信技术犯罪的战略性政策制定和规划工作；

（c）对主管当局工作人员进行关于撰写符合本公约要求的司法协助请求的培训；

（d）预防本公约所规定犯罪的所得被转移，并且追回此类所得；

（e）发现并阻拦与转移本公约所规定犯罪的所得有关的交易；

（f）监视本公约所规定犯罪的所得去向以及用以转移、藏匿或掩饰此类所得的方法；

（g）采取适当、高效的法律和行政机制及方法，为扣押本公约所规定犯罪的所得提供便利；

（h）采取措施保护与司法机关合作的受害人和证人；及

（i）为工作人员提供本国法规、国际条例和语言培训。

2. 缔约方应委托联合国毒品和犯罪问题办公室向缔约方提供专业培训援助，以期推动执行打击信息和通信技术犯罪的国家方案和项目。

**第六十条 交换信息**

1. 各缔约方均应考虑在征询有关专家意见后，分析其境内信息和通信技术犯罪的趋势以及此类犯罪的实施情形。

2. 缔约方应考虑发布与信息和通信技术犯罪有关的统计数字和分析，以期尽可能拟订通用定义、标准和方法，包括在预防、打击信息和通信技术犯罪方面的最佳做法，并相互分享以及通过国际和区域组织分享。

3. 各缔约方均应考虑对其打击信息和通信技术犯罪的政策和实际措施进行监测，并对这些政策措施的成效进行评估。

## 第五章 执行机制

**第六十一条 公约缔约方会议**

1. 兹设立本公约缔约方会议，以增进缔约方的能力及缔约方间的合作，从而实现本公约设定的目标，促进和审查公约的执行。

2. 联合国秘书长应不迟于本公约生效一年之日召集缔约方会议。此后，应依照缔约方会议通过的议事规则，举行缔约方会议的例会。

3. 缔约方会议应通过议事规则以及本条所列活动运行所应遵循的规则，包括接纳观察员、观察员参与活动以及支付开展活动费用方面的规则。

4. 缔约方会议应为实现本条第 1 款所述目标商定相关活动、程序和工作方法，其中包括：

（a）通过鼓励自愿捐助等方式，促进缔约方按照本公约第五十九条和第六十条以及第二至五章的规定开展活动；

（b）促进缔约方之间就信息和通信技术犯罪的模式、趋势以及预防和打击此类犯罪的成功做法及追回犯罪所得交流信息，采取包括公布本条所述相关信息等做法；

（c）与有关国际和区域组织、机制以及非政府组织开展合作；

（d）适当利用其他打击、预防信息和通信技术犯罪国际与区域机制提供的相关信息，以避免不必要的工作重复；

（e）由公约缔约方定期审查本公约的执行情况；

（f）为改进本公约及其执行提出建议；

（g）查明缔约方在执行本公约方面的技术援助需求，并就此建议采取缔约方会议认为必要的任何行动。

5. 为了本条第 4 款的目的，缔约方会议应通过缔约方提供的信息和缔约方会议可能建立的补充审查机制，对缔约方为执行本公约所采取的措施以及执行过程中所遇到的困难进行必要的了解。

6. 各缔约方均应按照缔约方会议的要求，向缔约方会议提供信息，说明该国执行本公约的方案、计划、做法以及立法和行政措施。缔约方会议应当审查接收信息和基于这些信息采取行动的最有效方式。除其他信息外，这些信息包括来自缔约方和有关国际组织的信息。对从经正式认可的非政府组织按照由缔约方会议决定的程序提供（之信息），也可予以审查。

7. 根据本条第 4 至 6 款，缔约方会议应在其认为必要时建立任何适当机制或机构，以协助有效执行本公约。

**第六十二条　打击信息和通信技术犯罪国际技术委员会**

1. 缔约方会议应依照本公约的规定，创设和组建打击信息和通信技术犯罪国际技术委员会，协助各国审查公约执行情况。

2. 委员会应是常设机构，由 23 名成员组成，按照混合代表制原则设立：三分之二的成员代表缔约方会议，其余三分之一的成员代表国际电信联盟的理事机构。

3. 委员会成员由在外交、国际法、通信技术或相关研究方面具有丰富直接经验的专家担任。

4. 委员会成员任期五年，可以连任。

5. 委员会应每年至少举行一次届会，届会应在设于联合国毒品和犯罪问题办公室的委员会总部举行，或在缔约方会议指示或核准的时间和地点举行。

6. 委员会应通过其议事规则，由缔约方会议核准。

7. 委员会应评估信息和通信技术领域的技术进步。

8. 委员会应通过缔约方会议，向缔约方和有关国际组织报告其工作结果。

9. 如有必要，委员会将就修正本公约技术附件向缔约方会议提出建议。关于这些建议的决定应协商一致作出。

10. 经委员会建议，缔约方会议可建议缔约方修正本公约的技术附件。

### 第六十三条 秘书处

1. 联合国秘书长应为公约缔约方会议提供必要的秘书处服务。

2. 秘书处应：

（a）为缔约方会议的届会和国际技术委员会的届会作出安排并提供必要服务；

（b）应缔约方请求，协助其向缔约方会议提供信息；及

（c）确保与其他有关国际和区域组织秘书处进行必要协调。

## 第六章 最后条款

### 第六十四条 公约的执行

1. 各缔约方均应根据其国内法的基本原则采取必要措施，包括立法和行政措施，以切实履行其根据本公约所承担的义务。

2. 为预防、打击信息和通信技术犯罪，各缔约方均可采取比本公约的规定更为严格或严厉的措施。

### 第六十五条 争端解决

1. 缔约方应努力通过谈判解决与本公约的解释或适用有关的争端。

2. 两个或两个以上缔约方对于本公约的解释或适用发生任何争端，在合理时间内不能通过谈判解决的，应经其中一方请求而交付仲裁。若自请求交付仲裁之日起六个月内这些缔约方不能就仲裁安排达成协议，则其中任何一方均可依照《国际法院规约》请求将争端提交国际法院。

3. 各缔约方在签署、批准、接受、核准或加入本公约时，均可声明不受本条第 2 款的约束。而对于作出此项保留的任何缔约方而言，其他缔约方也不受本条第 2 款的约束。

4. 凡根据本条第 3 款作出保留的缔约方，均可随时通知联合国秘书长撤销该项保留。

**第六十六条　签署、批准、接受、核准和加入**

1. 本公约向所有国家开放供签署。

2. 本公约还应开放供区域组织签署，条件是该组织至少有一个成员已按照本条第 1 款规定签署本公约。本公约须经批准、接受或核准。批准书、接受书或核准书应交存联合国秘书长。

**第六十七条　生效**

1. 本公约应于第三十份批准、接受、核准或加入文书交存之日后第九十天生效。为本款的目的，区域经济一体化组织交存的任何文书均不得在该组织成员国所交存文书以外另行计算。

2. 对于在第三十份批准、接受、核准或加入文书交存后，批准、接受、核准或加入本公约的缔约方或区域经济一体化组织，本公约应于该国或该组织交存有关文书之日后第三十天生效，或于本公约根据本条第 1 款生效之日生效，以时间较后者为准。

**第六十八条　修正**

1. 本公约生效五年后，缔约方可提出修正案并送交联合国秘书长备案。联合国秘书长应立即将所提修正案通报各缔约方和缔约方会议，以进行审议并作出决定。缔约方会议应尽力就每项修正案达成协商一致。若为达成协商一致作出一切努力后仍未达成一致意见，作为最后手段，须有缔约方三分之二多数票方可通过修正案。

2. 区域经济一体化组织对其权限范围内的事项行使本条规定的表

决权时，其票数等同于该组织中同时也是本公约缔约方的成员国数目。若这些组织的成员国行使表决权，则这些组织不得行使表决权，反之亦然。

3. 根据本条第 1 款通过的修正案须经缔约方批准、接受或核准。

4. 根据本条第 1 款通过的修正案，应于缔约方向联合国秘书长交存批准、接受或核准该修正案的文书之日起九十天后对该缔约方生效。

5. 修正案一经生效，即对已表示同意受其约束的缔约方具有约束力。其他缔约方则仍受本公约原条款和该国之前批准、接受或核准的任何修正案的约束。

第六十九条　保留

各缔约方均可在签署或交存其批准书或加入书之时，以书面通知联合国秘书长的方式，声明其将行使就本公约的适用作出保留的权利。对就第十四条、第十六条、第十七条和第四十八条第 10 款作出的保留将不予接受。

第七十条　附件一的修正

1. 任何缔约方均可提议修正本公约附件一载列的国际法律文书清单。

2. 秘书处应负责监测新通过的可能影响本公约适用范围的国际法律文书，并向缔约方会议下次届会提交对附件一的拟议修正案。

3. 拟议修正案应仅涉及已生效且与国际犯罪直接相关的普遍性和区域性国际法律文书。

4. 秘书长应向缔约方转递依照本条第 1 款规定提议的修正案草案。若自修正案草案转递之日起六个月内，已批准本公约的缔约方总数中有三分之一的国家通知秘书长，表示反对该修正案生效，则该修正案不得生效。

5. 若自修正案草案转递之日起六个月内，已批准本公约的缔约方总数中不足三分之一的国家向秘书长提出反对修正案生效的意见，则在六个月的提出反对期结束后三十天时，该修正案对未提出反对的缔约方生效。

6. 缔约方会议通过一项修正案须经已批准本公约的所有缔约方三分之二多数投票赞成。修正案在其通过之日后三十天时，对已表示同意适用该修正案的缔约方生效。

7. 若一项修正案依照本条规定生效之后，任何缔约方向秘书长发出反对该修正案的通知，则对该缔约方而言，该修正案将在相关缔约方通知秘书长该国接受该修正案之日后三十天时生效。

### 第七十一条　退约

1. 缔约方可书面通知联合国秘书长的方式，退出本公约。退约应自秘书长收到通知之日起一年后生效。

2. 区域经济一体化组织自其所有成员国均已退出本公约之时起，不再是本公约缔约方。

### 第七十二条　保存人和语文

1. 兹指定联合国秘书长为本公约的保存人。

2. 本公约正本应交存于联合国秘书长，其阿拉伯文、中文、英文、法文、俄文和西班牙文文本同等作准。

兹由经各国政府正式授权的下列署名全权代表签署本公约，以昭信守。

# 附件一

1. 《关于在航空器内的犯罪和犯有某些其他行为的公约》（1963年9月14日，东京）

2. 《关于制止非法劫持航空器的公约》（1970年12月16日，海牙）

3. 《关于防止和惩处侵害应受国际保护人员包括外交代表的罪行的公约》（1973年12月14日，纽约）

4. 《反对劫持人质国际公约》（1979年12月17日，纽约）

5. 《核材料实物保护公约》（1980年3月3日，维也纳）

6. 《制止危及海上航行安全非法行为公约》（1988年3月10日，罗马）

7.《制止恐怖主义爆炸的国际公约》(1997年12月15日,纽约)

8.《制止向恐怖主义提供资助的国际公约》(1999年12月9日,纽约)

9.《制止核恐怖主义行为国际公约》(2005年4月13日,纽约)

10.《反恐怖主义司法协助和引渡公约》(2008年5月16日,纽约)

11.《联合国打击跨国有组织犯罪公约》(2000年11月15日,纽约)

12.《联合国反腐败公约》(2003年10月31日,纽约)

13.《制止与国际民用航空有关的非法行为的公约》(2010年9月10日,北京)[取代1971年《制止危害民用航空安全非法行为公约》]

14.《麻醉品单一公约》(1961年3月30日,纽约)

15.《精神药物公约》(1971年2月21日,维也纳)

16.《联合国禁止非法贩运麻醉药品和精神药物公约》(1988年12月19日,维也纳)

## 技术附件

| 种类 | 名称 | 说明 |
| --- | --- | --- |
| 1. 软件 | 蠕虫 | 一种通过局域和全球计算机网络传播的恶意程序 |
| | 病毒 | 一种自我复制的恶意程序 |
| | 特洛伊木马 | 一种在系统中执行未经授权功能的恶意程序 |
| | Rootkit | 一种在系统中隐藏入侵者或恶意程序的程序或程序包 |
| | Bootkit | 一种修改主引导记录引导扇区的程序 |
| | 漏洞利用 | 一种利用软件漏洞来攻击计算机系统的程序或命令序列。攻击的目的可能是控制系统(特权提升)或导致系统故障(拒绝服务攻击) |
| | 构造器 | 用于开发恶意程序的程序 |
| | 加密程序 | 一种用于隐藏恶意软件的程序 |
| | 后门 | 一种用于秘密控制计算机的恶意软件 |
| | 暴力破解器 | 一种用于破解密码的程序 |

续表

| 种类 | 名称 | 说明 |
| --- | --- | --- |
| 1. 软件 | 键盘记录器 | 一种用于记录按键的恶意程序 |
| | 嗅探器 | 一种分析网络流量的工具 |
| | 注册机 | 密钥生成器 |
| | 流量生成器 | 一种伪造流量的恶意程序 |
| | 自动点击器 | 一种模拟横幅广告并点击的恶意程序 |
| 2. 硬件 | 侧录器 | 一种记录信用卡磁条信息以供复制的可贴附装置 |
| | 编码器（阅读器） | 一种阅读/记录磁条信息的装置 |
| | 凸字打码机 | 一种用于给塑料卡片压制凸字的装置 |
| 3. 特殊情报技术工具 | SITT 1 | 用于秘密获取和记录声音信息的装置 |
| | SITT 2 | 用于秘密观察和记录图像的装置 |
| | SITT 3 | 用于窃听电话的装置 |
| | SITT 4 | 用于从信道中秘密获取和记录信息的装置 |
| | SITT 5 | 用于秘密控制电子邮件所发信息和传输的装置 |
| | SITT 6 | 用于秘密检查物项和文件的装置 |
| | SITT 7 | 用于秘密进入和检查房地、车辆和其他设施的装置 |
| | SITT 8 | 用于秘密控制车辆和其他物项的装置 |
| | SITT 9 | 用于从存储、处理和转移信息的技术媒介中秘密获得（修改、擦除）信息的装置 |
| | SITT 10 | 用于秘密检查身份的装置 |

# 附录二 主要网络犯罪国际立法（草案）一览

2001 年《欧洲委员会网络犯罪公约》（Council of Europe Convention on Cybercrime）①

2001 年《独立国家联合体打击计算机信息领域犯罪合作协定》（Agreement on Cooperation among the States Members of the Commonwealth of Independent States in Combating Offences Relating to Computer Information）

2002 年《英联邦计算机与计算机相关犯罪示范法》（Commonwealth of Nations Model Law on Computer and Computer Related Crime）

2010 年《阿拉伯打击信息技术犯罪公约》（Arab Convention on Combating Information Technology Offences）②

2010 年《上海合作组织成员国保障国际信息安全政府间合作协定》（Shanghai Cooperation Organization Agreement on Cooperation in the Field of International Information Security）

2010 年《加勒比共同体网络犯罪、电子犯罪示范法》（Caribbean Community Model Legislative Text-Cybercrime/e-Crimes）

2011 年《西部非洲国家经济共同体打击网络犯罪指令》（Directive

---

① 后续还于 2003 年通过了《网络犯罪公约补充协定：关于通过计算机系统实施的种族主义和仇外性质行为的犯罪化》（Additional Protocol to the Convention on Cybercrime, Concerning the Criminalisation of Acts of a Racist and Xenophobic Nature Committed through Computer Systems）。

② 2004 年阿拉伯国家联盟通过了《阿拉伯打击与信息技术系统有关的犯罪的示范法》（Model Arab Law on Combating Offences Related to Information Technology Systems），但是其文本未公开。

on Fighting Cybercrime within Economic Community of West African States）

2011 年《东南非共同市场网络犯罪示范法》（Common Market for Eastern and Southern Africa Cyber Crime Model Bill）

2013 年《南部非洲发展共同体计算机和网络犯罪示范法》（Computer Crime and Cybercrime：Southern African Development Community Model Law）

2014 年《非洲联盟网络安全和个人数据保护公约》（African Union Convention on Cyber Security and Personal Data Protection）

2017 年《联合国合作打击网络犯罪公约（草案）》（Draft United Nations Convention on Cooperation in Combating Cybercrime）

# 参考文献

## 一 中文著作、译作

陈灿平编著《国际刑事司法协助专题整理》，中国人民公安大学出版社，2007。

冯殿美、侯艳芳、王芳、朱海波：《国际刑法国内化研究》，山东大学出版社，2014。

〔德〕格哈德·韦勒：《国际刑法学原理》，王世洲译，商务印书馆，2009。

郭玉锦、王欢：《网络社会学》（第三版），中国人民大学出版社，2017。

何佳馨、李明倩等：《法律文明史（第16卷）：法的国际化与本土化》，商务印书馆，2018。

〔德〕赫尔穆特·查致格：《国际刑法与欧洲刑法》，王士帆译，北京大学出版社，2017。

胡陆生：《刑法国际化：全球化背景下中国刑法的完善》，中国人民公安大学出版社，2009。

黄志雄主编《网络主权论：法理、政策与实践》，社会科学文献出版社，2017。

贾宇：《国际刑法学》，中国政法大学出版社，2004。

江溯主编《中国网络犯罪综合报告》，北京大学出版社，2021。

马呈元：《国际刑法论》（增订版），中国政法大学出版社，2013。

〔英〕麦克·马圭尔、罗德·摩根、罗伯特·赖纳等：《牛津犯罪学指南》（第四版），刘仁文、李瑞生等译，中国人民公安大学出版社，2012。

莫洪宪主编《加入〈联合国打击跨国有组织犯罪公约〉对我国的影响》，中国人民公安大学出版社，2005。

王爱立主编《中华人民共和国国际刑事司法协助法释义》，法律出版社，2019。

王肃之：《网络犯罪原理》，人民法院出版社，2019。

〔德〕乌尔里希·齐白：《全球风险社会与信息社会中的刑法：二十一世纪刑法模式的转换》，周遵友、江溯等译，中国法制出版社，2012。

肖军：《欧洲主要国家与欧盟侦诉主体研究》，群众出版社，2015。

徐澜波：《信息法的理论与实践》，上海人民出版社，2006。

薛淑兰：《引渡司法审查研究》，中国人民公安大学出版社，2008。

杨正鸣主编《网络犯罪研究》，上海交通大学出版社，2004。

于志刚：《虚拟空间中的刑法理论》（第二版），社会科学文献出版社，2018。

于志刚：《虚拟空间中的刑法理论》，中国方正出版社，2003。

于志刚主编《全球化信息环境中的新型跨国犯罪研究》，中国法制出版社，2016。

曾令良：《欧洲联盟法总论：以〈欧洲宪法条约〉为新视角》，武汉大学出版社，2007。

张旭主编《跨国犯罪的惩治与防范：现状、问题与应对》，黑龙江人民出版社，2008。

赵秉志、卢建平、王志祥主译《国际刑法大会决议（中英文对照本）》，中国法制出版社，2011。

赵秉志主编《联合国公约在刑事法治领域的贯彻实施》，中国人民公安大学出版社，2010。

赵微：《俄罗斯联邦刑法》，法律出版社，2003。

中国国际法学会主办《中国国际法年刊（2012）》，法律出版社，2013。

中央网络安全和信息化领导小组办公室、国家互联网信息办公室政策法规局编《外国网络法选编》（第一辑），中国法制出版社，2015。

朱文奇：《国际刑事诉讼法》，商务印书馆，2014。

朱文奇：《现代国际刑法》，商务印书馆，2015。

## 二 中文论文

班婕、鲁传颖：《从〈联邦政府信息安全学说〉看俄罗斯网络空间战略的调整》，《信息安全与通信保密》2017年第2期。

陈洪兵：《网络中立行为的可罚性探究——以P2P服务提供商的行为评价为中心》，《东北大学学报》（社会科学版）2009年第3期。

陈洁、曾磊：《网络犯罪全球治理的现实挑战及应对之策》，《西南大学学报（社会科学版）》2021年第4期。

陈晓明：《刑法上比例原则应用之探讨》，《法治研究》2012年第9期。

陈兴良：《网络犯罪的类型及其司法认定》，《法治研究》2021年第3期。

陈星：《大数据时代垃圾邮件规制中的权益冲突与平衡及其立法策略》，《河北法学》2014年第6期。

程卫东：《网络主权否定论批判》，《欧洲研究》2018年第5期。

杜涛：《美国联邦法院司法管辖权的收缩及其启示》，《国际法研究》2014年第2期。

封帅：《人工智能时代的国际关系：走向变革且不平等的世界》，《外交评论（外交学院学报）》2018年第1期。

冯俊伟：《跨境电子取证制度的发展与反思》，《法学杂志》2019年第6期。

高仕银：《美国政府规制计算机网络犯罪的立法进程及其特点》，《美国研究》2017年第1期。

古丽阿扎提·吐尔逊：《英国网络犯罪研究》，《中国刑事法杂志》2009年第7期。

郭烁：《应对"首要威胁"的起点：网络犯罪管辖研究》，《求是学刊》2017年第5期。

胡健生、黄志雄：《打击网络犯罪国际法机制的困境与前景——以欧洲委员会〈网络犯罪公约〉为视角》，《国际法研究》2016年第6期。

胡铭：《电子数据在刑事证据体系中的定位与审查判断规则——基于网络假货犯罪案件裁判文书的分析》，《法学研究》2019年第2期。

胡莎：《英国诈骗罪过度犯罪化问题及其解决》，《中山大学法律评论》2016年第1期。

黄风：《检察机关实施〈国际刑事司法协助法〉若干问题》，《国家检察官学院学报》2019年第4期。

黄志雄：《2011年"伦敦进程"与网络安全国际立法的未来走向》，《法学评论》2013年第4期。

黄志雄：《论间谍活动的国际法规制：兼评2014年美国起诉中国军人事件》，《当代法学》2015年第1期。

李庆明：《论美国域外管辖：概念、实践及中国因应》，《国际法研究》2019年第3期。

李晓明、李文吉：《跨国网络犯罪刑事管辖权解析》，《苏州大学学报》（哲学社会科学版）2018年第1期。

李昕：《美国反垃圾信息法及其对中国的启示》，《华中师范大学学报》（人文社会科学版）2008年第5期。

李彦：《网络犯罪国际法律规则制定与中国方案研究》，《中国社会科学院研究生院学报》2020年第3期。

李彦：《网络犯罪国际法律机制建构的困境与路径设计》，《云南民族大学学报》（哲学社会科学版）2019年第6期。

李源粒：《破坏计算机信息系统罪"网络化"转型中的规范结构透视》，《法学论坛》2019年第2期。

梁坤：《基于数据主权的国家刑事取证管辖模式》，《法学研究》2019年第2期。

梁坤：《跨境远程电子取证制度之重塑》，《环球法律评论》2019年第2期。

梁坤：《欧盟跨境快捷电子取证制度的发展动向及其启示》，《中国人民公安大学学报》（社会科学版）2019 年第 1 期。

刘晗：《域名系统、网络主权与互联网治理——历史反思及其当代启示》，《中外法学》2016 年第 2 期。

刘天骄：《数据主权与长臂管辖的理论分野与实践冲突》，《环球法律评论》2020 年第 2 期。

刘同舫：《构建人类命运共同体对历史唯物主义的原创性贡献》，《中国社会科学》2018 年第 7 期。

刘肖、朱元南：《网络主权论：理论争鸣与国际实践》，《西南民族大学学报》（人文社会科学版）2017 年第 7 期。

罗加乔夫·伊利亚·伊戈列维奇：《俄罗斯在打击网络犯罪上的主张》，《信息安全与通信保密》2018 年第 1 期。

莫洪宪：《网络有组织犯罪结构的嬗变与刑法转向——基于网络黑恶势力犯罪的视角》，《中国刑事法杂志》2020 年第 4 期。

裴炜：《犯罪侦查中网络服务提供商的信息披露义务——以比例原则为指导》，《比较法研究》2016 年第 4 期。

皮勇：《论中国网络空间犯罪立法的本土化与国际化》，《比较法研究》2020 年第 1 期。

皮勇：《欧洲理事会〈网络犯罪公约〉中的犯罪模型与我国网络犯罪立法比较》，《月旦法学杂志》2002 年第 11 期。

皮勇：《〈网络犯罪公约〉框架下的美国网络犯罪立法：特立与趋同》，《国外社会科学》2020 年第 5 期。

皮勇：《〈网络犯罪公约〉中的证据调查制度与我国相关刑事程序法比较》，《中国法学》2003 年第 4 期。

皮勇：《我国网络犯罪刑法立法研究——兼论我国刑法修正案（七）中的网络犯罪立法》，《河北法学》2009 年第 6 期。

秦一禾：《公安机关在国际刑事司法协助中的职能范围》，《中国人民公安大学学报》（社会科学版）2019 年第 5 期。

阙天舒、李虹：《网络空间命运共同体：构建全球网络治理新秩序的中国方案》，《当代世界与社会主义》2019 年第 3 期。

宋冬：《打击网络犯罪国际合作形势与展望》，《中国信息安全》2018年第6期。

孙道萃：《网络安全刑事保障的体系完善与机制构建》，《华南师范大学学报》（社会科学版）2017年第5期。

孙道萃：《移动智能终端网络安全的刑法应对——从个案样本切入》，《政治与法律》2015年第11期。

孙潇琳：《我国网络犯罪管辖问题研究》，《法学评论》2018年第4期。

田宏杰：《比例原则在刑法中的功能、定位与适用范围》，《中国人民大学学报》2019年第4期。

王华伟：《网络服务提供者的刑法责任比较研究》，《环球法律评论》2016年第4期。

王肃之：《打击网络犯罪国际规则的博弈与中国方案》，《法学论坛》2021年第1期。

王肃之：《网络犯罪国际立法的模式之争与中国方案》，《南大法学》2021年第5期。

王肃之：《我国网络犯罪规范模式的理论形塑——基于信息中心与数据中心的范式比较》，《政治与法律》2019年第11期。

王肃之：《在行为与法益之间：我国网络犯罪立法路径的反思与超越》，《澳门法学》2018年第3期。

王莹：《网络信息犯罪归责模式研究》，《中外法学》2018年第5期。

吴海文、张鹏：《打击网络犯罪国际规则的现状、争议和未来》，《中国应用法学》2020年第2期。

肖军：《欧盟领域内追逃追赃的经验与启示：以欧洲侦查令为切入点》，《中国人民公安大学学报》（社会科学版）2016年第3期。

肖军：《再论欧洲侦查令制度：发展与启示》，《中国人民公安大学学报》（社会科学版）2019年第2期。

谢登科：《电子数据网络远程勘验规则反思与重构》，《中国刑事法杂志》2020年第1期。

谢望原：《论拒不履行信息网络安全管理义务罪》，《中国法学》2017

年第 2 期。

叶伟：《联合国网络犯罪政府专家组及中国贡献》，《中国信息安全》2018 年第 6 期。

于冲：《网络犯罪罪名体系的立法完善与发展思路——从 97 年刑法到〈刑法修正案（九）草案〉》，《中国政法大学学报》2015 年第 4 期。

于改之、吕小红：《比例原则的刑法适用及其展开》，《现代法学》2018 年第 4 期。

于志刚：《缔结和参加网络犯罪国际公约的中国立场》，《政法论坛》2015 年第 5 期。

于志刚：《"公民个人信息"的权利属性与刑法保护思路》，《浙江社会科学》2017 年第 10 期。

于志刚：《关于网络空间中刑事管辖权的思考》，《中国法学》2003 年第 6 期。

于志刚：《网络犯罪的代际演变与刑事立法、理论之回应》，《青海社会科学》2014 年第 2 期。

于志刚：《网络思维的演变与网络犯罪的制裁思路》，《中外法学》2014 年第 4 期。

于志刚、吴尚聪：《我国网络犯罪发展及其立法、司法、理论应对的历史梳理》，《政治与法律》2018 年第 1 期。

于志刚：《"信息化跨国犯罪"时代与〈网络犯罪公约〉的中国取舍——兼论网络犯罪刑事管辖权的理念重塑和规则重建》，《法学论坛》2013 年第 2 期。

于志刚：《中国网络犯罪的代际演变、刑法样本与理论贡献》，《法学论坛》2019 年第 2 期。

喻海松：《刑事电子数据的规制路径与重点问题》，《环球法律评论》2019 年第 1 期。

曾皓：《论国际组织中的比例平等原则》，《湖南社会科学》2011 年第 5 期。

张明楷：《法益保护与比例原则》，《中国社会科学》2017 年第 7 期。

张明楷:《网络时代的刑事立法》,《法律科学(西北政法大学学报)》2017年第3期。

张孙旭:《俄罗斯网络空间安全战略发展研究》,《情报杂志》2017年第12期。

张涛、王玥、黄道丽:《信息系统安全治理框架:欧盟的经验与启示——基于网络攻击的视角》,《情报杂志》2016年第8期。

郑远民、郑和斌:《网络主权的政治基础与法律保障》,《湘潭大学学报》(哲学社会科学版)2018年第1期。

郑中玉、何明升:《"网络社会"的概念辨析》,《社会学研究》2004年第1期。

朱莉欣:《〈塔林网络战国际法手册〉的网络主权观评介》,《河北法学》2014年第10期。

邹晓玫、蔡玉千卉:《网络犯罪管辖权问题研究》,《河南财经政法大学学报》2014年第3期。

## 三 英文著作

Babak Akhgar, Andrew Staniforth, Francesca Bosco, *Cyber Crime and Cyber Terrorism Investigator's Handbook*, Elsevier Press, 2014.

Binxing Fang, *Cyberspace Sovereignty: Reflections on Building a Community of Common Future in Cyberspace*, Springer, 2018.

Brian Craig, *Cyberlaw: The Law of the Internet and Information Technology*, Prentice Hall, 2012.

Carsten Stahn, *A Critical Introduction to International Criminal Law*, Cambridge University Press, 2019.

Christine Van den Wyngaert, Steven Dewulf, eds, *International Criminal law: A Collection of International and Regional Instruments* (4th Revised Edition), Brill, 2011.

Daniel Adeoyé Leslie, *Legal Principles for Combatting Cyberlaundering*, Springer, 2014.

Elaine Fahey, *The Global Reach of EU Law*, Routledge, 2016.

Farhad Malekian, *Principles of Islamic International Criminal Law: A Comparative Search* (2nd Edition), Brill, 2011.

Graeme Edwards, *Cybercrime Investigators Handbook*, Wiley, 2020.

Héctor Olásolo, *International Criminal Law: Transnational Criminal Organizations and Transitional Justice*, Brill, 2018.

Ian J. Lloyd, *Information Technology Law* (7th edition), Oxford University Press, 2014.

Igor Bernik, *Cybercrime and Cyberwarfare*, Wiley, 2014.

Iryna Marchuk, *The Fundamental Concept of Crime in International Criminal Law: A Comparative Law Analysis*, Springer, 2014.

Jonathan Clough, *Principles of Cybercrime*, Cambridge University Press, 2010.

L. Jean Camp, M. Eric Johnson, *The Economics of Financial and Medical Identity Theft*, Springer, 2012.

Manuel Castells, *The Rise of the Network Society*, Blackwell Publishing, 2010.

Massimo Felici, Carmen Fernández-Gago, eds, *Accountability and Security in the Cloud*, Springer, 2015.

M. Cherif Bassiouni, *Introduction to International Criminal Law* (2nd Revised Edition), Brill, 2012.

Michael L. Rustad, *Global Internet Law in a Nutshell* (2nd Edition), West Academic Publishing, 2013.

Michael N. Schmitt, ed, *Tallinn Manual 2.0 on the International Law Applicable to Cyber Operations* (2nd edition), Cambridge University Press, 2017.

Nicole S. van der Meulen, *Financial Identity Theft: Context, Challenges and Countermeasures*, Springer, 2011.

Pierre Hauck, Sven Peterke, *International Law and Transnational Organized Crime* (7th edition), Oxford University Press, 2016.

Rebecca Wong, *Data Security Breaches and Privacy in Europe*, Springer, 2013.

Robert Cryer, Håkan Friman, Darryl Robinson, et al., *An Introduction to*

*International Criminal Law and Procedure*（2nd Edition）, Cambridge University Press, 2010.

Siani Pearson, George Yee, eds, *Privacy and Security for Cloud Computing*, Springer, 2013.

Stephen B. Wicker, *Cellular Convergence and the Death of Privacy*, Oxford University Press, 2013.

Sumit Ghosh, Elliot Turrini, eds, *Cybercrimes: A Multidisciplinary Analysis*, Springer, 2010.

Surya Nepal, Mukaddim Pathan, eds, *Security, Privacy and Trust in Cloud Systems*, Springer, 2014.

Tatiana Tropina, Cormac Callanan, *Self-and Co-Regulation in Cybercrime, Cybersecurity and National Security*, Springer, 2015.

Thomas J. Holt, Adam M. Bossler, *Cybercrime in Progress: Theory and Prevention of Technology-Enabled Offenses*, Routledge, 2016.

Tommaso Rafaraci, Rosanna Belfiore, eds, *EU Criminal Justice: Fundamental Rights, Transnational Proceedings and the European Public Prosecutor's Office*, Springer, 2018.

## 四 英文论文

Ajayi Emmanuel Femi Gbenga, "The Impact of Cybercrimes on Global Trade and Commerce", *International Journal of Information Security and Cybercrime*, Vol. 5 (2016), No. 2.

Aldo Shkëmbi, Darjel Sina, "Cybercrime in the Perspective of the European Legal Framework", *Mediterranean Journal of Social Sciences*, Vol. 4 (2013), No. 9.

Aliya Shukan, Aitugan Abdizhami, Gulnar Ospanova, et al., "Crime Control in the Sphere of Information Technologies in the Republic of Turkey", *Digital Investigation*, Vol. 30 (2019), No. 1.

Andre Barrinha, "Cybersecurity in the European Union. Resilience and Adaptability in Governance Policy", *European Security*, Vol. 25 (2016), No. 3.

Angelyn Flowers, Sherali Zeadally, Acklyn Murray, "Cybersecurity and US Legislative Efforts to Address Cybercrime", *Journal of Homeland Security & Emergency Management*, Vol. 10 (2013), No. 1.

Anita Lavorgna. "Cyber-Organised Crime. A Case of Moral Panic?", *Trends in Organized Crime*, Vol. 22 (2019), No. 4.

Borka Jerman Blažič, Tomaž Klobučar, "Removing the Barriers in Cross-Border Crime Investigation by Gathering E-Evidence in an Interconnected Society", *Information & Communications Technology Law*, Vol. 29 (2020), No. 1.

Daniel Ortner, "Cybercrime and Punishment: The Russian Mafia and Russian Responsibility to Exercise Due Diligence to Prevent Trans-Boundary Cybercrime", *Brigham Young University Law Review*, Vol. 29 (2015), No. 1.

David S. Wall, "Policing Identity Crimes", *Policing and Society*, Vol. 23 (2013), No. 4.

Elaine Fahey, "The EU's Cybercrime and Cyber-security Rulemaking: Mapping the Internal and External Dimensions of EU Security", *European Journal of Risk Regulation*, Vol. 5 (2014), No. 1.

Erik O. Wennerström, Csaba Sandberg, "Combating Cybercrime-Developments in the European Union", *Scandinavian Studies in Law*, Vol. 56 (2010), No. 1.

E. Rutger Leukfeldt, Anita Lavorgna, Edward R. Kleemans, "Organised Cybercrime or Cybercrime that is Organised? An Assessment of the Conceptualisation of Financial Cybercrime as Organised Crime", *European Journal on Criminal Policy and Research*, Vol. 23 (2017), No. 3.

E. Rutger Leukfeldt, "Cybercrime and Social Ties", *Trends in Organized Crime*, Vol. 17 (2014), No. 4.

E. Rutger Leukfeldt, "Organised Cybercrime and Social Opportunity Structures: A Proposal for Future Research Directions", *The European Re-

*view of Organised Crime*, Vol. 2 (2015), No. 2.

Fausto Pocar, "New Challenges for International Rules Against Cyber-crime", *European Journal on Criminal Policy and Research*, Vol. 10 (2004), No. 1.

Felicity Q. C. Gerry, Catherine Moore, "A Slippery and Inconsistent Slope: How Cambodia's Draft Cybercrime Law Exposed the Dangerous Drift away from International Human Rights Standards", *Computer Law & Security Review*, Vol. 31 (2015), No. 5.

Francesco Calderoni, "The European Legal Framework on Cybercrime: Striving for an Effective Implementation", *Crime, Law and Social Change*, Vol. 54 (2010), No. 5.

G. Stevenson Smith, "Management Models for International Cybercrime", *Journal of Financial Crime*, Vol. 22 (2015), No. 1.

Hong Lu, Bin Liang, Melanie Taylor, "A Comparative Analysis of Cybercrimes and Governmental Law Enforcement in China and the United States", *Asian Journal of Criminology*, Vol. 5 (2010), No. 2.

Jan Beek, "Cybercrime, Police Work and Storytelling in West Africa", *Africa: The Journal of the International African Institute*, Vol. 86 (2016), No. 2.

Jens Kremer, "Policing Cybercrime or Militarizing Cybersecurity? Security Mindsets and the Regulation of Threats from Cyberspace", *Information & Communications Technology Law*, Vol. 23 (2014), No. 3.

Jonathan Clough, "A World of Difference: The Budapest Convention on Cybercrime and The Challenges of Harmonisation", *Monash University Law Review*, Vol. 40 (2014), No. 3.

Jonathan Clough, "The Council of Europe Convention on Cybercrime: Definingcrime' in a Digital World", *Criminal Law Forum*, Vol. 23 (2012), No. 4.

Joshua I. James, Pavel Gladyshev, "A Survey of Mutual Legal Assistance Involving Digital Evidence", *Digital Investigation*, Vol. 18 (2016), No. 1.

Joshua L. Smallridge, Jennifer R. Roberts, "Crime Specific Neutralizations: An Empirical Examination of Four Types of Digital Piracy", *Internation-*

al *Journal of Cyber Criminology*, Vol. 7 (2013), No. 2.

Kinfe Micheal Yilma, Halefom Hailu Abraha, "The Internet and Regulatory Responses in Ethiopia: Telecoms, Cybercrimes, Privacy, E-Commerce, and the New Media", *Mizan Law Review*, Vol. 9 (2015), No. 1.

Litska Strikwerda, "Should Virtual Cybercrime be Regulated by Means of Criminal Law? A Philosophical, Legal-Economic, Pragmatic and Constitutional Dimension", *Information & Communications Technology Law*, Vol. 23 (2014), No. 1.

Luca Tosoni, "Rethinking Privacy in the Council of Europe's Convention on Cybercrime", *Computer Law & Security Review*, Vol. 34 (2018), No. 6.

Mark Button, Carol McNaughton Nicholls, Jane Kerr, et al., "Online Frauds: Learning from Victims why They Fall for These Scams", *Australian & New Zealand Journal of Criminology*, Vol. 47 (2014), No. 3.

Mark O'Brien, "The Internet, Child Pornography and Cloud Computing: The Dark Side of the Web?", *Information & Communications Technology Law*, Vol. 23 (2014), No. 3.

Matti Näsi, Atte Oksanen, Teo Keipi, et al., "Cybercrime Victimization Among Young People: a Multi-Nation Study", *Journal of Scandinavian Studies in Criminology and Crime Prevention*, Vol. 16 (2015), No. 2.

Nicola Dalla Guarda, "Governing the Ungovernable: International Relations, Transnational Cybercrime Law, and the Post-Westphalian Regulatory State", *Transnational Legal Theory*, Vol. 6 (2015), No. 1.

Nir Kshetri, "Cybercrime and Cybersecurity in Africa", *Journal of Global Information Technology Management*, Vol. 22 (2019), No. 2.

Nir Kshetri, "Cybercrime and Cybersecurity in India: Causes, Consequences and Implications for the Future", *Crime, Law and Social Change*, Vol. 66 (2016), No. 3.

Nir Kshetri, "Cybercrime and Cyber-security Issues Associated with China: Some Economic and Institutional Considerations", *Electronic Commerce

Research, Vol. 13 (2013), No. 1.

Nir Kshetri, "Cybercrime and Cybersecurity Issues in the BRICS Economies", *Journal of Global Information Technology Management*, Vol. 18 (2015), No. 4.

Olubukola Stella Adesina, "Cybercrime and Poverty in Nigeria", *Canadian Social Science*, Vol. 13 (2017), No. 4.

Oludayo Tade, "A Spiritual Dimension to Cybercrime in Nigeria: The 'Yahoo Plus' Phenomenon", *Human Affairs*, Vol. 23 (2013), No. 4.

Paul de Hert, Cihan Parlar, Juraj Sajfert, "The Cybercrime Convention Committee's 2017 Guidance Note on Production Orders: Unilateralist Transborder Access to Electronic Evidence Promoted via Soft Law", *Computer Law & Security Review*, Vol. 34 (2018), No. 2.

Richard Tauwhare, "Improving Cybersecurity in the European Union: the Network and Information Security Directive", *Journal of Internet Law*, Vol. 19 (2016), No. 12.

Rizal Rahman, "Legal Jurisdiction Over Malware-Related Crimes: From Theories of Jurisdiction to Solid Practical Application", *Computer Law & Security Review*, Vol. 28 (2012), No. 4.

Robert Uerpmann-Wittzack, "Principles of International Internet Law", *German Law Journal*, Vol. 11 (2010), No. 11.

Roderic Broadhurst, "Development in the Global Law Enforcement of Cybercrime", *Policing: An International Journal of Police Strategies and Management*, Vol. 29 (2006), No. 2.

Sameer Hinduja, "General Strain, Self-Control, and Music Piracy", *International Journal of Cyber Criminology*, Vol. 6 (2012), No. 1.

Sarah Gordon, Richard Ford, "On the Definition and Classification of Cybercrime", *Journal in Computer Virology*, Vol. 2 (2006), No. 1.

Scott J. Shackelford, Amanda N. Craig, "Beyond the New 'Digital Divide': Analyzing the Evolving Role of National Governments in Internet Governance and Enhancing Cybersecurity", *Stanford Journal of International Law*, Vol. 50 (2014), No. 1.

Siyanda Dlamini, Candice Mbambo, "Understanding Policing of Cybercrime in South Africa: The Phenomena, Challenges and Effective Responses", *Cogent Social Sciences*, Vol. 5 (2019), No. 1.

Sulaiman L. Abdul-Rasheed, Ishowo Lateef, Muhammed A. Yinusa, et al., "Cybercrime and Nigeria's External Image: A Critical Assessment", *Journal of Pan African Studies*, Vol. 9 (2016), No. 6.

Trevor McDougal, "Establishing Russia's Responsibility for Cyber-Crime Based on Its Hacker Culture", *Brigham Young University International Law & Management Review*, Vol. 11 (2015), No. 2.

Uchenna Jerome Orji, "An Inquiry into the Legal Status of the ECOWAS Cybercrime Directive and the Implications of Its Obligations for Member States", *Computer Law & Security Review*, Vol. 35 (2019), No. 6.

Ulrich Sieber, "The Paradigm Shift in the Global Risk Society: From Criminal Law to Global Security Law-An Analysis of the Changing Limits of Crime Control", *Journal of Eastern European Criminal Law*, Vol. 7 (2016), No. 1.

Yi Shen, "Cyber Sovereignty and the Governance of Global Cyberspace", *Chinese Political Science Review*, Vol. 1 (2016), No. 1.

## 五 德文著作

Claus Roxin, *Strafrecht Allgemeiner Teil. Band I: Grundlagen. Der Aufbau der Verbrechenslehre*, 4. Auflage, C. H Beck, 2006.

Daniel Schuh, *Computerstrafrecht im Rechtsvergleich-Deutschland, Österreich, Schweiz*, Duncker & Humblot, 2011.

Eric Hilgendorf/Brian Valerius, *Computer-und Internetstrafrecht*, Springer, 2012.

Hans-Heinrich Jescheck/Thomas Weigend, *Lehrbuch des Strafrechts Allge-*

*meiner Teil*, 5. Auflage, Duncker & Humblot, 1996.

Johannes Wessels, *Strafrecht Allgemeiner Teil: die Straftat und ihr Aufbau*, 46. Auflage, C. F. Müller, 2016.

Johannes Wessels/Thomas Hillenkamp, *Strafrecht Besonderer Teil 2: Straftaten gegen Vermögenswerte*, 39. Auflage, C. F. Müller, 2017.

Ulrich Sieber, *Straftaten und Strafverfolgung im Internet*, C. H. Beck, 2012.

Urs Kindhäuser, *Strafrecht Allgemeiner Teil*, 8. Auflage, Nomos, 2017.

## 六 日文著作

〔日〕大谷实:《刑法讲义各论》(新版第4版补订版),成文堂,2015。

〔日〕大谷实:《刑法讲义总论》(新版第4版),成文堂,2012。

〔日〕高桥则夫:《刑法各论》(第2版),成文堂,2014。

〔日〕关哲夫:《讲义刑法总论》,成文堂,2015。

〔日〕前田雅英:《刑法各论讲义》(第6版),东京大学出版会,2015。

〔日〕日高义博:《刑法总论》,成文堂,2015。

〔日〕山口厚:《刑法总论》(第3版),有斐阁,2016。

〔日〕山中敬一:《刑法各论》(第3版),成文堂,2015。

〔日〕松宫孝明:《刑法各论讲义》(第4版),成文堂,2016。

〔日〕曾根威彦:《刑法原论》,成文堂,2016。

〔日〕斋藤信治:《刑法各论》(第4版),有斐阁,2014。

〔日〕中森喜彦:《刑法各论》(第4版),有斐阁,2015。

## 七 司法判例

BVerfGE 23, 127 (133).

BVerfGE 7, 377.

United States v. Morris, 928 F. 2d 504, 505 (2d Cir. 1991).

United States v. Seidlitz, 589 F. 2d 152 (4th Cir. 1978).

## 八 国际与外国立法

AU, African Union Convention on Cyber Security and Personal Data Protection, https://au.int/en/treaties/african-union-convention-cyber-security-and-personal-data-protection.

CARICOM, Cybercrime/e-Crimes: Model Policy Guidelines & Legislative Texts, Model Legislative Text-Cybercrime/e-Crimes, https://www.itu.int/en/ITU-D/Cybersecurity/Documents/HIPCAR%20Model%20Law%20Cybercrimes.pdf.

CARICOM, Electronic Evidence: Model Policy Guidelines & Legislative Texts, Model Legislative Text-Electronic Evidence, https://caricom.org/documents/16583-e-evidence_mpg.pdf.

CIS, Agreement on Cooperation among the States Members of the Commonwealth of Independent States in Combating Offences Relating to Computer Information, https://cms.unov.org/documentrepositoryindexer/GetDocInOriginalFormat.drsx?DocID=5b7de69a-730e-43ce-9623-9a103f5cabc0.

COE, Convention on Cybercrime, https://www.coe.int/en/web/conventions/full-list/-/conventions/treaty/185/.

COE, Statute of the Council of Europe, https://rm.coe.int/1680306052.

Commonwealth of Nations, Model Law on Computer and Computer Related Crime, https://thecommonwealth.org/sites/default/files/key_reform_pdfs/P15370_11_ROL_Model_Law_Computer_Related_Crime.pdf.

Commonwealth of Nations, Model Law on Electronic Evidence, https://thecommonwealth.org/sites/default/files/key_reform_pdfs/P15370_7_ROL_Model_Bill_Electronic_Evidence_0.pdf.

CRISP, CISAC, Draft International Convention to Enhance Protection from Cyber Crime and Terrorism, https://web.stanford.edu/~gwilson/Transnatl.Dimension.Cyber.Crime.2001.p.249.pdf.

ECOWAS, Directive C/DIR.1/08/11 on Fighting Cybercrime (or Directive on Fighting Cybercrime within Economic Community of West African States), https://issafrica.org/ctafrica/uploads/Directive%201:08:

11%20on%20Fighting%20Cyber%20Crime%20Within%20ECOWAS. pdf.

EU, Council Framework Decision 2005/222/JHA of 24 February 2005 on Attacks Against Information Systems, https://eur-lex. europa. eu/legal-content/EN/TXT/PDF/? uri = CELEX: 32005F0222&from = EN.

EU, Directive 2006/24/EC of the European Parliament and of the Council of 15 March 2006 on the Retention of Data Generated or Processed in Connection with the Provision of Publicly Available Electronic Communications Services or of Public Communications Networks and Amending Directive 2002/58/EC, https://eur-lex. europa. eu/legal-content/EN/TXT/PDF/? uri = CELEX: 32006L0024&from = EN.

EU, Directive 2013/40/EU of the European Parliament and of the Council of 12 August 2013 on Attacks Against Information Systems and Replacing Council Framework Decision 2005/222/JHA, https://eur-lex. europa. eu/legal-content/EN/TXT/PDF/? uri = CELEX: 32013L0040&from = EN.

European Communities, Directive 2002/58/EC of the European Parliament and of the Council of 12 July 2002 Concerning the Processing of Personal Data and the Protection of Privacy in the Electronic Communications Sector (Directive on Privacy and Electronic Communications), https://eur-lex. europa. eu/legal-content/EN/TXT/PDF/? uri = CELEX: 32002L0058&from = EN.

EU, The Directive on Security of Network and Information Systems (NIS Directive), https://eur-lex. europa. eu/legal-content/EN/TXT/PDF/? uri = CELEX: 32016L1148&qid = 1626552710202&from = EN.

LAS, Arab Convention on Combating Information Technology Offences, https://cms. unov. org/DocumentRepositoryIndexer/GetDocInOriginalFormat. drsx? DocID = 3dbe778b - 7b3a - 4af0 - 95ce - a8bbd1ecd6dd.

Russia, Draft United Nations Convention on Cooperation in Combating Information Crimes, https://www. rusemb. org. uk/fnapr/6394.

SADC, Computer Crime and Cybercrime: Southern African Development Community Model Law, http://www.veritaszim.net/sites/veritas_d/files/SADC%20Model%20Law%20on%20Computer%20Crime%20and%20Cybercrime.pdf.

T-CY, Preparation of a 2nd Additional Protocol to the Budapest Convention on Cybercrime, https://rm.coe.int/provisional-text-of-provisions-2nd-protocol/168098c93c.

UN, Draft United Nations Convention on Cooperation in Combating Cybercrime, https://documents-dds-ny.un.org/doc/UNDOC/GEN/N17/329/59/pdf/N1732959.pdf?OpenElement.

USA, Controlling the Assault of Non-Solicited Pornography and Marketing Act of 2003, https://www.spamlaws.com/federal/108s877.shtml.

USA, Criminal Spam Act of 2003, https://www.spamlaws.com/federal/108s1293.shtml.

联合国：《信息安全国际行为准则》，http://infogate.fmprc.gov.cn/web/ziliao_674904/tytj_674911/zcwj_674915/P020150316571763224632.pdf。

上海合作组织：《上海合作组织成员国保障国际信息安全政府间合作协定》，http://images.io.gov.mo/bo/ii/2013/30/avce-28-2013.pdf。

## 九　中文电子文献

第十三届联合国预防犯罪和刑事司法大会：《采取综合、平衡做法预防和适当应对新的和正在出现的跨国犯罪形式》，https://www.unodc.org/documents/congress//Documentation/IN_SESSION/ACONF222_L3ADD1_c_V1502496.pdf。

俄罗斯卫星通讯社：《联合国大会通过俄提出的打击网络犯罪决议》，http://sputniknews.cn/politics/201812181027136505/。

公安部：《打击治理电信诈骗成效显著》，http://www.gov.cn/xinwen/2018-11/30/content_5344835.htm。

国际电信联盟：《HIPCAR 项目：协调整个加勒比地区的信息通信技术政策和立法》，http：//itunews. itu. int/Zh/Note. aspx？Note＝1786。

国际电信联盟：《发展中国家网络安全指南》，http：//www. itu. int/dms_pub/itu-d/opb/str/D-STR-SECU－2007－PDF-C. pdf。

联合国毒品和犯罪问题办公室：《司法协助与引渡手册》，https：//www. unodc. org/documents/organized-crime/Publications/Mutual_Legal_Assistance_Ebook_C. pdf。

联合国毒品和犯罪问题办公室：《网络犯罪综合研究（草案）》，https：//www. unodc. org/documents/organized-crime/cybercrime/Cybercrime_Study_Chinese. pdf。

联合国：《联合国打击跨国有组织犯罪公约》，https：//www. un. org/zh/documents/treaty/files/A-RES－55－25. shtml。

联合国：《联合国反腐败公约》，https：//www. un. org/zh/issues/anti-corruption/uncac_text. shtml。

联合国：《刑事事件互助示范条约》，https：//www. un. org/zh/documents/treaty/files/A-RES－45－117. shtml。

《"尼日利亚骗局"有新变种》，新浪网：http：//news. sina. com. cn/c/2003－08－07/0835521175s. shtml。

《尼日利亚：骗子横行的国度》，雨果跨境：https：//www. cifnews. com/Article/9500。

《全国人民代表大会宪法和法律委员会关于〈中华人民共和国国际刑事司法协助法（草案）〉审议结果的报告》，中国人大网：http：//www. npc. gov. cn/zgrdw/npc/xinwen/2018－10/26/content_2064519. htm。

《世界互联网大会组委会发布〈携手构建网络空间命运共同体〉概念文件》，中共中央网络安全和信息化委员办公室、中华人民共和国国家互联网信息办公室网站：http：//www. cac. gov. cn/2019－10/16/c_1572757003996520. htm。

《Wannacry（想哭）一周年："承担"90％以上勒索病毒的攻击》，新华网：http：//www. xinhuanet. com/tech/2018－05/14/c_1122830710. htm。

《无视美国反对！联合国大会批准俄罗斯这项决议草案》，海外网：http://news.haiwainet.cn/n/2019/1229/c3541093-31690452.html。

《习近平在第二届世界互联网大会开幕式上的讲话（全文）》，新华网：http://news.xinhuanet.com/politics/2015-12/16/c_1117481089.htm。

《中国代表团出席联合国网络犯罪问题专家组首次会议并做发言》，中华人民共和国常驻维也纳联合国和其他国际组织代表团网站：http://www.fmprc.gov.cn/ce/cgvienna/chn/zxxx/t790751.htm。

### 十 英文电子文献

COE, *Chart of Signatures and Ratifications of Treaty* 185, https://www.coe.int/en/web/conventions/full-list/-/conventions/treaty/185/signatures.

COE, *EU Statement in Support of the Council of Europe Convention on Cybercrime*, https://eeas.europa.eu/delegations/council-europe/73052/eu-statement-support-council-europe-convention-cybercrime_en?utm_source=EURACTIV&utm_campaign=bec3c22b69-digital_brief_COPY_01&utm_medium=email&utm_term=0_c59e2fd7a9-bec3c22b69-116254339.

COE, *Global Action on Cybercrime Extended (GLACY)+*, https://www.coe.int/en/web/cybercrime/glacyplus.

EUROPOL, *Internet Organised Crime Threat Assessment*, https://www.europol.europa.eu/sites/default/files/documents/iocta_2019.pdf.

ITU, *Understanding Cybercrime: A Guide for Developing Countries*, https://www.itu.int/ITU-D/cyb/cybersecurity/docs/ITU_Guide_A5_12072011.pdf.

Meriem Slimani, *Enhancing Cyber Security in Africa: New Challenges for Regional Organizations*, http://www.itu.int/en/ITU-T/Workshops-and-Seminars/cybersecurity/Documents/PPT/S3P2_Meriem_Slimani.pdf.

Rohit Langde, *WannaCry Ransomware: A Detailed Analysis of the Attack*, https://techspective.net/2017/09/26/wannacry-ransomware-detailed-analysis-attack/.

Seoul Conference on Cyberspace 2013, *Seoul Framework for and Commitment to Open and Secure Cyberspace*, https://dig.watch/sites/default/files/Seoul%20Framework%20for%20the%20Commitment%20to%20Open%20and%20Secure%20Cyberspace.pdf.

T-CY, *T-CY Guidance Note #3 Transborder Access to Data (Article 32)*, Proposal Prepared by the Bureau for Comments by T-CY Members and Observers and for Consideration by the 9th Plenary of the T-CY, https://rm.coe.int/16802e70bc.

T-CY, *Transborder Access to Data and Jurisdiction: Options for Further Action by the T-CY*, https://rm.coe.int/16802e726e.

United Nations Counter-Terrorism Implementation Task Force Working Group, *Report on Countering the Use of the Internet for Terrorist Purposes*, https://www.un.org/counterterrorism/ctitf/sites/www.un.org.counterterrorism.ctitf/files/ctitf_internet_wg_2009_report.pdf.

UNODC, *Ad hoc committee established by General Assembly resolution 74/247*, https://www.unodc.org/unodc/en/cybercrime/cybercrime-adhoc-committee.html.

UNODC, *Handbook on Identity-Related Crime*, https://www.unodc.org/res/cld/bibliography/handbook_on_identity-related_crime_html/10-57802_ebooke.pdf.

UNODC, *Strengthening International Cooperation to Combat Cybercrime*, http://www.unodc.org/documents/commissions/CCPCJ/CCPCJ_Sessions/CCPCJ_26/CCCPJ_Res_Dec/CCPCJ-RES-26-4.pdf.

UNODC, *UNODC and ITU Join Forces to Make the Internet Safer*, https://www.unodc.org/unodc/en/frontpage/2011/May/unodc-and-itu-to-cooperate-more-closely-to-make-the-internet-safer.html.

Zach Epstein, *WannaCry: Everything you Need to Know about the Global Ransomware Attack*, https://bgr.com/2017/05/15/wanna-cry-ransomware-virus-windows-wannacry-explainer/.

图书在版编目(CIP)数据

网络犯罪国际立法原理 / 王肃之著. -- 北京：社会科学文献出版社，2022.2
 (网络空间国际法文库)
 ISBN 978-7-5201-9660-4

Ⅰ.①网… Ⅱ.①王… Ⅲ.①互联网络-计算机犯罪-国际刑法-国际立法-研究 Ⅳ.①D997.9

中国版本图书馆 CIP 数据核字(2022)第 018768 号

网络空间国际法文库
## 网络犯罪国际立法原理

著　　者 / 王肃之

出 版 人 / 王利民
组稿编辑 / 刘骁军
责任编辑 / 易　卉
文稿编辑 / 许文文
责任印制 / 王京美

出　　版 / 社会科学文献出版社·集刊分社 (010) 59367161
　　　　　 地址：北京市北三环中路甲29号院华龙大厦　邮编：100029
　　　　　 网址：www.ssap.com.cn
发　　行 / 社会科学文献出版社 (010) 59367028
印　　装 / 三河市龙林印务有限公司

规　　格 / 开　本：787mm×1092mm　1/16
　　　　　 印　张：22　字　数：318千字
版　　次 / 2022年2月第1版　2022年2月第1次印刷
书　　号 / ISBN 978-7-5201-9660-4
定　　价 / 138.00元

读者服务电话：4008918866

版权所有 翻印必究